映画はこうしてつくられる

山田宏一映画インタビュー集

草思社

山田宏一映画インタビュー集

映画はこうしてつくられる

インタビューで人は真実など語らない。*1

――ジャン＝ピエール・メルヴィル

インタビューはときとして批評をしのぐ真実を引き出す力がある。*2

――フランソワ・トリュフォー

＊1　参考――ルイ・ノゲイラ編著「サムライ　ジャン＝ピエール・メルヴィルの映画人生」（井上真希訳　晶文社）
＊2　参考――山田宏一編著「シネ・ブラボー3　わがトリュフォー」（ケイブンシャ文庫）

山田宏一映画インタビュー集
映画はこうしてつくられる　目次

クロード・ルルーシュ

映画はキャメラだ

ピエール・ブロンベルジェのプロダクションの事務所の一画というよりは片隅の、机ひとつに電話一台しかない「フィルム13」に、小型テープレコーダーを持って行ってクロード・ルルーシュにインタビューをしたのは、一九六五年の初め、真冬だったという記憶がある。ルルーシュの日本未公開の『女と銃』（一九六四）という不良少年映画をパリ五区のアンスティチュ・ペダゴジック（教育会館）にあったシネマテーク・フランセーズの分室で催されたプレミア試写で見て、早速ルルーシュに会見を申し込んだのだった。『女と銃』という題名がD・W・グリフィスの有名な言葉「映画とは女と銃だ」からとられたものであることに思いあたったのは、もっとあとになってからだったが、そんな映画的な教養というかめくばせというか引用というか、そういったことを別にしても、元気ハツラツとした、気恥ずかしいくらい映画ファンまるだしの軽快でうれしくなるような活劇っぽい青春映画だった。

ルルーシュは若く（一九三七年生まれの二十九歳だった）、無名で、まじめに、熱っぽく話した。まだ『男と女』（一九六六）で世界的な名声を獲得する前だった。

『女と銃』（1964）撮影中のクロード・ルルーシュ　提供©フィルム13／D.R.

クロード・ルルーシュ

――映画を撮ることになったきっかけはなんですか？

ルルーシュ　もうずっとむかしから映画を撮っていたからね。きっかけというのは、なんだろう……アマチュア映画を撮り始めたのがきっかけだね。わたしは十四歳だった。

――アマチュア映画というのは８ミリとか16ミリで撮っていたということですか？

ルルーシュ　そう、アマチュア映画ってのは、だれもが、そのへんで、表に出て、街のなかやなんかで撮る映画のことだよ。家族とか、友だちとか、自分の周囲の人間を撮る。で、わたしはアマチュア映画コンクールとかアマチュア映画祭とかに自分の撮ったフィルムを出品して、いくつか賞をもらった。最初は８ミリから、それから16ミリで撮るようになり、そのうち自然にプロの映画に移行した。どこの映画学校にも行かなかった。野放しにされたまま自然に身についた仕事なんだ。

――なぜ映画を撮ろうと思ったのですか？

ルルーシュ　なぜって……つまり、自分を表現したい欲求にかられたからだ。そのとき、自分にいちばんピッタリきた表現手段が映画だったんだ。映画が最も身近で、しかもすばらしい可能性にあふれていた。うーん……それにしても、これまで、なぜ映画をやっているのかなんて、考えたことはなかったな。映画はわたしの生活のなかに存在していた。わたしはいつもイリュージョンとともに生きていたし、世界を映像としてながめていた。いまだって、そうだ。わたしはすべてを、自然に、映画的に見てしまう。風景も生活も人間との出会いも、ショットやアングルやフレームとともにある。映像と音がわたしの人生を形成している。わたしは、いつだって、キャメラのファインダーをのぞくように、世界を見ている。そうやって、世界と接触しているんだ。のぞくということは、それだけでもう、世界をデフォルメすることだ。そして、デフォルメすることによって、世界を自分のイメージに還元する。だって、現実ってのは、そのままでは、だれもうけいれることのできない代物だからね。わたしは、のぞくことによって、現実に自分を適応させていることになる。

いずれにせよ、なぜ映画を作るのかと言われても、きちんと理由を説明することはできない。映画作家が映画を撮るのは、呼吸をするのと同じことだ。眠るのと同じことだ。食べたり、排泄したりするのと同じことだ。自然の欲求なんだよ。あたりまえのこと、というか、わたしにとっては、まちがいなく、映画が自分の生きかたを最も効果的に肯定する手段なんだ。それに、映画をとおして、他のあらゆる表現形式、文学とか絵画とか音楽に近づけるしね。映画によって、わたしはなんでもできる。映画に不可能なことはない。なんだってできる。

——映画を知るまえに、他の自己表現の方法を考えたことはなかった？

ルルーシュ　わたしは生まれたときから映画を知っていたからね。少くとも映像に親しんでいた。一九三七年、つまりわたしが生まれた年に、わたしの父がテレビ受像機を買った。当時、パリでは何台目かのテレビ受像機だったらしい。一九三七年一月にフランスではテレビ放送がはじまったんだ。わたしは、幸運にも、生まれたときから、映像に取り囲まれていた。

——あなたにとって、テレビと映画とはまったく同じものですか？

ルルーシュ　そう、良いテレビは、良い映画でもあると思う。けっしてふたつは別物ではない。映像はいつも同じだ。映画として撮ったものをテレビで放映することに、なんのさしさわりもない。ただ、ちがうのは、わたしたちの映像に対する接触のしかただ。映画館で映画を見るときは、暗闇で席について、映像にむかって精神を集中させることができる。これが映画の利点だ。なぜなら、テレビは、見るひとの気をむしろそらすようにできているからね。わたしたちはテレビに対して、映像を見るだけのためにじっと精神を集中させることは、めったにない。映画を作る人間がテレビにあまり興味を示さないのは、そのためなんだ。映画の場合は、二時間あるいは二時間半ものスペクタクル（見世物）を作って、観客に見せることが可能だが、テレビではそうはいかない。映画もテレビも、テクニックの面ではまったく差異がないと思うが、テレビでは長い主題は許容されない。短い話を短時間で描かなくてはならない。いくら力をこめて長いドラマを作っても、まじめに見るひとはいない。テレビの映像はきちんと見られるようになってはいないんだ。二時間も三時間もの番組なんて、とても長くて耐えきれないからね。テレビというのは、ほとんどその場かぎりで完結する映像で勝負しなきゃならない。

――あなたが生まれながらに映像に取り囲まれていたのは、父親がテレビに興味を示してくれたおかげなわけですが、あなたの父親も、なんらかのかたちで、映画にたずさわっていたのですか？

ルルーシュ　全然！　まったく無関係だった。ただ、大の映画ファンだった。だから、わたしが幼いころからよく映画を見に連れて行ってくれた。

――で、十四歳でアマチュア映画を作り始めて、それから映画ひとすじということになるわけですね。大学にも行かなかったのですか？

ルルーシュ　中等教育を終えてから、わたしは大学で法律の勉強をすることになっていた。自分でもそのつもりでいたんだけど、映画の魅力にあまりにもとり憑かれていたわたしは、大学に行って法律の勉強なんかすることで、大事な時間を失いたくなかった。一瞬たりとも映画から離れたくなかった。そんなわけで、勉強からのがれるために、いよいよ映画にのめりこんでいったんだよ。つまり、具体的に職業に結びつくような方向に映画を持っていくという自覚を持った。実際、わたしが初めてフランスのテレビのために撮った作品は、十六歳のときの作品だった。つまり、十六歳で初めてプロの仕事をやったんだよ。

――その初めてのプロの仕事というのは、なんですか？

ルルーシュ　アメリカについての二本のドキュメンタリーで、一本はニューヨークで撮った『ありきたりではない都会』（こいつはカラー作品だった）、もう一本はアメリカ各地で撮った『ごたごたのアメリカ』。両方とも16ミリ作品だ。もっとも、最初からプロの仕事としてやったものじゃない。観光ツアーでアメリカに行ったとき、16ミリ・キャメラを持参して、あちこちで撮りまくった。帰って来てから、そのフィルムをテレビに売り込んだわけだ。当時はまだフランスのテレビはアメリカについてのなまのルポルタージュをやっていなかったので、早速、わたしのフィルムを買い取って放映してくれることになったんだ。

それから数か月後、こんどはソ連に行った。これもツアーで、このときも16ミリ・キャメラを持って行った。もちろん、こっそりとね。当時はまだ鉄のカーテンのむこうで撮影は禁じられていたからね。モスクワに十五日間滞在したんだけど、その間、わたしはキャメラをコートのなかに隠し持って、モスクワの街を歩きまわり、ファインダーものぞかず街の風景や人間たちを撮りまくった。そして、四十五分の映画を一本作った。題名は、『カーテンがあがるとき』。鉄のカーテンのむこうの風景と人間をとらえて初めてヨーロッパに紹介したフィルムだった。

――使ったキャメラは？

ルルーシュ ベル・ハウエル。16ミリの撮影機ではいちばん使いやすかったからね。

――モスクワでは録音もしましたか？

ルルーシュ いや、さすがに録音はできなかった。キャメラをコートのなかに隠してかかえているのが精いっぱいだったからね。

――鉄のカーテンのむこうの世界を初めて紹介したフィルムとして反響をよんだでしょうね？

ルルーシュ たいへんな反響だった。フランスだけでなく、各国のテレビに売れて、かなりの金が入った。その金でわたしは自分のプロダクションをつくった。

――それが「フィルム13」ですか？

ルルーシュ そう。

――13という数字をプロダクション名にしたのはなぜですか？

ルルーシュ 13はわたしにとって幸運の数字なんだ。Claude Lelouch というわたしの名前の綴り字の数が13。それだけの理由からだ。

――13というのは、ふつうは不吉な数字なわけですが……。

ルルーシュ　わたしにはとてもいい数字なんだ。わたしは13という数字によく自分の仕事を賭けてみる。十三日からクランクインしたり、十三日間で撮影をしてみたりする。これまではうまくいってるよ。これからもうまくいくと信じている。

――「フィルム13」を設立してからは、ずっと順調に映画に専念してやってきたということですか？

ルルーシュ　いや、アメリカについての二本のドキュメンタリーと、ソ連についてのドキュメンタリーを撮ったあと、軍隊に入った。兵役があったからね、残念ながら！　一九五七年から二十八か月間も。一九六〇年の初頭まで、わたしは軍隊にいた。アルジェリア戦争の真っ最中だったから。しかし、さいわい、わたしは軍隊の映画班に所属して、ここで映画の仕事を本当に学んだと思う。

――アルジェリアには行きましたか？

ルルーシュ　もちろんだ、戦争中に映画を撮りにね。十本以上の記録映画を撮った。それから、兵役を終えて、プロダクションの地歩を固め、最初の長篇映画を撮った。

――一九六〇年ですから、まだ二十三歳ですね。長篇映画の第一作『人間の特性』（一九六〇）ですね？

ルルーシュ　そう。なんとか公開されたけれども、全然当たらなかった。批評もパッとせず、あらゆる意味で完全に無視されてしまった。たぶんこの映画にストーリーがなかったからだと思う。純粋に映像的な美しさだけをねらった作品だった。ふたりの人間、若い男と若い女の感情を美しい映像で描きたいと思った。若い男女が出会って恋心が生まれる、その最初の出会いの一日を描いた作品で、若い男女を中心に、彼らをとりまく人間たちのさまざまな表情をとらえた。

——ドキュメンタリーふうに？

ルルーシュ　三十パーセントはね。恋人たちを演じるのはプロの俳優で、あとは……きみはこの映画を見た？

——いえ、見ていません。あなたの映画は、数日まえに見た『女と銃』が初めてなのです。

ルルーシュ　ああ、そうだったね。それで……『人間の特性』では、ふたりの俳優に恋人同士になってもらって、三十パーセントは即興のルポルタージュだが、あとは完全にフィクションとして構成した。わたしはこの映画がいちばん気にいっているんだよ。最初に作った長篇映画ということもあるし、なにしろ、これで一文なしになったしね。いろいろな感慨が多いんだ。そう、この映画は公開されたものの、全然当たらなかったので、わたしは一文なしになってしまった。で、「フィルム13」をなんとか立て直すために、ＰＲ映画を撮ることになった。それと、スコピトーンを撮った。ほら、カフェによく置いてあるだろ、画像付きのジュークボックス。あれを百五十本ぐらいは撮ったな。

その日も、インタビューのあと、スコピトーンのラッシュ試写があるから見にこないかと誘われて近くの小さな試写室にスタッフといっしょに同席させてもらった。シルヴィー・ヴァルタンだったか、シェイラだったかが最新の一曲を歌うシーンがうつっていた。彼女の時間が空いたときをねらって即座に、レコードをかけてプレイバック方式で、といってもスタジオを使うわけでもなく、その場でぶっつけ本番撮影したものだったので、口の動きと歌が合わないところがあると、そのたびにルルーシュは「ドキュマン！　ドキュマン！」と叫んだ。何でもいい、風景とか車の走るカットとか、ドキュマン（映像のドキュメント）をそこにつっこんでシンクロ（画面と音声を一致）させるんだ、というのだった。こんなふうに美しいメロディーを中心に多彩な映像ドキュメントをちりばめ、モンタージュして二、三日でスコピトーン用の作品がつくられるとのことだった。

ルルーシュ　コマーシャルフィルムも五十本ぐらいは撮ったな。それで、だいぶ金も入ったので、二本目の長篇にとりかかることにしたんだ。それが『行きずりの二人』（一九六二）で、これはヒットした。外国にも売れた。日本にも売れたから、これから公開するはずだよ。つぎに、ピエール・ブロンベルジェの依頼で、『女を引き裂く』（一九六四）を撮った。「フィルム13」との共同製作で。しかし、これは検閲にひっかかって、公開禁止になってしまった。それから、『女と銃』になる。これは試写会ではすごく評判がいい。シネマテークで一種のプレミア上映をやったが、きみも見たように、すごい拍手喝采で迎えられた。一か月後にはパリでロードショー公開される。そして……昨日から新作の『大いなる時』の撮影に入った。わたしの最初のシネマスコープ作品だ。ただし、モノクロだけど。こんなところが、ざっとこれまでのわたしの経歴といえば経歴だ。

――『大いなる時』以後の企画はありますか?

ルルーシュ　うん、たくさんある。『大いなる時』はバカンスのまえに仕上げて、九月から十月にかけてはミュージカル・コメディーを一本撮るつもりだ。そのあと、来年の一月にはアフリカを舞台にした劇映画を一本撮ろうと思っている。

――ミュージカル・コメディーにはどんな俳優を使うのですか?

ルルーシュ　たぶんアヌーク・エーメを。

いまにして思うと、このミュージカル・コメディーの原案から形を変えて拡大されたスコピトーンとも言うべき『男と女』が生まれ、「アフリカを舞台にした」劇映画というのが『パリのめぐり逢い』(一九六七)に発展していったのだろう。

このインタビューをやったときに撮影に入ったばかりの『大いなる時』(一九六五年に完成)を、私はついに見そこなってしまった。というのも、ルルーシュは、この映画の公開直後、「これはわたしの最悪の映画だ」と言って、みずからプリントを全部回収して、以後公開を禁じてしまったのである。たぶんすでにそのころ準備していた『男と女』にかける意欲と自信が相当大きかったにちがいない。

――ピエール・ブロンベルジェと知り合ったのは、いつ、どんなきっかけからですか?

ルルーシュ　ブロンベルジェはパリ中の若い映画作家をみな知ってるよ。映画を作りたい若者はみな、かならず、ブロンベルジェに会いに行く。わたしもそうだった。最初の長篇を撮ったとき、すぐこの映画のプリントを持って行って見てもらった。それが知り合うきっかけだった。たぶん『人間の特性』を評価してくれたのは、当時彼ひとりだったね。

――『人間の特性』の題名の由来は?

ルルーシュ　人間の特性、それは笑うことだ。微笑、爆笑、苦笑……いろいろな笑いの表情をわたしはとらえた。映画を作るきっかけというのは、ほんのちょっとしたことなんだ。人間の表情に心うたれたとき、あるいは、カー・ラジオでマルセイユの刑務所から囚人が脱走したというニュースを聞いたとき、ふっと映画のアイデアが浮かぶ。だけど、それはきっかけであって、じつは長いあいだ自分の心のなかにわだかまってつちかわれてきたテーマが、小さな出来事や出会いをきっかけにして、表に出てくる。それを、わたしなりに考えてみると、わたしの作品では、『行きずりの二人』にしても、『女と銃』にしても、こんどの『大いなる時』にしても、要するに人間の悪意に対する怒りなんだと言ってもいい。わたしの映画の主人公は、みな、無邪気と言っていいくらいの人間たちだ。バカなくらい純真で、理想主義者で、夢みがちで、あこがれが強い。そんな子供っぽいナイーブな理想主義も、大人たちの悪意のまえでは、グロテスクなシチュエーションを生みだすばかりだ。わたしは少年時代にそんな経験を何度もした。『女と銃』では、少年たちがギャング映画を見て、ギャングにあこがれ、女の子を誘拐する。

少年たちにとってはまじめな遊びだが、それは、大人たちの眼には滑稽なだけだ。そして、大人たちの悪意にぶつかって悲劇に終わる。無邪気であること、ナイーブな子供であることは、大人の社会では犯罪なんだ。だから、わたしの映画のなかには、いつも二本の映画が、喜劇《コメディー》と悲劇《ドラマ》が、併存する。

——あなたのフィルモグラフィーを見ると、『人間の特性』のあと、『城の生活』にクランクインしたけれども、一週間で撮影中断になっていますが、なぜですか？

ルルーシュ　プロデューサーと喧嘩してしまったんだよ。とくにプロデューサーの女房がうるさくてね。それでやめてしまった。

——たのまれ仕事だったのですか？

ルルーシュ　依頼された作品だけど、やりたい作品だった。

——これからまたやる気はありますか？

ルルーシュ　もうやる気はない。

——『女を引き裂く』というのはどんな映画ですか？

ルルーシュ　わたしは、この映画で、社会から疎外された、といっても犠牲者ではない、特殊な女たちを描こうと思った。つまり、男たちを経済的に食い物にすることを職業にしている女たち。結婚して、家庭を持って、日曜日には教会へ行くというような、ふつうの社会的な生活を知らない、そして知ろうという望みもない女たち。その意味では自由な女たちだが、社会生活からはみだしている特殊な女たち。

――ドキュメンタリーですね？
ルルーシュ　大部分はね。事実を確認したうえでのやらせの部分もある。
――あなたは非常に早撮りの映画作家として知られていますが、実際にはどのくらいの期間で撮っていますか？
ルルーシュ　『行きずりの二人』が二週間、『女と銃』が三週間ぐらい。早撮りというのは、要するに、低予算映画、つまり経済的に映画を作る方法だからね。『行きずりの二人』は三千万旧フラン、『女と銃』はもう少しかかったけど、三千八百万旧フランぐらいで仕上げた。
――シナリオも書かずに、たとえシナリオは書いてもコンテなどなしに、その場その場の思いつきで即興的に撮っていくとのことですが……。
ルルーシュ　まったくちがう。たしかに、わたしの作品には即興演出が多い。しかし、作品のテーマに密着していないかぎり、けっして即興演出はしない。シナリオを書き、必要なかぎりのコンテ（撮影台本）も作成したうえで、現場の撮影状況に合わせて即興をやるだけだ。
――シナリオもコンテもきちんと書くわけですね？
ルルーシュ　きちんと、精密にね。完成台本なしには、けっして撮影しない。もしわたしの映画のなかのいくつかのイメージが即興の印象をあたえるとすれば、それはとりもなおさず、それらのイメージが真に映画に必要な、つまりシナリオが要求する効果を発揮しているということになるわけだ。即興は、なにもないところからは生まれてこない。熟考し、準備したうえで、自然に生まれてくるものなんだよ。

――撮影もあなた自身がやるわけですか？

ルルーシュ　もちろん、かならずね。いつもわたし自身がキャメラを手に持って、あるいは肩にかついで撮る。わたしは監督兼キャメラマンだ。理由は簡単だ。映画を撮っているとき、真の観客というのはキャメラのレンズだけだ。だから、わたしはいつもキャメラのファインダーをのぞいて、レンズとともに観客にならなければならないと思っている。キャメラから離れた場所で演出しているだけでは、観客にどんなふうに見えるのかわからないからね。俳優が演じている場と観客が見ている場とのバランスというか、視覚的な距離を、わたしは撮影中にしっかりとつかんでおきたい。俳優はキャメラのまえで演じる。キャメラだけが観客なんだ。ラッシュを見ながら、思いどおりの画《え》ができてなくて髪の毛をかきむしる監督が多いのは、キャメラといっしょに演出していないからだ。キャメラをのぞきながら演出するというのは、わたしにとっては、映画作りの基本的な条件だ。キャメラを持たない演出家なんてナンセンスだとさえ言いたい。それは、まるで、自分のペンで書かない小説家、絵筆を持たない画家、ピアノを弾かないピアニストみたいなもんだからね。

――監督が同時にキャメラマンであることは絶対に必要な条件ですか？

ルルーシュ　絶対条件だね！

――しかし、現在の、これまでの、映画監督のほとんどがキャメラマンではないわけですが……。

ルルーシュ　そう。だから、わたしは、いまあるかたちの映画に不満なんだ。もちろん、すばらしい映画、偉大な映画はたくさんある。しかし、それはあくまでも既成の映画だ。わたしは、もっと新しい、わたしたちの体質や感覚にピッタリと合った映画を求めたい。これからの映画は、すべて、わたしみたいに、監督＝キャメラマンという条件を前提にして作られるだろう。映画は、キャメラだ。

——たとえば『アメリカの裏窓』（一九五九）のフランソワ・レシャンバックのように？

ルルーシュ　そう、レシャンバックのように。ただ、彼はドキュメンタリー作家で、劇映画の監督ではない。シナリオも書かないし、俳優の演技指導もしない。『アメリカの裏窓』を見ても明らかなように、彼はすばらしいのぞき屋だ。生まれながらの視覚人間だ。

——ドキュメンタリーそのものには興味がありませんか？

ルルーシュ　興味は大いにある。しかし、ドキュメンタリーが映画の極致とは思えない。ドキュメンタリーは方法にしかすぎない。

——たしかに、あなたの映画はドキュメンタリー的な要素と方法にささえられているところが大きいように思います。

ルルーシュ　ということは、つまり、キャメラが独裁者であってはならないとわたしは思っているんだ。とくにキャメラはつねに俳優たちに自由をあたえ、そしてみずからも自由でなくてはならない。でなければ、真に自由な映像は生まれない。

——あなたにとって、理想の映画作家はだれですか？

ルルーシュ　わたしにとって理想の映画作家は、チャップリンとオーソン・ウェルズをミックスした存在だ。チャップリンの人間味とオーソン・ウェルズのテクニックを兼ねそなえることができたら、最高だ。

――ヌーヴェル・ヴァーグの映画作家たちについては、どう思いますか？

ルルーシュ　そんなにわるくは思っていないが、正直言って、あまり興味がない。ヌーヴェル・ヴァーグにも、もちろん、いくつか、例外的に、すばらしい作品もあるとは思うけど、わたし自身が心から共感できるものはなにもない。トリュフォーの作品はきらいではないけれども……。それに、ゴダールの初期の作品は好きだ。とくに、『カラビニエ』（一九六三）がすばらしい。ゴダールの最高傑作だと思う。しかし、その後の作品には首をひねらざるをえない。

――『はなればなれに』（一九六四）はどうですか？　あなたの『女と銃』に似た主題（不良少年たちの滑稽で悲惨な挫折の物語）ですけれども……。

ルルーシュ　『はなればなれに』……大きらいな映画だね。しかし、ほかの監督や作品についてきかれても、返事に困るんだよ。好きとか、きらいとかは言えるけど、いいとか、わるいとかは言えない。わたしは批評家じゃないからね。感覚的にはロベール・アンリコの映画が好きだね。ヌーヴェル・ヴァーグの連中はわたしよりも一世代年上だしね。それに、映画作りをめざしながら批評をやるって根性がきらいだ。

（初出、一九七六年、「友よ映画よ――わがヌーヴェル・ヴァーグ誌」、話の特集）

追記　クロード・ルルーシュは一九六八年、フランソワ・レシャンバックと共同で、第十回冬季オリンピックの記録映画『白い恋人たち』を撮ることになる。市川崑総監督による一九六四年の『東京オリンピック』が一九六五年のカンヌ国際映画祭に特別招待されたとき、ルルーシュは上映会にかけつけ、そのあとのパーティーで「すばらしい」と絶讃、「だが、もっとすばらしいオリンピック映画をつくってみせる」と豪語していたことを思いだす。

一九七四年には彼自身の原作・脚本・監督・撮影による『マイ・ラブ』という自伝的な映画を撮った。主人公の青年は、二十世紀という時代の流れを背景に「映画をめざして始まり、幸福をめざして終わる」一本の映画を企画している。それは、「ある愛が生まれる一瞬に世界のすべてを万華鏡のようにモザイクして描こうとする」野心作なのだが、『マイ・ラブ』はまさにその野心が見事に映画的なエモーションに昇華し、高められた、クロード・ルルーシュの最高傑作と言っていい快作だった。

マルセル・カルネ
『天井桟敷の人々』はこうしてつくられた

マルセル・カルネ監督にはできたらぜひ会いたいと思った。わが映画狂いを決定的にした一本と言ってもいい『天井桟敷の人々』（一九四五）の名監督である。詩人のジャック・プレヴェールの脚本・台詞による名作群、『おかしなドラマ』（一九三七）、『霧の波止場』（一九三八）、『日は昇る』（一九三九）、『悪魔が夜来る』（一九四二）、そして『天井桟敷の人々』をその頂点とするプレヴェール／カルネのコンビの活躍が「詩的リアリズム」と映画史家ジョルジュ・サドゥールによって名づけられることになるフランス映画の黄金時代を築いたことは周知のとおりだ。しかし、その後、日本では見られなかったが、戦後につくられた『夜の門』（一九四六）の興行的惨敗でコンビは解消、一九四九年の『港のマリー』ではジャック・プレヴェールの名前がクレジットタイトルから消え、映画もヒットせず、私がパリに滞在した一九六〇年代には、かつての「詩的リアリズム」の巨匠もすっかり忘れ去られたとまではいかずとも、ヌーヴェル・ヴァーグの余波、それもジャン＝リュック・ゴダール旋風が吹き荒れているさなかで、片隅に追いやられた感じだった。「カイエ・デュ・シネマ」誌はヌーヴェル・ヴァーグの拠点で、編集部の仲間もマルセル・カルネにはまったく興味を示さなかった。私は東京の大学に通っていたころから、ユニフランス・フィルム（フランス映画海外普及機関）極東代表部で働いていたこともあって、パリのシャンゼリゼ大通りにあったユニフランス・フィルムの本部に出入りしていたので、広報担当におねがいしてマルセル・カルネ監督に連絡をとってもらった。一九六五年の初め、「詩的リアリズム」時代の名キャメラマン、オイゲン・シュフタンの撮影でジョルジュ・シムノン原作、モーリス・ロネ、アニー・ジラルド主演の『マンハッタンの哀愁』を撮り終えた直後だった。そんなときに、新作にはかかわりなく、往年の栄光を偲ぶかのようにインタビューにうかがうのがちょっと後ろめたい気もしたが、五十九歳のマルセル・カルネ監督（一九〇六年生まれである）は、短い会見だったとはいえ、その小ぶとりで小柄な身体で、元気いっぱいに早口で陽気に思い出を語ってくれた。サンジェルマン・デ・プレ教会のすぐ近くのアパルトマンで（誰かと打合わせをしていたので、オフィスだったのかもしれないが）、教会の時を告げる鐘の音なのか、祈りを捧げる鐘の音なのか、奥深い響きが、いまも耳に残っている。

挨拶もそこそこに、こちらが質問をする前から、マルセル・カルネ監督はいきなり「蝿（ムーシュ）」というモーパッサンの短篇小説の映画化について語りはじめた。

カルネ　前々からの企画でね、ムーシュ（蝿）という渾名の可愛い娼婦と五人の男たちの、とても素敵な話なんだ。日曜日は日がな一日、男たちは彼女といっしょに仲よく小舟に乗ってセーヌ川で舟遊びをする。飲んで、おしゃべりをして、心地よく風に吹かれて、おたがいにいさかいを起こすことなく、男たちは五人がかりで一頭の競走用の愛馬を育てるみたいな感じでね。でも、みんな奴隷のように彼女に仕え、恋をしている。ある日、彼女が妊娠していることがわかっても、おたがいに「抜け駆けした奴はだれだ?」などと言い争ったり、いがみ合ったりすることなく、「父親がだれかを詮議詮索するのは無用」とばかりに五人とも共同責任で、生まれてくる子の「五人のパパ」になろうと決めて、彼女を安心させ、よろこばせるんだ。それほど魅力的な、可愛い女なんだ。どんな女優もこの役にはふさわしくない。それで、オーディションをやって、演技力のない素人でも、とびきり美人でなくても、茶目っ気のある、どんなに突拍子もないことをやっても愛嬌のある、愛くるしいお転婆娘を見つけたいと思っているんだ。

ところで、日本から『天井桟敷の人々』についての取材で来られたんだったね……(ところの用件を思いだしてくれたのをさいわい、いくつか用意してきた質問をさせてもらうことにした)。

——ずいぶん昔のことになるので申し訳ないのですが。『天井桟敷の人々』は時代を超えた名作でもあり、日本でも多くの人々に愛されてきたフランス映画なものですから、ぜひ監督にお会いしていろいろおうかがいできればと思いました。映画の完成と公開は第二次世界大戦直後の一九四五年ですが、大戦中の一九四三年から四四年にかけて、それもナチス・ドイツの占領中につくられた『天井桟敷の人々』です。フランス映画史上空前絶後と言っていいこのような大作を撮ることが、あの時代に、いったいどのようにして可能だったのでしょうか?

カルネ　ナチス・ドイツの占領下とはいっても、南仏《ミディ》は非占領地域だったんだ。ニースにはラ・ヴィクトリーヌという撮影所があって、多くの映画人が占領下のパリを逃れてニースの近辺に移り住んでいた。とくにユダヤ人や外国人は近郊の山奥に隠れて、ひそかに映画の仕事をつづけていたんだ。美術のアレクサンドル・トローネルや音楽のジョゼフ・コスマもそうだ。

――それで、『天井桟敷の人々』のクレジットタイトルには特別に「占領下で非合法協力」として「美術　アレクサンドル・トローネル」と「音楽　ジョゼフ・コスマ」の名前が出ているんですね。

カルネ　そうなんだよ。まさにレジスタンスの闘士たちのように地下にもぐって、山奥に潜んで、協力してくれたんだ。トロー（とわたしたちはトローネルのことをよんでいた）は本当に山奥の森のなかに住んでいた。そんな人里離れた所に大きな農家を改造したまかない付きの宿屋があってね。中年の女主人が若く美しい金髪の夫といっしょにきりもりしていた。もう一人、黒髪の若い美しいギリシア人の男が手伝いをしていたが、ニコという名だった。ヴァンサン（というのが若い金髪の夫の名だった）とニコは仲がよくて、いつも陽気に笑いこけながら、子供のようにじゃれ合っていた。それを見て、年上の女主人が嫉妬して機嫌が悪くてね、どなりちらしていたよ（笑）。ニコは戦後、解放後のパリに出て、サンジェルマン・デ・プレに「ラ・ローズ・ルージュ」という有名なキャバレーをつくった。

――ニコ・パパタキスですね？

カルネ　そう、ニコ・パパタキス、十代のアヌーク・エーメと結婚したニコ・パパタキスだ。

——南仏《ミディ》の山奥の森のなかに、なぜそんな宿屋があったのですか?

カルネ　なぜかは知らない。その前年(一九四二年)、『悪魔が夜来る』の冒頭のシーンを撮りに行ったときに、トローがその森のなかの宿屋を見つけたんだと思う。何かコネのようなものがあったんだろうけど、秘密に立ち入るのは禁物だったからね、とくに当時は。ジャック[・プレヴェール]はユダヤ人ではなかったが、脚本を書くために、その宿屋に移り住んだ。マルゴという秘書兼ガールフレンドといっしょにね。大きな宿屋だったが、客はトローとジャックとマルゴの三人しかいなかったな。

遠くて不便な所だったが、たしかに隠れ家としては安全な場所だったよ。わたしは毎日のようにその宿屋に行って、ジャックといっしょに脚本を書いた。台詞だけはジャックひとりで書いたが、シナリオ全体は最初から撮影台本としてこまかく具体的に二人で話し合って構成した。

——ジャック・プレヴェールとはいつ、どのようにして知り合われたのですか?

カルネ　わたしが長篇第一作『ジェニイの家』(一九三六)を撮るときだから、ずいぶんむかしのことになる。一九三〇年代の半ばごろ、ジャックはパリでグループ「十月《オクトブル》」というシュールレアリストの政治的前衛演劇集団の中心的人物だった。「十月《オクトブル》」というグループの名は[セルゲイ・M・]エイゼンシュテインの映画『十月』(一九二八)から採ったものだ。観客は労働者が中心だった。演劇といっても、舞台らしきものもなく、その場その時に自由にせりふを言い合うという感じの演劇集団だった。ジャックの不思議な魅力にあふれたせりふ、日常的な会話でありながら詩的で美しいせりふが躍動していた。わたしは『ジェニイの家』の台詞をどうしてもジャック・プレヴェールに書いてほしいと思い、会いに行って、それ以来の知り合いだ。

――シナリオはジャック・プレヴェールが書いたものではなかったのですね？

カルネ　シナリオはすでに出来上がっていた。お仕着せの企画だったからね。お仕着せでも、わたしには監督第一作を撮るチャンスだったんだ。それで、台詞だけでもジャックにたのもうと思ったんだ。

――ジャック・プレヴェールはその前から映画の脚本・台詞を書いていたのですか？

カルネ　もちろん。わたしが会いに行ったときも、ジャックはジャン・ルノワールの『ランジュ氏の犯罪』（一九三五）の脚本・台詞を書いたあとだった。会って話しはじめたとたんに意気投合してね、俳優の好みなんかもまったく同じなんだ。

――ジャック・プレヴェールの台詞による『ジェニイの家』が一九三六年、次いでプレヴェールの脚本・台詞による一九三七年の『おかしなドラマ』、三八年の『霧の波止場』、三九年の『日は昇る』、そして戦時中も『悪魔が夜来る』、『天井桟敷の人々』とジャック・プレヴェールとの名コンビによる「詩的リアリズム」の傑作が次々に生み出されるわけですね。

カルネ　とくに『霧の波止場』の大ヒットがコンビのきっかけになった。「詩的リアリズム」とはなかなかいい命名だよ。わたしのリアリズム感覚にジャックの詩的センスが合流して、それが「詩的リアリズム」になるわけだ。

――『おかしなドラマ』、『霧の波止場』、『日は昇る』と音楽はモーリス・ジョーベールですが、第一回監督作品『ジェニイの家』はジョゼフ・コスマの映画音楽の第一回作品でもありますね。

カルネ　シャンソンの作曲を依頼したんだ。モーリス・ジョーベールは最高の映画音楽家だったが、一九四〇年にパリの市街戦で流れ弾に当たって死んだ。くやしかったね。四十歳だった。コスマがそのあとを継ぐことになったが、ジョーベールのあの見事な悲劇の交響曲のような音楽が忘れられないな。

――モーリス・ジョーベールを失ったあと、ジョゼフ・コスマを音楽に補強して、「詩的リアリズム」は、監督マルセル・カルネ、脚本・台詞ジャック・プレヴェールのコンビに美術のアレクサンドル・トローネルも加えて一時代を築くわけですね？

カルネ　わたしたちは気が合った仲間が寄せ集まった一家《ファミリー》のようなものだった。ジャックがコスマを映画にみちびきいれた。コスマはトローと同じようにハンガリー人で、パリにやってくる前に、ベルリンで、ハンス・アイスラーとか、ベルトルト・ブレヒトの「三文オペラ」の作曲家クルト・ワイルと知り合って、大きな影響を受けた。ジャックはプラハでコスマと知り合って、コスマがパリに亡命してくる前から、よくコスマの話をしていたよ。

コスマは、わたしの『ジェニイの家』を担当する前に、ジャックの紹介でジャン・ルノワールの『ランジュ氏の犯罪』でフロレルが歌うシャンソン（作詞はジャックだった）を作曲したのが最初の映画の仕事だ。コスマはユダヤ人だったので、ナチの手がのびてくるのをおそれて、ハンガリーのブダペストからパリに逃れてきた。ところが、パリもナチに占領されてしまい、戦時中は非占領地域の南仏《ミディ》のカンヌに夫人のリリーとともに移ってきて隠れ住んだ。カンヌのカジノのオーケストラの指揮者、ジョルジュ・ムーケの家にかくまわれていたんだ。

――ジョルジュ・ムーケというのは、たしか、『天井桟敷の人々』のクレジットタイトルにも……。

カルネ そう、劇中劇を中心に作曲したのがジョルジュ・ムーケだ。ジャン＝ルイ・バローが演じたバチストの恋するピエロのせつなく美しいテーマはコスマだ。コスマは映画全体のテーマ曲も作曲した。コスマとムーケが合流してすばらしい音楽になったと思う。わたしは音楽の打合わせのためにコスマの隠れているカンヌのジョルジュ・ムーケの秘密の家に行き、脚本と美術の打合わせにジャックとトローが隠れ住んでいるニース郊外のトゥーレット・シュル・ルーの山奥に行き、大忙しだったよ（笑）。

――『天井桟敷の人々』のクレジットタイトルにはもう一人、モーリス・ティリエという名前が「音楽」に加わっていますね……。

カルネ モーリス・ティリエはわたしの友人で、交響曲の作曲家だ。『悪魔が夜来る』からずっと音楽にかかわっている。コスマの音楽は交響曲というよりジプシー音楽に近い。ティリエが管弦楽曲に書き直して映画のための交響曲にしたんだ。

――『天井桟敷の人々』のクレジットタイトルには、音楽の場合と同じように、美術のアレクサンドル・トローネルのほかにレオン・バルサックの名も記されていますね。劇中劇つまりパントマイム「古着屋」のほうの舞台の美術を担当されたのでしょうか？

カルネ いや、もっと重要な担当だ。トローが絵を描き、その美術設計にもとづいてレオン・バルサックがセットをつくるという連携作業だったからね。トローは一度も現場に来たことはない。そんなことは危険でゆるされなかったし、不可能だった。撮影所のなかにもゲシュタポが入りこんでいた。レジスタンスの闘士もいた。だれがゲシュタポで、だれがレジスタンスの闘士かはわからなかったが……。

『悪魔が夜来る』のときには、ジョルジュ・ワケヴィッチが現場のセットづくりを担当してくれた。『天井桟敷の人々』のときにはほかの仕事が入って、ジョルジュは参加できなかったが、さいわいレオン・バルサックがその役をひきうけてくれて大助かりだったよ。わたしといっしょに毎日のように山奥のトローの隠れ家に通って事細かに、克明に打合わせをしてね。

——パリ十九世紀の犯罪大通りのオープン・セットはすばらしいものですね。大通りを埋めつくす人波はエキストラの数だけでもすさまじい活気にみちています。

カルネ　犯罪大通りには千人から千五百人ものエキストラがうごめいていたよ。とくにラストのカーニバルのシーンにはどうしても二千人のエキストラが必要だった。大変な数だから、一日だけという条件で、プロデューサーのアンドレ・ポールヴェに承諾してもらった。オープン・セットは全長百六十メートルで、奥のほうの二十メートルはいわゆるトロンプルイユ（だまし絵）だったが、それでもエキストラの、動く人間の、群衆が必要でね。奥のほうは子供に扮装をさせてね、遠近法でずうっと遠くまで人で埋まっている感じをだした。もちろん、トローのアイデアでね。すばらしかったよ。

——衣裳デザインのマイヨはどんな経歴の人ですか。『天井桟敷の人々』の前にも映画の仕事をしていたのでしょうか？

カルネ　アントワーヌ・マイヨというのが彼の名前で、本職は画家だった。本格的な衣裳デザインは『天井桟敷の人々』が最初だったと思う。夫人がパリのオートクチュールのジャンヌ・ランヴァンの店《メゾン》のお針子のチーフで、そのつてで戦時中なのに映画の衣裳のための布地をたっぷり手に入れることができたんだ。『天井桟敷の人々』のあとも、マイヨはわたしの『夜の門』や『愛人ジュリエット』（一九五〇）や『嘆きのテレーズ』（一九五三）などの衣裳デザインもやっているよ。

——戦争中、非占領地域の南仏ニースのラ・ヴィクトリーヌ撮影所で活発にフランス映画の製作がおこなわれたようですが、どんな映画でも撮れたのでしょうか？　シナリオの検閲は当然ながらあったわけですね？

カルネ　もちろん、検閲は厳しかった。一九四〇年六月にパリが占領され、それからずっとナチス・ドイツの検閲があって、時事的な主題はすべて禁止されたので、わたしたちは現代ものは避けて、時代もの、コスチュームものに主題を求めざるを得なかった。ジャックとわたしはプロデューサーのアンドレ・ポールヴェと三本契約していたが、一本目が中世のお伽噺『悪魔が夜来る』で、これが大ヒットしたので、そのいきおいで『天井桟敷の人々』二部作を、二本分として、いっきょに撮ることになった。『悪魔が夜来る』の二倍はヒットする大作を、というのがプロデューサーからの注文だったよ（笑）。

——『天井桟敷の人々』のアイデアは俳優のジャン＝ルイ・バローから出たものだったそうですが……。

カルネ　そうなんだ。わたしとジャックは、『悪魔が夜来る』のあと、何をやろうかと考えあぐねていた。「長靴をはいた猫」とか、お伽噺を映画化するアイデアも出たが、これぞという決定的な名案が浮かばなかった。そんなある日、パリからやってきたジャン＝ルイ・バローに「英国人の遊歩道《プロムナード・デザングレ》」（というのはニースの海岸通りだ）でばったり出会い、三人でカフェに入って次から次へといろんな話をしているうちに、バチストの愛称で知られた十九世紀の有名なパントマイム役者ドゥビュローのことをジャン＝ルイ・バローが語りだした。パリの犯罪大通りを女連れで歩いていたドゥビュローに酔っぱらいがしつこくからんできたので、ドゥビュローは思わずステッキを振り上げ、酔っぱらいを殴り殺してしまった。裁判になり、名高いパントマイム役者が初めてしゃべるというので、パリ中のファンがつめかけたというんだ。これがヒントになった。ジャックは、じつは最初、あまり興味を示さなかったが、わたしがパリの図書館で犯罪大通りやパントマイム役者ドゥビュローや、アレクサンドル・デュマがその戯曲「キイン」を捧げたことで知られる舞台の名優フレデリック・ルメートルのことなどについてのくわしい資料を集めてくると、読み耽って、すっかり夢中になり、同時代の犯罪詩人ピエール＝フランソワ・ラスネールの存在を加え、女芸人ガランス、エドゥアール・ド・モントレー伯爵といった架空の人物などを創造し、すばらしいシナリオが出来上がった。ガランスの役には当初からアルレッティを考えていたと思う。ガランスの役はアルレッティのために書かれたんだ。

――犯罪詩人ラスネールの役も最初からマルセル・エランのために書かれたような適役でしたね？

『天井桟敷の人々』(1945)　©パテ/ユニフランス・フィルム/D.R.

カルネ　マルセル・エランのために書かれた役ではなかったにしても、脚本ができあがったところで、これはマルセル・エランの役だとジャックもわたしもすぐ、当然のように考え、プロデューサーのアンドレ・ポールヴェも賛同したので、わたしがパリに行ってマルセル・エランに直接会ってたのんだ。マルセル・エランは舞台の俳優だが、演劇史のことにくわしくて、犯罪大通りとその時代の版画のコレクションがある書店などいろいろ教えてくれたよ。

――バチストことドゥビュローの役には一時ジャック・タチを考えられたということですが……。

カルネ　まだパントマイム芸人だったころのジャック・タチをね。もちろん、バチストの役は、そもそもこの映画のアイデアを出したジャン＝ルイ・バローに決まっていたんだが、撮影直前にジャン＝ルイ・バローの舞台のほうの契約があって、一時はだれか代わりの俳優を考えなければならなくなって、当時ミュージック・ホールで人気のあったパントマイム芸人に目をつけた。それがジャック・タチだった。そのころのタチは、映画『ぼくの伯父さん』（一九五八）などのユロ氏のイメージとは似ても似つかぬ、細くてノッポのきまじめな人物でね。背の低いジャン＝ルイ・バローより、むしろ本物のバチストに近いイメージだった。結局、ジャン＝ルイ・バローの舞台の仕事のあとに映画の撮影に入ることになって、問題は解決したが、たしかに一時はジャック・タチをバチストの役に考えたこともあった。考えただけで、直接交渉したりしたわけではないけれども。

――一九四六年のクロード・オータン＝ララ監督の『乙女の星』に乙女（オデット・ジョアイユ

ー）が恋する幽霊の役で出ているジャック・タチは、たしかに、まだほっそりとした背の高い美男子なんですね。
カルネ　『乙女の星』よりも前だったからね。まさか、その後、彼が世界的な人気コメディアンになるとはだれも予測していなかった。
――『天井桟敷の人々』には、ジャン＝ルイ・バローのバチストの妻になるナタリーの役で、若いマリア・カザレスがデビューしていますね。
カルネ　そう、マリア・カザレスの映画初出演だった。まだ二十歳になるかならないかでね、とても緊張していた。声なんかふるえっぱなしだった。その感じをそのまま生かすようにしたんだ。緊張しているだけでういういしさと悲壮感がよく出ていたんでね。あの役は最初、マリー・デアが演じるはずだったんだ。
――マリー・デアは『悪魔が夜来る』のお姫様になった女優ですね。
カルネ　そう、彼女が舞台の仕事で出られなくなって、急きょ、若いマリア・カザレスが出ることになったんだ。マルセル・エランの紹介でね。舞台でもデビューしたばかりで、キャメラの前では緊張してふるえっぱなしだったな、彼女は（笑）。
――配役では、そのほか、古着屋ジェリコの役も最初はロベール・ルヴィギャンに決まっていたのが、対独協力者であることがバレて撮影中に逃亡してしまったので、急きょピエール・ルノワールで撮り直したということですが……。
カルネ　そのとおりだ。ピエール・ルノワールに急きょ引き受けてもらったのはよかったけど、ジュール・ベリがなぜ古着屋ジェリコの役を俺にやらせないんだと怒り狂ってね(笑)。

――ジュール・ベリは『悪魔が夜来る』で悪魔の大王を演じたものすごい俳優ですね。大変だったでしょうね(笑)。

カルネ そりゃ大変だったよ(笑)。じつはピエール・ルノワールの前に、ジュール・ベリを考えたことは考えたんだが、彼にもいろいろ問題があった。夫人がゲシュタポに通じていることがバレたりしてね。だれがだれだか、敵か味方か、本当にわからなくて、ひどい時代だったな。

――『天井桟敷の人々』は一九四四年の終戦、パリ解放の翌年、一九四五年三月に公開されて大ヒットを記録するわけですが、初の公開のときから、第一部(「犯罪大通り」)と第二部(「白い男」)をいっきょに上映したのでしょうか?

カルネ もちろんだ。シャンゼリゼ大通りのマドレーヌ座とコリゼー座の二館で公開されることになって、マドレーヌ座で第一部を、コリゼー座で第二部を、別々に公開するという話もあるにはあったけれども、しかし、二部作とはいっても一本の映画だからね、当然二部作いっきょ上映をわたしは主張した。しかし、入場料金は二本分、つまり二倍に(笑)、当時の四十フランから八十フランに値上げした特別料金でね。それでは高すぎて客がこないだろうと、みんな心配したものだが、二館とも五十四週、ということは一館なら一年を超えるロングランという大ヒットになったんだよ。


(一部初出、二〇〇〇年、「天井桟敷の人々」、ワイズ出版)

追記　マルセル・カルネは一九七五年にも「モーパッサンにしては明るい」主題の短篇小説「蠅（ムーシュ）」の映画化を「印象派の絵画のような」タッチで、「ヒロインにはオーディションで魅力的な女の子を見つけて」撮るつもりだと語っていたが、企画は結局実現しないまま、一九九六年十月三十一日、九十歳で亡くなった。

アラン・レネ

スペクタクル（見世物）としての映画の宿命

一九六六年、パリ滞在中に「共同通信」文化部の映画記者だった矢島翠さんから、ヌーヴェル・ヴァーグの監督たちが日本映画をどう見ているのかというテーマのアンケートを依頼された。黒澤明監督がアメリカ資本で「アメリカ映画」を撮る話題が沸騰しているころだった（『暴走機関車』から『トラ・トラ・トラ！』に至る黒澤明監督のアメリカ映画への進出は、周知のように、その後挫折してしまうのだが——）。

アラン・レネ監督には会ったことがなかったので、日本で知り合ったクリス・マルケル監督（一九六四年の東京オリンピックを取材に来日して『不思議なクミコ』という題になるドキュメンタリーを撮影中に知り合い、その後私はフランス政府給費留学生として渡仏し、パリでマルケルと合流して映画の編集に助手として協力した）を通じてアラン・レネ監督に紹介してもらった。クリス・マルケル自身は大のインタビュー嫌いでアンケートなどにももちろん応じてはくれないのだが、アラン・レネにインタビューできればすごくいい勉強になるからと言って親切に紹介の労を執ってくれたのである（クリス・マルケルとアラン・レネは一九五三年に『彫像もまた死す』という短篇ドキュメンタリーを共同で撮っている親友仲間である)。「電話で伝えといたから」と言うので、私はすぐ次のような矢島翠記者の設問を私なりにフランス語に訳して、できたら三十分ほどインタビューできればうれしいのですが……とアラン・レネ監督に手紙を書いた。

「国際性と民族性――その二つを結び合わせ、新しい生命を生みだそうとする試みは、いま映画の分野で最も強く推し進められているといっていい。日本映画も作品の輸出に続いて、各国との合作や黒澤明監督らの才能・技術の輸出で本格的な国際化の段階を迎えた。海外では、日本映画にどんな期待を寄せているだろうか。日本でもなじみの深いフランスのヌーヴェル・ヴァーグを中心とした監督たちに次の二点についてアンケートを求める。Ⓐこれまで見た日本映画についての感想を聞かせてください。どんな特質に、特に感銘を受けましたか? Ⓑ国際化の傾向について、そのプラスとマイナスの面をどう見ていますか?」というのがアンケートの企画文である。

クロード・ルルーシュのときと同じように、アラン・レネに会ったのも、ピエール・ブロンベルジェのプロダクションのなかの小部屋であったが、オフィスというより待合室のような感じで、ブロンベルジェは映画関係の仲間たちにいつでも自由に出入りできるようにしていたようだった。

一九六五年五月にアラン・レネ監督の長篇映画第四作『戦争は終った』(一九六五)がパリで公開されて好評だったこともあって、アラン・レネ監督は次回作の企画の準備などで多忙な日々を過ごしているらしく、その日も関係者のだれかと打合わせの約束をしていたようだった（たしか、ロンドンの上空の未来都市に迷い込んだ探偵を主人公にしたSF映画『ハリー・ディクソンの冒険』の映画化を企画していたはずだ）。

聡明で穏やかな人柄がにじみ出てくるような、静かで、ていねいな口調に感動し、恐縮しながら、急いでおずおずと質問をした。

——これまで見られた日本映画でどんな作品が印象的でしたか？

レネ　パリで見られる日本映画の数はたかが知れたもので、なぜもっと見られないものかと腹立たしいくらいですよ。その数少ない日本映画のうち、わたしの心に最も深く印象づけられたのは、まず、『東京物語』（一九五三）、『早春』（一九五六）、『一人息子』（一九三六）、『東京の合唱』（一九三一）など、小津安二郎の作品です。それも、つい最近、［一九六四年から六五年にかけてシネマテーク・フランセーズで日本映画の連続回顧上映が催されたときに］やっと見られた作品です。サイレント作品もトーキー作品もありますが、すべてサイレント映画のような印象です。トーキー作品の音楽なども、ドラマチックな映画音楽ではなく、サイレント作品の伴奏音楽のような単純なメロディーで、画面の流れにリズムを与えるだけ。

小津映画の魅力をひとことで言うのは不可能ですが、そのほとんどの作品の音楽的なリズム感はまったくユニークなもので、すべてが静かな動きのないもののように見えながら、じつはすべてが確実な生命の躍動感に息づいているのがすばらしい。セリフ（といっても、フランス

アラン・レネ

『ジュ・テーム，ジュ・テーム』（1968）　撮影中のアラン・レネ
提供©パルク・フィルム／D.R.

語の字幕なしで見たので、言葉の意味ではなく、リズムだけを感じ取ったということですが）、そして人物の目のまばたき、手の動き、すべての些細な身振りが、作品全体の旋律を構成する一つひとつの音符のような感じです。わたしの作品では、『ミュリエル』（一九六三）の画面構成や全体の流れに最も大きな示唆を与えてくれたのが小津映画です。レストランでテーブルを囲むシーンを演出するときなど、絶えず小津映画のシーンが頭のなかにありました。

――ジャック・リヴェット監督が、シネマテークの日本映画特集で小津作品をすべて見たのは「アラン・レネとわたしだけ」と言っていましたが……。

レネ　そうらしいですね（笑）。ジャック・リヴェットと顔を合わせるたびに、「きょうの小津もよかったね」「すばらしかったね」と挨拶を交わしては次の回の上映をたのしみにシネマテークに通いましたよ。

――エリック・ロメール、フランソワ・トリュフォー、ジャン゠リュック・ゴダールらの監督は溝口健二監督の映画にとくに熱狂しているようですが……。

レネ　もちろん溝口健二もすばらしいと思いますが、熱狂的に好きというほどではありません。むしろ、黒澤明のほうが好きです。いただいたお手紙のなかで、最近の世界的な現象として映画の国際化についての質問がありましたが、とくに黒澤明のアメリカ映画への進出は興味深く、刺激的な事件です。わたしは、日本で撮った『ヒロシマ・モナムール（二十四時間の情事）』（一九五九）の経験から、外国で映画を撮ることはほとんど不可能に近いと思っていましたが、ムッシュー・クロサワがもしアメリカ人のスタッフ・キャストで、それもアメリカ的なテーマで、アメリカ資本による完全な「アメリカ映画」に成功すれば、それは各国の映画作家にさらに大きな刺激になるだろうと思います。

ハリウッドはこれまで、外国から多数の映画作家を吸収してはだめにしてしまったけれども、もちろんジャン・ルノワールのような例外もあります。『南部の人』（一九四三）はアメリカ映画以上にアメリカ的な映画として傑作と言えるのではないかと思っています。ムッシュー・クロサワが第二のジャン・ルノワールたらんことを心からねがっています。ハリウッドでは、いまや、新しいアメリカの映画作家が育たないので、その穴埋めに各国から映画作家を引き抜いていますが（わたしもふつつかながらその一人となる予定ですが）、私たちも合作とか外国での撮影の困難やコンプレックスを克服すべきときなのかもしれない。

――黒澤明の映画ではどんな作品がお好きですか？　『羅生門』（一九五〇）、『七人の侍』（一九五四）、『隠し砦の三悪人』（一九五八）、『用心棒』（一九六一）といった時代劇が評判になり、最近、「カイエ・デュ・シネマ」誌などでも特集号を出しましたが……。トリュフォーはサムライの活劇は苦手だと言っていました。

レネ　わたしも同じです。時代劇よりも現代劇のほうが好きです。それも初期の黒澤作品が大好きです。とくに『素晴らしき日曜日』（一九四七）。結婚を決意した恋人たちが愛をたしかめ合う姿がとても純粋で美しいと思いました。同じように、今井正監督の『また逢う日まで』（一九五〇）にも心を打たれました。わたしが日本で撮った『ヒロシマ・モナムール（二十四時間の情事）』に出演してくれた岡田英次が出ているだけでとても感動しました。同じように岡田英次が好演している勅使河原宏監督の『砂の女』(一九六四)も最高でした。これはパリでも公開されました。この作品の映像の美しさにも感動しました。無機質の砂と官能的な女の皮膚が肌理細かくからみ合う映像感覚はここ五十年来の特筆すべき美しさと言ってもいいと思います。武満徹の音楽も世界最高の映画音楽のひとつでしょう。

『戦争は終った』の撮影中も、わたしはどのような場面構成をするか、どのような映像にするか、すべてについて『砂の女』を考えつづけていたほどです。とくに『戦争は終った』のベッドシーンには頭を悩ませていたのですが、『砂の女』がなかったら、わたしは勅使河原宏とまったく同じラブシーンをつくり上げていたかもしれない。

——『戦争は終った』のセックスシーンは果てしなく近づいて近づかないキャメラのゆるやかな前進移動が圧倒的な美しさでした。『去年マリエンバートで』(一九六〇)の庭園の彫像に果てしなくキャメラが近づいていくと「海が見えてくる」ところなどが想起されました。映画を撮られるときには、いつも他の作品のいろいろなシーンなどを頭に入れて画面をつくっていくのでしょうか?

レネ　いつもというわけではありませんが、日本映画でも、フランス映画でも、いろいろな作品のあのシーン、このシーンが心に残っていて、自分が映画を撮るときによみがえってくることがあります。とくに、ある状況、それも緊迫した状況におちこんだときに見せる男と女の愛のかたちほど、わたしの心を動かすものはありません。黒澤明の『素晴らしき日曜日』がそうだし、今井正の『また逢う日まで』もそうです。最近見たフランス映画で、わたしが最も羨望する作品はフランソワ・トリュフォーの『柔らかい肌』(一九六四)です。姦通という、ちょっとまちがったらいかがわしく滑稽になりかねないテーマを、すれすれのところで見事に感動的に描き切った真の傑作だと思います。あのように、あやうくデリケートな心理のゆらぎを、リアルな緊迫感あふれる画面に定着できるのは、トリュフォーだけですね。ある意味で最もヒッチコック的な映画とも言えるでしょう。

——フランソワ・トリュフォーもあなたの作品、とくに『ミュリエル』を最もヒッチコック的な映画だと絶讃していますね。『ミュリエル』には、ヒッチコックが登場しますね。引用というか……レストランの立て看板がコック姿のヒッチコックになっていました。『去年マリエンバートで』にも城館の奥のエレベーターの前の暗い片隅にヒッチコックの肖像の立て看板が見えました。ヒッチコックはお好きですか?

レネ もちろんです。ヒッチコックへのめくばせは軽い冗談のように、立て看板などをつくって、なるべくさりげなく、そっと画面の片隅に仕掛けてみたのですが、よく気がつきましたね。

——じつはトリュフォーにインタビューしたときに教えてもらったのです。

レネ そうでしたか。

——いい気になって余計なことを申し上げてすみません。ついでながらもう一つだけ……『ミュリエル』にはトリュフォーの『ピアニストを撃て』(一九六〇)のジョルジュ・ドルリューのピアノ曲がラジオから流れるシーンがありますね?

レネ 『ピアニストを撃て』は素敵《シャルマン》な映画でしたね。ジョルジュ・ドルリューのピアノ曲も軽快で、それなのにどこか物悲しくて、美しいメロディーでした。フランソワ・トリュフォーに直接電話をして、あの曲を使わせてほしいとたのんだことをよく憶えています。

――フランソワ・トリュフォーが長篇映画第一作『大人は判ってくれない』（一九五九）でカンヌ映画祭監督賞を受賞した年に、あなたの長篇映画第一作『ヒロシマ・モナムール（二十四時間の情事）』が同じカンヌ映画祭で国際映画批評家大賞を受賞して、ヌーヴェル・ヴァーグがぐっと盛り上がったものの、年齢の点でもキャリアの面でも、「あなたの遅すぎたデビュー」を好意的にではあるけれども嘆いた批評が多かったように思います。トリュフォーは二十代、あなたは一世代上だったわけですね。

アメリカの週刊誌「ライフ」（国際版）一九六〇年四月二十五日号で「新しい波《ニュー・ウェイヴ》」についての特集が組まれたときにも、アラン・レネはこんなふうに紹介されていた。

「現在、三十七歳のアラン・レネは『新しい波』のなかでは年長組に属する。その長篇処女作『ヒロシマ・モナムール（二十四時間の情事）』はマルセル・プルーストの小説やポール・エリュアールの詩に比肩すべき作品と評価された。『これからの映画は単にストーリーを語る機械であることをやめて、真に芸術的な表現手段になると思いますね』とアラン・レネは言う。『新しい波？　それは映画作家の新しい波というより、むしろ大衆としての観客の新しい波なのだと言うべきでしょう。観客の文化的許容度《レベル》は十年前よりもはるかに高く広くなっていますから』」。

レネ　たしかに、わたしは一九四八年から短篇映画を撮りつづけていて、長いあいだ長篇映画を撮ることができずにいました。一九五〇年代後半になってヌーヴェル・ヴァーグの気運が盛り上がり、長篇映画第一作『ヒロシマ・モナムール（二十四時間の情事）』を撮ることができたのは年齢的にも四十歳近く、若くはなかった。しかし、わたしは、一部の批評家に評されたように「長い下積み生活」をへてきたとは思っていないし、けっして「呪われた映画作家」ではなかった。短篇映画『夜と霧』（一九五五）のあと、アルゴス・フィルムのアナトール・ドーマンから日仏合作の長篇映画『ヒロシマ・モナムール（二十四時間の情事）』を撮る話をもちかけられたのも幸運でした。そう、たしかにわたしはゴダールやトリュフォーやシャブロルよりは年齢的にも一世代上だし、キャリアも古い。たしかに長篇映画へのデビューは遅かったけれども、しかしそれはヌーヴェル・ヴァーグの仲間たちと同時だったのです。クロード・シャブロルが最初にその口火を切った。もちろん、その前にアニェス・ヴァルダの『ラ・ポワント・クールト』（一九五四）があったし、ジャン＝ピエール・メルヴィルの『海の沈黙』（一九四七）もあったことは言うまでもありません。でも、まだ観客がいなかった。そうした新しい映画をうけいれる新しい観客がいなかった。真の新しい映画が、ヌーヴェル・ヴァーグが、はじまったのは、その意味では、クロード・シャブロルの『美しきセルジュ』（一九五七）からだと思いますね。

――観客がいなければ映画も生まれないし、存在することもできないということですね……？

レネ　それがスペクタクル（見世物）としての映画の宿命だと思います。もちろん、映画をつくる側も観客を刺激しなければならない。観客（それは大衆の名で呼ばれる）はすでに知っているものを見たがるだけでなく、未だ見たことのないものを知りたがる存在なのです。しかし、文学や哲学は三十年後、四十年後に理解されるものであってもいいけれども、映画はすぐその場で理解されなければならない。だから、映画作家はあまりに先走りすぎてはならない。観客に未だ見たこともないものを認識させることは容易なことではないと思います。ジャン・ルノワールの『ゲームの規則』（一九三九）がいま、一九六五年につくられていたら、七十万人もの観客を動員できただろうと思うけれども、事実は一九三九年に七千人足らずの観客で満足しなければならなかった。単に時代の問題というばかりでなく、観客の許容度と映画作家の創造力とのバランスはいつもぎくしゃくしたものなのです。観客すなわち大衆の好みには波があって、わたしたちの創造力はそのリズムになかなか乗っていけない。映画が見世物《スペクタクル》である以上、早めにすべてを陳列して見せなければならない。

――『ヒロシマ・モナムール（二十四時間の情事）』はマルグリット・デュラスに、『去年マリエンバートで』はアラン・ロブ＝グリエに、『ミュリエル』はジャン・ケロールに、そして『戦争は終った』はホルヘ・センプルンに、映画のシナリオをいつも文学者に、小説家に、依頼しているのはなぜでしょうか？

レネ　なぜと問われても困るのですが、わたしはただこれらの作家のスペクタクルの素質に魅せられ、そのスペクタクル性を映像化しようと思ったのです。小説家だからというだけではないのですが、これらの作家はすぐれたストーリー・テラーであり、その面でわたしよりもはるかに才能がある。だからこそ、わたしは彼らにシナリオを書いてもらったのです。それも、映画のためのオリジナル・シナリオを書いてもらったわけです。これらの作家なしにはわたしの映画はあり得なかったと言ってもいいでしょう。そうですね……わたしと彼らの関係は、『悪魔が夜来る』（一九四二）や『天井桟敷の人々』（一九四五）の脚本家ジャック・プレヴェールと監督マルセル・カルネのコンビのようなものです。プレヴェール／カルネ作品があったように、デュラス／レネ、ロブ＝グリエ／レネ、ケロール／レネ、センプルン／レネの作品があるということです。わたしはつねに演出家（metteur en scène）、つまりテクニシャンにすぎません。シナリオのすばらしさを映像に移しかえるのがわたしの仕事なのです。

――カフカの小説「城」の映画化をことわられたとのことですが……。

レネ　カフカの映画化の話は何度かありましたが、ことわりました。映画化は不可能だと思われたのです。芸術、文学のすべてがスペクタクルというわけではもちろんありません。ジョルジュ・バタイユやヘンリー・ミラーやアンドレ・ブルトンはスペクタクルの範疇に入らない文学です。これらの文学の映画化すなわちスペクタクル化は絶対不可能でしょう。カフカもそうです。カフカの「審判」を映画化したオーソン・ウェルズの作品（『審判』、一九六二）をごらんになりましたか？　オーソン・ウェルズだからこそ、あそこまでできたとは思うのですが、それでもやはり、わたしはウェルズが彼自身の物語を語るときのほうがずっとすばらしいと思うし、そのほうが好きです。

――どんなきっかけから、映画を志したのでしょうか？

レネ　十代のとき、まだパリに出てくる前ですが、ブルターニュ地方のヴァンヌという町にいて、ある女性の批評家がジャン・コクトーの『詩人の血』（一九三二）をこきおろしているのを読んで見に行き、このすばらしい映画に熱狂し、「呪われて」もなおかがやいている何かを感じ、自分も映画を撮ろうと決心しました。だからといって、『詩人の血』のような映画をつくろうと思ったわけではありませんが……。その後も、アベル・ガンスやシュトロハイムやロベール・ブレッソンの映画を見るたびに抑えがたい映画への衝動を感じましたが、もちろん彼らと同じような映画をつくろうと思ったわけではありません。パリのシネマテークでは映画の最も初期の名作、D・W・グリフィスやチャップリンのサイレント映画を見て、そのつど大きな刺激をうけました。ジャン・ルノワールの『女優ナナ』（一九二六）を見たときには、「これだ、これこそわたしのつくりたい映画だ」と心のなかで叫んだものです。しかしまだ『女優ナナ』のような映画をつくることはできずにいますが……。

（初出、一九六七年、共同通信／再録、一九七六年、「友よ映画よ――わがヌーヴェル・ヴァーグ誌」、話の特集）

追記　アラン・レネはその後も、『薔薇のスタビスキー』（一九七四）、『プロビデンス』（一九七七）、『アメリカの伯父さん』（一九八〇）、『人生は小説』（一九八三）、『死に至る愛』（一九八四）、『メロ』（一九八六）、『お家に帰りたい』（一九八九）等々といった「難解な」問題作を撮りつづけるかたわら、『恋するシャンソン』(一九九七)、『巴里の恋愛協奏曲《コンチェルト》』(二〇〇三)のようなミュージカル・コメディーさながらの軽快で特異な作品も撮り、フランスを代表する映画作家としての地位を確固たるものとして、二〇一四年三月一日、九十一歳で死去。AFP通信は「フランスのヌーヴェル・ヴァーグの先駆けとなった映画監督」の死を以下のように伝えた。

「1922年、フランス生まれ。『ヴァン・ゴッホ』で49年、米アカデミー短篇映画賞。55年、ナチのユダヤ人虐殺を主題にしたドキュメンタリー『夜と霧』で注目される。59年、原爆の記憶が残る広島を舞台に、フランス人女優と日本人建築家の愛を描いた『二十四時間の情事(ヒロシマ・モナムール)』で長篇映画に進出。61年、『去年マリエンバートで』でヴェネチア国際映画祭の金獅子賞を受けた。

　思索的で難解な作風で知られる。晩年まで撮り続け、今年(2014年)のベルリン国際映画祭では遺作になった新作『愛して飲んで歌って』で、つねに革新的な境地を開拓してきた映画作家としてアルフレッド・バウワー賞を受けた」(パリ)。

ジャン=リュック・ゴダール

映画は撮れるものなら、どこで撮ったっていいではないか

一九六六年十月には、共同通信（矢島翠記者）からの依頼による日本映画についてのアンケートを、アラン・レネにつづいてジャン=リュック・ゴダールにもおこなうことができた。「カイエ・デュ・シネマ」誌の編集部（シャンゼリゼ大通りの下のほうの裏通り、クレマン・マロ街にあった）に出入りしているうちに、ばったり出会って、ほとんどぶっつけ本番という感じで二、三の質問をさせてくださいとおねがいした。無礼と不躾けを許容してくれたのはありがたかったのだが――

――日本映画についてのささやかなアンケートなのですが、最も敬愛されている溝口健二を中心に、日本映画のどんな特質にとくに感銘を受けましたか？

ゴダール　わたしはこれまで、とくに「日本映画だから」というような考えで作品を見てきたわけではないし、そのようなことにはまったく興味がない。たしかにわたしは溝口健二を敬愛し、世界最大の映画作家の一人だと確信しているけれども、彼の作品がはたして日本映画の特

質を代表するものなのかどうかまったくわからないし、そんな点には少しも関心がないということだ。だから、これまで見てきた日本映画の総合的な評価など無意味であると思うので、お答えすることはできない。

——溝口健二の映画的感覚について、たとえば「ワンシーン＝ワンカット」の手法について、どのようにお考えですか？

ゴダール　溝口健二は、カール・ドライヤーのように、真に現代的な芸術家で、その秘密を解明することは不可能だと思う。

——溝口健二を追悼するすばらしい評論（「アール」紙、一九五八年二月第656号）のなかで、その「ワンシーン＝ワンカット」の手法も単にテクニックの問題として解決がつかない、「それは人生を一瞬のまばたきのあいだにとらえて生きようとする貪欲な、狂おしい情熱のようなものを感じさせる」と書かれていますね……？

ゴダール　そう。

——いま、黒澤明がアメリカ資本とアメリカのスタッフ・キャストで「アメリカ映画」を撮る話題が世界的に注目されていますが、才能や技術の輸出入による映画の国際化についてはどのようにお考えですか？

ゴダール　映画の国際化はなにもいまさら始まったことではないし、ことさら騒ぎ立てるのもおかしい。撮れるものなら、どこで撮ったって同じことではないか。

あまりにつっけんどんで取り付く島もなかったのだが、なんとか答えてくれただけでもよかった。

ゴダールは、相手の知性の度合いによって、ひどく饒舌になったり、寡黙になったりする。バカな質問などすると急にしらけてしまって、はっきりと、強烈に、意地悪く、というより攻撃的になって、相手のバカさかげんを軽蔑する。せせら笑うのではなく、怒るのである。こんなバカがいることがゆるしがたいとばかりに怒りだすのである。「カイエ・デュ・シネマ」誌の連中もみな、そんなゴダールをおそれているようだった。編集部がゴダールにインタビューをするときにも、四人、五人とみんな集合して質問をあらかじめ用意して挑んでいたくらいだ。

そんな恐怖のゴダールに私は畏れ多くも再度インタビューを申し込んだ。一九六七年一月末、ゴダールが『彼女について私が知っている二、三の事柄』と『メイド・イン・ＵＳＡ』を二本同時撮影したあとだった。『彼女について私が知っている二、三の事柄』の広報担当だったパルク・フィルムの知り合いの女性（一九六六年にジャック・ドゥミ監督の『ロシュフォールの恋人たち』のロケ取材のときにお世話になったニコル・ルスタロ女史）を通じてゴダールに会見を申し込み、ふたたび「カイエ・デュ・シネマ」誌の編集部で会うことになったところまではよかったのだが……。奥の小部屋で小型のテープレコーダーを回したものの、とてもインタビューなどといったものにはならなかった。

――『メイド・イン・USA』と『彼女について私が知っている二、三の事柄』を二本同時進行で撮られたとのことですが……。

ゴダール　一方は午前中に、もう一方は午後に撮った。

――『メイド・イン・USA』は、ハワード・ホークス監督の『三つ数えろ』（一九四六）のハンフリー・ボガートの役（私立探偵）をアンナ・カリーナに演じさせた政治的犯罪映画だというようなことを「ルモンド」紙のインタビューで語っておられましたが……。

ゴダール　そう。

――フランソワ・トリュフォーはあなたの作品を「感情を描いた映画」と「観念を描いた映画」に分類し、『勝手にしやがれ』（一九五九）、『女と男のいる舗道』（一九六二）、『軽蔑』（一九六三）は「感情を描いた映画」の系列に、『小さな兵隊』（一九六〇）、『女は女である』（一九六一）、『カラビニエ』（一九六三）は「観念を描いた映画」の系列に分けているのですが、たぶん『彼女について私が知っている二、三の事柄』は「観念を描いた映画」の系列に入ると思います。『メイド・イン・USA』はどちらの系列に属しますか？

ゴダール　『小さな兵隊』の物語のなかで展開される『女は女である』と言っていいだろう。『気狂いピエロ』（一九六五）と同じだよ。

――フランソワ・トリュフォー監督の『華氏451』（一九六六）について、トリュフォー自身は反《アンチ》『アルファヴィル』（一九六五）的な映画だと語っていますが……。

ゴダール　わたしはそうは思わない。たしかに『華氏451』は『アルファヴィル』よりSF

的要素が稀薄な作品だが、それはもっとリアリズムの濃い映画というだけのことだと思う。トリュフォーは『華氏451』でSF映画を撮ろうとしたわけではない。

――『アルファヴィル』はSF映画として撮ったものですか？

ゴダール そう。

――『キリストの生涯』という映画を撮る企画はどうなりましたか？

ゴダール たぶん来年撮ることになる。

――今年はなにか撮りますか？

ゴダール 『中国女』を撮る。

――どんな映画ですか？

ゴダール 「毛沢東語録」を読んでいる女子大生についての映画だ。

――モーパッサンの短篇小説「ポールの恋人」を映画化するという企画はどうなりましたか？

ゴダール それが『男性・女性』(一九六六)になった。

――「カイエ・デュ・シネマ」誌はクロード・ルルーシュを「ゴダールの無節操な亜流」ときめつけましたが、あなたご自身はルルーシュをどのようにみなしていますか？

ゴダール 感じのいいやつだ。彼のつくる映画は好きじゃないが、人間はいいやつだよ。

――ルルーシュによれば、キャメラを持たない映画監督なんてナンセンスだということですが……。キャメラのファインダーをつねに自らのぞいていなければ正確な演出はできないとつねにキャメラを自ら回していますね。映画はキャメラだ、と……。

ゴダール　しかし、ひとりでなんでもできないからね。キャメラのファインダーをいつものぞいていると、ほかのものが見えなくなる。わたしは全体をながめていたい。

――テレビに興味はありますか？

ゴダール　ある。

――映画とテレビの差はなんですか？

ゴダール　どちらも同じだ。どちらも映像と音だ。

――テレビの仕事をやる予定はありますか？

ゴダール　いまのところは、ない。いまのところは、必要を感じない。

――映画を撮りつづけているので、テレビに用はないということでしょうか？

ゴダール　そうではない。映画をやっている連中があまりにも無知で愚劣で、テレビが映画と同じものだということに気づいていないからだ。テレビでは二千万人の視聴者を獲得できる。これまで二千万人もの観客を動員した映画はない。そのことを考えるべきだ。

ゴダールにはその後も何度か会えるチャンスがあったけれども、いつも怯えのほうが先立って怖気づいてしまい、これ以上「インタビュー」をする勇気がなかった。

（一部初出、一九六七年、共同通信／再録、一九七八年、「友よ映画よ――わがヌーヴェル・ヴァーグ誌」、話の特集）

1968年５月…エリック・ロメール（左）とジャン＝リュック・ゴダール　提供©ジャン＝ピエール・ビエス／シネマテーク擁護委員会／D.R.

バルベ・シュレデール

エリック・ロメールとともに――「六つの教訓物語」はこうして生まれた

一九七〇年代になってもエリック・ロメールの映画が日本では一本も公開されていないと聞いて、フランソワ・トリュフォーはおどろき、「不当すぎる」と言って憤慨していたものだ。

エリック・ロメールは、ジャン＝リュック・ゴダールやクロード・シャブロルやトリュフォーよりも年齢的に一世代上というばかりではなく（ロメールは一九二〇年生まれ、ゴダールとシャブロルは一九三〇年生まれ、トリュフォーは一九三二年生まれ）、だれよりも早く――ひそやかに――ヌーヴェル・ヴァーグの旗上げをしたパイオニア的な映画作家であった。ジャック・リヴェットやゴダールは、一九四九年ごろ、エリック・ロメールが主宰していたシネクラブ（「シネクラブ・デュ・カルチエ・ラタン」）の常連で、その会報（「ラ・ガゼット・デュ・シネマ」紙）に初めて映画批評を書いた。そして、ロメールにみちびかれて、ヌーヴェル・ヴァーグの牙城になった「カイエ・デュ・シネマ」誌のグループに入ったのだった。

一九五一年からロメールはアンドレ・バザン、ジャック・ドニオル＝ヴァルクローズとともに（一九五八年にアンドレ・バザンが病死のあとはジャック・ドニオル＝ヴァルクローズと共同で）「カイエ・デュ・シネマ」誌の編集長をつとめるかたわら、16ミリの自主製作映画に手を染め、その最初の短篇映画の一本『紹介あるいはシャルロットと彼女のステーキ』（一九五二）ではジャン＝リュック・ゴダールが助監督および俳優としてデビューした。

「なんといっても、16ミリの巨匠は、文句なしに、エリック・ロメールだった」とフランソワ・トリュフォーは書いている。「それはエリック・ロメールから始まった」とクロード・シャブロルも述べている――「ロメールが最初に16ミリで短篇を撮り始めた。そこからヌーヴェル・ヴァーグは始まったのだ」と。

一九五九年、すでに『美しきセルジュ』（一九五七）と『いとこ同志』（一九五八）を撮って成功し、プロダクション「アジム・プロ」を設立していたシャブロルの製作で、エリック・ロメールは長篇映画第一作『獅子座』（一九五九）を撮るが、興行的には惨敗。以後、ずっと長篇映画を撮れずに自主製作の短篇映画を撮りつづけていたが、そこへ現われたのが、バルベ・シュレデールという映画批評家出身の若いプロデューサーであった。一九四一年イランの首都テヘランに生まれたドイツ人で、大阪万国博でおこなわれた「'70日本国際映画祭」に自ら監督した第一作『モア』（一九六九）を出品して来日した。ただし、映画の国籍がルクセンブルクということで、フランスの代表団のメンバーではなく、新聞ではバルベット・シュローダーという名前で紹介されていた（現在もその名前でアメリカ映画を作りつづけている）。

バルベ・シュレデールは、「カイエ・デュ・シネマ」誌の批評家だった時代にエリック・ロメールを知り、ゴダールを知った。ゴダールの『カラビニエ』（一九六三）では助監督をつとめ、マリオ・マーゼ扮するユリシーズがマセラッティの販売店にやってくると、この車は高いんだ、と言って応対する店員の役で出演もした。エリック・ロメールの短篇映画にも出演している。

ゴダールとエリック・ロメールがシュレデールの最も敬愛する師となるわけだが、ゴダールがヌーヴェル・ヴァーグの旗手となる一方、ロメールは主流から取り残された恰好になった。そのロメールのプロデューサーとしてバルベ・シュレデールは、エリック・ロメールとともに孤高の道を歩み始めるのである。一九六二年にロメールと共同で独立プロ「レ・フィルム・デュ・ロザンジュ」を設立（ロメールは一九六三年、「カイエ・デュ・シネマ」誌の共同編集長の地位をジャック・リヴェットに譲る）、バルベ・シュレデールは「六つの教訓物語」と題するロメールのオリジナル・シナリオにもとづくシリーズを、まず16ミリで製作する。「六つの教訓物語」シリーズが35ミリ作品で撮られて商業ベースにのり始めたのは、第三作『コレクションする女』（一九六七）からである。その間に、シュレデールは、ゴダール、シャブロル、ロメール、ジャン・ルーシュらによるオムニバス映画『パリところどころ』（一九六五）を製作した。

一九七三年に東京でおこなわれたユニフランス・フィルム（フランス映画海外普及機関）主催の「フランス映画の夕べ」にエリック・ロメールの『愛の昼下がり』（「六つの教訓物語」シリ

ーズ第六話、一九七二）が上映され（エリック・ロメールが日本で初めて紹介されたのがこのときで、そのころ私はユニフランス・フィルムの仕事をしていて、『愛の昼下がり』の日本語字幕を翻訳した）、そのプロデューサーとしてバルベ・シュレデールがやって来た。パリで一度会ったことがあるのだが、「カイエ・デュ・シネマ」誌の仲間たちといっしょで個人的にゆっくり語り合ったことがなく、ぜひこの機会にエリック・ロメールの話を聞きたいと思った。ロメールは人も知る人ぎらいで、めったに人前に顔をだすことがないし、ごく少数の親しい友人だけがモーリス・シェレル（というのがエリック・ロメールの本名だった）の住所と電話番号を知っているだけだった。

「六つの教訓物語」は第一話『モンソーのパン屋の女の子』（一九六二）、第二話『シュザンヌの生き方』（一九六三）、第三話『コレクションする女』、第四話『モード家の一夜』（一九六八）、第五話『クレールの膝』（一九七〇）、第六話『愛の昼下がり』からなるシリーズだが、一話ずつ完結しており（一話ごとに主人公もちがう）、第一話は二十六分の短篇、第二話は一時間の中篇、第三話から一時間以上の長篇になる。第三話、第五話、第六話がカラー作品である。このシリーズのことから、バルベ・シュレデールに質問をしてみた。

――エリック・ロメールの「六つの教訓物語」シリーズの製作は、どのようにして進められたのでしょうか？

シュレデール　この六話は、いわゆるシリーズではなく、同一のテーマをめぐってそれぞれ独

『六つの教訓物語』／第一話『モンソーのパン屋の女の子』（1963）　ミシェール・ジラルドンとバルベ・シュレデール（右）　©レ・フィルム・デュ・ロザンジュ／D.R.

立した作品ですが、第一話の『モンソーのパン屋の女の子』の製作を開始したのは、一九六三年で、エリック・ロメールがまだ「カイエ・デュ・シネマ」誌の編集の仕事をつづけていたころでした。わたしは、プロデューサーというだけでなく、助監督でもあり、また俳優として出演もしました。そのほうが安上がりだったからで、実際、わたしたちは、信じがたいほどの低予算《コスト》で、16ミリ、白黒で撮ったわけです。わずか三百ドルか四百ドルぐらいの製作費で撮影を始めました。当然、編集や録音の経費は借金というかたちになってしまった。第二話の『シュザンヌの生き方』も、やはり16ミリの白黒作品で、金ができたときにキャメラを借りては撮るというぐあいだったので、撮影にかれこれ一年をかけ、そのつどちがうキャメラで撮るという有様でした。もちろん、セット撮影などできるはずもなく、よくカフェのテラスなどを利用して撮ったのですが、そのカフェを借りきるだけの予算もないので、「カイエ・デュ・シネマ」誌の同人たちを総動員して、お客になってもらい、しかもコーヒー代やビール代も各自もちだしという、思えばずいぶんケチった撮影をやったものでした。

——短篇映画の配給ルートはフランスではかなりあるわけですね？

シュレデール あるにはあるのですが、ものがものだけに、容易ではなかった。ドキュメンタリーとかアニメーションなら、わりに配給ルートにのりやすいのですが、劇映画であるうえに、きわめてプライベートなテーマの作品なので、これはどこかの映画祭に出品して賞でももらわないことにはだめだと思い、トゥール短篇映画祭に応募してみたのですが、第一話、第二話とも、第一次予選で見事にふるい落とされてしまうといった有様。しかし、なんとかがんばって、やっとテレビに売りつけることに成功したのです。わずかな金額ではあったけれども、この金で、わたしたちは第三話の『コレクションする女』にとりかかることができたのです。一九六七年のことです。たしかに、わたしがプロデューサーではあったけれども、エリック・ロメールがコツコツとためていた貯金がなかったら、とてもできなかったと思います。それにしても予算は充分ではなく、ともかく撮影を開始したものの、その間にわたしは資金の調達に奔走したわけです。

第四話の『モード家の一夜』は一九六九年の作品で、プロの俳優を起用しなくてはならなかったので、そのギャラの分だけ、製作費がかさむことになった。つまり、ジャン＝ルイ・トランティニャンとフランソワーズ・ファビアンとマリー＝クリスチーヌ・バローには正当の支払いをしなくてはならないし、それに、映画人組合《ユニオン》の規約上、無理な撮影を進めることはできなかった。でも、ともかく、わたしたちは十人のプロデューサーをまるめこんで、共同製作にもちこむことに成功したわけです。この作品はハリウッドがヨーロッパ支局を設立したばかりのコロムビア映画に見せたところ世界配給権を買ってくれたので、助かりました。その後は一九七〇年に第五話の『クレールの膝』、そして一九七二年に第六話『愛の昼下がり』と順調に製作を進めることができました。

――「教訓物語」の教訓の意味とは何でしょうか？

シュレデール　エリック・ロメールが長いあいだ大事にあたためていた題材で、二十五年まえに、まず小説として書くつもりだった。この六篇は、いずれも、同一のテーマをめぐる作品で、それは、ひとりの男の人生の選択、ふたりの女のあいだの迷いと決断の物語です。たぶんこのテーマのゆえに、この作品群はマルキシズムの信奉者にもカトリシズムの信奉者にも称讃されることになったのではないかと思うのです。男の人生のある曲り角で、迷いの果てに決断に至るまでの男の心のドラマが、映画のアクションの根底になっています。「教訓物語《コント・モラル》」の「モラル」というのは、じつは、道徳とか教訓の意味ではなく、心理、心の動き、精神の葛藤といった意味なのです。だから、「心理劇」と言ってもいいかもしれない。つまり、ひとりの男がふたりの女のあいだで迷い、苦しむ心理の分析がテーマなのです。第一の女は、彼がやがて結婚すべき女、つまり彼の生涯の女であり、第二の女は、彼の心をまどわす官能的な誘惑者である。男は情熱の波に流されて、底なしの渦に巻き込まれるすれすれのところまでいくけれども、やっともちこたえる。つまり、男はけっして第二の女と寝ることはない。当然、男の欲望は充足されないから、激しい抑圧のなかで、男は苦悩する。その官能的な抑圧と苦悩の果てに、男は第一の女を選んで結婚する。第六話の『愛の昼下がり』においては、このテーマの図式が最も明確なかたちになっている。というのも、第一の女がすでに結婚した女、男の妻であるからです。

——『愛の昼下がり』の主人公（ベルナール・ヴェルレー）は若いブルジョワで、彼を誘惑する女（ズズ）に「あなたもブルジョワだったら、ブルジョワらしくしなさいよ」と言われるところがあるのですが、そういえば、このシリーズの主人公はみなブルジョワですね？

シュレデール　わたしが思うに、『愛の昼下がり』の主人公がブルジョワなのは、単に外見にすぎない。郊外に自分の家を持ち、妻がおり、子供があり、つまり幸福な家庭があり、そして、パリ市内に自分の事務所を持って、きちんとした仕事がある。要するに、これは、労働者をのぞく九十パーセントのフランス人の生活の外見なのです。女が男に「あなたもブルジョワだったら、ブルジョワらしくしなさいよ」というのは、つまり、ブルジョワの安定した生活のなかでは、男のなすべきことは女房を裏切ることぐらいしかないのだからということです。それも、自分の生活を乱すことなく女房を裏切ることがフランスのブルジョワ男の信条なわけです。しかし、『愛の昼下がり』の主人公は、妻を裏切らない。彼は、たしかに、外見こそブルジョワ、すなわち平均的フランス人に似ているけれども、じつは、ブルジョワというよりもアヴァンチュリエ、愛の冒険家、と言うべきです。彼は、ブルジョワとはちがって、冒険《アバンチュール》に身をのりだし、官能の嵐の渦中で苦悩する。しかし、大波にもまれて沈没しそうになる船の船長さながら、危険から脱するわけです。その意味では、エリック・ロメールの「教訓物語」は、愛の冒険映画とも言えるのです。放蕩の映画と言ってもいいかもしれない。その官能的な心の冒険を、ロメールは、六本の連作において、ときには学生たちのなかで（『モンソーのパン屋の女の子』『シュザンヌの生き方』）、ときには当世風の若者たちの世界で（『コレクションする女』）、ときには地方都市の技師たちの世界で（『モード家の一夜』）、ときには避暑地の外交官たちの世界で（『クレールの膝』）、ときにはパリの若い実業家を主人公に（『愛の昼下がり』）、さまざまな社会環境に設定して、描いているわけです。音楽でいえば、同一の主旋律のさまざまな変奏みたいなものです。

――プロデューサーあるいは助監督としてあなたはエリック・ロメールのシナリオに協力して

いますか？

シュレデール　いや、ロメールは、彼のシナリオを、各作品ごとに、そのヒロインと長い対話とつきあいをつづけることによって書いたのです。『モード家の一夜』は別格ですが、他の五作品はすべて、特定の女（実際『モード家の一夜』以外のヒロインは女優ではなく本人が演じています）のために書かれたものなのです。したがって、シナリオを書き始めるまえに、ロメールは、ズズ（『愛の昼下がり』）とかハイデー・ポリトフ（『コレクションする女』）などと語り合って、そこからヒロインのイメージやせりふをひきだしたわけです。

——「六つの教訓物語」はエリック・ロメールの私映画というか、自伝的な要素の濃い作品であるわけですね？

シュレデール　もちろん、これら六作品の主人公にエリック・ロメール自身が反映していることはまちがいないでしょう。しかし、私映画とは言いがたいと思います。むしろ、エリック・ロメールが愛した女たちの物語そのものが映画をささえていることのほうが重要ですね。

——どの作品にもすごくなまなましいリアリティがありますね。

シュレデール　そうなのです。主人公の男はロメール自身の代役なので、いうなれば、どの男優でもいいわけですが、その相手役の女、とくに主人公を誘惑する第二の女の役だけは、ロメールが愛したその当の女だけしか演じることができない、そういうなまなましさを持っています。しかし、だからといって、ロメール自身がズズやハイデー・ポリトフと「関係」を持ったということではないのです。ロメールは女と肉体を交えることがない。すべてが官能的な想像力の産物なのです。

――俳優（あるいは素人の場合もあるので、単に人間と言ってもいいのですが）に人物《キャラクター》を演じさせるのではなく、むしろ逆に俳優のなまのイメージから人物《キャラクター》をつくりあげていくというのは、ゴダールやトリュフォーの方法にもつながるヌーヴェル・ヴァーグの基本的な映画作法と言えますね？

シュレデール　そうです。とくにロメールとゴダールは、その点で最も似ています。作品の質はまったくちがいますが、自己に最もきびしい映画作家なのです。ヌーヴェル・ヴァーグの方法は即興だとひとくちに言われているけれども、ゴダールやロメールの即興は深い熟考の結果生まれた即興なのであって、その場の偶然の思いつきとはちがいます。むしろ、明確な考えやイメージができあがっているからこそ、現実の状況にすばやく柔軟に反応できるのだと言えるでしょう。即興で、その場で思いついたことをなんでも撮るというのではなく、現実の状況の変化に応じて人間を生かし、映画のイメージをふくらませ、主題を明確にしていくのです。だから、ロメールは余計なカットをまったく撮らない。これはとりあえず撮っておこう、そして編集のときに考えよう、といったような撮りかたはけっしてしない。本番撮影ではテイク2とかテイク3はほとんどありません。『コレクションする女』のときに回したネガフィルムはわずか五千メートルです。完成プリントの倍もないくらいですから、現像所《ラボ》では短篇映画だと思っていたそうです。

――「カイエ・デュ・シネマ」誌でロメールが16ミリ・キャメラを手持ちで撮影している写真

を見たことがあるのですが、ロメール自身がいつも撮影を担当しているのですか？

シュレデール　いや、ロメールは技術の面ではすごく無器用で、自分でキャメラを回したことなどありません。あの「カイエ・デュ・シネマ」誌の写真は、ロメールが自分の写真を撮られるのをいやがって、16ミリ・キャメラで顔を隠したときのスナップなのです。しかし、ロメールはすべての映画のすべてのカットの構図には細心な注意をはらっていたので、たえずキャメラのファインダーをのぞいていました。構図はエリック・ロメールの映画美学の基本で、その意味でちょっとバッド・ベティカーの西部劇を想わせるところがあります。第三話の『コレクションする女』からは、ネストール・アルメンドロスが撮影を担当することになったので、それ以後はキャメラのテクニックはすべてアルメンドロスにまかせっきりです。アルメンドロスは構図に関してはじつにすばらしい美的感覚を持っているのです。

――そのあと、フランソワ・トリュフォーも『野性の少年』（一九七〇）と『恋のエチュード』（一九七一）にアルメンドロスを起用していますが、じつに美しい映像を創造していますね。

シュレデール　アルメンドロスは亡命キューバ人で、わたしたちは、オムニバス映画『パリところどころ』で、はじめて彼を起用したのです。エリック・ロメール篇（第四話『エトワール広場』）のキャメラマンは最初アラン・ルヴァンだったのですが、ロメールとうまくいかず、撮影が始まってすぐ降りてしまったので、キャメラ助手をやっていたアルメンドロスに代わってもらったのが最初の仕事になったのです。16ミリ撮影でしたが、これが彼のキャメラマン＝撮影監督としてのデビューでした。そのつぎの作品が『コレクションする女』で、これが彼の初の35ミリ・カラー撮影の作品です。以後、ロメール作品のすべて（『モード家の一夜』『クレールの膝』『愛の昼下がり』）の撮影を担当し、トリュフォーの『野性の少年』『恋のエチュード』のキャメラも担当して、いまやアルメンドロスはフランスでも第一級のキャメラマンになっています。

（初出、一九七三年、「キネマ旬報」／再録、一九七六年、「友よ映画よ――わがヌーヴェル・ヴァーグ誌」、話の特集）

追記　以後もエリック・ロメールはネストール・アルメンドロスと組んで珠玉のような美しい映画（「六つの教訓物語」につぐ「喜劇と格言劇」シリーズなど）を撮りつづけた。ネストール・アルメンドロスもまた、トリュフォーの映画を通じて、ロバート・ベントン（『クレイマー、クレイマー』一九七九、『プレイス・イン・ザ・ハート』一九八四）やテレンス・マリック（『天国の日々』、一九七八）といったアメリカの若手の監督に招かれ（『天国の日々』ではアカデミー色彩撮影賞を受賞した）、名実ともに世界の第一級のキャメラマンになったが、一九九一年、六十一歳で急逝した。「キャメラを持った男」（武田潔訳、筑摩書房）という名著がある。

エリック・ロメールは二〇一〇年一月十一日、八十九歳で死去。『我が至上の愛～アストレとセラドン～』（二〇〇七）が最後の忘れがたい傑作になった。

ジャン＝ポール・ベルモンド
『勝手にしやがれ』はこうしてつくられた

一九七五年五月のカンヌ映画祭でルネ・シャトーという、歌手のアンディ・ウィリアムスによく似た色男で、あまり感じはよくなかったが、いかにもやり手の映画広報担当と知り合い、ジャン＝ポール・ベルモンドの新作『L'INCORRIGIBLE』（『手に負えない暴れん坊』『腕白小僧』といったところか――日本公開題名は『ベルモンドの怪盗二十面相』になった）の撮影現場に連れて行ってもらった。但し、写真撮影は厳禁という条件で。

セーヌ川ぞいのパリの中心部にあたる四区ケ・ダンジュー一七番地にあるローザン邸とよばれる古い大きな屋敷のプールのある庭で、ジャン＝ポール・ベルモンドは、新作の撮影の真っ最中であった。監督はフィリップ・ド・ブロカ、『大盗賊』（一九六二）、『リオの男』（一九六三）、『カトマンズの男』（一九六五）、『おかしなおかしな大冒険』（一九七三）に次いでベルモンドとは五度目のコンビ作品だ。いずれも軽妙洒脱なアクションものである。脚本はフィリップ・ド・ブロカとミシェル・オーディアール、それにベルモンドも一枚加わっている。「大ボラ吹きで、変装の名人で、二十五の名前をもち、二十五人の女とからみ、二十五の大事件に巻きこまれるわんぱく野郎のはちゃめちゃアクション」というのが、ド・ブロカ監督の語る映画のあらましである。

撮影合間に、ベルモンドは、セットを組んだ鉄パイプにぶらさがって、懸垂の練習に余念がない。「筋肉ってのはしょっちゅうきたえておかないと、すぐなまっちまうからね。アクション俳優としてはスポーツ選手なみにトレーニングが必要なんだ」とベルモンド。目下パリで公開中の『恐怖に襲われた街』（アンリ・ヴェルヌイユ監督、一九七四）の危険なアクション・シーンも全部スタントマンなしに自分でやったそうである。「やっぱり俳優自身が体を張ってやらないと、アクション・シーンにも迫力が出ないんだよ」。

映画のなかのイメージよりもいっそう明朗で、親しみやすくて、気のおけない、じつに感じのいいスターであった。

——これまで五十本以上の映画に出演してきたわけですが、どれが自分の代表作だと思いますか？　いちばん愛着のある作品は？

ベルモンド　よく同じ質問をされるんだけど、いつも返答に困るんだよ。いちばん愛着のある作品は、やっぱり『勝手にしやがれ』（一九五九）かな——なんといっても、はじめて世に認められた真のデビュー作と言っていい作品だし、監督のジャン＝リュック・ゴダールも好きだからね。『気狂いピエロ』（一九六五）も大好きなんだ。いまのゴダールは別人になったようで、お手上げだけどね（笑）。『気狂いピエロ』のロマンチックなゴダールはどこかへ行っちまった。

ゴダールとは正反対なんだが、アンリ・ヴェルヌイユの映画も大好きだね。ジャン・ギャバンと共演した『冬の猿』（一九六二）とか、昨年撮った『恐怖に襲われた街』とか。それに、もちろん、フィリップ・ド・ブロカ監督の作品も大好きだ。とくに『リオの男』。ジャン＝ピエール・メルヴィルの『モラン神父』（一九六一）や『いぬ』（一九六二）も好きだし……とにかく、理由はいろいろあるけれど、ひとくちに自分の代表作を決めるなんて不可能だよ。

——ゴダールといえばヌーヴェル・ヴァーグ（新しい波）の旗手とも言うべき映画作家であったわけですが、ヌーヴェル・ヴァーグとはいったい何だったのでしょうか？

ベルモンド　ヌーヴェル・ヴァーグというのは、要するに、当時の、一九五〇年代末から六〇年代の、若い映画人たちの出会いだった。ゴダールとかフランソワ・トリュフォーとかクロード・シャブロルとかいった若い連中が、俺みたいな若い俳優をつかって映画をつくろうとした。なかでもいちばん重要な存在が、ゴダールだったと思う。トリュフォーもいい映画をつくったし、もちろん俺はトリュフォーが大好きだけれども、ゴダールほどのオリジナリティーをもった映画作家はいなかった。ほんとうはだれもまねのできないユニークな映画作家だったわけだけれども、彼の影響で、世界中の若い映画作家が、とくにアメリカの若い映画人たちが、育ったんだ。ゴダールはその意味で一派《エコール》をなしていると言える。しかし、もちろん、ヌーヴェル・ヴァーグというのは、ただひとりの映画作家の動きではなく、ある全体の動向だった。いま思うに、ヌーヴェル・ヴァーグがあったからこそ、フランス映画はすばらしい躍進をとげたんだ。現在のフランス映画が沈滞気味なのは、ヌーヴェル・ヴァーグつまり若い映画が欠けているからなんだと思うね。当時、シャブロルやゴダールやトリュフォーが、ジャン＝クロード・ブリアリや俺なんかをつかって映画をつくろうとしたとき、フランス映画は完全なマンネリズムにおちいっていた。若さがその老化したマンネリズムを打破したんだ。ときどきそうした老化現象を破壊しないと、映画はだめになるんだと思うね。

——あなた自身もそのことを当時はっきりと意識してゴダール作品に出演したわけですか？

ベルモンド　いや、俺は当時まだかけだしの演劇俳優で、映画のことは大して知らなかったけれども、ただ、隠しキャメラで自由に街頭で撮影する新しい映画づくりに非常に興味をもっていた。そんなときにサンジェルマン・デ・プレで（サンジェルマン・デ・プレは若者の溜り場だった）俺はゴダールと出会い、知り合った。

——そしておたがいに意気投合したわけですね？

ベルモンド　いやいや、最初は黒いサングラスの変な男にじろじろ見られて、あまりいい感じはしなかったんだ。カフェ・ド・フロールのテラスでその黒いサングラスの男に、うちに来ていっしょに映画を撮らないか、と声をかけられたときには、こいつはホモかと思ったもんだよ（笑）。そのまえに、『黙って抱いて』（マルク・アレグレ監督、一九五八）でいっしょにチョイ役で共演した女優のアンヌ・コレットから、あんたと知り合いになりたがってる男の子がいるわよって言われて、チラッと紹介されたことがあったんだが、何もしゃべらずに見つめるだけで、何を考えているのかわからず、うさんくさい男だと思ったよ。いつも汚い無精ひげでサンジェルマン・デ・プレ界隈をうろつきまわって、俺のことをただじろじろと見つめているだけなんだ（笑）。俺は当時すでに結婚していて、妻のエロディに変な男が俺と映画を撮りたがっているんだが、どうしたらいいかって相談した。「とにかく会って話してみたら？」と言われて会ったわけなんだ。ゴダールは『シャルロットとジュール』（一九五八）という短篇映画を撮ろうとして、シャルロットの役はアンヌ・コレットがやることになっていた。いまは出演料《ギャラ》も払えないが、そのうちギャラもきちんと払える長篇映画を撮るから、そのときはかならず主役に起用するってゴダールは言うんだ。ほんとうに長篇映画を撮れるかどうかわからなかったが、彼の言うことの真摯さだけは伝わってきた。とにかく、俺は承諾した。ゴダールを信じたんだ。その甲斐があった。一年後、彼はほんとうに長篇映画を撮ることになり、約束どおり俺を主役に起用してくれた。それが『勝手にしやがれ』だったわけだけど、俺は感激した。当時、俺みたいなかけだしの俳優にこんなすばらしいチャンスを与えてくれる監督はほかにいなかっただろうからね。

――脚本も何もない行き当たりばったりの撮影だったとか？

ベルモンド　脚本は……あるにはあったが、タイプで二、三ページ。三ページもなかったな。二ページとちょっとだけ。車を盗んで逃げる、女と寝たいが拒否される、ラストは死ぬか逃げるか、選ぶこと。それくらいのことがタイプで打たれた脚本だった。脚本とも言えない代物だったな（笑）。一九五八年八月、シャンゼリゼ大通りの歩道でクランクイン。電話ボックスに入るところからだった。台本もないから、台詞もない。「何でもいいから、何か言ってくれ。電話をかける、それだけでいい」ってゴダールは言うんだ。

――ジーン・セバーグがアメリカの新聞「ニューヨーク・ヘラルド・トリビューン」の売り子で、あなたが近づいて口説きつづける長回しのシーンがありますね。キャメラマンのラウル・クタールが郵便の荷物を運ぶ手押し車のなかから隠し撮りで撮ったという有名なシーンですが、打合わせとかリハーサルなんかはどのようにされていたのですか？

ベルモンド　打合わせもリハーサルも何もなし（笑）。ぶっつけ本番だった。もちろん同時録音でもないからね。ゴダールがわきで、キャメラのフレームに入らないところで、台詞を口伝《くちづ》てで言うのを聞いて自分のしゃべりかたで台詞を言うわけなんだが、俺は短篇の『シャルロットとジュール』のときもそうだったから、台詞をしっかり暗記しなければならない演劇とは全然違うこのやりかたをおもしろいと思っていた。ジーン・セバーグのほうはこんなやりかたがはじめてで、すごく戸惑って、いやがっていたけどね。

とても、まともな映画の撮影には思えなかったな。せいぜい夏のバカンスのアマチュア映画の撮影ぐらいにしか見えなかっただろうな。

――ラストシーン、警察の銃弾を腰に受けて、よろめきながら細長い街路を逃げていくところも隠し撮りですか？

ベルモンド　あれはモンパルナスの近くのカンパーニュ＝プルミエール街だったな。あれは隠し撮りですらなかった。だれも映画の撮影だなんて思って見てなかったようだ。ゴダールはこう言っただけだった。「背中に銃弾を一発喰らって、逃げるんだ。走れるだけ走れ。いやになったら倒れてくれ」。どこまで走って、どのへんで倒れるか、ゴダールは何の指示もしなかった。で、俺は街路を右へ左へよろよろしながら走った。まわりの連中は俺が朝から飲んでぐでんぐでんに酔っぱらってるぐらいに思ったらしい。俺が銃弾を受けて傷ついているなんて思いもしなかったようだ。俺は腰骨のあたりを手で押さえて、倒れそうなのをこらえながら、あっちへよろよろ、こっちへよろよろ、走りつづけた。ちょうど通りがかったのが女優のコリンヌ・ル・プーランだった。「まあ、なんて酔いかたしてんの！」と彼女は言った（笑）。撮影中だから立ち止まって挨拶をするわけにもいかず、俺はそのまま、よろよろ街路の終わりまで走りつづけてラスパイユ大通りまで出たが、大通りを通り越して行きたくなかったので、そこで倒れることにしたんだ。横断歩道のしるしのびょうのうえに倒れたんだ。大通りは車の行き来がはげしかったからね。車にひき殺されたくなかったというだけのことだったんだよ。

——映画のヒットは期待していたことでしたか？

ベルモンド　まったく期待してなかった。七か月後にシャンゼリゼの映画館、バルザック座で公開されて、ただ、やっぱり反応が気になってね、妻のエロディに見に行ってもらった。「超満員で入れなかった」と言うんだ。いろんな人から電話がかかってきて、「すばらしい映画だった」とお祝いを言ってくれた。それで俺も映画館に見に行ったら、もう長蛇の列なんだ。あの型破りの作品が大評判で、俺もたちまち有名になった。ありとあらゆる新聞雑誌に俺の写真が大きく載り、映画もあちこちで絶讃された。八か月を超えるロードショー上映で大ヒットになった。「フランスのマーロン・ブランド誕生」なんて絶讃されて、ミシェル・ポワカールという不良を演じた俺はヒーローあつかいだった。彫刻家だったおやじ（ポール・ベルモンド）は、

『勝手にしやがれ』(1959)　ジャン＝ポール・ベルモンドとジーン・セバーグ　©ローマ＝パリ・フィルム／D.R.

息子の成功をよろこんではくれたが、映画そのものはあまり評価しなかった。せっかく国立高等演劇学校《コンセルヴァトワール》に入れてやったのにってね（笑）、あんな泥棒や人殺しにうつつをぬかす不良の役を演じたことにいい顔をしなかったよ。おふくろも「こんなふうにしつけたおぼえはないよ」って（笑）。そりゃ、そうだろう、ブルジョワの両親にとっては、俳優とはコメディーフランセーズの舞台に立つことだったから。

しかし、『勝手にしやがれ』の大成功のおかげで、このあと次々に映画出演の話が来た。子供が生まれて、稼がなきゃならないということもあって、何でもひきうけたんだ。もちろん、いい作品にも恵まれた。一九六二年には『冬の猿』でジャン・ギャバンと共演できた。緊張したね、大御所のジャン・ギャバン相手に。映画はここひとつ当たらなかったけれど。

——大スターのジャン・ギャバンと新進気鋭のスター、ジャン＝ポール・ベルモンドとの共演は大きな話題をよんだのではありませんか？

ベルモンド　ファンはギャング映画を期待していたらしいんだ。それが飲んだくれの話だったからね（笑）。しかし、俺は好きな映画なんだ。脚本のミシェル・オーディアール、監督のアンリ・ヴェルヌイユと知りあえたこともよかった。

——アンリ・ヴェルヌイユ監督とは、その後も『太陽の下の10万ドル』（一九六二）、『ダンケルク』（一九六四）、『華麗なる大泥棒』（一九七一）、『恐怖に襲われた街』などでいっしょに仕事をされていますね。『恐怖に襲われた街』の高架線を走るメトロのシーンの迫力はすばらしかったと思います。スタントマンなしでやられたとのことですが……。

ベルモンド　危険に挑戦するのは刺激的だからね。もちろん、恐怖はあるが、恐怖は危険につきものだ。だから、スリルがある。舞台に上がるのと同じだ。舞台恐怖症が緊張感を生み、演技を引き立てるんだ。

――ヘリコプターにぶら下がったりするのは、決死の覚悟でやられるわけですか？

ベルモンド　そりゃそうだが、そんなことはおくびにも出さないで、たのしげにやるのが演技だからね。恐怖は快感でもあるんだ。

――危険をものともせずに明るく快活なアクション・スター、ジャン＝ポール・ベルモンドが生まれたのは、一九六三年のフィリップ・ド・ブロカ監督『リオの男』あたりからでしょうか……じつにたのしい映画でした。

ベルモンド　ドラマールという天才的なスタントマンがいてね、車のアクション、高所のアクション、ビルからビルへ綱渡りするとか、ヘリコプターにぶら下がるとか、すべての危険なアクションを彼から学んだ。その後も、殴り合いはカリエーズに、車の追っかけはジュリエンヌに、いろいろ教えてもらったり、助けられたりした。

フィリップ・ド・ブロカ監督は、とにかく、何があろうと、撮影続行なんだ。『おかしなおかしな大冒険』では階段を転げ落ちて、足首を捻挫してしまって松葉杖をついて歩かなければならなかったんだが、するとフィリップ・ド・ブロカはすぐ松葉杖をついたままで乱闘をやらかすシーンを考え出す始末さ。というわけで、怪我をして撮影を休んだことなど一度もない（笑）。

――『薔薇のスタビスキー』（アラン・レネ監督、一九七四）では製作費の八十パーセントをみずから負担して、あなた自身がプロデューサーとして進出したわけですが、これからの抱負は？

ベルモンド　もちろん、これからもプロデューサーとしてやっていくつもりだよ。『薔薇のスタビスキー』だけがプロデュース作品じゃないんだ。ここ数年ずっと、自分の出る作品の実質的なプロデューサーをやっている。自分のやることには自分で責任をもたなきゃならないからね。製作費の全部とまではいかなくても、半分とか四分の一ぐらいは負担することにしている。

――こんどの作品もそうですか？

ベルモンド　もちろん。ただ、負担は製作費の四分の一だけだけどね。『恐怖に襲われた街』の場合と同じだ。

――『薔薇のスタビスキー』は、経済的にも大きなリスクをひきうけ、結果としては興行的に失敗してしまったわけですが、アラン・レネ監督のような知的で難解な作家の作品を製作したことを後悔していませんか？

ベルモンド　いや、むしろやってよかったと思っているんだよ。もちろん、『薔薇のスタビスキー』は、他の出演作品にくらべれば異質で難解な映画だった。だが、ヒットしなかったのは、かならずしも監督のアラン・レネの責任じゃないんだ。観客は、ベルモンドっていうと、やれアクションだ、コメディーだときめてかかるからね。そのせいもあるんだよ。これまでにだって、アクションやコメディーばかりじゃなく、ルイ・マルの『パリの大泥棒』（一九六六）とかフランソワ・トリュフォーの『暗くなるまでこの恋を』（一九六九）などで、静かな役もやってきた。そのたびにやはり難解で知的すぎるイメージがつきまとって、作品はヒットしなかったけれども……。だが、これからも、おそれずに、こういう知的な映画にも積極的に出ていこうと思っている。ヒットする映画だけがいい映画じゃない。それに、もし観客が安易に求めるところに迎合してコメディーやアクションものしかやらなくなったら、俺の俳優としてのキャリアは、ひとつだけのイメージにかたよってしまって、だめになってしまうと思うんだ。ゴダールとかレネの映画にばかり出ていてもだめだし、かといってまた商業主義的な娯楽作品にばかり出ていてもだめだと思う。観客だってその両方を待ち望んでいるんだと思うね。

——ハリウッドではスターというのは同じひとつのイメージを最後まで背負いつづけていかなければならないように宿命づけられていますね。たとえば、スーパーマンは永遠にスーパーマンを演じなければならないといったように。それに、ひとつのイメージに成功すると、スターとしては他の役をやって、自分のイメージをこわし、観客の期待を裏切って人気を失うのをおそれるということもあると思うのですが……。

ベルモンド　たしかに、そのとおりで、観客というのは、いつも、ひとつのイメージをうけいれると、そのイメージの型にスターを閉じこめてしまって、他のイメージをうけつけない傾向がある。しかし、ヨーロッパではアメリカよりも自由で柔軟なムードがあると思うんだよ。俳優としては、同じひとつの型にはまった役ばかりやってないで、ときどきまったく異なった役をやってみるのは、とってもいいことなんだ。型から解放されると、そのあと新しいバイタリティが生まれてくるんだよ。

――これからプロデューサーとしてどんな監督の作品の製作を考えていますか？

ベルモンド　アクションものはアンリ・ヴェルヌイユ、コメディーはフィリップ・ド・ブロカというふうに考えているんだけれど、若い監督の起用も考えているんだ。これまでの作品とまったく違う新しいイメージをもたらしてくれるシナリオを書く若い新人監督の出現を待ち望んでいるんだが……。まだまだ、これからいろいろと新しいイメージを開拓していきたいと思っているんだ。

――最近、ジャン＝クロード・ブリアリ、ジェラール・ブラン、アンナ・カリーナ、ラズロ・サボたちが次々に俳優から監督に転向していますが、あなた自身には転向の意図はありませんか？

ベルモンド　いや、その気は全然ない。俺は演じるほうが好きだからね。もし俳優がいやになるようなことがあっても、監督にはならないだろうね。むしろ観客として映画をたのしんで見るほうが好ましいね。監督をやると、どうも映画がきらいになってしまいそうな気がするんだ。

――ジャン＝クロード・ブリアリにしても、ジェラール・ブランにしても、監督に指示されてばかりいると抑圧されて欲求不満ばかり感じていたので、早く俳優をやめて監督になりたかったと言っているのですが……。

ベルモンド　その理屈はよくわかるんだけど、俺自身は俳優として欲求不満を感じたことはない。監督に命令されて動いているというふうには感じていないし、とにかく演じる、芝居をやるってことが大好きだし、大いにたのしんでいるんだ。映画は見世物《スペクタクル》だから、キャメラの裏側にまわることよりも、キャメラのまえで演じてみせるほうがたのしいし、性に合っているんだと思う。

――ハリウッドから出演交渉がずいぶんあると聞いていますが、相変わらずアメリカ映画に出る気はないのでしょうか？　「英語を話すのがいやだから」という理由で出演拒否をしているようですけれども……。

ベルモンド　うん、そうなんだ。英語はからっきしだめだしね。いまさら勉強するのも面倒くさいし、むりして外国語をしゃべって外国映画に出たいとは思わないんだよ。フランス語をしゃべっているほうが気楽だからね。アメリカ映画のなかでアメリカ人の役をやるのはアメリカ人の俳優がいいにきまってるんだ。

――俳優としてあなたが演じてみたい最高の役は何ですか？

ベルモンド　演劇の場合には、シェイクスピアの悲劇の主人公ハムレットをやってみたいとか、モリエールの喜劇の主人公スカパンをやってみたいとかいうこともあるけど、映画の場合には、そんなことはありえないと思うんだよ。映画というのは、現在形の芸術だし、行き当たりばったりの芸術だからね。特定の人物の役を演じたいと願うなんてことはナンセンスだと思う。行き当たりばったりにいろいろな役にぶつかるところが、映画のおもしろさだよ。それだけに現実的な芸術なんだと思うね、映画というのは。

――次回作の企画は？

ベルモンド　フィリップ・ド・ブロカ監督の『シラノ・ド・ベルジュラック』の企画があるん

「シラノ・ド・ベルジュラック」日本公演（1992年３月）ポスター　企画製作提供©キョードー横浜／アンフィニ／D.R.

だ。これは『大盗賊』（一九六二）のようなアクション時代劇になるだろうと思う。

（一部初出、「スクリーン」一九七五年十一月号／再録、一九七八年、「友よ映画よ――わがヌーヴェル・ヴァーグ誌」話の特集）

追記　フィリップ・ド・ブロカ監督とのコンビによる『大盗賊』さながらの恋愛活劇『シラノ・ド・ベルジュラック』はちょっと見たかったなあと思うけれども企画は実現しなかった。ただ、その後のジャン＝ポール・ベルモンドのキャリアで最も印象的なのは、一九八七年に舞台への復帰を果たしたことだろう。国立高等演劇学校《コンセルヴァトワール》出身の演劇青年だったころの夢が思いがけない形で実現されたのである。一九八七年にロベール・オッセンのすすめでアレクサンドル・デュマ作、ジャン＝ポール・サルトル脚色の「キイン」の舞台で大成功を収めたベルモンドは、一九九一年にはパリの最古の劇場ヴァリエテ座を買い取り、エドモン・ロスタン作の「シラノ・ド・ベルジュラック」を一年間公演ののち、世界ツアーに出発、そのツアーの最後が日本であった。一九九二年三月、いまはなき東京厚生年金会館の舞台でロベール・オッセン演出の「シラノ・ド・ベルジュラック」を観ることができたのが最高にうれしく、忘れられない思い出だ。隣席に秦早穂子さんを見つけていっしょにたのしく観劇できたことも思い出す。

アレクサンドル・トローネル

プレヴェール／カルネ（詩的リアリズム）からビリー・ワイルダー（ハリウッド）まで

一九八七年九月、第二回東京国際映画祭の折りに、「美術監督アレクサンドル・トローネル展」が開催され、八十一歳のトローネル氏が来日した。一九〇六年、ハンガリーのブダペスト生まれである。

アレクサンドル・トローネルの名前は、映画史的には、何よりもまず、戦前から戦中にかけてのフランス映画、「詩的リアリズム」とよばれた作品群、とくに「プレヴェール／カルネ」の映画に結びついている。『おかしなドラマ』（一九三七）、『霧の波止場』（一九三八）、『日は昇る』（一九三九）、『悪魔が夜来る』（一九四二）、『天井桟敷の人々』（一九四五）等々、詩人のジャック・プレヴェールの脚本によるマルセル・カルネ監督の一連の作品である。アンドレ・バザンの言葉を借りれば、プレヴェール／カルネの映画の特質は「本物そっくりに見える正確でリアルなセットに人物たちの心理やドラマが光のように反映して、すべてのディテールが現実の印象で象徴にまでたかまり、そこから、たくまずして詩情が生まれてくる」ところにあり（「占領下のフランス映画」）、その意味での「詩的リアリズム」の実現にアレクサンドル・トローネルの美術は根底的に必要欠くべからざる役割を果したのであった。トローネルは詩人にしてシナリオライターのジャック・プレヴェールとは無二の親友でもあった。

戦後、一九五〇年代からはアメリカ映画とのかかわりがはじまる。ハワード・ホークス（『ピラミッド』一九五五）、ジーン・ケリー（『ハッピー・ロード』一九五七、『ジゴ』一九六二）、フレッド・ジンネマン（『尼僧物語』一九五九、『日曜日には鼠を殺せ』一九六四）、そしてとくにビリー・ワイルダー（『昼下りの情事』一九五六、『情婦』一九五八、『アパートの鍵貸します』一九六〇、『ワン・ツー・スリー　ラブ・ハント作戦』一九六一、『あなただけ今晩は』一九六三、『ねえ！　キスしてよ』一九六四、『シャーロック・ホームズの冒険』一九七〇、『悲愁』一九七九）、といった監督たちとの仕事がアレクサンドル・トローネルの活動の中心になる。最近の作品では、ジョン・ヒューストン監督の『王になろうとした男』（一九七五）、ジョゼフ・ロージー監督の『パリの灯は遠く』（一九七六）、クロード・ベリ監督の『チャオ・パンタン』（一九八三）、リュック・ベッソン監督の『サブウェイ』（一九八四）、ベルトラン・タヴェルニエ監督の『ラウンド・ミッドナイト』（一九八六）などがある。いまなお現役である。*1

「美術監督アレクサンドル・トローネル展」の企画者で映画評論家の尾形敏朗氏のお力添えで、来日中のトローネル氏に一時間半ほどインタビューをすることができた。うれしい話がたくさんできたと思う。

映画美術とは何か

――唐突にこのような質問をするのは失礼かもしれませんが、映画における美術とは何なのでしょうか？　というのも、トローネルさんは、あるインタビューで、たしかフランスの「ポジティフ」誌に載ったものだったと思いますが、「映画のセットは建築ではない、光だ」と語っておられますね。光、つまり照明、ライティングだ、と。

トローネル　そう、映画のセットは、建造物のように存在するのではなく、ライトがあてられて初めて生きるものなのです。それが基本です。映画の美術は光なくしてはありえないものなのです。ということは、美術はライティングと同じように撮影に奉仕し、撮影をできるだけ容易にし、効果的にするものでなければならない。美術監督としてわたしは、ライトマンとまったく同じようにつねにキャメラマンのために働いているのです。映画が完成したとき、撮影所のライトが消えたとき、セットは死ぬ。それが映画美術です。

わたしが思うに、映画でいちばん重要なものは、その土台になるストーリーです。シナリオです。しかし、シナリオは詩のようなものです。それを映像化する、具体的に表現するというのが、現場の技術スタッフの仕事なのです。

――シナリオは詩のようなものだとおっしゃいましたが、詩人のジャック・プレヴェールといっしょの仕事が多いですね。ジャック・プレヴェール脚本、マルセル・カルネ監督による一連の作品、いわゆる「プレヴェール／カルネ」映画の美術はすべてトローネルさんが担当なされていますね。

トローネル　それにキャメラのオイゲン・シュフタン、音楽のジョゼフ・コスマ……わたしたちはみな友情で結ばれた仲間でした。映画をつくるときも、そうでないときも、いつもいっしょでした。すべての面で意気投合した仲間だったのです。ジャック・プレヴェールはすばらしい書き手でした。彼のシナリオはまさに詩でした。そのストーリー展開、劇的構成、クライマックス、どんでん返し。そうしたドラマチックであるとともにポエチックな言葉にふさわしいイメージを生みだそうとするのが現場の技術スタッフのつとめになるわけです。美術もそうです。ストーリー、ポエジー、イマジネーションの世界を具体的に創造すること。そしてそのことによって映画に色調や香りを与えること。映画を編みだすために必要な何本もの糸をつむぐ仕事が、わたしたちの仕事なのです。

――オイゲン・シュフタンのキャメラ、モーリス・ジョーベール次いでジョゼフ・コスマの音楽、そしてアレクサンドル・トローネルの美術によるプレヴェール／カルネの映画が「詩的リアリズム」とよばれたものですね？

トローネル　詩的リアリズムとは何か、わたしにはよくわかりません（笑）。当時はそんなことを誰も言わなかった。あとで誰かが、映画批評家とか映画史家が、わたしたちの映画をそう名づけたのですよ。ただ、わたしたちがジャック・プレヴェールの詩的なエクリチュールを生かそうとして映画をつくったことはたしかでしたが……。

――トローネルさんのセット・デザインはデッサンばかりでなく、模型などもつくられるのでしょうか？

トローネル　模型はつくりません。デッサンだけです。昔は、舞台と同じようにきちんと立体的な模型をこしらえたものです。しかし、全然効果がなかった。監督もプロデューサーも正しい目線で見ることができず、結局、映画的に想像することができないので、模型は無意味でした。で、立体的なデザインはやめて、監督と打合わせをしながら絵を描くだけにしたのです。断面図とか、上から見た図とか。デザインというよりは、一種のイラストレーションですね。

――すべてカラーで描かれていますね。

トローネル　そうです。かならず色をつけて描きます。

――『悪魔が夜来る』（一九四二）や『天井桟敷の人々』（一九四五）のようなモノクロ作品の場合にもカラーで描かれていますね。やはりそのほうが具体的なイメージになるからですか？

トローネル　わたし自身のたのしみのためです。わたしは画家ですから、デッサンを描いたら、とことん絵として完成したいのです。

――今回の「アレクサンドル・トローネル展」は、「画家アレクサンドル・トローネル展」でもあるわけですね？

トローネル　そう、一九八一年にブダペストの国立近代美術館で開催されたわたしの個展は純粋にわたしの絵の個展でした。それから一九八六年にパリで映画の美術を中心にした個展が企画され、リヨン、バルセロナに次いで東京でこうして開催されることになりました。

――トローネルさんは若いころ、ブダペストからパリに行かれるわけですが、それは絵の勉強のためだったのですか？

トローネル　そうではありません。わたしはすでに画家でした。ファシズム政権下のハンガリーから逃れて、フランスに亡命したのです。パリに到着したのが一九二九年、わたしは二十三歳でした。

――どのようにして映画の世界に入られたのですか？

トローネル　まったくの偶然からです。わたしはパリに到着したものの、仕事のあてもなく、お金もなかったので、パリのはずれのモンルージュにあった貧乏芸術家の溜り場に居候させてもらった。やはりハンガリーから亡命してきた友人の彫刻家と一つ屋根の下でした。たくさんの若い芸術家が住んでいました。ロシア人やオランダ人やハンガリー人ばかり。みんな貧しかったので、何か仕事がくると、そのときいちばん金に困っている者にまわすという相身互いの共同生活でした。あるとき、わたしの友人の彫刻家が映画の美術助手の仕事をもらい、パリ郊外のエピネー撮影所に向かいました。ところが、アトリエを出てから二十分もしたら帰って来て、「途中、大きな印刷所の前をとおったらグラフィック・デザイナーを募集していた。面接を受けたら採用されてしまった」というのです。で、わたしに代わりに撮影所の仕事をひきうけてくれというので、わたしは承諾してエピネー撮影所に行き、そこでラザール・メールソンに会ったのです。ルネ・クレールの『巴里の屋根の下』の撮影中でした。わたしはラザール・メールソンと絵の話をしたり、デッサンを描いて見せたりしました。それがテストでした。わたしはまず一週間、助手として働き、次いでまた一週間、そしてまた一週間といったぐあいに働きつづけ、そうやって給料をもらうことに慣れてしまい、そのまま美術監督助手になってしまったのです。ラザール・メールソンという人がすばらしく魅力的な人物であったこと、彼と強い友情で結ばれたこと、そして彼もまた外国人、亡命ロシア人であり画家であったことなどが、わたしを撮影所にひきとめたのだろうと思います。それまでわたしは映画の仕事をやることになるだろうとはゆめにも思っていなかったのです。

――『巴里の屋根の下』は一九三〇年の作品ですから、パリに来て一年足らずのうちにラザール・メールソンに出会い、映画のセット・デザインの仕事をはじめられたわけですね？

トローネル　そうです。パリに来てから数か月足らずのうちの出来事です。一九二九年末のことです。

――すばらしい出会いだったわけですね。フランス映画の美術はラザール・メールソンからはじまるといわれるほどですが、その創始者との仕事があなたのキャリアの出発点になるわけですね？

トローネル　そうです。ラザールはすごくいい人だった。この人とならいっしょに仕事をしたいと思いました。わたしがまったく知らないタイプの人間であったこともわたしの興味をひきました。並の人間ではなかった。わたしより五、六歳上でしたが、親しみやすく、わたしを弟子あつかいせずに真の相棒として友人として迎えてくれ、いろいろな人間にわたしを紹介してくれました。未知の世界へわたしをみちびき入れてくれたのです。で、わたしはラザール・メールソンのアシスタントとして、ルネ・クレールの『巴里の屋根の下』、『ル・ミリオン』（一九三一）、『自由を我等に』（一九三一）、『巴里祭』（一九三二）、そしてアメリカから帰って来たジャック・フェデルの『外人部隊』(一九三三)、『ミモザ館』(一九三四)、『女だけの都』(一九三五)といった作品の美術の手伝いをしたわけです。

――当時、トビスというドイツ系の映画会社がルネ・クレールやジャック・フェデルの作品を製作していましたね?

トローネル トビス・クランク・フィルムですね。元はオランダの会社で、録音機の製造をしていたのですが、映画がサイレントからトーキーに移行する時期に映画製作をはじめ、トビス式トーキーを開発し、ドイツ人が建てたエピネー撮影所にトビス・クランク・フィルムのオフィスを構えたのです。『巴里の屋根の下』のセットもすべてこのエピネー撮影所の敷地に建てられたものです。フランス映画はトビス式トーキーを採用して発展したのですが、それには『巴里の屋根の下』の成功が決定的な影響力を持ったのではないかと思います。

――ラザール・メールソンの美術から、とくに何を学ばれましたか?

トローネル 何もかも。ラザールは画家として彼独自の二次元のヴィジョンを持っていた。グラフィックな立体感というか、たとえばセットにより深い奥行きをだすために最もキャメラから遠いところにあるものにはミニチュアを用いたりするといった方法も画期的だった。こうしたぼかし絵というかだまし絵(トロンプルイユ)の技法をルネ・クレールやジャック・フェデルが見事に映画的に使ったわけです。わたしもそうしたムードのある遠近法を生かしてセットをつくることがよくあります。

――遠近法といえば、サイレント時代のドイツ表現主義映画、とくにF・W・ムルナウの映画

（『最後の人』一九二四）などでは、広場の向こうの歩行者には小人を使ったりして奥行きの感じをだしたそうですね？

トローネル　ムルナウの映画についてはよく知りませんが、そういう方法はいまでもよく使います。大人の服装をさせた子供を遠くに配して遠近法をだすというのは、ビリー・ワイルダーの『アパートの鍵貸します』（一九六〇）でもやっていますよ。

――ジャック・レモンが働いている会社の、あの何十人か、何百人かが一斉にタイプライターをたたいている大きなオフィスのシーンですね？

トローネル　そうです。あの奥のほうのエキストラは子供です。子供を使ったのは、小人よりも見つけやすかったからですが（笑）。ジャック・レモンが成長して大きくなるのを待って撮りましたよ（笑）。

――ラザール・メールソンは一九三五年に、国際的な大プロデューサー、アレクサンダー・コルダに招かれてイギリスに行き、ルネ・クレール監督の『ブレーク・ザ・ニューズ』（一九三七）やジャック・フェデル監督の『鎧なき騎士』（一九三七）の美術を担当したりするわけですが、トローネルさんもいっしょに行かれたのですか？

トローネル　いっしょに行きました。ローレンス・オリヴィエとエリザベート・ベルクナーが出たパウル・ツィンナー監督の『お気に召すまま』（一九三七）の美術に協力しただけで、わたしはまたパリに戻りました。友人のジャック・プレヴェールがシナリオライターとして仕事をはじめたので、わたしもいっしょに彼の映画にかかわることになったのです。それがプレヴェール／カルネの最初の映画、『おかしなドラマ』（一九三七）です。

――その前に、マルセル・カルネの第一回監督作品『ジェニイの家』（一九三六）の脚本にもたしかジャック・プレヴェールは協力していますね？

トローネル　『ジェニイの家』のときは台詞を書いただけです。そのあと、『おかしなドラマ』の脚本と台詞を書いて、それからマルセル・カルネと真のコンビを組むことになるわけです。だからこれがプレヴェール／カルネの実質的な最初の作品と言えるでしょう。この映画のスタッフにわたしを引き入れてくれたのがジャック・プレヴェールなのです。

――ラザール・メールソンは、トローネルさんがパリに戻ったあとも、ロンドンにとどまって何本かイギリス映画の美術を手がけるわけですが、一九三八年に三十八歳で亡くなるんですね。

トローネル　そうなんです。病気で倒れ、あの若さで死にました。わたしがロンドンを去ったあと、彼はアレクサンダー・コルダの下で、ルネ・クレールの『ブレーク・ザ・ニューズ』とジャック・フェデルの『鎧なき騎士』とキング・ヴィダーの『城砦』（一九三八）の美術をやって、亡くなりました。ラザール・メールソンはすべての意味でわたしたちの世代の先達でした。実物大のセットをつくって現実をそのまま再現することが映画美術なのではなく、現実の印象を創造することがセット・デザインなのであり、美術が映画のなかに埋没し、消滅することによってこそ創造たりうることを教えてくれたのも彼だし、彼が今日に至る映画美術のすべてを確立したと言っていいと思います。

『アパートの鍵貸します』(1960)　ジャック・レモン　©ミリッシュ・プロ/UA/D.R.

アレクサンドル・トローネル

『天井桟敷の人々』（1945）　©パテ／D.R.

戦時下でつくられた超大作『天井桟敷の人々』

――『おかしなドラマ』からはじまって、トローネルさんは、マルセル・カルネ監督作品はもちろん、それ以外のジャック・プレヴェール脚本の映画にもほとんど付き合っておられますね。

トローネル　そう、わたしたちは親友同士で、仕事もいつもいっしょでした。ジャックがわたしを映画にみちびいてくれたのです。一九三七年から戦後の一九四六年までずっと、おたがいに助け合い、刺激し合って、仕事をつづけました。すばらしい時代だったと思います。

――その頂点が『天井桟敷の人々』ですね。この映画はナチ占領下のパリから非占領地域の南仏《ミディ》に逃れて来た映画人、演劇人が力を結集してつくったフランス映画史上空前の大作として知られていますが、そのようなことが物資の不足していた戦時中にどのようにして可能だったのでしょうか?

トローネル　そう、戦時中にどうやって『天井桟敷の人々』のような大がかりな映画ができたのか、みんなふしぎがったものです。たしかに、戦時中とはいえ、非占領地域の南仏《ミディ》だったからこそ、それができたことはたしかでしょう。戦時中はパリを中心にしたほとんどの地域がナチに占領され、映画も占領下のパリと非占領地域の南仏《ミディ》に二分されていた。当時の最大の映画会社コンチナンタルはドイツの会社で、パリを中心にしたフランス映画の製作を牛耳っていました。独立プロの連中はほとんどみな南仏《ミディ》に来ていた。パリにくらべればなんとか自由に仕事ができたからですが、なかには貨幣価値の暴落を恐れてフランを早く使いたがっているプロデューサーもいて、資金はなんとかなったし、とにかく映画活動は活発でした。ニースにはラ・

ヴィクトリーヌとニセアという二つの大きな撮影所があったのですが、ニセアはその後、爆撃に遭って破壊され、そのまま再建されずに終わりました。『天井桟敷の人々』のプロデューサーはアンドレ・ポールヴェで、かつてない大がかりなセットと豪華な衣裳で、最もぜいたくな映画をつくろうという意図を持っていた。それが彼なりのレジスタンスでもあったのです。ラ・ヴィクトリーヌ撮影所に大規模なオープンセットが組まれた。『女だけの都』のためにラザール・メールソンがつくった十七世紀のフランドル地方の町全体のセット以上の大規模なセットでした。「犯罪大通り」は芝居小屋や見世物小屋や酒場やいろいろな店など五十軒もの建て込みのある全長百六十メートルにおよぶオープンセットでした。そのための木材や資材は多少はラ・ヴィクトリーヌ撮影所に残っていたものも使いましたが、ほとんどすべてが闇市から入手したものです。表向きは物資不足にあえいでいた戦時中ですが、かげに隠れていた豊かさをたっぷり利用してつくった映画が『天井桟敷の人々』だったのです。

――『天井桟敷の人々』のクレジットタイトルには、美術担当がレオン・バルサックになっていますね？

トローネル　事情はこうです。わたしは外国人で、ユダヤ人だったので、戦時中は公に仕事をする権利がなかった。音楽のジョゼフ・コスマも同じです。わたしと同じハンガリーのブダペスト生まれでした。わたしたちは名前をださずにこっそりと働くしかなかった。で、わたしはニースから六十キロも離れた山中の隠れ家にひそんで、現場と秘密裡に連絡をとりながら仕事をすることにしたのです。つまり、セット・デザインはわたしがやり、わたしの描いた絵をもとにレオン・バルサックが実際のセットづくりを担当するという連携作業でした。夜になるとレオン・バルサックがやって来て、現場のことを報告してくれる。セットの建て込みがどのようにして進行しているか、わたしは自分の眼で見たように知っていた。毎日、わたしたちは打合わせをしていたので、その意味では完全な共同作業でした。『悪魔が夜来る』のときにジョルジュ・ワケヴィッチとやっていたこととまったく同じですが、レオン・バルサックとのコンビネーションのほうがうまくいったのではないかと思います。ジャン・グレミヨンの『高原の情熱』(一九四二)のときも同様でした。このときはマックス・ドゥーイとの連携がかなりうまくいきました。こんなふうに、戦時中、わたしは地下にもぐって仕事をつづけていたのです。レオン・バルサックも、ジョルジュ・ワケヴィッチも、マックス・ドゥーイも、みんなわたしの友だちだったので、おたがいに助け合い、協力し合えたのですが、わたしはとくに彼らの友情に助けられたと思います。

――それにしても、ずいぶん危険な仕事だったのではありませんか?

トローネル それはとても危険でした。周囲にはナチのスパイがウヨウヨいましたから、人目につかぬように気をつけなければならず、一瞬の油断もできませんでした。

――マルセル・カルネ監督にうかがったところ、一九四二年、『悪魔が夜来る』の撮影のときに、ニースの裏の山奥のトゥーレット・シュル・ルーにいい隠れ家を見つけられたとのことですが……。

トローネル トゥーレット・シュル・ルーは山奥といっても、丘陵地帯だったのですが、もっと急傾斜の標高千メートル以上の山岳地帯に隠れたこともあります。プリウーレ・ド・ラ・ヴァレットという、むかしは修道院があったところで、ヴァンサンというコルシカ生まれの男がマドレーヌという愛人といっしょに、まかない付きの宿屋を経営していた。ジャック「・プレヴェール」が見つけてくれた、というか、その紹介で、かなり長くかくまってもらった。ジャックはあちこちにつてやコネがあって、パリから逃亡するときからずっと世話になりきりだった。ヴァンサンの宿屋では、わたしと妻のほかには客もいなかったので、台所兼レストランで食事のあとそのまま仕事ができた。仕事の打合わせにやってくる美術のレオン・バルサックや監督のマルセル・カルネともいっしょに食事をして、仕事の打合わせもして、すごく快適で充実した生活を送った。宿屋の裏手にいざというときの逃げ口があって、警察の捜査が入るときなど、わたしたちは裏口から逃げてオリーブ林のなかに隠れたものですよ。

――戦後のパリのサンジェルマン・デ・プレに有名な文芸酒場《キャバレー》「ラ・ローズ・ルージュ」をつくって一時代を築くニコ・パパタキスも宿屋の手伝いをしていたとか……。

トローネル　いや、ニコ・パパタキスはトゥーレット・シュル・メールのほうの隣人でした。いい仲間だったが、プリウーレ・ド・ラ・ヴァレットの宿屋に来たことは……いや、遊びに来たこともあるかな、ヴァンサンとは仲良しだったから。一九四〇年六月にパリがナチス・ドイツ軍に占領されて以来、わたしは妻とともにほとんど着の身着のままパリを逃れて非占領地域の南仏《ミディ》にやってきて、アンチーブ、カンヌ、サンポール・ド・ヴァンス、ニースとあちこちに隠れ住んで（それもすべてジャック・プレヴェールに助けられて）、やっと人里離れた山奥に、ここなら安全という隠れ家を見つけたけれども、絶対安全というわけではなく、長居は危険なので、ずいぶんあちこちに移り住んだ。すばらしい仲間たちに恵まれ、助けられたが、どこに密告者や裏切り者がいるかわからず、いつも怯えていた。そんななかで映画づくりに参加できたのは本当に大きな救いでしたよ。

――『天井桟敷の人々』のセットはすべてニースのラ・ヴィクトリーヌ撮影所に建てられたのですか？

トローネル　いや、一部はパリに。というのも、『天井桟敷の人々』は一九四三年八月にラ・ヴィクトリーヌ撮影所でクランクインしたのですが、すぐ撮影が中断されるという騒ぎが起こりました。連合軍が地中海沿岸のイタリアのジェノヴァに上陸するというので、ヴィシー政府の命令でみなパリに引き揚げなくてはならなくなったのです。その直後にアメリカ軍がサルデーニャに上陸しました。そのうえ、プロデューサーのアンドレ・ポールヴェの家系にユダヤ人の血が流れていることが発覚して、仕事ができなくなり、映画そのものが宙に浮いた形になったのです。アンドレ・ポールヴェと共同でこの映画に出資していたイタリアのプロデューサー、スカレーラもイタリアへ逃げて帰ろうとしたのですが、ネガフィルムをニースに置き忘れて行ったのがさいわいでした。イタリア人はみな国境でドイツ軍につかまって、持ち物を全部没収されたからです。こうして、ネガフィルムがニースに残っていたため、フランスのパテ映画社が乗りだしてきて、パテとスカレーラとのあいだで話し合いがおこなわれ、パテがそのネガフィルムを譲り受けて『天井桟敷の人々』の製作を引き受けることになったのです。そんなわけで、一九四三年十一月に、パリのパテ映画撮影所であらためてクランクイン。ピエール・ブラッスールが扮したフレデリック・ルメートルの「アドレの宿屋」が上演される劇場の内部セットなどは、パリのパテ撮影所に建てられたものです。「犯罪大通り」のオープンセットはニースのラ・ヴィクトリーヌ撮影所のほうです。

――『天井桟敷の人々』は十九世紀のパリの演劇界を、『悪魔が夜来る』は中世のお伽噺を描くという、時代もの、コスチュームもののアイデアはどのようにして生まれたのですか？

トローネル　ナチス・ドイツ占領下のフランスで現実の生活を映画に描こうとすると、どうしてもユダヤ人をナチに密告するとか、戦争とか収容所とか、ナチとのかかわりがなまなましく出てきてしまうので、そういうものはなるべく避けて、表面上は当たり障りのない「過去」とか「昔話」に主題を求めた映画が戦時下の流行になりましたが、それを最初に考えたのがジャック・プレヴェールでした。過去の物語、コスチュームものの形で、寓話的な映画をつくるという方法です。そこで、ジャック・プレヴェールを中心にわたしたちが最初に考えだしたのは中世を舞台にした寓話「長靴をはいた猫」でした。わたしはそのセットの絵まで描いたのですが、結局この映画のアイデアは捨ててしまったのです。

――なぜ捨ててしまったのですか？

トローネル　すでに準備していたものを生かしながら、同じ中世の物語を様式化、寓話化したもので、もっといい主題が見つかったからです。それが『悪魔が夜来る』でした。『悪魔が夜来る』の成功のあと、わたしたちはジャン＝ルイ・バローを主演に一本撮ることになったのですが、バローが「無言劇をやりたい」といって、バチストつまりドゥビュローの話をしたのが、『天井桟敷の人々』の出発点になりました。十九世紀のパリの天才的パントマイム役者で、「犯罪大通り」とよばれた大通りにあった見世物小屋、フュナンビュル座で活躍し、そのピエロの夢幻劇がパリ中の人気を集めたという有名な人物です。ジャック・プレヴェールがすぐこの話に乗り、無言劇のドゥビュローに対して、いわばバランスをとるために、それとは正反対の人物、やはり同じ時代の人気俳優で徹底的にしゃべりまくるロマン派演劇の寵児、フレデリック・ルメートル、そして第三の人物として犯罪詩人として名高い、これも弁舌さわやかなピエール＝フランソワ・ラスネールを配するというプロットを考えだした。とくに「人間社会全体にたたかいを挑んだ」ピエール＝フランソワ・ラスネールという人物にジャック・プレヴェールは熱狂していた。彼と同じように詩人だったからでしょう。

ジャックは一九七七年に、テレビのインタビューをうけている最中、窓に寄りかかった拍子にシャンゼリゼ大通りの舗道に落っこちて、それがもとで体調を崩し、死んでしまった。わたしたちは久しぶりにいっしょに映画を撮る準備をしていた。ジャックの弟のピエール［・プレヴェール］が監督をやり、わたしは美術と衣裳を担当し、脚本を準備中のジャックのアイデアや構想を聞きながら、デッサンもいくつか描いていたのですが、ジャックの死で実現しなかった。それだけがいまも心残りです。

——トローネルさんは一九五〇年に『愛人ジュリエット』という美しい映画の美術を手がけられていますね。これはマルセル・カルネ監督作品で、ジャック・プレヴェール脚本ではないのですが、その夢幻劇の雰囲気がプレヴェール／カルネ作品、とくに『悪魔が夜来る』によく似ていますね。

トローネル 『愛人ジュリエット』はジョルジュ・ヌヴーの戯曲の映画化です。なるほど……考えたことはありませんでしたが、そう言われれば、たしかにどこかジャック・プレヴェールの世界との共通点があるような気もする。つまるところ、映画はすべてお伽噺だからね！ 美しいお伽噺もあれば、こわいお伽噺もある。でも、お伽噺であることは間違いない。

――トローネルさんは、モノクロ映画の場合にもセット・デザインはつねにカラーで構想されるとのことでしたが、たとえば俳優のメーキャップにはカラーとモノクロの差があるといわれるように、やはりセットの場合もモノクロ作品とカラー作品では違いがあるのではないでしょうか？

トローネル いや、たいして違いはありません。基本は同じです。メーキャップの場合でも、モノクロとカラーの差があるとは思えません。モノクロ映画だからといって、俳優の顔をモノクロに、白と黒に塗るわけではないでしょう（笑）。ただ、モノクロ映画のほうがカラー映画よりも、ずっと厳密さを要求します。モノクロには無限のニュアンス、深みがあります。いいモノクロ映画は色彩を感じさせます。思い出をカラーで染めることがよくあります。モノクロ映画がよくカラーで記憶によみがえることがあるでしょう。カラー映画にはそのような想像力を刺激するものがほとんどない。そういう大きな違いはありますが……。

ハリウッドとビリー・ワイルダー

――トローネルさんのアメリカ映画との出会いは何ですか？　一九五六年のビリー・ワイルダー監督の『昼下りの情事』あたりが最初の仕事になるでしょうか？

トローネル　その前に、ハワード・ホークスの『ピラミッド』（一九五五）があります。わたしが最初に仕事をしたハリウッド映画は『ピラミッド』です。そのちょっと前にオーソン・ウェルズの『オセロ』（一九五二）の美術をやっていますが、オーソンはかならずしもアメリカの映画監督とは言えない。

――『オセロ』は、オーソン・ウェルズがハリウッドから追放されてヨーロッパに「亡命」中の作品で、フランス、モロッコ、イタリアの合作という一種の国籍不明の映画でしたね。

トローネル　そう、モロッコで撮影しました。

――撮影に一年以上もかけた作品で、デスデモーナを演じる女優が三人も交替しているんですね。

トローネル　わたしがかかわってからは、撮影はちょうど一年ぐらいでした。その前から、最初、一九四九年か五〇年ごろから、オーソン・ウェルズはイタリアで撮影をはじめたのですが、そのときデスデモーナ役の女優はレア・パドヴァーニでした。しかし、うまくいかず、次はニースで撮ることになり、そのとき、わたしに美術を依頼してきたのです。二人目の女優はベッツィ・ブレアで、すばらしい女優でした。

――ジーン・ケリーの夫人になった女優ですね。

トローネル ジーン・ケリーの最初の奥さんです。いまはイギリスの映画監督、カレル・ライス夫人です。[*2]

――三人目のデスデモーナが『愛人ジュリエット』のヒロインだったシュザンヌ・クルーチエですね。なぜ三人も女優を変えなければならなかったのでしょうか？

トローネル 理由はわたしにはよくわかりませんが、レア・パドヴァーニがモロッコに行きたがらなかったということを聞いたことはあります。オーソンはモロッコを『オセロ』の最適ロケ地に決めていましたから。

――なぜモロッコをロケ地に決めていたのでしょうか？

トローネル オーソンは俳優としていろいろな映画に出演していた。たしか、そのころ、ヘンリー・ハサウェイ監督でタイロン・パワーが主演の『黒ばら』（一九五〇）だったと思いますが、モロッコで撮影がおこなわれていた。オーソンはその映画に出演しながら、自分の映画のためのロケハンもしてきたのです（笑）。『オセロ』を撮るのに最適の城砦を見つけたと言っていましたから。

――オーソン・ウェルズとはどのようにして知り合ったのですか？

トローネル アレクサンダー・コルダが一時、オーソン・ウェルズ監督・主演で『シラノ・ド・ベルジュラック』を製作する企画を立て、わたしにそのセット・デザインを依頼してきたのです。そのときに、コルダの紹介でオーソンに会い、すっかり意気投合して友だちになりました。『シラノ・ド・ベルジュラック』も残念ながら映画化されなかったけれども、セットの絵は描きましたよ。

——オーソン・ウェルズの『シラノ・ド・ベルジュラック』！　見たかったですね……。『ピラミッド』のハワード・ホークス監督との出会いのきっかけは何だったのですか？　一九五三年から五六年までホークスはヨーロッパに住んでいたようですが……。

トローネル　そう、そのころ、ハワード・ホークスはパリに住んでいて、直接彼から話があり、わたしは二つ返事で引き受けたのです。ホークスの映画は大好きでしたから。そして本人に会って、さらに好きになりました。映画づくりをたのしむ天才と言ってもいいでしょう。演出の面ばかりでなく、すべての面に配慮を怠らなかった監督です。

——『ピラミッド』の忘れがたいラスト・シーン、あの砂がこぼれて石と石とのあいだを埋めていくピラミッド構築の仕掛け、息を呑む見事な出口なしのピラミッドの構造の仕掛けは、シナリオを書いた作家のウィリアム・フォークナーならではのアイデアだと思われました。

トローネル　いや、たしかにウィリアム・フォークナーの名がシナリオライターとして記されていますが、実際にはウィリアム・フォークナーは酒ばかり飲んでいて、何もしていなかったと思いますよ（笑）。もう一人のシナリオライターがいたでしょう、ハリー・カーニッツという人が。彼がホークスに付きっきりでシナリオを書き、撮影中も手直しをしていました。フォークナーはむしろ名前だけの飾りもののような存在でしたよ。飲んで酔っぱらって、「古代エジプトの人間の立ち居振る舞いや話しかたがわたしらにわかるもんかね」なんて言っていた（笑）。すべては　ホークスのアイデアですよ。映画全体がホークスの世界です。助監督で製作進行を担当したノエル・ハワードが書いた「ナイルのハリウッド」という本を知っていますか？　すばらしい本です。『ピラミッド』という映画がつくられる物語そのものが語られた本です。フランスだけで出版されている本です。パリから送ってあげましょう。それを読めば、『ピラミッド』という映画のすべてがわかりますよ。

——ありがとうございます。それはぜひ読みたいですね。

ハリウッドの監督では、ビリー・ワイルダー監督と最も長いお付き合いをしておられますね。一九五六年の『昼下りの情事』から一九七七年の『悲愁』まで二十余年のお付き合いですね。

トローネル　いまなお親しく付き合っていますよ。今回も、じつはいっしょに東京へくるはずだったのですが、ビリーは背骨を痛めて動けなかったのです。

——ビリー・ワイルダー監督とはどのようにして知り合ったのですか？

トローネル　「ナイルのハリウッド」を書いたノエル・ハワード、彼は私の最も親しい友人の一人ですが、その彼がビリー・ワイルダーの『翼よ！　あれが巴里の灯だ』（一九五七）のスタッフでした。ジェームズ・スチュアート扮する主人公リンドバーグの飛行機が着陸するパリ空港の撮影の進行係をやっていたのですが、出迎える観衆のエキストラを八千人だったか九千人だったか集めたすごいシーンだから見にこないかと私を誘ってくれたのです。当時はまだブールジェに空港はなく、一帯が芝生だったので、空港に見立てることのできる広い空地をよそに見つけなければならず、ノエル・ハワードはずいぶん苦労したらしい。やっとパリ郊外のビヤンクールにロケ地を見つけ、着陸後の撮影のためにすでにつくられてあったもう一機の飛行機を運んで待機していたのです。「今夜、リンドバーグの飛行機が着くシーンの撮影があるんだ、見にこないか」というので、わたしはぜひ見てみたいと思って行ったわけです。そこで、ビリー・ワイルダーに紹介され、いろいろな話をしているうちにすっかり意気投合して、「こんどパリで映画を撮るときには、ぜひ美術をやってくれ」とビリー・ワイルダーが言ったのです。それから三か月後にビリーから電話があり、「パリで映画を撮るんだ、ぜひ美術をたのむ」ということになった。それが『昼下りの情事』です。

――『昼下りの情事』は、アリアーヌというオードリー・ヘップバーンが演じた若いパリジェンヌをヒロインにしたパリの物語ですが、すべてパリでロケされたのですか？

トローネル　すべてパリで撮影されました。屋内のシーンはブーローニュの撮影所でセット撮影されました。

――映画の最初のほうで、私立探偵のモーリス・シュヴァリエがヴァンドーム広場の記念塔のてっぺんからホテル・リッツのゲーリー・クーパーの部屋をうかがっているのですが、あのシーンは、当然、ロングで撮られたところはロケで、モーリス・シュヴァリエのアップはセットになるわけですね……？

トローネル　もちろん、そうです。映画では簡単なことです。

――『あなただけ今晩は』（一九六三）もパリでロケーション撮影されたのですか？

トローネル　いや、すべてセット撮影です。

――中央市場のオープンセットをつくられたわけですね？

トローネル　そうです。映画はハリウッドで撮影されることになったので、パリの中央市場をそっくりそのまま再現したオープンセットを組んだのです。しかし、すでに申し上げたように、たとえ実物大のセットでも、映画美術は現実そのものではなく抽象化されたイメージです。現実そのままに牛や豚の生肉を三日も四日も置いてはおけない。野菜も同じです。腐ってしまうし、高くつきすぎるし（笑）。で、プラスチックで肉や野菜をつくったわけです。これはうまくいきました。本物に見えたでしょう？（笑）。

――ええ。セーヌ川もセット、というか、撮影所のなかにつくったものですか？

トローネル　ジャック・レモンがセーヌ川にとびこんで、それからまた川のなかから出てくるシーン、あそこだけはパリで撮りました。セーヌ川だけは本物です（笑）。もちろん、映画の冒頭に出てくるエトワール広場をぐるりと車で移動撮影したシーンもロケーションです。ビリー・ワイルダーの指示にしたがってB班が撮ってきたものです。

――トローネルさんは一時、フランスを去ってハリウッドに行って仕事をされていましたね。

トローネル　一時どころでなく、十二年間もハリウッドで仕事をしていました。ハリウッドに出発するきっかけになったのは、『昼下りの情事』のあと、ビリー・ワイルダーが「ハリウッドに来ていっしょに仕事をしよう」と誘ってくれたことでした。

――ハリウッドでの最初の仕事は何ですか？

トローネル　ビリー・ワイルダーの『情婦』（一九五八）。マレーネ・ディートリッヒとチャールズ・ロートンが出た見事な映画でした。

——弁護士のチャールズ・ロートンの家の階段の手すりに備え付けられた小型の昇降装置がおもしろく印象に残っていますが、あれは最初から脚本にあったものですか？

トローネル　あれはビリー・ワイルダーのアイデアです。あれはおもしろかったでしょう。

ヌーヴェル・ヴァーグとは何だったのか

——トローネルさんがフランスからハリウッドに移住された一九五〇年代末はちょうどヌーヴェル・ヴァーグの勃興期にあたりますね。ヌーヴェル・ヴァーグはキャメラを街頭に持ちだし、映画を撮影所から解放したわけですが、同時にフランス映画から美術を、セットを、駆逐したのではないでしょうか？

トローネル　わたしはそうは思いません。なぜなら、映画というのはつねに技術の発展に結びついているからです。当時、高感度のフィルムや明るいレンズの発明によって、ヌーヴェル・ヴァーグは、ほとんどライティングを必要としない撮影テクニックを発見したのです。それ以前は、撮影所のほうが、ライティングの設備もあり、街頭ロケで人や車に邪魔されずに撮影しやすかった。ヌーヴェル・ヴァーグは、新しいフィルムや機材を得て、隠し撮りなど、街頭の人ごみや車が邪魔にならない新しい撮りかたを開拓していったのです。

それで思いだされるのは、ビリー・ワイルダーの『アパートの鍵貸します』の撮影のときのことです。わたしたちは、ジャック・レモンのアパートのあるニューヨークのセントラル・パークの近くにロケーションに行きました。真冬で、とても寒かった。深夜をすぎ、午前三時になっても、まだライトのセッティングができず、結局ビリー・ワイルダーは、組合の問題もあるのでそれ以上ロケを敢行せず、撮影所にセットをつくることにしました。そのほうが、ライトの設備はあるし、安上がりになることがわかったからです。その逆もまた真なのです。ヌーヴェル・ヴァーグがはじまったころ、いつでも、どこでも撮影ができました。撮影所を使わないほうが安上がりだった。あるがままの現実にキャメラを据えて回す。映画の主題もジャンルもそうしたリアリズムにふさわしいものでした。わざわざセットをつくる必要がなかった。現実のアパートや街路を使うほうが映画の主題にも合っていたし、安上がりだった。思えば、リュミエールが映画を発明したときから、外で撮ることはちっともふしぎではなかったのだし、ロケーションこそ撮影の基本だったのです。街のまんなかで撮る、自然のなかで撮る、それこそ映画だったのです。しかし、同時にジョルジュ・メリエスがいた。彼はセットでしか撮れない映画を撮っていた。ロケーションのほうがいい映画とセット撮影のほうがいい映画があるということです。印象派の画家が、モネやマネが、アトリエから出て、自然のなかで絵を描いたからといって、アトリエのなかで描かれる静物画がなくなったわけではないのです。

映画を動かす最も大きな要素は、言うまでもなく、金です。映画はまず金の計算からはじまる。金の計算、つまり予算です。それに伴うさまざまな計算、どのくらいの予算で、どのくらいの日数がかかるか、等々。で、たとえばロケーションで天候の変化に動かされるよりは撮影所のなかにセットをつくって撮るほうが経済的だということになる場合もある。撮影所のなかでは天候に左右されることはないからです。わたしの最も新しい仕事の一つは、ベルトラン・

タヴェルニエの『ラウンド・ミッドナイト』(一九八六)ですが、この映画も、サンジェルマン・デ・プレでロケーションをするという当初の予定を変えて、結局セット撮影になりました。街並みが戦後のパリのサンジェルマン・デ・プレとはすっかり変わってしまったこともありましたが、要するにセット撮影のほうが金がかからないことがわかったからなのです。ヌーヴェル・ヴァーグであろうが、ヌーヴェル・ヴァーグでなかろうが、問題はつねに映画をいかに経済的につくるかということにつきるのです。それ以外の理由も説明もあり得ないと思いますね。ヌーヴェル・ヴァーグは、もちろん、ある種の映画形式、いわばブールヴァール映画ともよぶべき通俗的な形式、長いあいだフランス映画の主流を占めてきた風俗喜劇やメロドラマに対する反動として生まれたこともたしかですが。

——トローネルさんは一九七五年にまたフランスへ帰られたわけですが、その理由は何だったのでしょうか?

トローネル　またフランスで親しい友人たちといっしょに仕事をしたくなったからです。ビリー・ワイルダーがハリウッドで映画を撮ることができなくなったということもあります。ハリウッドが変わったというか、アメリカ映画そのものが変わってきて、ロマンチックな夢物語とか、お伽噺とか、洒落たセンスの諷刺劇とか、そういったジャンルの映画があまりヒットしなくなった。言葉も映像も極端にどぎつい作品が多くなりましたからね。ふりかえってみると、ハリウッドの撮影所は技術的には完璧で、仕事をするには申し分なかった。アメリカでは映画は一つの産業です。フランス映画はそうではなく、いつもバラバラで、まとまりがなかった。

ハリウッドにくらべて、フランスでは映画づくりが単に個人的な冒険でしかないという違いがあります。映画を生産するのではなく、一本つくってはまた一本つくるというぐあいで、企業としての企画性《プランニング》がまったくない。それでいい場合も、もちろん、あります。クロード・ベリの『チャオ・パンタン』（一九八三）のような親密な映画に出会えたのも、フランスならではのことですよ。

（初出、一九八七年、「キネマ旬報」975号・976号）

＊1 **（追記）**「一九九三年十二月五日、アレクサンドル・トローネル氏（フランスの映画美術家）は八十七歳で死去」——と日本の各紙にも死亡記事が出た。「ハンガリーのブダペスト生まれ、一九二九年フランスに亡命。映画美術の仕事に就き、詩人ジャック・プレヴェールの脚本、マルセル・カルネ監督の『霧の波止場』『悪魔が夜来る』『天井桟敷の人々』などの美術を担当。戦後はハリウッドでビリー・ワイルダー監督の映画の美術などを手掛けた。〝石膏と照明と風の建築家〟との異名を持つ映画美術の巨匠であった」（共同通信）。

＊2 ベッツィ・ブレアは一九四〇年にジーン・ケリーと結婚（一九五七年離婚）。一九六三年にカレル・ライス監督と再婚（一九六九年離婚）、その後、物理学者と三度目の結婚をしている。

ピエール・ブロンベルジェ

ジャン・ルノワールからジャン＝リュック・ゴダールまで

いまジャン・ルノワール！

一九八七年に東京・有楽町の朝日ホールで開催された「いまジャン・ルノワール」と題された上映会は、かつてない（と言いたいくらい）幸福な映画的イベントだった。ジャン・ルノワール監督のサイレント時代の『のらくら兵』（一九二八）とトーキー初期の『牝犬』（一九三一）という日本未公開だった二本の傑作が日本語字幕スーパー付きのニュー・プリントで上映されたばかりか、『トニ』（一九三四）、『ピクニック』（一九三六）、『どん底』（一九三六）、『ゲームの規則』（一九三九）、『フレンチ・カンカン』（一九五四）、『恋多き女』（一九五六）という、いずれも珠玉のようなルノワール作品をいっきょに見ることができたし、現ブロンベルジェ夫人であるジゼル・オシュコルヌ監督・主演による短篇記録映画『ジャン・ルノワールの演技指導』（一九六八）という小さなおまけも付いた。

『のらくら兵』『牝犬』『ピクニック』などのプロデューサーであり、いわば映画作家ジャン・ルノワールの育ての親であり親友でもあったピエール・ブロンベルジェ氏が、ジゼル夫人を伴って来日し、「いまジャン・ルノワール」の企画者である朝日新聞社の池田昌二氏のご好意で、二時間ほどブロンベルジェ氏にインタビューすることができた。

一九〇五年九月二十九日生まれの八十二歳半（とピエール・ブロンベルジェ氏は言った）。戦前はジャン・ルノワールの、戦後はヌーヴェル・ヴァーグの、育ての親でもある。アヴァンギャルドからジャン＝リュック・ゴダールに至るフランス映画史の流れをつくり、支えてきたプロデューサーでもある。ジャン・ルノワールは一九七四年に出版した自伝のなかで、「私の映画作者としての経験において第一級の役割を演じ」「数々の映画の冒険における私の〝相棒〟となる」「そして四分の一世紀後にはヌーヴェル・ヴァーグ運動の初期において基本的な役割を果すことになる」ピエール・ブロンベルジェについて、こんなふうに述懐している。

この想像力があり余って、無数の企画に取り憑かれた男、絶えず右から左へと足を踏み替え、貧乏ゆすりをし、いらいらを静めるために机の上に置いてある吸取紙をグチャグチャ嚙んで——そういえば彼は小切手を食べてしまったことがあった！——神経質な人物は、今日もいまだ昔と変らず、映画に対する烈しい情熱に燃え続けている。自己の偶像ともいうべき映画を否認するぐらいなら、従容《しようよう》として我が身をライオンの餌食に供するに違いない彼の姿を、私はよく思い描いたものだった」（「ジャン・ルノワール自伝」、西本晃二訳、みすず書房）。

それはリュミエールからはじまる

——プロデューサーとしてのピエール・ブロンベルジェさんの経歴は、ジャン・ルノワールが初めて映画にかかわった一九二三年の『カトリーヌ（あるいは喜びなき人生）』からはじまるわけですが、やはりジャン・ルノワールとの出会いが映画の道に入るきっかけになったのでしょうか？

ブロンベルジェ　それを語るには、もっとずっと前にさかのぼらなければならないでしょう。なぜなら、それはわたしの人生よりももっと長い話になるからです。わたしは代々医者の家系に生まれた。十三世紀からずっと医者の家系なのです。第一次大戦前夜には、すでにブロンベルジェ家から出た医者が六十人もフランス各地にいました。わたしの父は、パリで開業する前に、リヨンの伯父（わたしにとっては大叔父）の病院で助手として働いていた。一八九四年に父は大叔父の手にあまったある患者の病気を治療して一生感謝されることになるのですが、その患者がルイ・リュミエールだったのです。写真に興味を持っていた父はリュミエールの部屋に招かれて、いろいろな写真を見せてもらい、さらに「最新のすばらしい発明」も見せてもらった。それが「動く写真」だった。パリのグラン・カフェで「シネマトグラフ・リュミエール」が公開されるのは、その翌年の一八九五年末のことです。父は「シネマトグラフ・リュミエール」を見た最初の人だったわけです。わたしはまだ生まれていなかったけれども、これがわたしの血のなかで最初の映画との出会いになったわけです。一九四六年に、わたしがシネマテーク・フランセーズのアンリ・ラングロワといっしょにリュミエールの撮ったフィルムをたっぷり使ってベル・エポックの風俗を再現した記録映画『パリ一九〇〇年』を製作したとき、リュミエール兄弟は彼らのフィルムを勝手に商業用に使ったことに対してアンリ・ラングロワに厳しい抗議状を書いた。わたしたちはリュミエール兄弟の許可を得ずにラングロワが個人的に集めたフィルムを使ってしまったからです。そのとき、わたしの父がルイ・リュミエールに手紙を書いてくれたのです。「一八九四年に、あなたは私にあなたの病気を治してくれたお返しに何でもしてくれるとおっしゃいました。いま、そのお返しをしていただけますでしょうか。息子にあなたの撮影されたフィルムの使用を許可していただきたいのです」というような文面でした。ルイ・リュミエールは主治医だった父のことをよく憶えていて、快くフィルムの使用をわたしに許可してくれ、問題はすぐ解決しました。

しかし、わたしは不肖の息子で、父の後を継いで医者にはならなかった。代々医者の家系で、わたしだけが道を外れた人間だった。わたしの弟も医者になり、わたしの息子も医者になった。わたしの伯父も医者です。わたしだけが医者の家系から抜けてしまったのです。

――映画が道を誤らせてしまったわけですね（笑）？

ブロンベルジェ　七歳までわたしは馬車の御者になるつもりだった。両親が映画好きだったので、わたしはよくいっしょに連れていってもらった。そんなある日、ルイ・フイヤードの連続活劇『ファントマ』（一九一三―一四）を見たのです。第三篇の『不思議な指紋』でした。あまりのすばらしさに、われを忘れるほどでした。この日、わたしは映画を自分の生涯の仕事にしようと決心しました。一九一三年、いや一四年、八歳のときです。それからずっと決心は変わらなかった。一九一九年、十四歳のとき、父はわたしにドイツ語を勉強させるためにフランクフルトへ留学させた。ドイツでわたしはムルナウやロベルト・ヴィーネやフリッツ・ラングやエルンスト・ルビッチの映画を見て、ますます映画をやろうという思いに駆られた。フランスに戻ったのが一九二一年、そのあと、パリでリセ（高等中学校）を卒業してから、こんどは本格的に映画の勉強をするために、父の知り合い（というか、患者だった）プロデューサー、シャルル・デラックの紹介状を持って、ロンドンに行き、映画の輸出入会社でアメリカ映画やフランス映画の買付けの仕事を手伝い、それからまたシャルル・デラックの紹介状を持ってニューヨークに向かいました。一九二三年のことです。最初はフォックスで、フランス語やフランスの風俗に関する監修をやらされたりしただけでしたが。

――アメリカ映画のフランス語版の監修ですか？

ブロンベルジェ　いや、まだサイレント時代ですからね。フランス語版が必要になるのはトーキーになってからです。わたしが監修をやらされたのは、たとえばパリを舞台にした映画で、警官と娼婦とヒモが出てきて、その身なりの考証とかね。しかし、監修とは名ばかり、監督もプロデューサーも誰もわたしの言うことなど聞きもしなかった。それから、もっとあとになりますが、パラマウントの撮影所でルドルフ・ヴァレンチノの映画のときもそうでしたよ。ヴァレンチノの撮影はそりゃ大変でした。

サイレント映画は、当時どんなふうにして撮影していたか、わかるかね？

――当時はまだ手回しのキャメラだったわけですね？

ブロンベルジェ　そう、その手回しをどんなふうにやっていたか……回転速度を一定にするために、キャメラマンは歌を歌いながらリズムをつけて回した。フランスでは、〽サンブル＆ムーズの連隊は……と歌いながら拍子をとっていた。一秒十六コマから十八コマくらいのフィルムの回転スピードにちょうどぴったり合う歌だったんだね。

――音楽にはリズムがあるので、キャメラマンは歌いながら回転数を調節していたわけですね？

ブロンベルジェ　そうです。〽サンブル＆ムーズの連隊は……タタタ……とね（笑）。アメリカではどんな歌だったか忘れましたが、やはり同じように歌を歌いながらリズムに合わせてキャメラを回していた。セットで重要なシーンを撮るときには、しばしばオーケストラの演奏付きでした。たいていは四、五人の楽団でシーンのドラマチックな雰囲気を盛り上げるという程度のものでしたが、ヴァレンチノの場合は格別でした。大スターですからね。二十人、二十五人という大オーケストラの演奏でセットを揺るがせました（笑）。〽バーンバーンバババーン……！　撮影所付きの楽団がいるのに、専属のオーケストラを連れてきて演奏させるので、そのやかましいこと！（笑）。キャメラマンは、その喧騒のなかで、神経質そうに、苛立ちを抑えながら、〽サンブル＆ムーズの連隊は……と歌いながらキャメラを回す。監督はフレッド・ニブロだったたか、シドニー・オルコットだったたか、どちらもホモセクシャルでしたが（笑）、「さあ、いくわよ。用意、スタートよ！　ホラ、見て。早く、早く。彼がくるわ！」。オーケストラが〽バーンバーンババーン……。小楽団が〽ターターターターン……。キャメラマンが〽サンブル&ムーズの連隊は……。もう最悪でした(笑)。この愚劣な狂騒曲からキャメラマンを救うためにアメリカではいち早く電動機による回転装置が考案されて使われるようになったのでした。

アーヴィング・タルバーグが映画の学校だった

――ブロンベルジェさんが立ち合われたそのヴァレンチノの映画の題名は何ですか?

ブロンベルジェ　『ボーケール』(シドニー・オルコット監督、一九二四)。ニューヨークのパラマウントの撮影所で撮っていた作品です。

――当時、ヴァレンチノの映画はハリウッドではなく、ニューヨークでつくられていたのですね?

ブロンベルジェ　そうです。ニューヨークのアストリア撮影所で撮影されていました。

それから、わたしはロサンゼルスに行ったのですが、アメリカ滞在中、わたしの最大の幸運は、ロサンゼルスで、ハリウッドで、アーヴィング・タルバーグの知己を得たことでした。彼はMGMの製作担当副社長でハリウッドの撮影所長でした。ほぼ一年間、MGMの撮影所で彼といっしょに仕事をすることができたことが、わたしのキャリアの真の出発点になったと言ってもいいでしょう。すばらしい冒険でした。タルバーグはわたしにとって映画の学校でした。プロデューサーは一つのことだけにこだわらずにできるだけ広い視野を持たねばならないこと、監督がつねに最後まで作品の精神を見失わずに仕事をつづけていくことができるようにしてやらなければならないこと、などを学んだのも、タルバーグとの付き合いからでした。

――製作現場につかれたのですか？

ブロンベルジェ　いや、製作現場にはつきませんでした。タルバーグといっしょにラッシュ・フィルムを見て、意見を述べるのが主な仕事でした。このシーンは撮り直すべきだとか、この俳優は替えたほうがいいのではないかといったふうに、いちいち検討してみる仕事です。わたしは十八歳か十九歳でしたし、これがわたしにとってすばらしい勉強になったことは言うまでもありません。

――アーヴィング・タルバーグは、当時、ハリウッドで巨頭《タイクーン》とよばれた大プロデューサーですね？

ブロンベルジェ　もちろん、彼は世界最大のプロデューサーでしたよ！　ＭＧＭをハリウッド最大の撮影所にしたのも、彼の力です。エーリッヒ・フォン・シュトロハイムのような怪物としか言いようのない監督に映画を撮らせたのも、彼です。『グリード』（一九二四）はタルバーグがシュトロハイムの意図を無視してズタズタにカットしたことで知られていますが、それでも見事な作品です。

タルバーグはわたしに友情をこめてプロデューサーの地位を約束してくれたのですが、それゆえにわたしはＭＧＭのみんなから嫌われ、つまり嫉妬されて、外国人のくせに生意気だといわれ、結局自分がフランス人であることを否応なしに自覚させられ、パリに戻ったのです。

ジャン・ルノワールとの出会い

ブロンベルジェ　それから、ある日、作家のピエール・レストランゲスにジャン・ルノワールを紹介された。わたしたちの出会いは、それこそ雷の一撃のようなものでした。レストランゲスはルノワールとは幼友だちでした。わたしはルノワールにとってアメリカ映画そのもの、ハリウッドの映画づくりについての生の情報をもたらす人間だった。わたしにとっては、タルバーグが外部からのショックだったとすれば、ルノワールは内部からのショックだった。ともに映画そのものだった。

――そのとき、ジャン・ルノワールは実際にはまだ映画を撮っていなかったわけですね？

ブロンベルジェ　いや、『カトリーヌ（あるいは喜びなき人生）』（一九二四）と『水の娘』（一九二四）を撮りはじめていましたが、二本とも未完成でした。ルノワールがプロデューサーを兼ねていたけれども、組織だった仕事をこなせる人ではなく、そこであとはわたしがプロデューサーをひきうけ、二本の映画を完成させたのです。

――『カトリーヌ（あるいは喜びなき人生）』はアルベール・デュードネ監督作品ですね？

ブロンベルジェ　いや、いや、ジャン・ルノワール監督作品です。クレジットタイトルにはデュードネの名前が記されていますが、デュードネは撮影に入って三日後にはもう降りて、ルノワールがあとの四分の三以上を撮りました。ルノワールが企画し、製作費もだし、主演もした映画です。最初はデュードネに監督をゆだねたのですが、撮影初日から二人はまったく意見が合わなかった。ルノワールはピエール・レストランゲスと共同で脚本も書いており、とくにラスト・シーンの撮りかたについてデュードネともめていた。そんなこともあって、わたしは途中から製作をひきうけ、デュードネには適当な演出料を支払い、監督として名前をクレジットすることを条件にひきさがってもらったわけです。『カトリーヌ（あるいは喜びなき人生）』という二重のタイトルになったのも、そのためです。ジャン・ルノワール監督『カトリーヌ』とアルベール・デュードネ監督『喜びなき人生』と二つの版があったのです。

――アルベール・デュードネはそのあとアベル・ガンス監督の有名な『ナポレオン』（一九二七）の主役、すなわちナポレオンを演じる人ですね？

ブロンベルジェ　そのとおりです。俳優としてはすぐれていた。彼はアベル・ガンスを尊敬し、ガンスの『鉄路の白薔薇』（一九二三）のような前衛的な、ポエチックなフラッシュ・バックの手法を『カトリーヌ（あるいは喜びなき人生）』に使いたがった。それでルノワールと対立したらしい。結局、ルノワールは『カトリーヌ（あるいは喜びなき人生）』を自分で監督することになり、その編集をやりながら、同時に『水の娘』を撮影するという忙しさでした。『水の娘』では自分でキャメラも回していたのです。

わたしたち、つまりジャン・ルノワールとわたしが、ピエール・レストランゲスの紹介で会ったその日、わたしたちは夜を徹して語り明かしました。『水の娘』をみずから撮影していたルノワールは、その技術的な困難をいろいろと語り、もしキャメラが手回しでなく、使用フィルムも感光材料が近紫外部から黄色の波長範囲の光に対して感度を持つだけのオルソフィルムではなく、もっと感色性のいいフィルムを使えたら、どんなに思いどおりの映画ができるだろうというようなことを言ったので、わたしはすかさず、ハリウッドではすでに電動式回転装置付きのキャメラで撮影しており、赤色光までの感度を持つパンクロフィルムを、そして照明には効率よく強い光をだす水銀灯を使っていることを知らせたのです。ルノワールはすぐさま熱狂し、自分もその方法でいきたいと言い、とくに水銀灯の照明に非常な興味を持ちました。そこで、わたしは父の許可を得て、父の診察室にある水銀灯（手術などのために使っていたものでした）を使って、ジャン・ルノワールとともにパンクロフィルムのテスト撮影をしてみました。こうして、フランスにおける水銀灯の照明による最初のテスト・フィルムが撮られたのです。フランスの撮影所が水銀灯の照明を採用したのはそれから間もなくのことでした。

――ジャン・ルノワールは、のちのヌーヴェル・ヴァーグの監督たちと同じように、アメリカ映画から最も強い影響をうけたと語っていますね。とくにチャップリンとシュトロハイムに熱狂した、と。『のらくら兵』（一九二八）にはチャップリンの『担へ銃』（一九一八）などの影響がはっきり認められますし、『女優ナナ』（一九二六）にはシュトロハイム的な雰囲気が濃厚にありますね……。

ブロンベルジェ　ルノワールがカトリーヌ・ヘスリングを女チャップリンに仕立てようとしたことは明らかです。そうは口では言わなかったが、『チャールストン』（一九二七）のような映画を見れば、それが感じられる。そう、彼はすべての偉大なアメリカ映画に熱狂していた。とくにアラン・ドワンに夢中だった。シュトロハイムは、もっとあとになって、『愚なる妻』（一九二二）を見てから好きになったようです。ドイツ映画も大好きで、パプストの『喜びなき街』

（一九二五）などとくに好きだった。そういったすべての映画に触発されて新しいものを創造していったのです。そう、ルノワールはヌーヴェル・ヴァーグよりも二十五年前にすでにヌーヴェル・ヴァーグだったのです。助監督として現場の経験などへずに、ただたくさんの映画を見て、まったく独学で映画を学んだのです。彼こそヌーヴェル・ヴァーグの先駆者だったのです。そのすばらしさは、何も知らずにすべてを発見し、技術の専門家でなかったにもかかわらず、ほとんどすべての映画的技法を本能的に体験的に発見したことです。

——ジャン・ルノワールの映画についての評価は当時どんなものだったのでしょうか？　ルノワールがフランス映画に与えた影響は大きかったのでしょうか？

ブロンベルジェ　戦前の批評家はルノワールをまったく理解しなかった。カニュードにしろ、ルイ・デリュックにしろ、ルノワールの映画を全然認めなかった。ジョルジュ・サドゥールも同じでした。ルノワールの才能がわからなかったのです。もっとも、サドゥールは映画史家で、非常に教養もあるインテリですが、批評家とは言えない。その意味では、フランスの映画批評は一九四五年まで実質的に存在しなかったと言ってもいいでしょう。ルノワールが真に評価されるのは、アンドレ・バザン以後です。バザンが最初にルノワールの真価を認めた批評家です。そしてとくにフランソワ・トリュフォーの積極的な批評活動によるところが大きい。それに、もちろん、ジャン＝リュック・ゴダールやジャック・リヴェット、「カイエ・デュ・シネマ」誌の批評家たちが、ルノワールを再発見することになります。ルノワールの最初の映画『カトリーヌ（あるいは喜びなき人生）』は一九二四年につくられ、二七年にやっと『喜びなき人生』

の題で公開されました。その後、『カトリーヌ（あるいは喜びなき人生）』と二重の題でよばれるようになった。一九二六年にルノワールの『女優ナナ』が公開されたときの評価もさんざんでした。ジャーナリストや批評家や映画関係の人たちを招待した特別披露試写会をムーラン・ルージュで催したのですが、客席の反応はひどいもので、あくびをするやら、「なんだ、これは！」とぶつぶつ文句を言うやら、ほとんどスキャンダル騒ぎになりました。わたしの両親も見にきていたのですが、母はショックで倒れそうになり、あわてて父は母を車にのせて連れ帰りました。レオンス・ペレという当時の大監督の夫人など、出口でわたしをつかまえてこう言ったものです。「あんたがこの映画の責任者？」「はい、奥様」「最低ね！」。批評もひどいものばかりでした。カトリーヌ・ヘスリングが全裸で入浴するとか、下着姿でのし歩くとか、そういったスキャンダラスな面ばかり新聞は書き立てたので、一時は検閲騒ぎがもち上がったのですが、さいわい検閲のほうのお偉方がわたしの父の患者だったこともあって、なんとか検閲はまぬがれました。こうした騒ぎのために映画は評判になって、かなりヒットしたのですが、それでも結果的には赤字でした。ルノワールは借金の埋め合わせのために、父親の、ピエール＝オーギュスト・ルノワールの絵《タブロー》を惜しげもなく売りとばしたものですよ（笑）。そう……戦前、サイレント時代に、マルセル・レルビエやジャン・エプスタンを擁護する批評家はいたけれども、ルノワールを評価する者は一人もいなかった。偉大な才能は突発的に出てくるので、ショックが大きすぎて、なかなか認められないものなのです。一八九五年にリュミエールによって映画の一般公開がはじまり、それから十五年もたたないうちに偉大な才能が世界中にいっきょに出現した。アメリカにはグリフィスが、チャップリンが、シュトロハイムがいた。フランスにはアベル・ガンスがいた。いや、それ以前に、すでにメリエスがいたし、それどころか、ルイ・リュミエールがすでに最初の映画、『工場の出口』（一八九五）や『列車の到着』（一八九五）で正確なキャメラ・ポジションを一気に発見し、映画技法を完成させてしまっていた。才能は徐々に育つものではなく、突如開花するのです。成長するのではなく、爆発するのです。人間の頭脳は、知性は、しばしば、この爆発に追いつけない。たしかに、一九二〇年代に、すでに、映画は芸術だといわれてはいたものの、実際に芸術として世界的に認められ、万人にうけいれられていたのは、チャップリンだけでしょう。

『牝犬』の罠、ミシェル・シモンとジョルジュ・フラマン

——ジャン・ルノワール監督のサイレント時代の最後の傑作といわれる『のらくら兵』からトーキー時代の最初の傑作として知られる『牝犬』（一九三一）と、ミシェル・シモンが重要な役割を演じるわけですが、ミシェル・シモンという俳優を起用したのはブロンベルジェさんですか、ルノワールですか？

ブロンベルジェ　わたしです。ミシェル・シモンを知ったのは、ジョルジュ・ピトエフとリュドミラ・ピトエフの夫妻の芝居を観たときだったと思います。「ジャンヌ・ダルク」だったか何だったか……一九二二年のことです。彼はピトエフ一座の役者でした。そのときから、わたしはミシェル・シモンの大ファンでした。それから、ミシェル・シモンはピトエフ一座を辞め

て、ルイ・ジューヴェの劇団に移りました。同じ劇団にジャン・ルノワールの兄のピエール・ルノワールがいて、彼の紹介で初めてわたしはミシェル・シモンに会ったのです。わたしたちは売春宿で食事をしながら話し合い、すっかり意気投合して、ぜひいっしょに映画をやろうということになったわけです。その前に彼はもちろん『お月様のジャン』（ジャン・シュー監督、一九二二）や『裁かる、ジャンヌ』（カール・ドライヤー監督、一九二八）に出ていましたが。

――なぜ売春宿で食事をしたのですか（笑）？

ブロンベルジェ　ミシェル・シモンは人と会って話をするときはいつも行きつけの売春宿でするという奇癖の持ち主だったのです（笑）。その売春宿には彼の個室があって、そこに彼はいろいろなエロチックなオブジェのコレクションを飾っていた。

――まるでジャン・ヴィゴ監督の『アタラント号』（一九三四）のジュールおやじの船室みたいですね⁉

ブロンベルジェ　そう、まさにあのままです。そんなエロチックなオブジェに取り囲まれているほうが落ち着いて話ができると言うのですよ（笑）。じつに変わったやつでしたよ。

『牝犬』には、最初、ルノワールはアリ・ボールとフロレルのカップルを考えていました。「アリ・ボールもいいが、ミシェル・シモンをなぜ使わないんだ？『のらくら兵』ですっかり気に入って絶讃していたじゃないか」とわたしはルノワールに言ったのです。フロレルは『牝犬』のヒロインを演じるには年をとりすぎているとわたしは思ったので、ちょうどそのとき、わたしの製作でマルク・アレグレが撮ったばかりの『ニトゥーシュ嬢』（一九三一）に出ていたジャニー・マレーズを推薦したのです。ルノワールはその晩、映画を見て、すぐさま「あの娘はすばらしい」ということになった。

――ジャン・ルノワールは『牝犬』のヒロインには最初、彼の愛妻であり詩神《ミューズ》であったカトリーヌ・ヘスリングしか考えていなかったのだが、配給業者の要請で撮影所の契約女優だったジャニー・マレーズを押しつけられたと自伝に書いていますね……。

ブロンベルジェ　それは嘘ですよ（笑）。そう書いているだけです（笑）。ルノワールはカトリーヌ・ヘスリングを使うなんて一度も考えたことがない。

――しかし、ルノワールは父ピエール＝オーギュスト・ルノワールの絵のモデルだったカトリーヌ・ヘスリングに恋をして結婚し、映画女優になることを夢みていた彼女のために映画を撮りはじめたと……。

ブロンベルジェ　それも真っ赤な嘘です（笑）。たしかにカトリーヌ・ヘスリングは映画スターになりたいという野心を抱いていたけれども、ルノワールは最初から彼女にうんざりしていたし、『水の娘』、『女優ナナ』、『チャールストン』、『マッチ売りの少女』（一九二八）を撮って、もう彼女といっしょに映画を撮るのはまっぴらだと言っていたよ。『牝犬』のころには、もう彼はカトリーヌ・ヘスリングと別れて、マルグリット・ルノワールという愛人と暮らしていた。『牝犬』のあと、ルノワールはついにカトリーヌ・ヘスリングと離婚したけれどもね（笑）。

――マルグリット・ルノワールというのはジャン・ルノワールの映画の編集をしていた、あのマルグリット・ルノワールですか？　正式に結婚してルノワールの姓になったのですか？

ブロンベルジェ　いや、自分で勝手にルノワールの姓に変えてしまったんだ（笑）。正式に結婚したことはない。それでルノワールは重婚罪に問われたこともあるよ（笑）。しかし、いずれにせよ、ルノワールはカトリーヌ・ヘスリングを『牝犬』のヒロインに使う気は最初からまったくなかった。フロレルにはかなり執着していたけれどもね。パプストの『三文オペラ』（一九三一）や『アトランティド』（一九三二）に出たすばらしい女優だったから。

――フロレルはその後、ルノワールの『ランジュ氏の犯罪』（一九三六）に使われていますね。

ブロンベルジェ　そう、フロレルはルノワールが熱狂していた女優だったからね。しかし、『牝犬』のヒロインはもっと若い娘でなければならなかった。若くて、さかりのついた牝犬のような、生まれつきの娼婦。

――『牝犬』はジョゼフ・フォン・スタンバーグ監督によるドイツ映画のトーキー第一作『嘆きの天使』（一九三〇）の成功に刺激されて企画されたとジョルジュ・サドゥールは「世界映画史」のなかに書いていますね。

ブロンベルジェ　そんなことはありません。ジョルジュ・ド・ラ・フーシャルディエールの原作もその前にあるし……。ただ、ルノワールが映画化するときに『嘆きの天使』を頭に入れていたということは大いにありうることです。あの映画にルノワールは熱狂していましたから。実際、ルノワールはいろいろなものを取り入れ、影響をおそれない人だった。しかし、どんなに影響されたとしても、作品を見れば、ルノワールはいつだってルノワールだからね。

――『牝犬』のジャニー・マレーズの情夫になるジョルジュ・フラマンという俳優はどのよう

にして起用されたのですか？

ブロンベルジェ　彼は俳優ではありませんでした。アパルトマンの管理人というか、経営者、所有者でした。ルノワールは前から彼のことを知っていて、おもしろいやつだから映画に使ってみたいと言っていたのです。

――ルノワールの自伝によれば、ジャニー・マレーズは、映画そのままに、現実においてもジョルジュ・フラマンが乗り回していたアメリカ製の自動車に乗りこんで、事故死してしまうんですね……。

ブロンベルジェ　それはフラマンの自動車ではなく、ジャニー・マレーズが買った黄色のスポーツカーでした。フラマンはほとんど運転ができなかった。いい気になって運転して事故を起こしてしまったんだ。ジャニー・マレーズは色情狂でね、もうセックスの面で病気だったよ。これは知る人ぞ知る医学上の秘密だ（笑）。一日として男なしではいられない女だった。ルノワールは、情夫の役にはどうしてもジョルジュ・フラマンを使いたかったので、彼をその気にさせ、映画に引き付けておくために、ジャニー・マレーズを彼にあてがうことにした（笑）。それで二人が愛し合えば、それを反映して二人の芝居にも自然に艶が出て、映画にもプラスになるというので、わたしもその案に賛成したんだ。案の定、これはうまくいったよ（笑）。二人ともすっかりおたがいに夢中になってね。しかし、思いがけない問題も起こった。ミシェル・シモンがジャニー・マレーズに狂ったように恋をしてしまったことだ。事故が起こったとき、さいわい映画の撮影は終わっていたんだが、ミシェル・シモンは気も狂わんばかりになって、わたしのオフィスにやって来た。ルノワールもそこにいた。ミシェル・シモンは、やにわにポケットから拳銃を取りだし、ルノワールに向かって、「おまえを殺してやる！」と言った。「彼女を殺したのは、おまえだ。おまえにすべての責任がある」。ルノワールは冷静でした。少しもおどろかずに、こう言ったものです。「彼女は死んだ。だが映画は残った」。ミシェル・シモンは拳銃を落として、その場に泣き崩れました。わたしはすぐ拳銃をひろい、彼を抱き起こしてやりました。わたしたちはその後もずっと親しい友人でありつづけ、いっしょに映画をつくった。ルノワールも、『牝犬』のあと、『素晴しき放浪者』（一九三二）でミシェル・シモンを使い、彼の最高の演技をひきだしました。

――ジョルジュ・フラマンは、のちに、フランソワ・トリュフォーが長篇第一作の『大人は判ってくれない』（一九五九）に使っていますね。ジャン・ルノワールと『牝犬』へのオマージュをこめて……。

ブロンベルジェ　そう、トリュフォーはルノワールを父親のように敬愛していたからね。そういえば、トリュフォーは一九六一年に、彼の友人のクロード・ド・ジヴレーを監督に『のらくら兵』のリメークを企画、製作した（『のらくら兵'62』）。わたしも、友情から協力したが、映画はひどい出来だった。トリュフォーは監督としてはすぐれていたが、プロデューサーとしてはまったくと言っていいほど才能がなかった。いろいろな新人監督に資金援助をしていたが、どれも当たらなかった。もっとも、『のらくら兵』は、わたしも一度すでに、一九三三年に、トーキー版のリメークを製作したけれども（アンリ・ヴュルシュレジェ監督『のらくら兵』）、これもう

『大人は判ってくれない』（1959）　撮影中のフランソワ・トリュフォーとジョルジュ・フラマン（右）　Ⓒレ・フィルム・デュ・キャロッス／MK2／D.R.

まくいかなかった。ルノワールだけしかつくれない映画だったんだと思う。

アヴァンギャルド映画の時代

――ブロンベルジェさんはサイレント時代にジャン・ルノワールとカトリーヌ・ヘスリング夫妻が共演した『可愛いリリー』(一九二七)という短篇映画を製作なされていますが、この短篇の監督、アルベルト・カヴァルカンティの姪にあたる人が、のちに、つまりカトリーヌ・ヘスリングのあと、ジャン・ルノワールの夫人になりますね。そのころ、すでに彼女も映画にかかわっていたのですか?

ブロンベルジェ　カヴァルカンティの姪というのはディドのことかね? ずっと、ずっとあとのことですよ、それは。ルノワールとディドが結婚したのは第二次世界大戦中に二人でいっしょにアメリカに渡ったときだったからね。『可愛いリリー』は一九二七年の作品だからね。カヴァルカンティはブラジルから出て来て、まずスイスの美術学校に入り、それからフランスに来て、マルセル・レルビエやルイ・デリュックの映画の美術をやっていた。『人でなしの女』(一九二三)とか、『生けるパスカル』(一九二五)とか。わたしがカヴァルカンティと知り合ったのは、一九二六年、彼が自主製作の『時の外何物もなし』というアヴァンギャルド映画を撮り終えたばかりのときだった。映画はまだ完全に仕上がっておらず、わたしが編集費をだして最終的に製作をひきうけることになったのです。『時の外何物もなし』はいい映画だった。ストーリーのあるドキュメンタリーというのは、これが初めてでしょう。都会交響楽とでもよぶべき私的なドキュメンタリーのスタイルをつくったのがこの映画です。同じスタイルで、わたしたちは次にマルセイユを舞台に、カトリーヌ・ヘスリングを使って長篇映画『港町にて』（一九二七）をつくったのですが、興行的には失敗だった。すばらしい作品だったのにね。それからカヴァルカンティをルノワールに紹介したところ、二人はすっかり意気投合し、カトリーヌ・ヘスリングをヒロインにした映画をつくることになった。それが『可愛いリリー』です。カヴァルカンティが監督し、ルノワールがカトリーヌ・ヘスリングといっしょに出演した。カヴァルカンティはカトリーヌ・ヘスリングにすっかり惚れこみ、つづいてモーパッサンの短篇小説から『イヴェット』（一九二七）という長篇映画を彼女のためにつくった。ルノワールは出演していませんが。これは大ヒットしましたね。

――カトリーヌ・ヘスリングはカヴァルカンティの『赤ずきんちゃん』（一九二九）にも出ていて、これにはジャン・ルノワールもオオカミの役で出ているんですね。

ブロンベルジェ　『赤ずきんちゃん』までは二人で仲よく共演していた。『赤ずきんちゃん』はわたしの製作したものではありませんが（たしか、ルノワール自身の製作でしたよ）、そのころ、カヴァルカンティとルノワールは強い友情に結ばれ、カトリーヌ・ヘスリングをまじえて、いつもいっしょに映画をつくっていたことはたしかです。

――ジャン・ルノワールはのちに自作にもよく出演していますね。たとえば『ピクニック』（一九三六）ではレストランの主人の役をやったり、『ゲームの規則』（一九三九）ではオクターヴという主役の一人を演じていますし……。

ブロンベルジェ　そう、彼は演じるのが大好きだった。兄のピエール・ルノワールは俳優ですから、やっぱりそうした血をひいているのでしょう。最初につくった映画からして自分も演じている。

――たしかにそうですね。『カトリーヌ（あるいは喜びなき人生）』がジャン・ルノワールの自作自演の第一作になるわけですね。

ブロンベルジェ　そうです。それから『チャールストン』にも出ている。じつは『チャールストン』にはわたしもチラッと出ています。作家のジャン・ジロドゥーも出ている。ピエール・ルノワールも出ています。画家のスゴンザックも出ています。

――ブロンベルジェさんも演じるのがお好きですか？

ブロンベルジェ　いや、いや、大嫌いです（笑）。やむを得ず出ただけです。よく自分の映画にチラッと出るのをたのしみにしているプロデューサーがいますが、わたしにはそんな趣味はない（笑）。そういえば、ジャン・ルノワールとわたしがいっしょにエキストラになって出たドイツ映画を思いだしましたよ。一九二九年にわたしたちがベルリンに行ったときに、G・W・パプストが撮っていたルイズ・ブルックス主演の映画です。

――『パンドラの箱』ですか？

ブロンベルジェ　いや、『パンドラの箱』は一九二八年の作品ですから。そのあとの作品……『倫落の女の日記』です。ナイトクラブで酒を飲んでいる客になってチラッと出た記憶がありますよ。

――アルベルト・カヴァルカンティは映画がトーキー化した一九三〇年代に入るや、フランス映画から突如姿を消してしまい、三〇年代半ばぐらいからイギリス映画のほうでドキュメンタリー作家として活躍しはじめるわけですが、なぜフランスを去ってイギリスへ行くことになったか、そのへんの事情はごぞんじですか？

ブロンベルジェ　たいした事情はありません。美術監督のラザール・メールソンのあとを追ってイギリスに行って、そこにうまいぐあいにとどまったというだけのことです。

――ラザール・メールソンがイギリス映画の大プロデューサー、アレクサンダー・コルダに招かれてロンドンへ行くのが一九三六年ですね。アレクサンドル・トローネルなんかもそのとき助手としてついていくわけですね？

ブロンベルジェ　そうです。カヴァルカンティもラザール・メールソンの美術スタッフとして行ったのです。その後、イギリスの郵政局（GPO）でドキュメンタリーを撮っていたジョン・グリアスンと知り合って、その仲間入りをした。器用なやつでしたよ。

ラザール・メールソンで思い出したんだが、シネマテーク・フランセーズでアンリ・ラングロワの相棒でもあり伴侶でもあったメリー・メールソンを知っているかね？

――ええ、ラングロワにまさるとも劣らぬ巨体というか、肥満体のオバサンで……。

ブロンベルジェ　若いころのメリーはほっそりとした体つきの美人だったよ（笑）。ラザール・メールソンはメリーの夫だった。あのころのメリーの美しさといったらなかった。

――あ、本当にそうだったのですか。若いころはムーラン・ルージュの踊り子だったこともある美人だとの噂だけは聞いていたのですが。

ブロンベルジェ　それは美しかったよ。ものすごく官能的な美人で、パリ中の男たちが彼女と寝たがっていた(笑)。ラザール・メールソンはイギリスで仕事中、一九三八年に亡くなった。メリーは未亡人になったが、もともと映画好きでアンリ・ラングロワと意気投合し、シネマテーク・フランセーズで働くようになった。アンリ・ラングロワの前にもたくさんの男がいたな、彼女には。

――アンリ・ラングロワは戦前からシネマテークの仕事を活発におこなっていたわけですね。シネマテーク・フランセーズが創設されるのが一九三六年ですね。

ブロンベルジェ　シネマテークの人間として、映画のコレクターとして、アンリ・ラングロワは世界に類のない最高の存在でしょう。何よりも映画を愛する同志として、わたしたちはずっと長いあいだ付き合っていました。すばらしい男だったが、ただ一つ欠けていたのは創造的才能です。映画を鑑定し、評価し、批評する能力は抜群だが、映画をつくりだす能力はゼロなのです。これは、じつは戦時中に彼といっしょに『パリ一九〇〇年』というフィルム・ドキュメントにもとづく記録映画をつくろうとしたときに否応なしにわかってしまったことなのです。リュミエールの映画をはじめ、ベル・エポックの風俗が描かれている映画をすべて見て知りつくしているラングロワこそこの映画のシナリオライターにうってつけと思い、脚本を書いてもらったのですが、これがまるでだめだった。一九三九年から四〇年にかけてのことです。ラングロワはすばらしい記憶の持ち主で、すべての映画のすべてのカットを克明に憶えているけれども、そうした記憶の数々を再構成して何かを生みだすということになるとまったくだめなのです。鑑定や批評は創造とはまったく別物だということがわかります。よき批評家が多くの場合よき創造者たりえないのもそのためです。他人のことは見えても、自分のことは見えにくい。結局、『パリ一九〇〇年』の脚本はすべてわたしが書き直さなければならず、そのためにマルク・アレグレの協力をたのみました。映画はやっと戦後になって、一九四七年に実現されることになり、編集にはミリアム・ボズスキを起用し、その助手に映画好きの青年を一人つけました。それがアラン・レネです。

――アラン・レネも『パリ一九〇〇年』の編集の仕事で多くのことを学んだと語っていますね。

ブロンベルジェ　ミリアム・ボズスキの編集の才能はすばらしいものだったからね。『パリ一九〇〇年』はミリアムとマルク・アレグレとわたしの作品です。

――『パリ一九〇〇年』はニコル・ヴェドレス監督作品として知られていますが……。

ブロンベルジェ　それは名前だけです。ニコル・ヴェドレスは一九四五年に「フランス映画のイメージ」と題する写真集を出版しました。いろいろなフランス映画から抜萃したコマを構成した見事なアルバムです。わたしは彼女に映画を見てもらい、ナレーションの台本を書いてもらった。それだけです。映画全体の構成はマルク・アレグレのアイデアによるところが大きい。

――マルク・アレグレといえば、一九三四年の『乙女の湖』の監督として知られていますが、その前から、サイレント時代から、アヴァンギャルド映画やドキュメンタリーをいろいろ撮っているんですね。ブロンベルジェさんのフィルモグラフィーを見ますと、一九二五年の『コンゴ紀行』が最初の作品でしょうか？

ブロンベルジェ　そう、『コンゴ紀行』のときに作家のアンドレ・ジッドに紹介されたのです。すばらしい美青年でしたよ。女たちはみんな彼に夢中だった。わたしたちはすぐ意気投合し、親しく付き合うようになりました。マルク・アレグレにはいつも美しい女たちがつきまとっていたので、わたしはしょっちゅうその分け前をいただいてね、女には不自由しなかったな（笑）。

――マルク・アレグレはたしかアンドレ・ジッドの甥でしたか、親戚で、それでジッドに同行して『コンゴ紀行』を撮ってくるわけですね？

ブロンベルジェ　アンドレ・ジッドはホモセクシャルだったらしいからね。マルク・アレグレはアンドレ・ジッドの甥でもないし、親戚関係もない。ジッドの父親がマルク・アレグレの名付親だったというだけのことですよ。

――アンドレ・ジッド自身は映画をつくらなかったのですか？

ブロンベルジェ　自分で脚本を書いたのが一本だけあります。『パプールまたはラガダザ』という一九二九年の作品です。監督はマルク・アレグレです。マルク・アレグレの最後のサイレント作品でした。

――パプールとか、ラガダザというのは何ですか、人の名前ですか？

ブロンベルジェ　何でもない（笑）。何の意味もないのです。アヴァンギャルド映画だからね（笑）。

――短篇ですか？

ブロンベルジェ　長篇ですよ（笑）。とてもアンドレ・ジッドの最高傑作とは言えない代物だった。もっとも、アンドレ・ジッドの書き下ろしのシナリオというだけで熱狂的に評価する人もいた。本当に好きな人もいたようです。人は好き好きだと思いましたね（笑）。わたしは自分でこの映画を製作しておきながら、とても好きにはなれず、恥ずかしい思いをしていた。どんな映画だったかというと、もうばかげていましたよ。フランスの国民の税金をあつかっているお役所の事務員の話で、彼はとても胃腸が弱く、しょっちゅうトイレにばかりいくのです。ところが、トイレに紙がなくなってしまい、とうとう納税者の申告用紙を使って尻をふくという話なのですよ。これがアンドレ・ジッドのオリジナル・シナリオときたからね（笑）。オリジナル・シナリオにしても少々特異《オリジナル》すぎましたよ（笑）。さいわい、この映画は戦争中にドイツ軍の爆撃に遭って跡形もなく破壊されました。ポジもネガもね。ナチス・ドイツもときにはいいことをしてくれましたよ（笑）。

愛の映画――『ピクニック』

――ジャン・ルノワール監督作品『ピクニック』についていろいろとおうかがいしたいと思います。この映画は戦前の一九三六年に撮影されながら、いろいろな事情で撮影が中断され、戦後の一九四六年に五十五分の中篇として仕上げられるわけですが、ルノワールの最も美しい映画の一本ですね。ルノワールは自伝のなかで、この映画は最初からじつは短篇として撮る予定だったが、「撮影の終わりには、製作者のブロンベルジェが出来にまったく満足したあまり、これを普通の長篇映画にしようじゃないかともちかけたほどだった」と書いています。

ブロンベルジェ　そう、たしかに、短篇ではないが、中篇として撮る予定でした。しかし、撮影中にこれは傑作になると感じ、中篇ではもったいないので、なんとか長篇にしたいと思ったのですが、ルノワールが撮りたがらなかった。撮影が長びいたためにルノワールはもううんざりしていたのです。

――太陽が出た快晴《ピーカン》のシーンばかり撮る予定だったのが雨つづきで、すっかり撮影が長びき、ついにやむをえずシナリオを大幅に変更してどしゃ降りのシーンも撮ることにしたそうですね？

ブロンベルジェ　そう、一九三六年の夏は雨ばかり降っていた。十日間でロケーション撮影を終え、そのあと二日間をセット撮影に予定して、六月初めにパリ郊外のフォンテーヌブローの森のはずれにあるマルロットの近くでクランクインしました。マルロットはルノワールがかつてカトリーヌ・ヘスリング主演で『水の娘』を撮った所です。そこから数キロ離れたロワン川のほとりで撮影したのです。ところが、九月に入っても、映画はまだ終わっていなかった。くる日も、くる日も、雨つづきで、撮影がのびのびになってしまっていたのです。スタッフもキャストもみんな不機嫌で、とくに監督のジャン・ルノワールと主演女優のシルヴィア・バタイユはかんかんで、「もううんざり」とあからさまに声にだして言う始末。そこで、わたしも「よかろう、そんなにいやなら、もうやめよう」と言ってしまったのです。カッとなったからではなく、ルノワールに対するわたしの友情とシルヴィアに対するわたしの愛がそう決断させたのです。

そう、『ピクニック』はわたしにとって愛の映画だったのです。わたしはそのころ、シルヴィア・バタイユに熱烈に恋をしていた。わたしが彼女と知り合ったのは「十月《オクトブル》」というシュールレアリストのグループを通じてでした。「十月」はジャック・プレヴェールらを中心にした一種の演劇集団で、シルヴィアはそのグループの女優でした。こんなに美しい女性にわたしは会ったことがなかった。容姿の美しさにはもちろん、その知性と教養にも魅惑されました。完璧な女性だった。それに、ジャン・ルノワールはわたしの親友であり、いつものように意気投合して、わたしの大好きなモーパッサンの短篇小説（「野遊び」）からシルヴィアのために映画をつくるということになり、それだけで、わたしは有頂天でした。ところが雨天つづきで、ルノワールもシルヴィアも「もうまっぴら」というので、「そんなにいやなら、もうやめよう」ということになったのです。こんなふうに、友情と愛のために一本の映画を企画し、そしてまた友情と愛のために映画を中断し、捨てた勇気あるプロデューサーがこの世にいるだろうか、古今東西、このわたしだけだろうとわたしは自画自賛しつつ（笑）、一週間ほどすごしました。それから、わたしは冷静に戻り、「まったく、わたしはなんてばかなことをしたんだ！」と反省しはじめました。わたしはほとんど絶望的になった。百五十万フランも無駄遣いして、どうする気だ、と。そこで、ルノワールになんとか撮り直しをしてくれないだろうかともちかけてみたが、ルノワールはもうすっかりこの映画に興味を失っていた。ルノワールは他のプロデューサー、アレクサンドル・カメンカと『どん底』（一九三六）を撮る契約の話があって、そっちのほうに気持ちがいってしまっていた。わたしはあきらめきれず、この映画をなんとか長篇に仕立てようと決心し、ジャック・プレヴェールにそれまで撮ったシーンをすべて見せたうえで追加のシナリオを書いてくれないかとたのみました。

――別の監督に撮らせようと考えたわけですか？

ブロンベルジェ　いや、いや。ルノワール以外の監督を考えたことはありません。わたしがあまり熱心なので、ルノワールもやっとなんとかその気になってくれたのです。ところが、じつは主役の男優、ジョルジュ・ダルヌーが数か月のあいだにすっかり老けこみ、肉がだぶついて、まるで別人になってしまったこともあり、それで、ジャック・プレヴェールに新しい脚本を書いてもらい、別の俳優で撮りなおそうと思ったのです。プレヴェールの脚本が出来上がったので、それをルノワールに読ませたところ、「ふむふむ、なかなかいいじゃないか」と言うので、「いつ撮る？」と聞くと、「撮る気はない」とルノワールは言うのです。『ランジュ氏の犯罪』という映画を初めてジャック・プレヴェールの脚本で撮って懲りをみた、もう二度とプレヴェールの脚本ではやらないというのです。

――ルノワールはジャック・プレヴェールの脚本が嫌いだったのですか？　のちにプレヴェールはマルセル・カルネ監督と組んで数々の名作を生みだしますね、『霧の波止場』（一九三八）とか『悪魔が夜来る』（一九四二）とか『天井桟敷の人々』（一九四五）とか……プレヴェール／カルネのコンビの作品がありますね。

ブロンベルジェ　ルノワールはプレヴェール／カルネの映画が大嫌いだった。『霧の波止場』

『ピクニック』（1936）　シルヴィア・バタイユ　©レ・フィルム・ド・ラ・プレイヤード／D.R.

など、見るに耐えないといって途中で映画館から抜け出てしまったほどですよ。で、せっかく『ピクニック』の追加シナリオを書いてもらったのに、ルノワールが最初からプレヴェールの脚本で撮る気はなかったというので、わたしはこう言ってやったのです。「あんたがやるというので、この四か月間ずっと給料も支払ってきたんだ。なぜ最初からプレヴェールの脚本はやらないと言ってくれないんだ？　わたしがプレヴェールに脚本を依頼していたことは知っていたはずじゃないか」「そりゃ知ってたさ。それはそれでけっこうなことだと思ってたよ。いい出来の脚本じゃないか。しかし、わたしは撮る気がないね」。「じゃ、誰の脚本なら撮る？」ときくと、ミシェール・レーイという才能のある若い女性の脚本家の書いたものならやるということなので、彼女に全体を書き直してもらった。一九三九年、もう戦争が間近に迫っていました。ミシェール・レーイが書いた脚本は、男と女が偶然再会し、昔の夏のピクニックと恋を回想するという構成のものでした。ルノワールはこの脚本が気に入り、長篇として撮り直す心づもりだったのですが、戦争になり、彼はイタリアに逃げて行ってしまった。イタリアはまだ中立国だったので攻められないだろう、イタリアは戦争に巻き込まれないだろうと信じてね。そして向こうで『トスカ』を撮ろうとしたものの、イタリアも参戦し、結局、『トスカ』もほうりだしてアメリカに逃げて行ってしまった。

——一九四〇年にカール・コッホが監督として、ルキノ・ヴィスコンティの協力を得て完成する作品ですね。

ブロンベルジェ　そうです。ルノワールは『トスカ』の撮影に入って二、三日して逃げてしまうことになった。わたしはフランスにとどまって、戦争中、南のほうのコットに引っ込んでいた。ある日、若い女性とデートをし、川に泳ぎに行きました。そのとき、ドイツ軍の戦車が近づいてくる轟音が聞こえてきた。わたしはあわてて衣服をぬいで隠し、川にとびこむと、泳いで川のなかの小島に身を隠した。一日中、戦車隊は行進し、その間ずっとわたしは小島に隠れていた。素っ裸のままね！　五月の暖かい日だったからよかったものの、わたしは、ドイツ軍がそこから立ち去るのを待って、午前十時から夜七時まで身をひそめていた。書くものも持ってなかったし、電話もないし新聞もない。何もないので、わたしは頭のなかでいろいろと考えていた。そして、『ピクニック』という映画を新しい俳優で撮り直しなんかしなくても、それまでルノワールが撮ったものだけで仕上げられる方法があることに気づいた。そこで、あの二枚の説明字幕を挿入することにしたのです。

――幸福な日曜日のピクニックが終わり、雨が川面に降りつけ、そこに、その後アンリエット（シルヴィア・バタイユ）が愛のない結婚をし、「月曜日のように悲しい日曜日がめぐり」、そして「数年がすぎ去って――」という二つの字幕が入ってエピローグにつながるところですね。

ブロンベルジェ　そうです。そのアイデアが浮かんで、パリに戻って仕事にかかろうとしたところ、編集ラッシュは爆撃で失われていた。ところが、さいわい、未編集のネガをすべてアンリ・ラングロワが救ってくれていた。わたしはジャック・ベッケルとマルグリット・ルノワールをよんで編集の手直しにかかりました。ピエール・レストランゲスも協力してくれた。ジャン・ルノワールはこの映画をまったく見放していたのですが、友情からわたしのアイデアによる再編集に賛同してくれたのです。ジョゼフ・コスマの音楽は最初から予定していたものでした。こうして完成した『ピクニック』はアメリカで批評家協会賞を受賞し、オスカーにもノミネートされた。パリでは一九四六年五月に封切られました。映画が好評だったので、ルノワールはその後、「これこそ自分の最高の作品だ」などと言いはじめましたが、それまでは「こんな映画は二度と思いだしたくない！　最低の映画だ！」と言っていたものですよ（笑）。しかし、わたしの人生で、これほど思い出の多い映画はありません。

——『ピクニック』の助監督陣は、ジャック・ベッケル、クロード・エイマン、アンリ・カルチエ＝ブレッソン、それにルキノ・ヴィスコンティといった信じられないくらいのすばらしい顔ぶれですね。

ブロンベルジェ　それに、マルク・アレグレの弟のイヴ・アレグレも加わっていましたよ。

——ヴィスコンティは助監督のサードだったとのことですね？　ジャック・ベッケルがチーフ助監督で。

ブロンベルジェ　ジャン・ルノワールの映画ではスタッフにランクはありませんでした。チーフとかセカンドとかサードとかいった差はなかった。それぞれの力を生かして、みんなが助監督でした。助け合い、協力し合う仲間と言ったほうがいいかもしれない。アンリ・カルチエ＝ブレッソンはスチール写真を撮り、ルキノ・ヴィスコンティはすばらしいデザイン画を描いて衣裳を担当してくれた。雨ばかり降っていたので、ルノワールがパリに帰ってしまい、その間に、晴れ間を見つけてジャック・ベッケルやクロード・エイマンがルノワールの準備したシーンを撮ったこともある。そう、たしかに、『ピクニック』はジャン・ルノワールと何人かの才能ある助監督たちの共同作品と言っても過言ではないでしょう。

――『ピクニック』の最も美しく官能的なシーン、あのシルヴィア・バタイユがぶらんこに乗るシーンは誰が撮ったのですか。

ブロンベルジェ　あれはもちろんルノワールが撮ったものです。すばらしいでしょう、あのシーンは。

――ジャン・ルノワールの映画でも最も印象的なシーンですね。あれはどのようにして撮ったのでしょうか？　キャメラをぶらんこの下に、つまり地面に据えて仰角で撮影していますね。ズームも使っているのでしょうか？

ブロンベルジェ　ズームを使っていたかどうか……憶えていません。だいいち、ズーム・レンズがあのころすでにあったかどうか。あのぶらんこのシーンは、キャメラをぶらんこに乗った女の腰の高さに合わせてセットし、ぶらんこが揺れるのをシーソーのようにとらえたのです。

――あのシーンで、ぶらんこのわきを四人の修道僧が通りかかり、そのなかの一人が立ちどまって、ぶらんこに乗っているシルヴィア・バタイユをじっと見るのですが、あの修道僧はジョルジュ・バタイユだという噂を聞いたことがあります。というのも、シルヴィア・バタイユは当時ジョルジュ・バタイユ夫人だったので、あの修道僧の役で特別出演したのだということですが……。

ブロンベルジェ　それは違います。立ちどまって見つめるのは、ピエール・プレヴェールです。

あの四人の修道僧は、ジャック・プレヴェール、ピエール・プレヴェール、わたし、ピエール・レストランゲスの順番だったと思います。

そう、シルヴィアは当時、ジョルジュ・バタイユ夫人でした。わたしは友人のジョルジュ・バタイユを裏切ってシルヴィアを寝取った（笑）。

——あの有名な「エロティシズム」の著者であり作家で思想家のジョルジュ・バタイユから夫人を奪ったわけですか⁉（笑）。

ブロンベルジェ　そう、しかし、まだそのつづきがあるのですよ（笑）。たしかにわたしはジョルジュ・バタイユからシルヴィアを奪ったけれども、わたしは結局サンドイッチのハムだったとみんなに言われました。シルヴィアの最初の夫はジョルジュ・バタイユで、次が正式に結婚はしなかったけれどもわたし、そしてそのあとがジャック・ラカンだった。

——ジャック・ラカンというのは、あの有名な精神分析学者のラカンですか？

ブロンベルジェ　そう。わたしのあと、シルヴィアはラカン夫人になった。わたしは、二人の有名な学者のあいだに入っただけ。サンドイッチにはさまれたハムだったというわけだ（笑）。こんど日本にくる前に、久しぶりにシルヴィアに会って食事をしたよ。ものすごく年をとって、ものすごくやせていたけれども、いまもやはりすばらしい女性だね。

——『ピクニック』の助監督をへて、ルキノ・ヴィスコンティはイタリアに帰って監督としてデビューするわけですが、ルノワールからヴィスコンティへつながる映画史の流れは重要ですね。ルノワールから『郵便配達は二度ベルを鳴らす』（一九四二）の原作になるジェイムズ・ケインの小説にもとづくシナリオをもらってイタリアに帰ったヴィスコンティがネオレアリズモの旗揚げをするわけですから。

ブロンベルジェ　そう、奇妙なことに、最初のネオレアリズモの映画はジャン・ルノワールがつくった。一九三四年の『トニ』がそうです。これはおどろくべきことです。ネオレアリズモという言葉が生まれる前のネオレアリズモだった。ロッセリーニも『トニ』を見て最も強い影響をうけたと語っていた。『トニ』はマルセル・パニョルの製作だが、パニョルもこの映画から大きな影響をうけたし、戦後のイタリア映画、フランス映画に与えたルノワールの影響は測り知れない。

——ジャン・ルノワール自身は、『トニ』がネオレアリズモの先駆的作品だというのは正確ではない、とくに『トニ』は同時録音で撮影されたが、ネオレアリズモの作品はすべてアフレコで、つまり、あとでスタジオでせりふや効果音をダビングしたものばかりだ、と述べていますね。

ブロンベルジェ　そう、ルノワールはいつも同時録音で撮った。どんなに録音状態が悪くても、現実音のほうがつくりものの効果音よりもいいし、アフレコのせりふよりも撮影の現場で発せられた音声のほうがいいと考えていたからね。逆に、ネオレアリズモの映画は、いや、ネオレアリズモばかりでなく、イタリア映画はすべてアフレコです。同時録音では撮らない。なぜかわかるかね？

——ネオレアリズモのころは予算や時間の問題もあって同時録音ができなかったのではありませんか？

ブロンベルジェ　いや、いや、そうじゃない。なぜイタリア人は同時録音で撮影しないか？　なぜなら、イタリアでは、セットで本番撮影に入るときに「お静かに！《シレンツィオ》」と叫んでもまったく静かにならない。みんなペチャクチャ話しつづけているのです。おしゃべりで、やかましいからね、イタリア人ってのは（笑）。あっちでペチャクチャ、こっちでペチャクチャ。同時録音なんて不可能ですよ（笑）。わたし自身、イタリアの撮影所で何度か仕事をしたことがあるけれども、「お静かに！《シレンツィオ》」と叫んでも誰も聞き入れない（笑）。だから、冗談でなく、撮影本番のときも、せりふはすべて録音しないで、数字で言うだけです。ラブシーンでも「あなたを愛してる」「ああ、あたしもよ」などと言うかわりに「1、2、3」「ああ、4、5、6」（笑）。「いやよ《ニエンテ》、いやよ《ニエンテ》、7、8、9」といった調子（笑）。どんなにロマンチックで美しいラブシーンでも、これでは気分が出ない（笑）。

――フランソワ・トリュフォーの『アメリカの夜』（一九七三）にそういうシーンがありましたね。イタリア女優のヴァレンチナ・コルテーゼがせりふを覚えられなくて「イタリア方式なら簡単なのに」と言って。

ブロンベルジェ　そう、数字を言うだけだから、せりふを覚える必要がない。イタリア映画を見ると、ほとんど口が合っていないのもそのためです。いつもサイレントで撮って、俳優は口を動かすだけ。ムッソリーニがせっかく完全録音設備の整ったサウンド・ステージをチネチッタ撮影所につくらせたのに、全然使われないまま。イタリア人というのは、やかましくて、おしゃべりで、堪えがたい国民ですよ（笑）。同時録音で撮ることはイタリアでは本質的に不可能なのです。しかし、その反面、イタリア人ほど吹替えのうまい国民はいない。吹替えの名人ですよ、イタリア人は。ルノワールがイタリアで撮った『黄金の馬車』(一九五二)にしても、英語版、フランス語版、イタリア語版があるけれども、どれが本当の版かわからない。

——アンナ・マニャーニは英語、フランス語、イタリア語、どの版でも本人の声でしゃべっていますね。

ブロンベルジェ　どうやって撮ったのか、どの国の言葉が本当の版なのか、わたしは知らないが、『黄金の馬車』はすばらしい。見るたびにうっとりしますよ。

——ひとことで言えば、あなたにとってジャン・ルノワールとは何ですか?

ブロンベルジェ　わたしにとって、ジャン・ルノワールは、文句なしに、世界最大の映画監督です。もしルノワールをしのぐ監督がいるとしたら、それはジャン＝リュック・ゴダールでしょう。もしかしたらゴダールのほうが映画に多くのものをもたらしたと言えるかもしれない。フランス語はラテン語のスラングといわれるけれども、そのスラングとしての、俗語というより口語としてのフランス語をつくったのは十七世紀の偉大な詩人、マレルブです。ゴダールはいわば映画のマレルブなのです。

ヌーヴェル・ヴァーグの誕生

——戦後のフランスのヌーヴェル・ヴァーグの育ての親としてのピエール・ブロンベルジェさんの活動はどのへんからはじまるのでしょうか?　フィルモグラフィーを見ますと、一九四七年にすでにジャン＝ピエール・メルヴィル監督の『海の沈黙』の製作にかかわっておられますね。

ブロンベルジェ　『海の沈黙』の原作は戦時中に秘密出版されたヴェルコールの小説で、レジスタンス文学の傑作でした。わたしはこの小説を読んで、すぐにも映画化したいと思い、自分で脚本を書いたくらいです。パリ解放後、ジャン＝ピエール・グランバックという男がすでにその映画化にとりかかっていることを知り、パリ十三区のブールヴァール・ラスパイユの近くの編集室に彼を訪ねていったことをよく憶えています。彼はそこで撮影ずみのシーンのラッシュを見ながら編集中だったわけですが、じつは製作資金が尽きてしまい、まだ撮っていないシーンをかなり残していた。そこで、わたしは映画を完成させるための費用をうけもち、製作をひきうけたのです。ジャン＝ピエール・グランバックとはジャン＝ピエール・メルヴィルの本名で、レジスタンス運動に参加するためにメルヴィルの名前を使っていたのです。「白鯨」などの小説家、ハーマン・メルヴィルの名前から採ったのだそうです。ジャン＝ピエール・メルヴィルは自分を天才だと信じていた。出来上がった映画を見て、わたしもそう信じるようになったね（笑）。

――そのころ、ブロンベルジェさんは、アラン・レネ監督の『ヴァン・ゴッホ』（一九四八）、『ゲルニカ』（一九四九）、『ゴーギャン』（一九五一）、『世界のすべての記憶』（一九五六）など、短篇映画をたくさん製作しておられますね。以前、一九六四年に、パリでお会いしたとき、「フランス映画の源流は短篇映画」であり、「ルネ・クレールも、ルイス・ブニュエルも、ジャン・ルノワールも、短篇映画から出発した」のであり、ヌーヴェル・ヴァーグもそうした流れを受け継いだのだという意味のことをおっしゃられたのが印象的でした。

ブロンベルジェ　そう。しかし、戦後、わたしがまず短篇映画の製作から出発したのは、明確に意図があってのことでした。戦後、物価の高騰もあって、ヨーロッパでは合作が大流行した。フランス、スペイン、ドイツ、イタリアなど、各国が資金をだし合い、助け合って、映画をつくらざるを得なかった。しかし、困ったことには、そのために映画の質がどんどん低下した。というのも、各国版をつくるために、俳優の声を吹き替えなければならず、俳優もそれを知って本気でせりふを覚えてやろうとしなくなってしまったからです。せりふを覚えないでセット入りするのですから、演技にも全然熱が入らない。せっかくの美男美女のラブシーンも興醒めでした。

——「愛してる」と言うかわりに、「1、2、3」と数字でやったりしたイタリア方式のように（笑）？

ブロンベルジェ　そう、まったくそのとおり。当時はまだ各国版を別々に撮影していたので、フランスの俳優はフランス版を撮るときだけきちんとせりふを言えばいいのだと心得て、どうせこの映画はドイツではドイツ語に、スペインではスペイン語に、イタリアではイタリア語に吹き替えられるんだからというわけで適当にやる始末。ドイツ人の俳優も、イタリア人の俳優も、スペイン人の俳優も、同じように適当に、いいかげんにやる。これではどうしようもない。合作映画にろくな作品がなかったのも、そのためです。

わたしはこうした合作映画に積極的に加わって、かなりいい商売はしたけれども（笑）、これではだめだと思い、新しい映画のつくりかた、ひいては映画そのものの変革が必要だと感じた。そのとき、思いついたのが、まず短篇をつくらせてみて新しい才能を発見するという方法でした。「思いついた」とは言ったけれども、じつはわたしの独創的なアイデアではありません。

戦争中、わたしは、ユダヤ人だったので、ナチに捕えられてパリ郊外のドランシーにつくられたばかりの強制収容所に入れられた。一九四一年のことです。さいわい、弟が収容所長に認められて主任医師になり、一年後にわたしは収容所から出られたのですが、その一年間の収容所生活のあいだに、いろいろなことを学んだり考えたりした。何もやることがなかったからね、収容所では。脱走を考えるか、さもなくば現実から逃避するしかなかったから。で、脱走はあきらめていたので（笑）、考える時間がたっぷりあったし、だいいち、自分の不幸な運命を考えるよりは、ほかのことを考えたかったからね。あるとき、収容所のなかで読むことを許されていたフランス語の新聞に、ナチの宣伝相ゲッベルスが、若い才能にまず金のかからない短篇映画をつくらせてみるのが効果的だというアイデアを述べていた。そのアイデアをそっくりわたしはいただいたわけだ（笑）。

——ゲッベルスのアイデアを盗んだわけですね⁉

ブロンベルジェ　そう、すばらしいアイデアだったからね（笑）、ずっと胸にしまっておいた。そして、解放後、そのアイデアを実践に移した。短篇映画なら金がかからない。製作者としてはリスクが少ない。それが上映されて収益が上がれば、さらにいい。次に長篇映画をつくらせることができるくらいの金が入るかもしれない。で、わたしは、政府に短篇映画の製作助成金制度をつくること、短篇映画を劇場で上映するシステムをつくることを提案した。新しく文化相になったばかりのアンドレ・マルローが聞き入れてくれて、製作助成金制度と劇場で短篇を併映するシステムができた。こうして、アラン・レネも、ジャン＝リュック・ゴダールも、フランソワ・トリュフォーも、まず短篇を撮ってその才能と実力を示し、次いで長篇をつくるという可能性を開拓できるようになった。アラン・レネの『ヴァン・ゴッホ』がそうした最初の成功作だった。最初、レネはそれを16ミリで撮った。自主製作でね。そして同じものをわたしの製作で35ミリで撮り、それから、何本か短篇を撮ったのち、長篇に進出した。いわば短篇は長篇の試作品だった。こうした方法がフランス映画の変革につながり、ヌーヴェル・ヴァーグが生まれる要因になったことは間違いない。

それともう一つ、これはジャン・ルノワールの持論だったが、芸術的発見というのはつねに技術的発見に結びついているということ。つまり、チューブ入りの絵具が発明されて、若い画家たちが絵具を自由に持ち歩いて自然のなかで絵を描けるようになったからこそ印象派の絵画が生まれたように、映画の技術革新がヌーヴェル・ヴァーグの誕生を可能にしたことも見逃してはならない。その技術革新が高感度フィルムだった。ある日、わたしの甥のフランソワ・レシャンバックが、そのころはまだ画商をやっていたのだが、モロッコへ行ったときに、タンジールの男娼館についての映画を撮ってきた。彼はホモセクシャルなので、男娼館に入ってそのなかの情景を撮ってきたのです。完全なアマチュア映画です。わたしの目をひらかせたのは、もちろん、わたしにはホモセクシャルの趣味はありませんから（笑）、そこにとらえられた男娼たちの姿などではなく、暗い男娼館のなかを見事に鮮明にとらえたその撮影でした。夜の室内のシーンを、たぶんフラッド・ライト一本で撮ったものでしょう。「照明もセットせずに、あんな暗いところをどうやって撮れたんだ？」ときくと、「アメリカの新しい高感度フィルムを使った」とのこと。これこそ、印象派を生みだしたチューブ入りの絵具に匹敵するものでした。ライティングなしに、自然光で、つまりは素人でも、いつでもどこでも撮れる高感度のフィルムが、ヌーヴェル・ヴァーグを可能にしたのです。わたしはこの高感度フィルムの存在をジャン＝リュック・ゴダールやフランソワ・トリュフォーに知らせました。当時、このすばらしい発明をフランスの撮影所の技術者たちが知らなかったわけではない。知っていたけれども、知らぬふりをして黙っていたのです。アマチュアでも映画が撮れるようになっては彼らの仕事がおびやかされることを察知していたからでしょう。その意味では、遅かれ早かれ、ヌーヴェル・ヴァーグは来るべくして来るものだったのです。

――ヌーヴェル・ヴァーグは「カイエ・デュ・シネマ」という映画狂の映画研究誌を中心に生まれたわけですが、ブロンベルジェさんと「カイエ」誌とのかかわりはどのようなものだったのでしょうか。「カイエ」誌の創刊者の一人であり、ヌーヴェル・ヴァーグの生みの親の一人とも言える批評家のアンドレ・バザンとの付き合いといったようなものがあったのでしょうか？

ブロンベルジェ　ヌーヴェル・ヴァーグの出発点は、一九四九年のビアリッツの「呪われた映画」のフェスティバルです。この映画祭はジャン・コクトーの提案で開催されました。コクトーを中心にしたグループ「オブジェクティフ'49」の主催でひらかれた映画祭です。ジャック・ドニオル＝ヴァルクローズが事務局を担当していました。わたしの別荘がビアリッツから三十キロほどのサンジャン・ド・リュッツにあったので、わたしはジャン・コクトーの依頼で、ジャック・ドニオル＝ヴァルクローズといっしょにビアリッツの市長にかけあって、映画祭の実現に挺身したものです。熱気にあふれたすばらしい映画祭でした。フランソワ・トリュフォーと知り合ったのも、その映画祭でだった。彼はまだ十代の少年で、アンドレ・バザンの下で働いていた。ジャック・ドニオル＝ヴァルクローズは、当時、ジャン＝ジョルジュ・オリオールといっしょにグループ「オブジェクティフ'49」の中心だった「ラ・ルヴュ・デュ・シネマ」という映画研究誌の編集をやっていて、オリオールの死後、その遺志を継いで、「カイエ・デュ・シネマ」誌を創刊するのです。アンドレ・バザンも「ラ・ルヴュ・デュ・シネマ」誌の仲間でした。「呪われた映画」のフェスティバルは「カイエ・デュ・シネマ」誌の出発点でもあったのです。

この映画祭はわたしの人生にとっても重要な曲り角になりました。「呪われた映画」、つまり、通常の商業ルートにのらない異種の映画との出会い、新しい映画との出会いの場になったのです。ジャン・ルノワールのアメリカ映画『南部の人』（一九四五）が初めて上映されたのも、この映画祭においてでした。

――ジャン・ルノワールの評価はどんなものでしたか？

ブロンベルジェ　みんな、ルノワールに熱狂していました。ジャン・ルノワールの再評価も、このビアリッツの「呪われた映画」のフェスティバルからはじまると言っていいでしょう。ジャン・ルノワールは、わたしが思うに、アメリカではついに成功しなかった。ハリウッド・システムに完全にスポイルされ、真の傑作を撮るには至らなかったと思う。ところが、奇妙なことに、そのような、アメリカ時代のいわば不完全な映画を見たバザンやトリュフォーやゴダールが、ルノワールの再評価のキャンペーンを張ることになるのです。不完全であるがゆえに、作家の本質が見えたのかもしれない。おもしろいことに、ルノワールのアメリカ映画をとおしてフランス人はフランスの映画監督ジャン・ルノワールを再発見するのです。とくに、トリュフォーの熱狂的な批評がジャン・ルノワールを伝説化したと言ってもいいでしょう。トリュフォーは本当に心からルノワールを愛していた。ごぞんじのように、アメリカ時代のヒッチコックをもち上げたのもトリュフォーでした。

ゴダールとトリュフォー

――ジャン＝リュック・ゴダールとはどのようにして知り合ったのですか。やはりビアリッツの「呪われた映画」のフェスティバルにおいてですか？

ブロンベルジェ　いや、わたしがゴダールと出会ったのは、もう少しあと、一九五五年のことです。マルク・アレグレが連れてきて紹介してくれたのです。ゴダールの両親は敬虔なプロテスタントのスイス人で、マルク・アレグレの父親のアレグレ牧師の知り合いでした。そんなことから、ゴダールはパリに出て来た当初はマルク・アレグレの家に居候していた。ゴダールは二十四、五歳で、すでに二百五十ページものシナリオを書いていた。映画化したら五時間以上の作品になったでしょう（笑）。とても製作には踏みきれなかった。ある週末をすごす恋人たちの話で、いまから思うと、とてもゴダールとは思えない甘いメロドラマでしたが（笑）、すでにゴダールならではの天才的なアイデアがディテールにきらめいていた。わたしはひと目でこの若者の独創的な才能に惹かれました。アーヴィング・タルバーグ、ジャン・ルノワールに次ぐわが人生の第三の出会いとも言っていい衝撃でした。『男の子の名前はみんなパトリックっていうの』（一九五七）がわたしの製作した最初のゴダール映画です。それから、『シャルロットとジュール』（一九五八）ですが、ジャン＝ポール・ベルモンドが初めてゴダールの映画に出た。その意味では記念すべき作品です。この短篇がなかったら、『勝手にしやがれ』（一九五九）も生まれなかっただろうからね。ベルモンドをゴダールに推薦したのはわたしだった。国立演劇学校《コンセルヴァトワール》かどこかでモリエールの芝居をやっていたベルモンドを見て、男性的な、いい俳優だと思った。撮影のあと、ベルモンドはすぐ兵役に出発してしまったので、ゴダールがベルモンドの声の吹替えをした。二十分足らずの短篇だが、いい映画だった。

――ベルモンドが、つまりゴダールの声で、ずっとしゃべりっぱなしなんですね。

ブロンベルジェ　そう、女に去られるのが怖くてね、女の前でしゃべりつづける。女はアンヌ・コレットが演じた。この映画の脚本にはトリュフォーも協力している。台詞のほとんどはトリュフォーが書いたものだ。

——それから、ブロンベルジェさんは、ゴダールとトリュフォーの共同監督作品として知られる短篇『水の話』（一九五八）を製作しておられますね。フランソワ・トリュフォーの語るところによれば、パリ郊外に洪水があり、それをネタに何か撮りたいと思い、ブロンベルジェさんにフィルムをもらって現場に行き、一日半ほど撮ってはみたものの、思いつきだけではろくなものも撮れず、映画にはならないと思って、ブロンベルジェさんにも「あきらめてほしい」とあやまったとのことですが、そのラッシュを見て、ゴダールが編集をひきうけ、あのような形にまとめたとのことですね？

ブロンベルジェ　そう、当時、ゴダールとトリュフォーはとても仲がよかった。真の親友同士でした。『水の話』のときも、完全な共同作業だった。雨がものすごく降って、新聞にパリ郊外の洪水の写真が大きく載った。「この洪水を利用して映画を撮るべきだ」と何気なくもらしたトリュフォーのひとことがきっかけになった。ゴダールが「それはいい。ぜひ撮るべきだ」とトリュフォーにすすめた。わたしの製作助手のロジェ・フレイトゥがたまたまそこにいて、「それなら、機材もフィルムもそろってますよ」と言った。そんな調子で、たちまちこの話は実現することになったのです。翌日、トリュフォーは撮影に出発した。一週間後には撮影分のラッシュが上がってきた。それをゴダールが編集した。出来はまあまあでしたが（笑）、トリュフォーとゴダールの完璧な共同作品として貴重なものですよ。

——ゴダールの長篇映画第一作『勝手にしやがれ』も、トリュフォーのオリジナル・シナリオによるものですね。

ブロンベルジェ　そう、『勝手にしやがれ』は本当はトリュフォーの監督作品としてわたしが製作するはずでした。しかし、そのころ、ゴダールがジョルジュ・ド・ボールガールの製作で長篇映画を一本撮る話があり、ゴダール自身の書いた脚本がどれもだめだったので、トリュフォーが友情から『勝手にしやがれ』の脚本をゴダールにゆずったのです。トリュフォーは『大人は判ってくれない』（一九五九）を撮っていましたから。

『大人は判ってくれない』も本当はわたしが製作するはずだったのですが、トリュフォーが当時フランスで最も重要な映画配給業者の一人だったイニャス・モルゲンステルヌの娘のマドレーヌと結婚することになったので、モルゲンステルヌ氏に製作をゆだねることにしたのです。マドレーヌ・モルゲンステルヌにトリュフォーを紹介したのはわたしでした。一九五七年のヴェネチア映画祭のときでした。トリュフォーはそのころ週刊紙「アール」に映画時評を書いていて、モルゲンステルヌ氏の配給する映画をことごとく叩きのめしていた。マドレーヌは、最初、彼女の父の悪口を書くような批評家なんてといって、トリュフォーを紹介したわたしに腹を立てていたものだが、翌日にはもう二人で仲よくゴンドラに乗っていたよ（笑）。もっとも、マドレーヌに言わせると、二人で乗ったのはゴンドラじゃなくて蒸気船だったそうだけれども（笑）、ゴンドラのほうがいい。わたしの記憶が間違いでも、そのほうが美しくてロマンチックだ。モルゲンステルヌ氏は、もちろん、二人の結婚に大反対だった。「フランス映画の墓掘り人」とよばれていたトリュフォーごときに一人娘をやるわけにはいかないってね。わたしは、トリュフォーがいかに純粋で、すぐれた才能のある青年であるかをモルゲンステルヌ氏に言ってやったものだ。彼はやっと二人の結婚を承諾したが、その条件として、娘の婿になる男の長篇映画第一作は自分が製作したいと言った。それが『大人は判ってくれない』ですよ。そんなわけで、わたしはトリュフォーの長篇第一作の製作をあきらめざるをえず、第二作の『ピアニストを撃て』（一九六〇）を製作することになった。トリュフォーが書いた『勝手にしやがれ』のオリジナル・シナリオは、三面記事からヒントを得てはいるが、実質はアメリカのハードボイルド小説のまったくのいただきだった。それで、わたしはトリュフォーに『ピアニストを撃て』の原作になったデイヴィッド・グーディスの小説をすすめた。ヌーヴェル・ヴァーグの脚本はほとんどすべてアメリカの、それもほとんど二流の、ハードボイルド小説をもとにしたB級映画の模倣だったよ。どれがどれをネタにしていいいいただいていたかを公表してもいいが、それはわたしが死ぬまで待ってくれ（笑）。

——そんなふうにしてヌーヴェル・ヴァーグはアメリカのB級映画のスタイルをまねたわけですね。『勝手にしやがれ』ははっきりとアメリカのB級映画会社モノグラムに捧げられていますし、同じゴダールの『女と男のいる舗道』（一九六二）もB級映画（les films de série B.）に捧げられていますね。

ブロンベルジェ　『女と男のいる舗道』はわたしの製作したゴダール映画です、売春のアイデアをゴダールに与えたのはわたしです。あの映画は模倣ではありません。《les films de série B.》はB級映画ではなく、BはブロンベルジェのイニシャルのB、つまりブロンベルジェ映画

『女と男のいる舗道』(1962) アンナ・カリーナ ©レ・フィルム・ド・ラ・プレイヤード/D.R.

に捧げられたのですよ（笑）。

——なるほど、そうでしたか。ブロンベルジェ・シリーズの作品、ブロンベルジェ系映画ということだったんですね（笑）。

ヌーヴェル・ヴァーグはパニックだった、慣習に従わない自由奔放な若者たちの爆発的な出現に映画界全体が恐怖を感じたのだとジャンヌ・モローは述懐していましたが、やはりそうだったのですか？

ブロンベルジェ　それはそうです。爆発のようなものでしたからね。新しい高感度フィルムや明るいレンズが開発され、テレビジョンの技術が導入されて、いわば斬新なアマチュア的な映画づくりの爆発的な勝利だった。一九二五年から二八年にかけてロシアにエイゼンシュテインやプドフキンが突如出現したときの衝撃に似たものだったと言えるでしょう。しかし、ゴダールやトリュフォーがそんなに簡単に勝利を収めたわけではない。ヌーヴェル・ヴァーグの名において彼らの映画がうけいれられるまでには、いろいろな波瀾もあった。とくにゴダールは見境なくなんでもやるやつだとみなされて、シネマ・ダール・エ・デッセー（アート・シアター）でも上映に難色を示したものだった。わたしの評判もよくなかった。「ブロンベルジェ？　あいつは何かというとゴダールだ、トリュフォーだ！」と気狂いあつかいされたものだったよ（笑）。昔、ジャン・ルノワールにばかり夢中になっているというのでばかにされたのと同じことだった。

——ゴダールの『男の子の名前はみんなパトリックっていうの』やトリュフォーの『ピアニス

トを撃て』に出ている女優のニコル・ベルジェは、たしかブロンベルジェさんの義理の娘さんでしたね？

ブロンベルジェ そう、わたしの最初の妻、オデットの娘です。わたしがオデットを知ったのは戦争の前でした。戦後、再会したとき、彼女は小さい娘のニコルを連れて、未亡人になっていた。ニコルはすでに美しい子でした。わたしは彼女の美しさに魅せられました。ニコルもわたしを好きになってくれ、彼女がわたしに父親になってくれとたのんだのです。

――ニコル・ベルジェのベルジェはブロンベルジェから採ったものだったのですね？

ブロンベルジェ そう、わたしの姓の半分をね（笑）。彼女の本名はニコル・グースペールでしたが、女優になりたいと思い、そのときわたしの姓を使いたがった。しかし、わたしの両親が反対したので、その半分だけ、ブロンベルジェのベルジェだけをあげることにしたのです（笑）。

――フランソワ・トリュフォーから聞いた話なのですが、ニコル・ベルジェがクロード・オータン＝ララ監督の『青い麦』（一九五四）のヒロイン役のオーディションをうけるとき、ブロンベルジェさんはオータン＝ララとの確執があるので、彼女に絶対に素姓を明かすなと言ったとか……。

ブロンベルジェ クロード・オータン＝ララはわたしを憎んでいたからね。わたしの娘だとわかったら、それだけで不合格になることがわかりきっていたからね（笑）。ニコルは祖母の名でオーディションをうけた。

――それで見事に『青い麦』のヒロインに選ばれるわけですが、それにしても、なぜブロンベルジェさんはクロード・オータン＝ララ監督に憎まれていたのですか？

ブロンベルジェ　クロード・オータン＝ララとは長い付き合いです。サイレント時代から、彼がまだ監督になる以前、映画の美術を担当していたころから、ずっと知り合いです。一九二六年のジャン・ルノワールの『女優ナナ』の美術と衣裳はクロード・オータン＝ララです。彼が監督になりたがっていたのは知っていましたが、わたしは彼の才能をまったく信じなかった。美術の面はともかく、演出の面ではまったく才能がないとみなし、一度も彼の映画を製作しようと思ったことはない。ジャン・ルノワールが撮ることになった『女優ナナ』もクロード・オータン＝ララが監督をやりたがっていたのをわたしは知っていたけれども、まったく無視しました。だから、彼に憎まれてもしかたがないのです（笑）。

わたしがクロード・オータン＝ララに冷淡にふるまったのには、もう一つの理由があります。それは彼がとんでもない反ユダヤ主義者で、わたしに対して理不尽ないやがらせを何度もしたことがあるからです。クロード・オータン＝ララの映画監督としての才能に関してはわたしの間違いを認めざるをえない。のちに彼は『パリ横断』（一九五六）とか『肉体の悪魔』（一九四七）といった傑作をつくっているからです。しかし、その悪意のこもった反ユダヤ主義は絶対に許せないものです。まったくいやなやつでね（笑）。わたしは彼が映画をつくろうとするたび妨害してやろうとしたものですよ（笑）。わたしも若かったのでね。

ニコル［・ベルジェ］は、一九六七年に自動車事故で死んだ。まだ三十歳だった。ひどい話です。女優としてこれからというときだったからね。ニコルとわたしは親子というより、親友同士だった。彼女はいつもわたしの相談相手になり、味方になってくれた。いまのわたしの妻、ジゼルとわたしが知り合ったとき、「この女性こそあなたの終生の伴侶よ。結婚すべきよ」と言ってくれたのも、ニコルだった。ジゼルも女優だったので、ニコルとすっかり仲よしになった。わたしはまだニコルの母親と結婚していたが、ジゼルと愛し合う間柄になり、そのうちジゼルが妊娠してしまった。そのとき、ニコルが彼女の母親を説得して離婚させ、わたしとジゼルがいっしょになれるようにしてくれたのですよ。ニコルの突然の死はショックだった。あれほど胸が痛んだことはない。

——ジゼル夫人は、ジゼル・オシュコルヌの名前で、女優として、また監督として、たくさんの短篇映画を撮っておられますね。今回、上映された『ジャン・ルノワールの演技指導』もその一本ですね。一九六六年の作品ですね。その年のトゥール国際短篇映画祭で最初に見たことを思いだしました。

ブロンベルジェ　『ジャン・ルノワールの演技指導』は、ジャン・ルノワールがわたしにくれた最後の贈り物ですよ。ルノワールは私の前の妻が大嫌いだった。見るのもいやだと言っていた（笑）。で、ジゼルを知ったとき、とても気に入って、こう言った。「彼女といっしょに映画をつくって、きみにプレゼントするよ」。ジゼルは『フレンチ・カンカン』（一九五五）にほんの端役で出たときにルノワールの演技指導のすばらしさを見て知っていた。その秘術を授かりたいということで、彼女自身が女優になってルノワールの演技指導をうけるという方法で、あの映画ができた。

プロデューサーとは何か

――ヌーヴェル・ヴァーグとのかかわりのなかで、ブロンベルジェさんはクロード・シャブロルとだけは仕事をなさっていませんね？

ブロンベルジェ　いや、そんなことはありません。ヌーヴェル・ヴァーグの最初の作品と言っていいジャック・リヴェットが撮った短篇映画『王手飛車取り』が、クロード・シャブロルと共同で製作したものです。一九五六年の作品で、ヌーヴェル・ヴァーグの、「カイエ・デュ・シネマ」誌の一派の作品として、35ミリで撮られた最初の短篇映画でした。シャブロルはこの映画の製作とともに脚本にも協力しています。ジャック・リヴェットが監督し、ジャック・ドニオル＝ヴァルクローズが主演、シャルル・ビッチがキャメラを回しています。それに、「カイエ・デュ・シネマ」誌の同人たちがみなその他大勢で出演し、製作資金のカンパもしている。ジャン＝ピエール・メルヴィルも、アラン・レネも協力しています。二人ともチラッと映画に出ていますよ。そんな意味でも、『王手飛車取り』は最初の真のヌーヴェル・ヴァーグ作品と言えるでしょう。

――「王手飛車取り」とか「馬鹿者の王手」とかいったふうに日本語には訳されているのですが、原題の《le Coup du Berger》（羊飼いの攻撃《ル・クー・デュ・ベルジェ》）というのはチェスの一手ですね。正確にはどういう意味ですか？

ブロンベルジェ　もちろん皮肉をこめた比喩的な意味で使った題名ですが、「裏をかく」というほどの意味です。

――短篇映画は長篇映画の試作品だとおっしゃいましたが、新しい才能を発見するためにまず短篇を撮らせてみることは、いまでも有効な方法と思われますか？　というのも、アメリカなどでは、テレビジョンから育ってくる才能のほうが今日では多いのではないでしょうか？

ブロンベルジェ　そう、アメリカではたしかにそのとおりです。しかし、フランスではテレビジョンから新しい映画作家が生まれてくることなど、まったく期待できない。フランスのテレビジョンほど貧しいものはないでしょう。文芸作品の大河ドラマなど本当にひどいものばかりですよ。

それから、短篇映画の試作品とは言ったけれども、それは、もちろん、短篇が長篇に劣るものだという意味ではない。モーパッサンの短篇小説が長篇小説に劣らず傑作であるように、五十五分の『ピクニック』にはジャン・ルノワールのすべてがあるし、十七分の『あこがれ』はフランソワ・トリュフォーの最高作の一本です。

――トリュフォーもたしかゴダールを論じた文章のなかで、映画作家の神髄はすでに短篇処女作の一巻目に凝縮されているという意味のことを述べていますね。

ブロンベルジェ　そう、まさにそのとおりです。だからこそ、短篇映画を撮らせてみるのは無意味なことではないのです。そこから才能をひきだすのがプロデューサーの役割なのです。

――ブロンベルジェさんは監督になる気はなかったのですか？　フィルモグラフィーを見ます

と、フィルム・ドキュメントによる『パリ一九〇〇年』のほかに、闘牛をテーマにした二本の記録映画を演出なさっていますね……。

ブロンベルジェ　そう、一九五一年に『闘牛』という長篇記録映画を撮り、六五年にも『闘牛《コリーダ》・今昔』という短篇を撮った。なぜ闘牛か？　それは映画とまったく同じだからですよ。闘牛士は闘牛の技術のすべてを研究し、熟知したうえで、猛牛にいどむが、しばしば、思いがけない反撃に遭い、猛牛の角にかけられ、致命傷を負う。映画のプロデューサーも映画のすべてを研究し、熟知したうえで、観客に対して映画をつくるが、しばしば思いがけない観客の反応に足をすくわれ、致命傷を負う。どちらも死を賭けたゲームです。

しかし、わたしは、やはり監督に向いていない。集中力が足りないのです。とにかくつくりたい映画をつくるということに気持ちを集中できない。自分の好きなことだけやればいいんだというふうに徹底できない。あれも、これも気にかかる。金のこと、劇場のこと、観客のこと、いろいろと気にかかって、ただひたすら自分のテーマにしがみついて映画をつくることにのみ熱中するという幸福感に酔えない。わたしはやはりプロデューサーなのだと思います。一つのことだけではなく、映画のすべてに気を遣うほうが性に合っています。プロデューサーとしてやってこられたのも、その資質がわたしにあったのだろうと思います。

――プロデューサーとして、製作したい映画を製作し、充分に評価も得たし、金銭的にも成功したということでしょうか？

ブロンベルジェ　わたしは百六十五本*[1]の長篇映画と五百本にあまる短篇映画を製作した。当たった映画もあるし、当たらなかった映画もある。しかし、八十二歳半になる今日まで、わたしはつねに幸福な人生を送ってきた。戦時中にナチの強制収容所に入れられた一年をのぞけば、映画の仕事をしながら不幸だったことは一度もない。

(初出、一九八八年、「キネマ旬報」980号・981号・982号)

追記 ピエール・ブロンベルジェは一九八七年に回想録「シネマメモワール」(邦訳は齋藤敦子訳、一九九三年に白水社より刊行)を出版。来日して私のインタビューに答えてくれたときも、たぶんその直後だったので(もしかしたら出版前だったかもしれないけれども)、過去の記憶がすべてにわたってあまりにもヴィヴィッドで、おどろかされた。「シネマメモワール」の序文にジャン=リュック・ゴダールは書いている――「多くの人々が映画を愛してきた。だが、親愛なるピエール「・ブロンベルジェ」よ、映画に愛された者はごくわずかにすぎない。あなたこそ、そのまれなる一人なのだ」。

＊1 ピエール・ブロンベルジェは一九九〇年十一月十七日、九十四歳で亡くなるまで、さらに映画製作をつづけた。幸福な映画人生を生き抜いたことを自ら誇らかに豪語する大往生だったにちがいない。

ルイ・マル

ジャズ、映画、ヌーヴェル・ヴァーグ

ルイ・マルの映画は、かつてフランソワ・トリュフォーが評したように、「感じがよすぎる」という美徳がそのまま欠点にもなっているのだが、直接本人に会ったときの誠実な印象、その人柄のよさ、気持ちのいい応対ぶりは、ほとんど感動的なのである。ちょっと皮肉な、あるいは意地悪な質問をしても、見事に心のこもった答えが返ってくる。けっして口のうまい人ではないのだが、真摯で寛大なのだ。育ちのよさなのかもしれない。

ヌーヴェル・ヴァーグという呼称が生まれる直前のヌーヴェル・ヴァーグ、つまり、クロード・シャブロルやフランソワ・トリュフォーやジャン＝リュック・ゴダールよりもひと足早く新しい息吹きをフランス映画にもたらした監督で、一九五七年、長篇劇映画第一作『死刑台のエレベーター』を撮ったのが二十五歳のときであった。シャブロルやトリュフォーやゴダールと違って、批評家出身ではなかったが、「ヌーヴェル・ヴァーグの仲間たち」の一人として親しく付き合っていたことはよく知られている。

一九七七年の『プリティ・ベビー』からアメリカ時代に入り、八〇年にはアメリカ女優の

キャンディス・バーゲンと結婚した。
『さよなら子供たち』は十年間のアメリカ滞在のあと、フランスに帰って撮った自伝的作品で、その日本公開を前に、一九八八年十一月、来日した。そのさい、配給会社のシネセゾン宣伝部の畑野裕子さんのご厚意で、インタビューの機会を得た。

真の処女作――フランス映画への帰還

――『さよなら子供たち』(一九八七)はあなたの処女作になるはずだった、しかしじっと長いあいだ待ちつづけたとのことですが、なぜ処女作として撮られなかったのですか? 『さよなら子供たち』のラスト・シーンにあなた自身の声で、あなた自身の個人的な、親密な思い出をこめて、「一九四四年一月のこの朝のことを一生忘れないだろう」というナレーションが入りますが、まさにその一九四四年一月の朝の出来事があなたの映画人生を決定したのだと宣伝用プレスのなかでも述べられていますね。

L・M(ルイ・マル) そう、四十年以上待って、やっとつくることのできたわたしの真の処女作が、この映画です。一九五七年、わたしが処女作『死刑台のエレベーター』を撮ったときから三十年後になります。当時は、いや、その後もずっと、あの朝の出来事はあまりにも悲しく、つらい思い出なので、人に話そうとも思わなかったし、あまり思いだしたくなかった。あまりにも生々しく強烈な思い出だったので、そのショックをやわらげ、しずめるために、そしてわたし自身がその事件をもっと客観的に冷静に見つめて語ることができるようになるためには、長い時間が必要だったのだろうと思います。

たしかに、これはわたしが初めてつくる映画の主題になり得たし、それに、子供時代の思い出というのは処女作の最も自然な主題なのです。それは最も身近な人生の体験だからです。その最も成功した例の一つがフランソワ・トリュフォーの『大人は判ってくれない』（一九五九）です。少年時代を描いた処女作として最も見事に成功した例です。しかし、他方、イングマール・ベルイマンが『ファニーとアレクサンデル』（一九八二）で初めて子供時代の思い出を描いたように、四十年後、五十年後になってから急に処女作の主題を撮りたいという欲求にかられるというような例もある。ジョン・ブアマンもそうですね。彼はわたしとほとんど同じ年齢ですが（ルイ・マルは一九三二年生まれ、ジョン・ブアマンは一九三三年生まれ）、昨年（一九八七年）、五十代半ばになって、『戦場の小さな天使たち』（一九八七）という映画を撮って初めて少年時代の体験を描いています。つまり、自分の子供時代の思い出を、自伝的な主題を、処女作に描くか、さもなくば長いあいだ待って、ある種の成熟に達してから描くか、二つのタイプとケースがあるということです。

わたしは若いころにこのあまりにも個人的で苛酷で親密な思い出を映画に撮ることがとてもこわかった。これこそ自分の処女作の主題だと確信しながら、そこへ、踏み切る自信がなかった。この大事な主題を撮るためには、もっとプロとしての腕を磨き、演出の力をつける必要があると思ったこともたしかです。それから、長いあいだ待ちつづけ、一九七〇年代末からアメリカに住んでいて、四、五年前に、突如、どうしてもこの映画を撮りたいと思ったのです。死ぬ前にこれだけは撮っておかなければならないという思いにかられて、ここ数年というもの、ずっとこの映画のことばかり考えていました。

――たしかに処女作のようなみずみずしさにあふれた映画で、ときとして不器用な感じさえするのにはおどろきました。しかし、全体のタッチは冷たく厳しいですね。

L・M そう、わたしはこの映画を本当に処女作のつもりで撮りました。胸をときめかせ、ワンカットごとに新鮮な感動をこめて撮りました。まるで映画を初めて撮るかのように。しかし、同時に、映画全体が抑制のきいた演出につらぬかれていなければならないと思った。つまり、きわめて単純で、さりげない演出に見せたかった。若々しい活力や感受性のほとばしりや心の高揚の反面、成熟した節度のある表現が必要だった。子供の出てくる映画はこれまでも何本か撮ってきましたが、この映画ではとくに、処女作のような感じで子供たちを演出したくなかった。子供たちの演技指導だけは完璧なものにしたかった。若さのいきおいだけで演出するのではなく、大人としての円熟したおおらかなタッチで、子供たちを最も自然で、最もすばらしく見せなければならない。映画の成功はすべてそこにかかっていたとさえ言えます。だから、わたしはこの映画をつくるために長いあいだ待ってよかったと思っています。それに、奇妙なことに、記憶というのは年とともに変化し、豊かになってくるものだということがよくわかりました。『さよなら子供たち』という映画がこのような形でつくられるためには、やはり長い時間待つ必要があったのだと思います。

――子供たちがみんないきいきとしているのが印象的ですが、演技リハーサルやテストはどの

『さよなら子供たち』（1987）撮影中のルイ・マル　©シネセゾン／NEF／D.R.

くらいやられたのですか？

L・M ほとんどやりませんでした。簡単な打合わせだけで、キャメラを回す前に一度か二度テストをやるくらいでした。あまり何度もテストをやると、子供たちはくたびれてしまって、元気がなくなります。ただ、撮影に入る前に、何週間か、しょっちゅういっしょに遊んだりしながら、ビデオ・カメラを回して子供たちの表情とか動きとか、ある種のくせのようなものをかなり研究しておきました。

――『さよなら子供たち』の最も感動的なシーンの一つは、ラスト近く、教室に踏み込んできたゲシュタポににらまれて、ユダヤ人の少年ボネがほとんど自主的に、自ら意を決して、静かに机から立ち上がって「降伏」するところですが、あのシーンの芝居の間合いなどはどのように演出なされたのでしょうか？

L・M あのシーンは、じつは、唯一、わたし自身が演出していることも忘れ、これは映画にすぎないのだということも忘れてしまって、本番撮影のときに、見ながら思わず涙を流してしまったシーンなのです。ボネの役にわたしが選んだラファエルという少年は、たしかに、あのシーンでは最高のすばらしさだったと思います。わたしはまるで少年時代に戻って、あの瞬間あのシーンに居合わせたようなショックと感動をうけたのです。あまりにすばらしかったので、撮影は一回でＯＫになりました。わたしは少年に、ただこう言っただけでした。「ゲシュタポのミューラーがきみの前に立ってにらみつける。きみはその視線に耐えられるだけ耐えるんだ。できるだけ長く耐えてほしい。どうしても耐えきれなくなったら、静かに目を伏せて机の上のものをかたづけ、立ち上がりなさい」。ただそれだけです。このシーンはじつは念のためにもう一回撮《ワン・テイク》ったのですが、最初のテイクがあまりにもすばらしかったので、結局一回目がＯＫになったわけです。

わたしは、すばらしく頭もよくて勘もいい少年たちに恵まれたと思います。オーディションをおこなって選んだ少年たちですが、主役の二人はすぐ決まりました。教室のシーンで、わたしの分身というか、少年時代のわたしであるジュリアンが、「このなかにユダヤ人がいる」というゲシュタポの言葉に、思わず、一瞬、ボネのほうをふりむいてしまう。そのために、ボネがユダヤ人であることをゲシュタポに感づかれてしまう。この微妙なシーンの演出にも気を遣いました。

実際には、わたしはボネがユダヤ人であることなどまったく知らずに付き合っていたので、ゲシュタポが「ユダヤ人がいる」と言うのを聞いても、そのような反応をしたわけではなかった。しかし、ボネがユダヤ人として捕えられ、収容所に送られ、殺されたことをのちに知ってから、まるでその責任がわたし自身にあったような罪の意識にかられ、そのことがいつまでも記憶のなかからぬぐいきれずに、あのようなシーンになったのです。そんなふうに、記憶のなかで体験がふくらんできたのでした。罪の意識から、記憶のなかでつくりあげたシーンなのです。

――『さよなら子供たち』のキャメラはレナート・ベルタですが、その色彩を殺した寒々とした映像が印象的ですね。時代色というか、当時の占領下の風景やイメージを再現するために、原色を捨てて、冷たい感じの色だけに統一したような感じがします。

L・M　暗く冷たく沈んだ色調をわたしはレナート・ベルタのキャメラに期待し、すばらしい成果が得られたと思います。レナート・ベルタはダニエル・シュミットの『ラ・パロマ』（一九七三）や『ヘカテ』（一九八二）などを撮影したキャメラマンです。光をなるべく感じさせないように、全体をアンダー気味に撮っています。子供たちの青い制服や帽子、神父たちの黒に近い濃い茶色の僧衣が、ほとんど色のない世界の基調になっているのです。青と灰色と黒のイメージがわたしの記憶に残っています。すべてが寒色のイメージです。だから、衣裳デザイナーのコリンヌ・ジョリーにも、赤や暖色は避けてはしいと言いました。さいわい、映画を撮影したその冬はものすごく寒く、雪も降って、映画にはもってこいの気候でした。半ズボンの子供たちは可哀そうにぶるぶる震えていましたが（笑）。

――カラーでなく、モノクロで撮られるおつもりはなかったのですか？

L・M　冷たい苛酷な時代色をリアルにだしたいとは思いましたが、しかし、わたしは白黒映画にする気はなかった。白黒の映像は美しすぎて、現実感が失われてしまうからです。

――くすんだ壁の色や寒そうな冬景色が印象に残りますね。

L・M　実際、当時は暖房もなく、とても寒かったという記憶があります。くすんだ壁の色をだすために、多少壁を塗ったりしました。

――寄宿学校でチャップリンの短篇映画を上映するシーンがありますが、やはりあなたの思い出に結びついているものですか？

L・M　そうです。あのシーンでは、チャップリンを見て、みんなが大笑いをする。いつもは厳粛な顔つきの神父も大笑いをする。フィリップ・モリエ＝ジュヌー扮するジャン神父のモデルは、ジャック神父という名で（ジャックをジャンに変えただけなのですが）、いつものすごくまじめで厳しくて、笑顔を見せたことがなかった。その神父がチャップリンの大ファンだった。そのコントラストがおかしくて、よく憶えていたので、この上映会のシーンにチャップリンの短篇を上映することにしたのです。上映作品に『チャップリンの移民』（一九一七）を選んだのは、もちろん、それを見るユダヤ人のボネ少年の心情をそこに多少反映させようと思ったからです。さすらいの民、そして最後に自由の女神像が出る。

——ジャン神父の役を演じているフィリップ・モリエ＝ジュヌーはフランソワ・トリュフォー監督の『隣の女』（一九八一）や『日曜日が待ち遠しい！』（一九八二）に出ていた俳優ですね。

L・M　そうです。『隣の女』で精神科医の役を演じていた。奇妙な個性を持ったおもしろい俳優だと思いました。それを見て、わたしの映画の神父の役に起用したのです。『日曜日が待ち遠しい！』では警察署長の役でしたね。トリュフォーが生きていたら、ぜひわたしの映画を見てもらいたかったと思います。わたしはよくトリュフォーに自分の撮った映画のラッシュ試写を見てもらって意見や感想を聞いたものでした。インドで撮影した記録映画『カルカッタ』（一九六九）のときなど、まったく意見が対立して、大論争になったりしたものですが……。

——トリュフォーはドキュメンタリー嫌いなので、それで論争になったのですか？

L・M　そうではありません。たしかにトリュフォーはドキュメンタリーが苦手だったようですが、人間や生活のとらえかたについて、かなり厳しくトリュフォーに批判されたのです。それで、わたしは、カルカッタには三週間しか滞在しなかったのですが、もっと長く、もう一か月でも長く住んでいたら、全然違った撮りかたをしただろうと言ったのです。というのも、ドキュメンタリーは単に現実を記録するのではなくて、現実を記録するわたし自身の反応、ひいては現実を見るわたし自身の姿勢を記録することにほかならないからです。「わたしのカルカッタ」「わたしのインド」を撮るしかないということです。ドキュメンタリーはけっして客観的なものではなく、もっと個人的なものなのです。カルカッタに三日間滞在した場合と三か月間滞在した場合とでは、当然、対象を見る眼が異なってきます。ものの考えかた、キャメラによるとらえかたが全然異なってくる。だから、わたしはドキュメンタリーの場合はいつも自分でキャメラを回します。キャメラマンもキャメラを回すので、いつも二台のキャメラを回すことになる。人によってさまざまな撮りかたがあるので、そのほうが有効なのです。

——『さよなら子供たち』には二人の少年が森のなかで宝さがしをするシーンがありますね。夜になって森の奥で迷ったときの恐怖の思い出に結びついているシーンのように思われますが、本当にあったことなのでしょうか、それとも、やはり記憶のなかでふくらんだイメージなのでしょうか？

L・M もちろん記憶のなかでふくらんだ部分もありますが、あれは本当にあったことなのです。根性を鍛えるために、強制的にやらされた教練のようなものなのです。おそろしい体験でした。ナチ占領下で、消灯時刻がすぎてから、外出禁止の時間に、暗い森のなかに宝さがしにやらされたのです。

――ところどころに大きな岩肌が露出した無気味な森の荒涼たる風景が強烈に印象的でした。

L・M あれはパリ郊外のフォンテーヌブローの近くの森です。実際にあのような奇怪な岩肌が露出した風景がわたしの記憶に残っています。

――突然、猪が出てきますが、それも記憶のイメージですか、それとも何かのシンボルとして出現させたものでしょうか?

L・M 実際、あの森にはいろいろな動物がいて、宝さがしで迷ったわたしたちは恐怖で身がちぢむ思いでした。猪が現われたときのショックはまだ忘れられないくらいです(笑)。

――宝さがしのシーンで、あなたの分身であるジュリアン少年が「一九四四年一月十七日は二度とこないんだ……ここで死を考えているのはぼくだけなのか」というようなことを言うのですが、それも実際にあなた自身が少年時代に考えたことですか?

L・M それはまったく違います。ただ、子供というのは突如、ふしぎなことを言うことがあるでしょう。ほとんど哲学的な考えを発作的に述べたりする。じつは、これはわたしの娘が、こんどいっしょに日本へ来た十五歳になるジュスティーヌが、何年か前、十歳になるかならないかぐらいのときに、突然、「パパ、死について考えたことがある? あたしはしょっちゅう考えるのよ」って(笑)、あのような哲学を述べたことがあるのです。それをそっくりそのままジュリアンのせりふに使わせてもらったのです。

――ジュスティーヌという娘さんのお名前が出ましたが、『さよなら子供たち』の冒頭に、「コテマック、ジュスティーヌ、そしてクロエのために」という献辞が出ますね。この三人の名前に何か関係があるのでしょうか？

L・M　わたしの三人の子供たちです。コテマックは最初の結婚で生まれた十七歳の息子、クロエはキャンディス〔・バーゲン〕とのあいだに生まれた娘で、まだ三歳です。わたしは初めて大人になったという実感をこめて、この映画を三人の子供たちに捧げたのです。こんな献辞は、もちろん、初めてのことです。わたしにとっては大事な映画であり、その意味でもわたしの真の処女作と言える作品なのです。

――『さよなら子供たち』があなたの映画人生に決定的にとり憑いていたことは、これまでのあなたのいろいろな作品にすでにその断片的なイメージや予告篇のようなものが見られたことでもわかるような気がします。たとえば、一九六七年の短篇映画『影を殺した男』（オムニバス映画『世にも怪奇な物語』第二話）の冒頭に出てくるカトリックの寄宿学校の情景とか、一九七〇年の『好奇心』の少年と母親のイメージとか、そしてとくに一九七三年の『ルシアンの青春』では『さよなら子供たち』の一部がすでに語られていたとは言えないでしょうか？　寄宿学校の料理番の少年で、解雇されてゲシュタポの手先になるジョゼフの物語がたぶんそのまま『ルシアンの青春』になるわけですね？

L・M　そう、そのとおりです。『ルシアンの青春』のとき、わたしが最初に書きはじめた脚本はまさに、あの寄宿学校の三人のユダヤ人の少年を密告したジョゼフの話でした。寄宿学校の台所の下働きをしている貧しい少年が、料理番の婦人にこき使われ、子供たちからも汚いといっていじめられ、食物をくすねたかどで学校から追いだされ、その腹いせに、密告する。しかし、こうした密告者、卑劣漢《サロー》の物語は、かならずしも占領下でなくてもいい、たとえばアルジェリア戦争の末期でもいいと考えました。それで、ナチの占領時代のことはすべて調べ上げているパトリック・モディアノという若い小説家の協力を得て、すっかり書き直しました。その前に一九七一年から七二年にかけてわたしがメキシコに滞在していたときに、貧民街の少年たちが特殊な肉体的訓練をうけて一種の秘密警察のメンバーになり、学生運動の妨害などに介入しているという話を聞き、その内情を調べて映画に撮りたいと思ったことがあるのですが、メキシコではそんな危険なことは絶対に不可能だということがわかってあきらめました。しかし、フランスに帰ってからも、そのメキシコの秘密警察のために養成されている貧民街の少年たちの話が忘れられず、その話がジョゼフという料理番の雑役夫の少年の物語とまじって、『ルシアンの青春』に発展していったのです。そう、『ルシアンの青春』と『さよなら子供たち』に通底するのは、このジョゼフという少年です。このジョゼフという少年のイメージが発展してルシアンになったのです。

考えてみると、たしかに、一九七〇年ごろから、わたしは自分の少年時代について考えはじめたようです。『好奇心』がわたしの少年時代を描いた最初の映画です。もちろん、まったく自伝的な映画というわけではありませんが（少年が母親と寝てセックスを知るという話ですからね！）、しかし、わたしが初めて直接的に少年時代をあつかい、わたしの個人的な思い出を生々しく描いた作品でした。アメリカでは『さよなら子供たち』の公開に合わせて『好奇心』

と『ルシアンの青春』を再公開することになり、「三部作」として配給したものです。おもしろいことに、全然別の作品なのに、何か共通するものがあることがわかりました。そう、『さよなら子供たち』は、『好奇心』や『ルシアンの青春』ばかりでなく、それ以前からのわたしのほとんどの作品の到達点のような気がします。たとえば『鬼火』(一九六三)は、まったく自伝的な作品ではないし、少年時代の話でもありません。三十歳で自殺する男が主人公の映画で、ちょうどわたしが三十歳のときに撮ったことをよく覚えていますが、まったくわたし自身の人生とは直接関係のない物語だと思っていたのに、生きることのせつなさ、人生の孤独をテーマにしていたという点では、すでに自伝的な映画をつくっていたことになります。こんなことは考えたことがなかったので、じつは自分でもびっくりしているのですが……。

――『鬼火』はすばらしい映画で、あなたの最高作の一本だと思います。主演のモーリス・ロネも最高でした。

L・M 『鬼火』は自殺をめぐる物語で、主人公は青春の特権としての拒否、拒絶を重ねて、最後に究極の拒否、拒絶としての死、つまり自殺を選ぶ。わたしは「ピエール・」ドリュ＝ラ＝ロシェルが一九三〇年代に書いた小説「鬼火」を若いときに読んですっかり忘れていたのですが、自分が三十歳になって、突然、それまで、若さというか、青春というか、自分とその周囲にあるものが永遠につづくと信じていた自分が大人として何かを選択しなければならない立場に迫られ、「鬼火」の主人公の状況にそっくりな自分を見出したのです。ドリュ＝ラ＝ロシェルは親友のジャック・リゴーというシュールレアリストの詩人の自殺を小説に書き、一九四五年には彼自身も自殺しました。
最初は自殺に至る主人公の独白《モノローグ》をわたし自身が演じることすら考えたくらいです。この映画を撮ることは、わたしにとって青春という重荷をかなぐり捨てる悪魔祓いになったような気がします。その意味でも自伝的な作品と言えると思います。

ジャズの発見――映画音楽の新しい実験

――自伝的といえば、『好奇心』に描かれた少年時代におけるジャズの発見というか、ジャズとの出会いがありますね？

L・M そう、映画の冒頭で少年がレコード店に入り、チャーリー・パーカーのレコードを万引きするところなど、わたしの思い出に最も直接的に結びついています。

――ジャズと映画は、あなたにとって、とくに密接な関係にありますね。『死刑台のエレベーター』のマイルス・デイヴィスから、『好奇心』のチャーリー・パーカー、『ルシアンの青春』のジャンゴ・ラインハルト、そして『プリティ・ベビー』（一九七八）のジェリー・ロール・モートン。『さよなら子供たち』でも、胸をしめつけられるような見事なピアノの連弾のシーンがありますね。友情が確認される最高の瞬間が、二人の少年がいっしょにピアノのキーを叩く心ときめくブギウギの演奏で印象的に表現されます。そのすぐあと、ユダヤ人の少年は密告されてゲシュタポにつかまるわけですが、その直前の危機的状況のなかで最も幸福な一瞬が燃え上がるというすばらしく感動的なシーンでした。このブギウギのシーンも個人的な思い出に結びつくものですか？

L・M　二人の少年の顔に思わず笑みが浮かび、笑い声がこぼれ出るシーン。そう、二人が本当に親しい友だちになった歓びの瞬間ですね。そのあと、中庭に出て、ジュリアンがボネに「こわいのか」ときくと、「うん、いつも」とボネが答える。わたしはもう少しあとで、戦後になってから、ピアノを習いはじめたので、このシーンは直接的なわたしの思い出ではありませんが、友情とブギウギの心ときめく幸福感はわたし自身の思い出に深く結びついています。『さよなら子供たち』のなかで、わたしの思い出に最も直接的に結びついている音楽は、シューベルトのピアノ曲「楽興の時」第二番です。わたし自身が子供のころ、ピアノでしょっちゅう弾いていた曲なのです。わたしはブルジョワの家庭で生まれ育ったので、子供のときからピアノのレッスンをうけていました。いまはもう、残念ながら、ピアノを弾く習慣を忘れてしまいましたが、シューベルトの曲はよく弾いたものでした。しかし、わたしは早くから、クラシックよりジャズに心ひかれました。「あんな野蛮な音楽のどこがいいの」と母は言ったものですが、ほとんど強制的に弾かされたクラシック・ピアノに対して、反抗心から、ごく自然に、ジャズ・ピアノをやるようになったのです。それから、十三、四歳になると、ドラムに興味を持つようになりました。これも、もういまはやりませんが……（笑）。とにかく、ジャズが大好きで、古いレコードのコレクションもたくさん持っていました。

――『死刑台のエレベーター』では、単にモダン・ジャズを使うというのではなく、マイルス・デイヴィスに映画の画面を見せて即興演奏してもらうというユニークな試みに成功し、映画音楽に新生面を拓《ひら》いたわけですが、こうした発想はどのようにして生まれたのでしょうか?

L・M　映画音楽というのは、出来上がった映画の長さに対して四十パーセントとか五十パーセントとか、そのフッテージとにらみ合わせながら交響楽ふうのものを作曲するというのがふつうのやりかたでした。その結果、音楽が画面とまったく合わないか、もしくは合いすぎてしまうという感じでした。映画監督が音楽にほとんど興味を示さないか、あるいは無知かで、映画を知らない作曲家に音楽をまかせっきりにしてしまうというケースがあまりにも多すぎたのだと思います。対位法的に音楽を使うこと、つまりイメージと対立しながら調和がとれている音楽こそ映画音楽の役割だとわたしは考えていたのです。といっても、それほど意識的だったわけではありません。なんとなく、漠然と、そう考えていたのです。それに、わたしはジャズが大好きだったので、映画に生かしたいと思い、最初からこの映画にはジャズを使うつもりでした。マイルス・デイヴィスのレコードを使ってみようと漠然と考えていた。映画の編集を終えつつあるころにはかなり具体的なアイデアがいくつかひらめいていました。ジャンヌ・モローが孤独に夜のシャンゼリゼをさまよい歩くシーンにマイルス・デイヴィスのトランペットのあのしみいるようなメロディーの憂鬱のムードがほしいとか、そんなことを考え、メモをしていた。そこへ、幸運にも、マイルス・デイヴィス本人がパリにやって来たのです。一九五七年の暮れのことです。オランピア劇場で昼間《マチネー》の公演を一回おこない、夜はクラブ・サンジェルマンというナイトクラブで一週間演奏するためでした。

――それで、直接マイルス・デイヴィスに音楽を依頼することになるわけですが、どのようにしてマイルス・デイヴィスと知り合ったのですか？

L・M　ボリス・ヴィアンに紹介してもらったのです。

――あのパリのサンジェルマン・デ・プレのジャズと芸術の狂乱の歴史とともに生きた有名な作家でトランペット奏者のボリス・ヴィアンですか？　『想い出のサンジェルマン』（一九六七）というジャック・バラティエ監督の記録映画に出てきますね。

L・M　そう、生前のボリス・ヴィアンが出てきますね。クラブ・サンジェルマンは当時モダン・ジャズの牙城で、バルネ・ウィランの八重奏が評判でした。そのなかから、テナー・サックス奏者のバルネ・ウィランとピアニストのルネ・ユルトルジェ、ベース奏者のピエール・ミシュロ、ドラマーのケニー・クラークの四人がマイルス・デイヴィスに協力してくれたのです。ケニー・クラークはフランス人ではなく、巴里のアメリカ人だったわけですが……。みんな若手のミュージシャンで、バルネ・ウィランはまだ十八歳か十九歳だったと思います。

――冒頭、ジャンヌ・モローのくちびるから顔の超アップがスクリーンいっぱいにうつると、すぐマイルス・デイヴィスのトランペット・ソロがはじまり、彼の名前がクレジットタイトルに出て、それからピエール・ミシュロのベースが低く強くひびき、バルネ・ウィラン、ルネ・ユルトルジェ、ピエール・ミシュロ、ケニー・クラークの名前がならんで出たときの心のときめきをよく憶えています。ボリス・ヴィアンもトランペット奏者だったわけですが、マイルス・デイヴィスがパリに来た一九五七年には、まだ元気だったのですね？

L・M　そう。彼が心臓麻痺で死んだのは、その二年後だったと思います。当時、ボリス・ヴィアンはレコード会社のフィリップスの音楽顧問としてジャズを担当していた。わたしは（わたしだけではありませんが）ボリス・ヴィアンをよく知っていたので、マイルス・デイヴィスに紹介してくれとたのみました。マイルス・デイヴィスのレコードはすべてフィリップスから出ていたのです。わずか二週間のパリ滞在のあいだに、マイルス・デイヴィスはわたしに二度会ってくれました。一度目はジャズについてのわたしの考えを彼に述べ、二度目には、クラブ・サンジェルマンでの演奏のない時間にわたしの映画のラッシュを見てもらうために、音楽をつけてほしい場面だけをエンドレスにつないだフィルムを持って行って、それを何度もくりかえして映写し、二人で語り合いながら、どんな音楽が必要なのかを決め、それから、さらにシーンごとにくりかえし上映して、彼に即興で演奏してもらった。それをその場で、ポスト・パリジャン・スタジオで、ミュージシャンたちも加わって演奏し、録音しました。一九五七年十二月四日でした。夜の九時ごろからはじめて、演奏をくりかえし、真夜中のジャズは朝の五時までつづきました。こうして一夜のうちに仕上げました。即興はジャズの生命であり、マイルス・デイヴィスのトランペット・ソロはすばらしいものでした。これが映画史上ユニークな実験となったのです。

――『死刑台のエレベーター』にはマイルス・デイヴィスのレコードがうつるところがありますね。若い恋人同士が主人公の車を盗んで、モーテルでドイツ人夫婦を殺したあと、彼らの小さなアパルトマンに逃げ戻ってくるシーンで、ナイトテーブルにマイルス・デイヴィスのレコードが置いてあるのに気がつきました。最初からすでにマイルス・デイヴィスが念頭にあったわけですね？

L・M そうなのです。しかし、『死刑台のエレベーター』は低予算の映画で、充分な製作費がなかったので、プロデューサーがニューヨークへ行って録音することも提案してくれたけども、不可能でした。まったく、マイルス・デイヴィスがパリに来てくれたことが幸運でした。いずれにせよ、ジャズと映画はわたしの二大情熱とも言えるものです。

――『死刑台のエレベーター』とほとんど同時か、その直前くらいに、ロジェ・ヴァディム監督の『大運河』でMJQ（モダン・ジャズ・カルテット）が演奏していますね。モダン・ジャズとフランス映画の結びつきがそのへんからはじまるわけですね？

L・M そう、ロジェ・ヴァディムはジョン・ルイスとモダン・ジャズ・カルテットを使った。期せずしてわたしの映画と同時だった。もしかしたら、わたしの映画よりも早かったかもしれない。そう、ヴァディムの映画のほうが先だったと思う。いずれにしても、同じ時期に、アメリカのモダン・ジャズを使った映画が二本つくられた。二本ともその年のルイ・デリュック賞の候補に挙がって、受賞を競い合ったという記憶があります。

――そして、『死刑台のエレベーター』が受賞するわけですね。

L・M そう、そのころ、まだほかにもモダン・ジャズを使った映画がたくさんあった。みな、同じ時代の感覚を持っていたのだろうと思います。

――しかし、ロジェ・ヴァディム監督の『大運河』は映画の完成後、MJQに作曲を注文したもので、あなたの『死刑台のエレベーター』の即興演奏とは本質的に異なるものですね？

L・M　たしかにそこに大きな違いはあると思います。

――ジャズを映画音楽として使うという発想に影響を与えた作品はありますか？　たとえばオットー・プレミンジャーの『黄金の腕』（一九五五）ではエルマー・バーンスタイン作曲、ショーティ・ロジャース編曲、シェリー・マンのドラムスが話題になりましたが……。

L・M　そう、『黄金の腕』もそうだし、その前にエリア・カザンの『波止場』（一九五四）にもジャズが使われていた。フランスでも、わたしの前に、すでに一九四〇年代に、ジャック＝イヴ・クストーがジャズを使っていた。海底の世界を撮った最初のモノクロの短篇記録映画に、フランスのミュージシャンの演奏だったけれども、すでにジャズを使っていました。クストーはジャズが大好きでした。

――そんなこともあって、『死刑台のエレベーター』の前に、クストーの長篇記録映画『沈黙の世界』（一九五六）の助監督になったのでしょうか？

L・M　そう、それで、彼の長篇第一作の『沈黙の世界』には、わたしもスタッフに加わっていたので、クストーにぜひデューク・エリントンに作曲と演奏をたのんだらどうかと進言したものです。しかし、いろいろな事情でそれはできませんでした。その結果、『沈黙の世界』の音楽は最低のものになってしまった。それはわたしの責任ではないのですが！（笑）

記録映画からの出発――ヌーヴェル・ヴァーグ前夜

――一九五五年のジャック＝イヴ・クストーと共同監督の記録映画『沈黙の世界』があなたの

映画的キャリアの出発点になるわけですね？

L・M　そうです。わたしは映画の仕事をクストー船長とともにはじめたのです。わたしは二十代になったばかりで、ひと夏、クストー船長のカリプソ号に乗りこみ、水中キャメラマンの一人として撮影隊に加わったのです。わたしは当時まだＩＤＨＥＣ《イデック》（フランス国立高等映画学院）の学生でした。

――クストーが先生だったのですか？

L・M　いや、そうではありません。ある夏、『沈黙の世界』よりももっと前、一九五三年のことですが、クストーは海底の記録映画の撮影スタッフに見習い助手を求め、ＩＤＨＥＣの生徒のなかから希望者を一人求めていたのです。しかし、当時の映画学生はみな劇映画の監督をめざしていて、誰も応募しなかった（笑）。わたしは当時、もちろん、まだ映画についてまったく何も知らなかったので、これは絶好のチャンスと思い、よろこんで見習い助手として参加しました。夏が終わったとき、クストーはわたしに「学校へ戻るかね？　このまま仕事をつづける気はないかね？」とたずねました。撮影隊の一人が結婚して去ってしまったので、どうしても一人補充する必要があったのです。わたしは卒業までにあと一年あったけれども、このチャンスを逃す手はないと思いました。「もちろん、仕事をさせてください」とわたしはクストーに答えました。それで、二度とＩＤＨＥＣには戻らなかった（笑）。

――ということは、ＩＤＨＥＣを卒業してはおられないわけですね。経歴によればＩＤＨＥＣを「優秀な成績で」卒業したとか、「映像表現の実践を主張して」卒業論文の提出を拒否したけれども卒業、と記されていますが……。

L・M　いや、いや、卒業はしていません。ところが、その後、わたしが映画をつくりはじめて、賞をとったりしたものですから、IDHEC出身者のリストのなかに入れたいというので、卒業証書を送ってきてくれたのですよ。わたしは「いらない」と言ってことわったのですが、「いえ、いえ、どうぞお受け取りください」と（笑）。で、結局、卒業もしていないのに、卒業証書だけはもらうことになってしまったのです。

――クストーの下では、どんな仕事をされたのですか？

L・M　何もかもやりました。すべての面でのアシスタントでした。水中撮影もやり、録音もやり、編集もやりました。おかげで、わたしは映画のすべての技術を実地で学び、会得できた。何もかもやらされ、何もかもひきうけたのです。そんなふうにして、クストーとともに三年間働きました。数本の短篇を撮って、それから最後に長篇の『沈黙の世界』を撮り、これが、ごぞんじのように、カンヌ映画祭グランプリやアカデミー記録映画賞を受賞し、世界的に大ヒットしたわけです。

――『沈黙の世界』のクレジットタイトルにはクストーとあなたの共同監督作品というふうになっていますね？

L・M　わたしは実際には助監督だったのに、作品が完成したとき、クストーがあのように共同監督作品という形にしてくれたのです。クストーはそんな寛大な心を持ったすばらしい人だった。

『沈黙の世界』のあと、クストーは海洋学者としての研究論文の執筆などでいそがしく、しばらく映画を撮る予定がないというので、わたしはクストーと別れ、ロベール・ブレッソンの『抵抗―死刑囚の手記より―』（一九五六）の助監督につくことになった。それから、自分で脚本を書きはじめ、映画をつくろうと思ったのですが、簡単にはいかなかった。まだヌーヴェル・ヴァーグの前でしたからね、若い新人に一本撮らせてみようというようなプロデューサーがいなかった。わたしはまだ二十四歳だったし、『沈黙の世界』の共同監督というだけでは誰も信頼してくれなかった。

――そのとき書いた脚本が『死刑台のエレベーター』ですか？

L・M 違います。わたし自身の体験にもとづいたオリジナル・シナリオでした。若い学生たちの恋愛を描いたもので、かならずしも自伝的なものではなかったけれども、フランソワ・トリュフォーがのちに宣言するようなヌーヴェル・ヴァーグ的な「個人的な映画」「日記のような映画」になるはずでした。しかし、トリュフォーやクロード・シャブロルがまだ映画をつくる前のことでしたからね、そんな個人的な体験を綴った脚本を映画にしたところで観客は誰も見にこないだろうと、プロデューサーたちはまったく興味を示さなかった。三年後だったら、プロデューサーがついただろうと思いますが……。それから、たまたま、ノエル・カレフのミステリー小説「死刑台のエレベーター」が出版されて、プロットに興味をそそられ、映画にしたらもっとおもしろくなるだろうと思いました。ミステリーということもあって、この企画にはすぐプロデューサーがついた。

――そのプロデューサーがジャン・チュイリエですね？

L・M そうです。それに、ヒロインの役をジャンヌ・モローがひきうけてくれたことが幸運でした。

――ジャンヌ・モロー本人からそのあたりのいきさつをうかがったことがあります。彼女が出ていた舞台を毎晩あなたが観にきて、それから楽屋にたずねてきて、脚本を読んでくれと言って渡され、スタッフもキャストもみんな若くてエネルギーにあふれ、たのしい沸き立つような雰囲気で仕事をした思い出を語っていました。

L・M そう、ジャンヌ・モローは当時テネシー・ウイリアムズの「熱いトタン屋根の上の猫」をパリの舞台で演《や》っていました。わたしはロジェ・ニミエというすばらしく才能のある若い小説家と知り合い、意気投合して、『死刑台のエレベーター』の脚本を書き、彼のおかげで原作にはない人物を創造したり、シチュエーションをふくらませたりしました。ロジェ・ニミエが映画の脚本を書いたのは初めてでした。もっといっしょに仕事をするはずだったのですが、残念ながら、一九六二年に、交通事故で亡くなりました。『死刑台のエレベーター』のヒロイン像は原作とは無関係に、いろいろな要素をつけ足して、新しく創造したものです。ジャンヌ・モローが演じることによって、そのイメージがさらに大きくふくらんだことは言うまでもありません。これがジャンヌ・モローのキャリアの大きな出発点、スターとしての出発点になった。もちろん、わたしのキャリアの出発点にもなった。わたしは二十五歳でした。『死刑台のエレベーター』がヒットしたので、すぐそのあと、わたしはジャンヌ・モローのために『恋人たち』（一九五八）の脚本を書いたのです。これもヒットしました。わたしのデビューの二作はともにジャンヌ・モローのためにつくられ、ジャンヌ・モローのおかげで成功した作品なのです。

アンリ・ドカとヌーヴェル・ヴァーグの映像

――『死刑台のエレベーター』のキャメラを担当したアンリ・ドカは、以後、ヌーヴェル・ヴァーグの名キャメラマンになる人ですが、その前はジャン＝ピエール・メルヴィル監督の『海の沈黙』（一九四八）、『恐るべき子供たち』（一九四九）、『賭博師ボブ』（一九五五）などのキャメラマンとして知られていたわけですね？

L・M いや、当時彼はまったく無名でした。ジャン＝ピエール・メルヴィルの映画そのものがふつうの商業ルートからはずれたもので、一般にはまったく知られていなかった。メルヴィルはフランス映画のアウトサイダー的存在にすぎなかったのです。しかし、わたしたち、トリュフォーやシャブロルやわたしは、メルヴィルの映画に熱狂していた。なかでも、『賭博師ボブ』の冒頭のピガール界隈の夜の名残りの薄明の風景を絶妙なモノクロのトーンでとらえたアンリ・ドカのキャメラには、みんな驚嘆し、自分たちが映画をつくるときにはぜひアンリ・ドカのキャメラでやろうと話し合ったことをよく憶えています。

結局、わたしが最初に映画を撮ることになり、『死刑台のエレベーター』のキャメラマンにアンリ・ドカを使ったのです。そう、『賭博師ボブ』のあのすばらしい映像に魅せられて、アンリ・ドカに撮影をたのんだのです。そのあと、ヌーヴェル・ヴァーグの最初の作品のキャメラはほとんどアンリ・ドカがひきうけることになった。わたしの『死刑台のエレベーター』に次いで、シャブロルの『美しきセルジュ』(一九五七)と『いとこ同志』(一九五九)、それからわたしの『恋人たち』、そのあとすぐ、トリュフォーの『大人は判ってくれない』と矢継ぎ早に。

――エドゥアール・モリナロ監督の『彼奴《きやつ》を殺《け》せ』(一九五九)やルネ・クレマン監督の『太陽がいっぱい』(一九六〇)などのキャメラも担当しましたね。

L・M そう、あちこちから引っ張り凧でした。シャブロルの『二重の鍵』(一九五九)の撮影もやっていた。年に四、五本も。すごい仕事ぶりでした。アンリ・ドカはちょっと前に亡くなりましたね。

――昨年(一九八七年)の三月に、七十一歳で亡くなりました。わりと年齢《とし》だったので、ちょっとおどろいたのですが。

L・M そう、彼はわたしたちよりもずっと年上でした。『死刑台のエレベーター』のときはわたしが二十五歳。彼は四十歳以上でした。その後、彼はフランス最高の、高額のキャメラマンになった。「あんたとはもういっしょに仕事ができないね。高すぎて!」などとわたしたちは冗談半分に言ったものですが、本当に最高額のキャメラマンになってしまった(笑)。ジャン=ピエール・メルヴィルもその後、大監督になり、アラン・ドロン主演の『サムライ』(一九六七)とか『仁義』(一九七〇)といった大作にはアンリ・ドカを使ったけれども、ヌーヴェル・ヴァーグの低予算映画では使いきれなくなってしまった。わたしの場合も、ブリジット・

バルドーやジャン＝ポール・ベルモンドのようなスターが出た映画にはアンリ・ドカを使うことができた。『私生活』（一九六二）とか『ビバ！　マリア』（一九六五）とか『パリの大泥棒』（一九六七）とかには。アンリ・ドカは撮影監督としてアメリカ映画もたくさん撮っています。たしかに大キャメラマンになったのですが、しかし何かが失われてしまったような気もします。『死刑台のエレベーター』のころの彼はすばらしかった。どんなことでもやってみようという実験精神を持っていた。

――『死刑台のエレベーター』は、いわばヌーヴェル・ヴァーグが生まれる前のヌーヴェル・ヴァーグというか、ヌーヴェル・ヴァーグを予告する斬新な作品だったわけですね。モダン・ジャズを即興演奏で映画音楽に使った実験ばかりでなく、アンリ・ドカの斬新なキャメラのテクニック、とくにイーストマントライX《エックス》という新しい高感度フィルムを使ってライティングなしで夜のシーンを撮るというような実験をなされたわけですね。「ヌーヴェル・ヴァーグはトライX《エックス》からはじまる」ともいわれますね。

L・M　そう、『死刑台のエレベーター』という映画の主題は犯罪ミステリーというありきたりのものだけれども、その枠のなかで何か新しいことを試みようと思ったのです。夜のシーンはすべてロケーションでした。ジャンヌ・モローが夜のシャンゼリゼをさまよい歩くシーンは当時最も斬新な映像として非常に評判になったものです。トライX《エックス》はあの当時発明されて間もない高感度フィルムで、まだ劇映画には使用されていなかったのです。

――『死刑台のエレベーター』に次いで、第二作の『恋人たち』でも、たしか赤外線フィルムを使って擬似夜景を撮るという新しい実験を試みて話題になりましたね。あれは「アメリカの夜」ですね。夜のシーンをすべて昼間撮影したわけですね？

L・M そう、アメリカの夜（擬似夜景《つぶし》）の効果のために特殊なフィルムを使ったのです。

――赤外線フィルムを使って撮った映画は『恋人たち』が初めてですか？

L・M いや、その前にもあったと思います。少くともアンリ・ドカはすでに実験ずみでした。しかし、赤外線フィルムは感色性の幅がなく、ほとんど白と黒以外は感じないほどのフィルムなので、感度をもち上げるのに苦労しました。いまでは、すぐれた高感度のフィルムがあって何でもできますが、当時は大変でした。それだけにやり甲斐があったこともたしかですが……。『恋人たち』の次の『地下鉄のザジ』（一九六〇）にも（これはわたしの最初のカラー作品だったので）ぜひアンリ・ドカを使いたかったのですが、ほかの監督の作品の撮影で手があいておらず、新しいキャメラマンをさがし、ウィリアム・クラインを使うことにしたのです。のちに監督になったアメリカ人の写真家です。

――『ポリー・マグーお前は誰だ』（一九六六）といった映画をのちに撮る人ですね。『地下鉄のザジ』のクレジットタイトルには、技術顧問としてウィリアム・クラインの名前が入っているだけで、撮影はアンリ・レーシになっていますが……。

L・M そうです。ウィリアム・クラインは外国人《アメリカ》で、映画の撮影の経験がなかったので、組合《ユニオン》に入っておらず、したがって、現場で働く資格がなく、それで、ロベール・ブレッソンの映画のキャメラ助手のチーフだったアンリ・レーシを起用したのですが、実質的なイメージづくりはウィリアム・クラインです。とくにカラーの使いかたについてはクラインと徹底的に話し合い、研究しました。カラーによって生々しい感じがむきだしにならないように、リアリズムとは異なる色彩の効果をねらったのです。すべて街頭ロケで、ライティングなしだったので、夜のシーンには高感度フィルムを使ったけれども、それでも充分ではなかったので、コマ落としをしてフィルムの感度を上げ、一秒間に普通は24コマがノーマル・スピードなのを8コマのスピードでキャメラを回して撮ったものです。いろいろなアイデアが頭のなかにあふれかえっていて、何か新しい実験をやってみたくてウズウズしていたのです。

『地下鉄のザジ』はレイモン・クノーの小説の映画化でしたが、クノーの小説を映画化すること自体がすでに実験でした。クノー独特の、大胆な形式的・言語的冒険、あの刺激的な魅力あふれる卑俗でありながら高踏的な文体をいかに映像化するか。クノーが大好きだっただけに、それはほとんど不可能に思えました。それで、喜劇映画ではあるが、喜劇そのものを、映画そのものを、笑い飛ばすという映画をつくってみたわけです。いわゆる映画文法をあざ笑い、自分がそれまでつくった作品そのものをもくつがえすような映画をつくってみたのです。とくに、深刻な恋愛を描いた『恋人たち』のあとだったので、徹底的なおふざけをやってみようと思ったのです。「文体練習」というクノーの小説とも言えないエッセーとも言えない作品があるけれども、まさに映画における文体練習を試みようと思ったわけです。クノーが言語とたわむれたように、わたしも映像とたわむれてみたかったのです。むずかしい冒険だったけれども、やり甲斐のある実験でした。

じつは『地下鉄のザジ』にもジャズを使おうと思い、もう一度マイルス・デイヴィスと仕事をしたかったのですが、マイルス・デイヴィスはむずかしい男で、金がほしい、時間がほしい、即興演奏はもうやりたくない、と言うので、結局だめになりました。それでも、あきらめきれずに、マイルス・デイヴィスのレコードを使おうとして、いろいろと試みたのですが、どうしてもうまくいかず、それでイタリア人の才能あるミュージシャン、フィオレンツォ・カルピに音楽を依頼したのです。フィオレンツォ・カルピはそのあと『私生活』の音楽もやっています。

——『鬼火』にエリック・サティのピアノ曲を使ったのも画期的な実験になったわけですね？

L・M そう、その後、エリック・サティはすっかり有名になりました。わたしの映画に使った曲はサティの「三つのジムノペディ」ですが、いまではアルビノーニの「アダージョ」のように有名になってしまった。カフェでも、エレベーターでも、どこでも、しょっちゅう聴かれる（笑）。しかし、当時はエリック・サティは完全に忘れ去られた存在でした。わたしは早くからサティの音楽が好きで、自分でもピアノでよく弾いていました。サティのピアノ曲はせつないくらいしみじみと胸を打つものばかりですが、とくに「三つのジムノペディ」は『鬼火』の主人公の悲しみと孤独感にぴったりの曲だと思いました。前の音符が次の音符と重ならずに音と音のあいだに切れめをはっきり感じさせる単純なピアノ曲の美しさですね。サティのこの曲をどのシーンでどう使うか考えながら、わたしは脚本を書いたのです。

『鬼火』はエリック・サティの流行のきっかけをつくったといわれたものですが、じつはサティが流行になってから、もう一度サティの音楽を使いました。アメリカで撮った映画『アンドレとの夕食』（一九八一）に。映画はヒットしましたが、でも二度もエリック・サティを使ったわけですよ（笑）。

ジャズと映画の原点を求めて——『プリティ・ベビー』

——アメリカ時代の映画、とくに『プリティ・ベビー』についておうかがいしたいのですが、その前に、『好奇心』で、ちょうどあなた自身がジャズを発見したころの年齢と思われる主人公の少年が、「ラジオでジェリー・ロール・モートンを聴いたけど、すばらしかった」と言うところがありましたね。一九七八年には、あなたはアメリカに行って、ジャズの起源の一つと言っていいジェリー・ロール・モートンのラグタイム・ピアノに彩られた『プリティ・ベビー』を撮るわけですから、その意味では、『好奇心』においてすでに『プリティ・ベビー』の予告をしていたことになりますね？

L・M　『プリティ・ベビー』はまさにわたしが長年ジャズに抱いていた想いにかられてつくった映画でした。『プリティ・ベビー』を撮りたくて、わたしはアメリカ行きを決意したのでした。

じつはその前に、『プリティ・ベビー』を企画するずっと前に、一九六〇年代に、アメリカ人のライターといっしょにジェリー・ロール・モートンの生涯を主題にした映画を企画したことがあるのです。しかし、いい脚本ができず、単なる伝記映画を撮る気もなくて、実現には至らなかった。それで、インドへ記録映画を撮りに行ったのです。

――インドに行って『カルカッタ』を撮られたのが一九六八年ですね？

L・M そうです。それと『幻のインド』というテレビ番組のシリーズも撮りました。それで一度はあきらめた企画だったのですが、それがまたよみがえって『プリティ・ベビー』になった。たまたまジャズの起源を書いた本を読んで、ジェリー・ロール・モートンと少女娼婦の話が結びついたのです。アメリカ南部の都市、ニューオーリンズの特殊区域にジャズの起源があること、その特殊区域の娼家に生まれた娼婦の娘の話を知り、それに［E・J・］ベロックという当時の娼婦を撮りつづけた実在の写真家の話を結びつけて、一本の脚本を書いてみました。ベロックは美しく感動的な娼婦の写真を残してこの世を去ったのですが、ずっとあとになってその乾板が発見され、ニューヨーク近代美術館で写真展がおこなわれたことがあります。写真集も出ました。すばらしい写真ばかりで、わたしは『プリティ・ベビー』のなかで、ブルック・シールズが全裸でソファに寝そべるポーズなど、いくつかそっくりそのままの構図で再現してみました。

――あなたにとって「少女」とは何でしょうか？　というのも『地下鉄のザジ』から『プリティ・ベビー』に通底するものは、「少女」の暗黒面《ダーク・サイド》があばかれ、さらけだされていること、にもかかわらず、『さよなら子供たち』の「少年」のデリケートなもろさ、こわれやすさに比べて、「少女」のたくましさ、強さにおどろかされるのですが……。

L・M そう、たしかに、そう言われてみると、『地下鉄のザジ』を撮った当時はまったく気づいていなかったけれども、いま考えてみると、その後何度もくりかえして自分の作品のなか

『プリティ・ベビー』(1977)　ブルック・シールズとキース・キャラダイン　写真撮影
Ⓒモーリン・ランブレイ　提供パラマウント映画／C.I.C.／D.R.

であつかうことになる重要なテーマにすでにとらわれていたことがわかります。それは、子供がある日突然、大人の世界を発見するというテーマです。大人の世界の無秩序と暴力性にぶつかった子供の反応ですね。『地下鉄のザジ』の少女、ザジは地方から出てきた女の子で、パリで二日間すごすのですが、その間に出会う大人たちがみな正体不明というか、二重人格というか、正直な人が一人もいない。彼女の伯父さんはじつは女装の芸人だったり、変な人間ばかり出てくる。彼女の目にはパリという都会が混沌と無秩序の世界にうつる。風景も人物も、見るたびに異なって見える。そうした大人の世界の異常さを発見する子供は、主題も環境も異なるけれども、『プリティ・ベビー』にも、『さよなら子供たち』にも出てくる。『好奇心』や『ルシアンの青春』も、少年が知らぬ間にそんな大人の世界にまきこまれてショックをうけるという点では、まったく同じテーマです。わたし自身、ほとんど無意識のうちにくりかえしてきたテーマだったのです。その意味では、『地下鉄のザジ』はわたしの生涯のテーマの発見だったと言えるでしょう。わたしは映画的な話法や形式の実験作とばかり思いこんできたけれども、じつはわたしの人生の本質的なテーマにとりつかれていたのだろうと思います。いまわたしが次回作として準備中のシナリオも一九六〇年代のフランスのブルジョワ一家の話で、祖母の死を中心に物語が展開するのですが、すべてが祖母の曾孫にあたる十二歳の少女の眼から見られるというような構成になると思います。[*1]『好奇心』や『さよなら子供たち』は男の子が主人公なので自伝的な要素が強くなるのは当然としても、わたしのテーマのなかにある子供は少年ばかりではなく、少女でもあるということですね。もう一本、少女をヒロインにした映画があります。一九七五年の『ブラック・ムーン』という知られざる（笑）作品です。あまりにも実験的な作品だったので、フランスでも公開されなかった。

――アメリカに出発される前の作品ですね？

L・M　そうです。いわばルイス・キャロルの世界のバリエーションとも言うべきもので、少女が鏡を越えて異常な世界に生きるという物語です。「不思議の国のアリス」「鏡の国のアリス」に近い物語です。そう、たしかに、少女は、ここでも、『地下鉄のザジ』と同じように、正体不明の異常な大人たちの世界の目撃者、証人という役割で登場します。少女だけが、たぶんその無垢な力ゆえに、唯一の正常な美しい存在なのです。

――「不思議の国のアリス」「鏡の国のアリス」といえば、『プリティ・ベビー』を見ながら、キース・キャラダイン扮する写真家のベロックとブルック・シールズのプリティ・ベビーの関係からルイス・キャロルとアリス・リデルの関係を想起せずにはいられなかったのですが、当初から意識的に関連づけて描かれたのでしょうか？

L・M　もちろんです。そう、それは最初からずっと意識していました。実際、ベロックが撮った少女娼婦の写真はルイス・キャロルが撮った少女の写真によく比較されるし、酷似しているのです。ベロックの大部分の写真は若い娼婦たちの写真ですが、その写真集のカバーにもなっている全裸の少女の写真は出色のすばらしさで、少女写真家の第一人者であるルイス・キャロルの写真をしのぐ異様な魅力と不安にみちた美しさです。それで思いだしたのですが、奇妙な因縁があって、というのも、『プリティ・ベビー』のキャメラマンはスヴェン・ニクヴィストですが、その息子がじつはルイス・キャロルの写真についての短篇映画を撮っているのです。

——スヴェン・ニクヴィストはスウェーデンでイングマール・ベルイマンの映画のキャメラマンとして知られていた人ですね？

L・M そうです。わたしはベルイマンの映画の撮影を何度か見に行って彼と知り合いました。わたしの『ブラック・ムーン』のキャメラもスヴェン・ニクヴィストでした。そのあと、わたしたちはアメリカに来て、つづけて『プリティ・ベビー』をいっしょにやることになった。彼にとっても、わたしにとっても、アメリカでの最初の仕事でした。スヴェン・ニクヴィストの息子はスウェーデンで短篇映画をつくっていたけれども、ルイス・キャロルの最もいい写真の大半がアメリカのテキサス大学に保存されているので、テキサスにやってきた。ちょうど『プリティ・ベビー』の撮影中で、彼はわたしたちとほとんどいつも行動を共にしていた。

——『プリティ・ベビー』はアメリカでどのように評価されましたか？　幼女虐待のような映画などといった酷評もあったようですが……。

L・M たしかに。でも、ほとんどの批評はとてもよかったし、映画もかなりヒットしました。『死刑台のエレベーター』から『好奇心』、『ルシアンの青春』をへて『プリティ・ベビー』に至って、わたしはジャズのスペシャリストという名声を得てしまい（笑）、ジャズ・ミュージシャンの伝記映画の企画が持ちこまれました。クリント・イーストウッドが撮ったチャーリー・パーカーの伝記映画（『バード』一九八八）も、じつは十年前にわたしに最初に持ちこまれた企画でした。ひどい脚本で、しかも当時人気があった黒人俳優、リチャード・プライアー主演でやるという愚劣な条件が付いていたので、ことわりました。リチャード・プライアーというのは、ちょっと現在のエディ・マーフィのような大仰な身振りをするコメディアン的な芸人でした。うまい俳優でしたが、チャーリー・パーカーの役には全然向いていませんでしたからね。クリント・イーストウッドはずいぶん脚本を書き変えて、興味ある映画をつくったと思います。ジャズに造詣が深いことがよくわかります。しかし、これはよくあることですが、かんじんのチャーリー・パーカーを演じる俳優（フォレスト・ウィテカー）が致命的と言ってもいいくらい全然似ていないのです。わたしはまだ若いころ、一九四七、八年ごろに、チャーリー・パーカーがパリにやってきて公演したのを聴きに行って熱狂したものです。大好きなミュージシャンなので、この伝記映画を見るのが本当にこわくて、つらかった（笑）。

それから、わりと最近のことですが、ジャンゴ・ラインハルトの伝記映画をやらないかとも言われましたよ（笑）。わたしはジャズは大好きだけれども、ミュージシャンの生涯や肖像を映画化する気はない。ゴッホやゴーギャンといった画家の伝記映画と同じことです。伝記映画に興味はないし、音楽家や画家の伝記映画はかならずしも音楽や絵画と関係がないのです。『プリティ・ベビー』はわたしのジャズへの想いを描いた映画でした。それも、ジャズの起源と言っていいニューオーリンズで、ジェリー・ロール・モートンの音楽をたっぷり使った映画です。しかし、正直なところ、わたし自身は作品の出来にあまり満足していません。もちろん、『プリティ・ベビー』のブルック・シールズには文句がありません。このすばらしい美少女を見つけたときに、映画の成功は決まったようなものでした。こんな美しい少女がいるだろうかと思いました。しかし、作品はどこかアメリカ的な風土になじんでいない。すでにシナリオの段階から何か違和感があって、わたしの思いどおりの作品にはならなかった。アメリカ映画をこよなく愛し、ジャズに熱狂し、だからこそ映画とジャズというわたしの二大情熱の原点であるアメリカでこそ撮るべき映画だと信じていたのに、結果は、どうもわたし自身がつくりたいと思っていたものからは程遠いというのが率直な気持ちなのです。この映画を撮り終えたときに、わたしは自分がフランス人であることを否応なしにあらためて自覚させられました。それでもアメリカにとどまろうと決心したのは、たぶんわたしの意固地な性分のせいです（笑）。キャンディス［・バーゲン］と知り合って結婚したということもありますが……。アメリカには二年間だけ滞在する予定だったのが、なんと十年間になってしまったのです。その間に、『アトランティック・シティ』（一九八〇）と『アンドレとの夕食』と『クラッカーズ』（一九八三）と『アラモ・ベイ』（一九八五）、それにテレビ用に二本の記録映画（『神の国』一九八六、『そして幸福を追い求めて』一九八七）をつくりました。

——『アトランティック・シティ』にはバート・ランカスターを使っておられますが、スターの映画というのは撮りにくいというようなことはありませんんか？　スターのわがままにふりまわされるとか……。

L・M　『アトランティック・シティ』のバート・ランカスターはもうスターではなかったし、問題はありませんでした。むしろ、かつてのスターの老残のイメージとしてバート・ランカスターを使ったのです。『アトランティック・シティ』はフランスでは不評でした。いや、むしろ、まったく無視されました（笑）。

――バート・ランカスターは、その老残のイメージとともに、すばらしかったのではないでしょうか……。正反対のイメージですが、かつてのブリジット・バルドーの場合はどうでしたか？　一九六二年の『私生活』はヌーヴェル・ヴァーグの花形監督とセックス・シンボルとして神話化されつつあった大スターとの組み合わせで評判になったものですが……。

L・M　『私生活』は、たしか、ブリジット・バルドーのほうから話があって実現した企画でした。彼女のほうが意欲的だったので、わたしはスターのわがままにふりまわされるというようなことはなかった。ブリジット・バルドーは、スターとはいっても、そもそもロジェ・ヴァディムの『素直な悪女』（一九五六）から出発した、つまりはヌーヴェル・ヴァーグの女優でしたから、わたしたちの仲間のようなものでした。ジャン＝リュック・ゴダールの『軽蔑』（一九六三）にも出ているでしょう。フランソワ・トリュフォーの映画にも出ようとして働きかけていたはずですよ（笑）。

フランスとアメリカでは、システムが根本的に異なります。アメリカでは、映画をつくるにしても、何よりもまず、金ですからね。企画から何から、すべてが金になるか、ならないか、ということで決まるのです。映画産業のシステムが徹底しているのです。結局、わたしはそうしたアメリカの映画産業のシステムのなかでは仕事がうまくできないことがわかりました。『アトランティック・シティ』にしても、アメリカで撮ったけれども、資金面ではアメリカ映画ではなく、カナダとフランスの合作映画です。『アラモ・ベイ』にしても独立プロの低予算映画なのです。

――そして、『さよなら子供たち』を撮るために、またフランスに帰られたわけですね？

L・M そうです。わたしの真の処女作を撮るために。

――ヌーヴェル・ヴァーグからかれこれ三十年後になるわけですが、いま思うに、あなたにとって、ヌーヴェル・ヴァーグとは何だったのでしょうか？

L・M ヌーヴェル・ヴァーグは、当時、すぐ消滅するだろうと言われたものです。若さにまかせて大胆な作品をつくっておどろかせたけれども、それは一時的なコケオドシのようなものであり、年齢とともに力が落ちるだろうとか、すぐ次の、もっと若い世代に追い抜かれるだろうとか、そういった評価や予想が一般的でした。しかし、ヌーヴェル・ヴァーグは死ななかった。年をとって力を失ったり、堕落もしなかった。クロード・シャブロルの最新作『女の事件』（一九八八）は彼のこれまでの最高作と言えるすばらしい作品です。ジャン＝リュック・ゴダールも、彼なりのペースを落とさずに健在です。ヌーヴェル・ヴァーグとは何かといえば、それは、わたしたちが生き残ったことです。生き残って、映画を撮りつづけていることです。フランソワ・トリュフォーの死だけは、ほとんど不慮の出来事で、大きな損失でしたが……。

（一部初出、一九八八年、『さよなら子供たち』パンフレット、シネセゾン／再録、一九九〇年、「わがフランス映画誌」、平凡社）

＊1　一九八九年、形を変えて『五月のミル』の題でつくられた。共同脚本ジャン＝クロー

ド・カリエール。ステファン・グラッペリ（ヴァイオリン）によるジャズが主題曲に使われることになる。

追記　ルイ・マルは一九九五年十一月二十三日、癌のため六十三歳で死去。未亡人になったキャンディス・バーゲンはしばらくフランスでマル夫人とよばれて地方の城に暮らしていたが、二〇〇〇年に不動産関係の仕事をしている男性と再婚。女性写真家として「ヴォーグ」「コスモポリタン」などのファッション誌や「ライフ」誌などに発表した作品は高い評価を得て、日本では一眼レフカメラ・ミノルタＸＤのイメージ・キャラクターをつとめ、ＴＶコマーシャルなどに出演したこともある。（フリー百科事典「ウィキペディア」による）

クロード・ミレール

『小さな泥棒』――フランソワ・トリュフォーを追いかけて

クロード・ミレールは、IDHEC《イデック》（フランス国立高等映画学院）の最後の優秀な卒業生だったと言えるかもしれない。アラン・レネもルイ・マルも中退組で、映画をめざしてIDHECに入学はしたものの、卒業することなく、監督への道を歩んだ。フランソワ・トリュフォーやジャン＝リュック・ゴダールは最初から映画学校に行く気はなくてシネクラブやシネマテークで映画を見まくって学び、批評家から映画監督になった。しかし、根っからのシネフィル（映画狂）であることだけはヌーヴェル・ヴァーグに共通していたということなのだろう、クロード・ミレールはフランソワ・トリュフォーに最も近い存在とみなされてきた。クロード・ミレール自身もトリュフォーを追いかけて映画道に励んできたことを認め、自負しているくらいである。トリュフォーの生前の企画だった『小さな泥棒』が一九八八年にクロード・ミレールによって映画化されることになったのも当然のなりゆきだったように思われる。

一九九〇年二月、『小さな泥棒』の日本公開の宣伝キャンペーンのために来日したクロード・ミレール監督に会ってインタビューできたことは本当にうれしく、たのしかった。脚本協力とともに映画のポスターのデザインも担当した夫人のアニー・ミレールと映画のヒロイン、十六歳の少女ジャニーヌを演じたシャルロット・ゲンズブールも同席してくれた。

映画学校から映画の製作現場へ——カルネ、ブレッソン、ゴダール、ドゥミ

——クロード・ミレールさんを初めて知ったのは、といっても映画のなかでしたが、一九六七年、ジャン＝リュック・ゴダール監督の『彼女について私が知っている二、三の事柄』（一九六六）がパリで公開されたとき（そのころ私はパリに滞在していたものですから）、プロデューサーのマグ・ボダール女史の広報担当の方から教えてもらったのです。フランソワ・トリュフォー監督の『華氏451』（一九六六）の書物人間みたいに、フローベールの遺作になった未完の小説「ブヴァールとペキュシェ」の一方をあなたが演じていて、カフェのなかでテーブルにありとあらゆる本を山積みにして一冊ずつ読み上げながら書き取っていくのですが……。

ミレール　そう、ジャン＝パトリック・ルベルといっしょにカフェのシーンだけに出演しました。そうです、フローベールの「ブヴァールとペキュシェ」を演じたのです。わたしがブヴァール役で、ジャン＝パトリックがペキュシェ役……いや、逆だったかな（笑）。

——途中で、ブヴァール役のミレールさんが、ミステール（神秘）という名のアイスクリームを注文すると、もう売り切れで、奥から「ミステールはありませんよ」と、「知」の神秘を探求して古今東西の書物を学んできたブヴァールとペキュシェをばかにしたような答えが返ってきて、唖然とするミレールさんの顔がアップになる（笑）。特別出演のように印象的で、よく憶えています。

ミレール　もちろん、あれは特別出演などではなくて、映画のスタッフだったわたしたちがたまたま手があいていたので出演しただけなのです。わたしもジャン＝パトリックもゴダールの映画で製作進行を担当していたのですが、ゴダールに急にあのシーンに出てくれと言われて出たのです（笑）。

――急に、その場で言われて出たわけですか？

ミレール　そうです。ゴダールの撮影現場ではいつも何が起こるかわかりません。ゴダールの思いつきで、といってもゴダールの頭のなかにはすべてがきちんと整理されているのでしょうが、まるで何もかも即興で撮るような印象でした。もちろん、あのシーンのために本をたくさん用意しておくとか、大まかな予定表は作成されていて、その予定表に沿って撮影は進められるわけですが、現場で具体的にどのような撮影になるかはそのときになってみなければわからない。すべてはゴダールの頭のなかだけで進行しているのです。それに合わせていろいろ予測したり準備したり、ゴダールの映画の製作進行を担当するわたしたちは大変でしたよ（笑）。

――ミレールさんの経歴を拝見しますと、一九六五年から七五年まで、十年間、助監督や製作主任の仕事をつづけられていますね。最初はマルセル・カルネ監督の『マンハッタンの哀愁』（一九六五）の助監督として……。

ミレール　そうです。一九六二年にＩＤＨＥＣに入学して、一九六五年に卒業前の学習の仕上げとして、マルセル・カルネ監督の作品に助監督としてつくことになったのです。つまり、実習ですね。助監督といっても見習いですから、単なる雑用係です。

マルセル・カルネ監督は、戦前から『霧の波止場』（一九三八）とか『天井桟敷の人々』（一九四五）とかいった数々の名作を撮った巨匠ですが、ヌーヴェル・ヴァーグ以後はほとんど評価されておらず、いつも不機嫌で、どなりちらしていました。小さな男ですが、ものすごく威張っていて高飛車で、プロデューサーとはもめるし、スタッフともまったくうまくいってなかった。カルネだけが古い時代の大監督で、製作スタッフはみなヌーヴェル・ヴァーグ以後の若い連中だったのです。IDHECの卒業のための実習としてマルセル・カルネ監督の映画を選んだのはわたしでなく、学院から決められたものでしたが、わたし自身はマルセル・カルネ監督の戦後の作品、『愛人ジュリエット』（一九五一）や『嘆きのテレーズ』（一九五二）などはすばらしくて大好きだったたし、撮影現場で働くことに異存はなかったのですが、スタッフはみんな悪口を言うばかりで（笑）、「カルネからは何も学べないよ」と製作の連中に言われ、「パルク・フィルム」のマグ・ボダール女史に紹介されて、次に、本格的に、といってもサードでしたが、助監督としてついたのがロベール・ブレッソン監督の『バルタザールどこへ行く』（一九六六）でした。マルセル・カルネとは正反対に、ロベール・ブレッソンは、みんなから尊敬され、製作スタッフもふくめて映画のすべてをしっかりと掌握していた。監督としてスタッフも俳優たちも思いのままに動かし、作家が自分のペンで文章を書き、画家が自分の絵筆でカンバスに絵を描くように、映画を撮っていた。ラッシュを上映して見て気に入らないと、「ここは撮り直しをしよう」と言い、自分の作品を的確につくっているのがわかりました。

——当時、マグ・ボダールという女性プロデューサーが、一九六四年のジャック・ドゥミ監督『シェルブールの雨傘』あたりからでしょうか、ロベール・ブレッソン監督作品も『バルタザールどこへ行く』に次いで『少女ムシェット』（一九六七）、ジャン＝リュック・ゴダール監督『彼女について私が知っている二、三の事柄』、一九六五年にはジャック・ドゥミ監督『ロシュフォールの恋人たち』といった作品を意欲的に製作して、フランス映画を活性化させていたように思います。マグ・ボダール女史には私も何度かお会いして、『ロシュフォールの恋人たち』の撮影見学に行ったこともあります。

ミレール　『ロシュフォールの恋人たち』では、わたしは助監督のセカンドでした。ジャック・ドゥミ監督にインタビューもしました。

——ええ、『シェルブールの雨傘』は大ヒットしました。『ロシュフォールの恋人たち』もかなりヒットしたと思います。最新作の『想い出のマルセイユ』（一九八八）は全然当たらなかったようです。すばらしい映画だったと思うのですが。

ミレール　最近のジャック・ドゥミのものでは最高作ではないかとわたしも思いますが……。フランスでもまったく当たらなかった。

——日本ではイヴ・モンタン主演のミュージカルとして宣伝したものの、たぶんイヴ・モンタンのファンがもう映画館に足を運ばなくなった年齢層であったこともあって……。

ミレール　フランスでは、たぶん、近親相姦の話が誇張され、嫌われたようです。映画の出来はすばらしかったのに残念ですね。

――『想い出のマルセイユ』の冒頭に、「アニェス・Vに……」という献辞が出てきましたが、夫人のアニェス・ヴァルダに捧げられたものですね。なぜ「V」という頭文字だけにして秘密めかしたのでしょうか？

ミレール　さあ……たぶん、アニェス・ヴァルダが『アニェス・vによるジェーン・b』（一九八七）というジェーン・バーキンをヒロインにした映画を撮ったので、「アニェス・Vに……」とモジってやったのでしょう。ジャック・ドゥミはおふざけが好きな監督ですから。

――『ロシュフォールの恋人たち』の助監督のセカンドを担当されたとのことですが、撮影現場では残念ながらクロード・ミレールさんにお会いできませんでしたね。

ミレール　わたしが現場を去ったあとだったのかもしれませんね。『ロシュフォールの恋人たち』のときは、撮影の前半だけしか仕事をしていませんから。

――たしかに、私がロシュフォールに行ったのは、すでに映画の後半に入っていたときだったと思います。ジーン・ケリーが出るシーンの撮影などはもう終わったあとでしたから。

ミレール　わたしは途中から『ロシュフォールの恋人たち』の現場から離れ、ゴダールの『彼女について私が知っている二、三の事柄』のほうにつくことになったのです。同じマグ・ボダールのプロダクションで、製作進行の係がいなかったので、わたしがよばれたわけです。というのも、ゴダールはこのとき、同時にもう一本『メイド・イン・USA』（一九六六）という映画を撮っていて、これはマグ・ボダールではなく、ジョルジュ・ド・ボールガールの製作でした。午前中は『彼女について私が知っている二、三の事柄』、午後は『メイド・イン・USA』

といったぐあいの、めまぐるしい撮影でしたが、二つの撮影が混乱しないように、わたしはマグ・ボダールのプロダクションから『彼女について私が知っている二、三の事柄』の進行係として出向くことになったのです。

――ジャン＝リュック・ゴダール監督の映画にはつづいて、短篇『未来展望』（一九六七）、そして『中国女』（一九六七）と『ウィークエンド』（一九六七）にかかわっておられますね？

ミレール　ゴダールに気に入られたらしいのはいいとしても、助監督と製作進行をごっちゃにした役割で大変でした。

トリュフォーとの出会い

――フランソワ・トリュフォーとはどのようにして知り合ったのですか？　一九六八年の『夜霧の恋人たち』から、『暗くなるまでこの恋を』（一九六九）、『野性の少年』（一九七〇）、『家庭』（一九七〇）、『恋のエチュード』（一九七一）、『私のように美しい娘』（一九七二）、『アメリカの夜』（一九七三）、そして一九七五年の『アデルの恋の物語』に至るまで八本つづけて、トリュフォー作品に製作主任としてついておられますね。

ミレール　ゴダールの『彼女について私が知っている二、三の事柄』の撮影中に、シュザンヌ・シフマンと知り合い、フランソワといっしょに仕事をしてみないかと誘われました。彼女の誘いがなければ、フランソワと知り合うチャンスはなかったかもしれません。シュザンヌ・シフマンは、ごぞんじのように、ゴダールともフランソワとも親しい友人で、ゴダールの映画の記録をずっとやっており、『彼女について私が知っている二、三の事柄』のときも記録をやっていたのです。もちろんフランソワの片腕のような存在で、そのころフランソワは製作関係のスタッフを若返らせようとしていた。『黒衣の花嫁』（一九六六）の撮影では年を取ってくたびれた製作主任や進行の動きが鈍くて撮影がスピーディーに進まず、いらつきながら苦戦していたということでした。というわけで、『夜霧の恋人たち』から製作主任としてわたしはトリュフォー組に加わることになったのです。

――トリュフォーのプロダクションを取り仕切っていたのはマルセル・ベルベールという人でしたね？

ミレール　そうです。マルセル・ベルベール氏がプロダクション「レ・フィルム・デュ・キャロッス」の創設以来の社長で、財政関係もふくめて、いわば総元締めのような存在でした。わたしはシュザンヌ・シフマンからマルセル・ベルベール氏に紹介され、ベルベール氏直属の部下《アシスタント》として撮影現場の責任を担う製作主任、つまり製作進行のすべての責任者になった。

――ミレールさんは助監督、製作主任としての十年間のいわば修業時代に具体的に映画づくりを学ばれたわけですね？

ミレール　フランソワの助監督はシュザンヌ・シフマンの受け持ちで、残念ながらわたしは脚本から演出に至る映画づくりに直接加わることはできなかった。フランソワの演出も遠くから見ていただけ。具体的に学んだのは製作の準備、撮影の段取りだけで、映画の脚本や演出はやはり映画をたくさん見る以外に学ぶ方法はないと思いました。わたしは古い映画をたくさん見て映画の演出を学びました。シネマテークがわたしの映画の学校でした。

――ヌーヴェル・ヴァーグと同じ精神、同じ方法ですね。

ミレール　そのとおりです。「助監督根性を捨て、キャメラを持って街に出よう。そして、日記を書くように映画を撮ろう」というフランソワのヌーヴェル・ヴァーグのマニュフェストがわたしの金言でした。

――製作の準備、撮影の段取りなど映画の現場の責任を担う製作主任というのは具体的にどんな仕事をされるのですか？

ミレール　すべての面で製作の面倒をみることです。製作費の見積もりから、エキストラ集め、小道具の点検に至るまで、何もかも（笑）。

――『アメリカの夜』でジャン・シャンピオンが演じたプロデューサーのように？

ミレール　むしろ、ラジョワという製作進行の担当がいましたね。奥さんが嫉妬深くて、毎日、撮影所に来て、撮影中も編み物なんかしながら、見張っている（笑）。あの製作進行の雑務も兼ねたような全体的な計画を組織的にまとめていく仕事です。ジャン・シャンピオンの役は製作責任者としてむしろマルセル・ベルベール氏に似ているでしょうね。

――キャスティングなども製作主任の仕事ですか？

ミレール　いや、それはシュザンヌ・シフマンとフランソワの仕事でした。シュザンヌ・シフマンはキャスティングの名人ですね。

――トリュフォーもそう言っていました。『アメリカの夜』のスクリプター役にナタリー・バイを発見したのもシュザンヌ・シフマンだったとか。

ミレール そうです。『野性の少年』のジャン＝ピエール・カルゴルというジプシーの少年を発見したのも彼女です。

――『野性の少年』にはクロード・ミレールさんご夫妻が出演もしていますね。

ミレール ええ、わたしたちの赤ん坊（ナタンという男の子です）もいっしょに。撮影に入る一か月前に、突然、フランソワが出演の話をもちかけてきました。野性の少年を育てるという話ですから、あの映画には少年をやさしく迎え入れる家族のような親密な関係が必要だったのですね。わたしたちの役名のレムリ（Lemeri）はミレール（Miller）の綴り変え《アナグラム》です。

――ミレール一家がレムリ一家として出演されたわけですね（笑）。

ミレール そうですね。

――ミレールさんは『アメリカの夜』にもホテルのお客の役で出てきますね。

ミレール ほんのちょっとだけ。私の妻のアニー［・ミレール］もフランソワの映画には何度か出演していますよ。『恋のエチュード』でジャン＝ピエール・レオーの愛人になる人妻がいたでしょう。ワンカットだけの出演ですが。

――ジャン＝ピエール・レオーのアパルトマンに母親がやってくるときに、すれ違いに出て行く女性ですね。ジャン＝ピエール・レオーよりも背が高くて。

ミレール そうです。それで、彼女が起用されたのでしょう（笑）。ジャン＝ピエール・レオーは小さいですからね。それから、『緑色の部屋』（一九七八）の最初のほうで、棺に横たわって死んでいる女の役が、わたしの妻です。

――そうでしたか。奥様は現在クロード・ミレールさんの映画の脚本に参加しておられるわけですが、もとは女優だったのですか?

ミレール いえ、いえ。小学校の先生でした。わたしと結婚してから、映画の仕事にかかわるようになったのです。最初は編集をやっていました。いまは、わたしの映画の脚本協力だけでなく、自分で映画をつくりはじめました。何本か短篇を撮り、次は長篇の準備を進めています。

――ミレールさんも一九六七年に短篇映画をつくるところから出発なされたわけですが、最初の三本の短篇、『パリのジュリエット』(一九六七)、『ありきたりの質問』(一九六九)、『カミーユあるいは破局の喜劇』(一九七一)には、ゴダール監督の『中国女』に出ていた女優のジュリエット・ベルトが出演していますね。

ミレール 彼女のためにつくった映画でした。ジュリエットはゴダールに発見されて、『彼女について私が知っている二、三の事柄』でデビューし、『中国女』『ウィークエンド』につづけて出て、圧倒的なすばらしさでした。わたしは彼女と知り合い、その魅力にひかれて、自主製作で三本の短篇映画をつくったのです。その後、彼女はジャック・リヴェットの映画、『セリーヌとジュリーは舟で行く』(一九七四)などでその魅力を最高度に開花させましたが、ちょうど一か月前(一九九〇年一月十日)に亡くなりました。四十二歳の若さでした。三年間もがんで闘病生活を送っていましたが、やはりだめでした。

――監督作品もありますね。『ネージュ』(一九八一)をパリで見ました。

ミレール　『ネージュ』はいい作品でした。自分で脚本も書き、監督としても才能のある女性でした。

――ミレールさんの長篇映画第一作は一九七五年の『いちばんうまい歩き方』ですが、これはトリュフォーに激賞された作品でした。クロード・シャブロル監督の『いとこ同志』（一九五九）やジョゼフ・ロージー監督の『召使』（一九六三）やロマン・ポランスキー監督の『水の中のナイフ』（一九六二）に匹敵する傑作だ、と。

ミレール　週刊誌「ル・ポワン」（一九七六年三月第180号）に書いてくれた評ですね。わたしにとって大変なはげましになりました。いまでもわたしの心の支えになっています。わたしのデビュー作の成功は、フランソワの力によるところが大きく、そもそも『いちばんうまい歩き方』の脚本を最初に読んでくれたのもフランソワです。もちろん、わたしのほうからお願いして読んでもらったのですが、フランソワはいろいろなアドバイスをしてくれました。そのときから親しく会うようになって、映画の話もはずみました。わたしが『いちばんうまい歩き方』を撮っているとき、すぐ近くでフランソワは『トリュフォーの思春期』を撮影していました。偶然ながら、まったく同時進行の撮影でした。一九七五年の夏でしたね。

――『トリュフォーの思春期』の撮影は南仏《ミディ》に近いティエールという小さな町でおこなわれていましたね。トリュフォーに招待されて撮影見学に行きました。「レ・フィルム・デュ・キャロッス」のマルセル・ベルベール社長がわざわざ車でクレルモン＝フェランの駅まで迎えに来てくれたことをよく憶えています。ミレールさんは『いちばんうまい歩き方』をどこで撮影されていたのですか。

ミレール　すぐ隣のリオンという小さな町です。リヨンでなくリオン。日曜日は撮影が休みなので、よくおたがいにサッカーの試合をやって遊びましたよ。

――トリュフォーもサッカーをやったのですか。

ミレール　もちろん。すばらしい選手でしたよ（笑）。

――それは知りませんでした。スポーツは苦手なものとばかり思っていましたので。

ミレール　フランソワは水のスポーツとか山のスポーツが大嫌いなのです。しかし、走るのは得意でした。ものすごく速く走る（笑）。『トリュフォーの思春期』には、わたしの妻アニーの母親が出演しています。子供を虐待するオニババみたいな祖母の役で（笑）。でも、『緑色の部屋』では、意地悪なおばあさんではなく、フランソワ自身が演じた主人公ジュリアン・ダヴェンヌと聾啞の少年の面倒をみるやさしい家政婦の役をやっていますよ。

――そうでしたか。ちょっと、トリュフォーのフィルモグラフィーを見てみます。あ、ジャーヌ・ロープルというのがそうですか？

ミレール　そうです。アニーの母です。もちろん女優ではありません。フランソワが気に入って使ったのです。

――トリュフォーの映画にはミレールさんの一族が総出演ですね（笑）。『アメリカの夜』に描かれていたようにトリュフォーは昼食時間を午後の撮影シーンの準備についやすためにシュザンヌ・シフマンといっしょにオフィスにこもってしまうので、私は助監督と先生の役をやっていたジャン＝フランソワ・ステヴナンとキャメラマンのピエール＝ウィリアム・グレンといつもいっしょにレストランに行きました。おたがいにすぐ親しくなって、たのしいおしゃべりをした思い出があります。

ミレール　フランソワのスタッフはみんな気が置けない、いい連中です。キャメラマンのピエール＝ウィリアム・グレンとわたしは義理の兄弟なんですよ。

――あ、そうなんですか。

ミレール　ピエール＝ウィリアム・グレンはわたしの妻の兄です。妻の元の名はアニー・グレンなんですよ。

――まさにミレール一家を挙げてトリュフォーの映画にお付き合いしてきたわけですね（笑）。

ミレール　そういうことになりますね（笑）。

――『トリュフォーの思春期』は子供たちばかりなので和気あいあいのたのしさでしたが、たぶんトリュフォーの映画の現場はすべて『アメリカの夜』に描かれたような活気にあふれた感じなんですね？

ミレール　まったくそのとおりです。もちろん、もめごとなどがあるのはしかたないとしても、全体的に活気にあふれていて、たのしい現場です。わたしがフランソワの映画の現場から学んだことは、何よりもまず、みんなで映画をつくるという、こうした幸福感にあふれた雰囲気づくりでした。こうした現場はめったにない。

監督は御山の大将で、スタッフはただもう独裁者の命令にしたがうだけという現場が多い。

たとえ天才的な監督のすばらしい出来上がりにスタッフは感嘆しても、作品の創造に参加した気がしない。トリュフォーの映画の場合はまったく違います。監督を中心に、みんなが心の通い合った仲間で、誰もが監督と話し合って映画をつくり上げたという歓びがある。技術スタッフも演技者もみんな一体になって歓びを分かち合える。見学者も、あるいは水道工事でちょっと立ち寄っただけの人も、監督に声をかけられ、また明日も来たくなるような気持ちになる。そんな現場はめったにありません。

『小さな泥棒』はこうしてつくられた

――それでまた、縁というか、トリュフォーの遺作シナリオをミレールさんが引き継いで映画化するということになるわけですね……。

ミレール　フランソワが『小さな泥棒』の映画化を企画していたことは、製作主任としてフランソワのプロダクション「レ・フィルム・デュ・キャロッス」と十年間仕事をつづけているあいだに、シュザンヌ・シフマンやクロード・ド・ジヴレーによく聞かされて知っていました。しかし、どんな内容の作品になるのかはまったく知りませんでした。クロード・ド・ジヴレーとフランソワが共同でシナリオを書いていて、三十ページほどの梗概《シノプシス》が出来上がっているとのことでしたが……。

フランソワは死ぬ直前まで二本のシナリオを書いていて、映画化の準備を進めていたと聞いています。一本はジャン・グリュオーと共同で書いた『マジック芸能社』で、『隣の女』（一九八一)、『日曜日が待ち遠しい!』(一九八三)に次いで、ファニー・アルダンの主演を予定していたはずです。二本目がクロード・ド・ジヴレーと共同で書いた『小さな泥棒』で、ヒロインの少女はオーディションで選ぶつもりだったそうです。フランソワはどちらの企画も実現できぬまま、一九八四年に亡くなったわけですが、その後、クロード・ベリがこの二本の脚本を買い取って、たぶん最初は彼自身が映画化することを考えていたのではないかと思います。しかし、大作『愛と宿命の泉』二部作(『フロレット家のジャン』『泉のマノン』、一九八四)の監督にとりかかることになり、『小さな泥棒』は他の監督に映画化をゆだねることにし、『なまいきシャルロット』を見て、わたしに声をかけてくれたのです。クロード・ベリから『小さな泥棒』の監督をたのまれたとき、すぐさまわたしはひきうけました。フランソワとクロード・ド・ジヴレーの書いたシナリオは、クロード・ド・ジヴレーやシュザンヌ・シフマンから聞いていたとおり、タイプで三十ページほどの梗概《シノプシス》で、フランソワの長篇処女作『大人は判ってくれない』(一九五九)の裏返しというか、その女性版というか、もう一つの『大人は判ってくれない』とも言うべき感動的な物語でした。実際フランソワはこの物語をすでに『大人は判ってくれない』のなかで、アントワーヌ・ドワネルの物語と並行して展開する形で撮るつもりだったということですから、ずいぶん前からあたためていた企画だったわけです。

——そうした経緯を知ったうえで、つまり、フランソワ・トリュフォーという他人が企画していた作品を撮ることになって、映画作家としては、意識的にトリュフォー的にというか、トリュフォーへのオマージュとして映画をつくるか、あるいはまったくトリュフォーを無視して、とまではいかなくても、少くともまったくトリュフォーとは反対のものをつくろうとするか、どちらかの姿勢をとらざるを得ないと思うのですが、ミレールさんのとられた方法は前者のほうですね？

ミレール　わたしはフランソワ・トリュフォーという監督が大好きだし、これが他人の企画していた作品だったというふうには考えませんでした。クロード・ベリも親しい友人ですから、シナリオを読んだあと、ごく自然な気持ちで監督をひきうけました。いかにもトリュフォー的なものを撮ってやろうとか、あるいは逆にトリュフォー的なものは一切捨てて自分独自のものをつくろうなどとあえて考えなかった。いやいやながら注文をひきうけたわけでなく、シナリオを読んで気に入ったので撮ることにしたのです。ですから、できるだけシナリオに忠実に映画化したいと思っただけです。小説を読んで、これをぜひ映画化したいと思い、できるだけ原作に忠実に脚色して映画化するのと同じことでした。もちろん、フランソワはシャルロット［・ゲンズブール］をヒロインに考えていたわけではありませんから、わたしがシャルロットでこれを撮ろうと考えたときから、映画はフランソワから少しずつ離れて、わたしのほうに近づいてきたと言えます。

――トリュフォーのシナリオを読んだときから、シャルロット・ゲンズブールで撮ろうと考えておられたのですか？

ミレール　シャルロット以外には考えられませんでした。『なまいきシャルロット』のときと同じように、彼女のイメージでシナリオをふくらませていったのです。

――シャルロット・ゲンズブールは、『なまいきシャルロット』のときが十三歳、それから三年後の彼女が『小さな泥棒』になるわけですね。『小さな泥棒』のヒロインの名はシャルロットではなく、ジャニーヌですが、姓は『なまいきシャルロット』と同じカスタンで、ある種の続篇というか、「PART2」のような感じがありますね。シャルロット・ゲンズブールの成長をなまなましく描いたシリーズのような印象すら受けるのですが……。

ミレール それはまったくの偶然です。フランソワは、もちろん、『なまいきシャルロット』を見ないで『小さな泥棒』のシナリオを書いていたのですから。それが、映画化のときに、シャルロットがヒロインの少女を演じることになって、『なまいきシャルロット』からのつながりが自然に生じたというにすぎません。フランソワが『大人は判ってくれない』から、『二十歳の恋』『夜霧の恋人たち』『家庭』をへて、『逃げ去る恋』に至るまで、主人公のアントワーヌ・ドワネルとともにジャン＝ピエール・レオーの成長を描いていったような明確な意識や発想がわたしにあったわけではありません。

――『小さな泥棒』のジャニーヌつまりシャルロット・ゲンズブールが感化院で意地悪な女の子の手の甲にいきなりフォークを突き刺すという強烈なシーンがありますが、それで思いだしたのは、『なまいきシャルロット』の予告篇で、シャルロットがいきなりベルナデット・ラフォンの手の甲に金槌の一撃を加えるシーンです。なぜか本篇ではカットされていたように思うのですが……。

ミレール そう、そう、撮影はしたけれども、あまりにも強烈で、兇悪な感じで、シャルロットの可愛らしさを逆に殺してしまいかねないので、本篇には使わなかったのです。少女のなかにある衝動的な暴力のひらめきみたいなものですが、それを『なまいきシャルロット』ではうまく表現できなかったので、そのしこりがあったのかもしれませんね。自分ではまったく意識していなかったのですが……。そう、たしかに何かつながりがありますね。

――学校帰りの少女がスニーカーからハイヒールにはきかえて、大人の女になった気分で舗道を軽快に歩きまわるときの脚の美しさを印象的にとらえるカットは、明らかにトリュフォーへのオマージュですね？

ミレール　もちろん、そうです。フランソワのオリジナル・シナリオにも書かれていたものです。フランソワのシナリオには書かれていなかったけれども、意図的に加えたシーンもあります。子猫がミルクをなめるシーンはシナリオにはなかったのですが、わたしからフランソワへのめくばせです。

――トリュフォーの『柔らかい肌』（一九六四）や『恋愛日記』（一九七七）に出てくるシーンですね。『アメリカの夜』では、『柔らかい肌』のときに猫がミルクをなめてくれないので撮影に苦労した話が再現されていますね。

ミレール　そう、そう。それで、わたしはおなかをすかせたおとなしい子猫を使いました。これは簡単にうまくいきましたよ（笑）。

――ジャニーヌがヴィクトール・ユゴーの著書の一冊を万引きするシーンがありますが、あれもたぶんユゴーの娘、アデルを主人公にしたトリュフォーの映画『アデルの恋の物語』へのめ

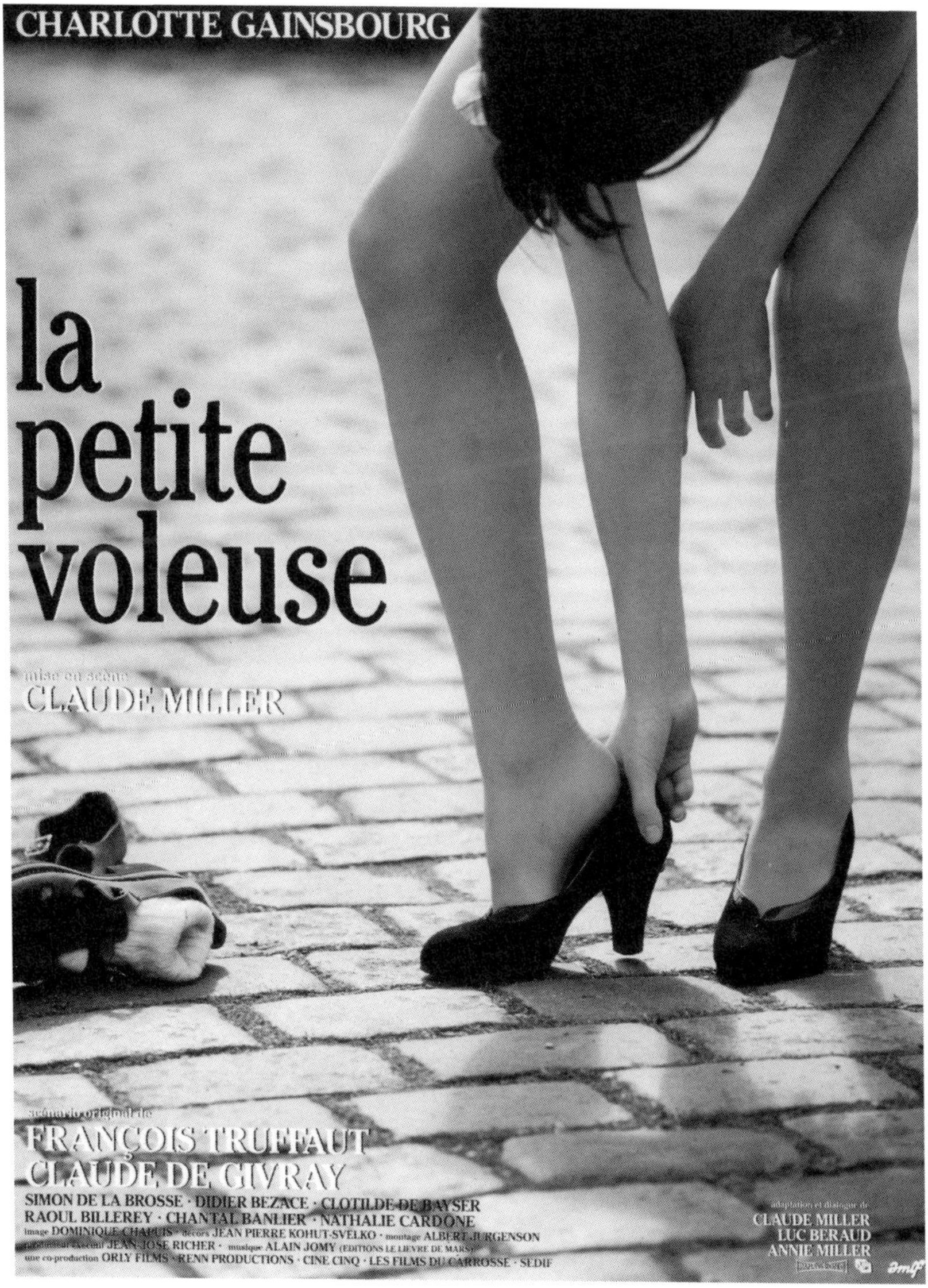

『小さな泥棒』（1988）のオリジナル・ポスター　デザイン©アニー・ミレール　提供レン・プロ／D.R.

くばせですね？

ミレール　もちろんそれもありますが、ガリマール社のプレイヤード叢書「ヴィクトール・ユゴー集」を万引きするシーンは、フランソワの書いたシナリオにもあるのです。フランソワはヴィクトール・ユゴーが大好きでしたから、ユゴーの本を万引きするのはきっとフランソワの気に入るだろうと思いました（笑）。

――ヴィクトール・ユゴーの本を万引きする前に、ジャニーヌが住込みの女中として働いているブルジョワの家でポルノ小説みたいな本を見つけて、その一行を自分のノートに書き取りますね。「処女ではないのだから、云々」という一行。

ミレール　あれは当時、一九五〇年ごろ、大流行していた「青い花《フルール・ブルー》」という叢書の一冊で、ちょうどいまの「ハーレクイン・ロマンス」のような女性向けの恋愛小説です。そう、ちょっとポルノっぽいきわどい描写のある甘ったるい恋愛小説で、ブルジョワの若い奥様たちに読まれていたのです。

――ジャニーヌがミシェル・ダヴェンヌと別れるシーンはトリュフォーの『柔らかい肌』のフランソワーズ・ドルレアックとジャン・ドサイの別れのシーンを思いださせました。『柔らかい肌』の場合はビルの屋上で、『小さな泥棒』の場合は車のなかでという場所の違いはあるのですが、中年男の苦渋がにじみ出るシチュエーションが共通しているのではないでしょうか？

ミレール　『柔らかい肌』はずっと長いあいだ見ていなかったので、そのことにはまったく気がつきませんでした。そう、たしかに、ミシェル・ダヴェンヌの横顔は、ジャン・ドサイの横顔と同じです。それは意識せずに撮りました。ただ、こういうシチュエーションで、より傷つくのは年上の男のほうだという明確な認識の上に立って撮ったシーンであることはたしかです。十代の若い娘には、たとえ混沌とはしていても、未来があるけれども、中年男には夢も希望もないからです。ディディエ・ブザスが演じる中年男のミシェル・ダヴェンヌという名前は、トリュフォーの『緑色の部屋』でトリュフォー自身が演じた主人公、ジュリアン・ダヴェンヌから来ています。人物の名前に関しては、フランソワのプロダクション「レ・フィルム・デュ・キャロッス」にかかわった人たちからずいぶんとりました。グリュオーとか……（笑）。それに、これはすでにフランソワのシナリオに出ていましたが、ダルジュロスなどはトリュフォーの愛したジャン・コクトーの小説「恐るべき子供たち」の人物の一人の名前ですね。

——感化院でジャニーヌが最も親しくなって、写真を教えてもらう女の子の名前がモリセット・ダルジュロスですね。モリセットはモリセという男の子の名の女性形ですから、『大人は判ってくれない』に出てくる教室の子供たちの一人がたしかモリセで、やはりつながっているわけですね。ジャニーヌが感化院にやってくるまでモリセット・ダルジュロスと最も親しかったレズビアンのケバディアンは、ジャニーヌのリンゴをかじって意地悪をしたために逆にジャニーヌにフォークを手に突き刺されてしまい、あとで自殺してしまう女の子ですが、やはりトリュフォーの周辺の人たちからとった名前ですか？

ミレール　わたしがＩＤＨＥＣ時代に知っていた仲間にジャック・ケバディアンという男がいて、その姓からとったのですが、いかにもアルメニア人という感じのエキゾチックな名前でしよう。フランソワの映画にも、よく、アルメニア人の名前が出てきましたね。サロヤンとか、カナヤンとか。

――『ピアニストを撃て』（一九六〇）のシャルル・アズナヴールが演じた主人公の名前がエドゥアール・サロヤンでしたね。シャルル・アズナヴールその人がアルメニア人ですね。アズナヴーリアンというのが本名ですね。『ピアニストを撃て』には、リシャール・カナヤンという、『大人は判ってくれない』にも出ていたアルメニア人の少年もアズナヴールの弟の役で出演していましたね。

ミレール　そう、そう。『ピアニストを撃て』のギャングはアルメニア人の亡命者の集団だったと思います。

――『ピアニストを撃て』はおふざけもいっぱいのたのしい作品で、大好きな映画です。

ミレール　すばらしい映画でしたね。フランソワの作品では、『野性の少年』とともにわたしの最も好きな映画なのです。フランソワのいかにも映画好きな、まさにシネフィル（映画狂）ぶりが最もよく出ているのではないかと思います。

――『小さな泥棒』には、トリュフォー的なものをいろいろと取り込んでいるわけですが、映画館が重要な出会いの場になるというのもそうですね。ジャニーヌが映画館で男と知り合うシーンも最初からシナリオに書かれていたのですか？

ミレール　シナリオにははっきりと書かれていませんでしたが、ジャニーヌは映画が好きで、しょっちゅう映画館に行くという記述からヒントを得て、年上のミシェルとの最初の出会いを映画館で、若いラウルとの最後の別れも映画館で、というシーンを考えだしました。ごぞんじのように、少年時代のフランソワにとって、映画館は人生そのものだった。生活の中心だった。情熱そのものであるとともに安らぎの場だった。愛の出会いの場であるとともに、いや、それ以上に、逃避の場だった。「人生の隠れ家だった」とフランソワも言っているでしょう。映画の終わりのほうで、ジャニーヌが映画館に入ると、ニュース映画が上映されていて、ラウルが軍隊に入ってインドシナに出征していく姿がうつるというシーンはフランソワのシナリオにも書かれていたものですが、ジャニーヌが警察の車を見てあわてて映画館に身を隠すというところはわたしが考えたものです。

——時代の風俗や事件を伝えるニュース映画が何度か出てきますね。

ミレール　オリジナル・シナリオでは、じつは、ラウルがインドシナ行きの船に乗りこむところがニュース映画に出るだけでしたが、映画全体の流れのなかで当時のニュース映画を何度か見せるのもいいのではないかと編集段階で思いついたのです。

——クリスチャン・ディオールのニュー・ルックとか、ミス・エッフェル塔のコンテストとか、リタ・ヘイワースとアリ・カーンの結婚とか、当時の、一九四〇年代末から五〇年ごろの、パテ映画のニュースからの抜粋ですね？

ミレール　映像は本物ですが、じつは音楽やナレーションは偽物です。当時のニュース映画を見つけたものの、なぜか、映像だけしか使用許可が得られなかった。たぶん、その後、音楽著作権が発生したためでしょう。それで、サウンド・トラックそのものが使えなくなり、やむを得ず、当時のスタイルで音楽やナレーションを模造したわけです(笑)。

――そうでしたか。解説者の声の調子なんか、いかにも当時の感じがよく出ているのでは?

ミレール　あれは実際、当時ニュース映画のナレーションをやっていた人の声なのです。年をとって、すでに引退していましたが、なんとかひっぱりだして、当時のスタイルでやってもらったわけです。当時のスタイルといっても、古いニュース映画の感じをだすために、ちょっと音をつぶしたり、雑音を入れたりして、ミキシングにずいぶん時間がかかりました。ラウルの出るところはカラーで撮ってモノクロに焼き、古いニュース映画の感じをだすために現像処理したものです。

――ラウルがインドシナ行きの船に乗りこむときに、キャメラに向かってにっこり笑うアップがうつりますが、そこは映画館の暗闇のなかにうずくまっているジャニーヌの主観的なイメージのようにも感じられますね。

ミレール　そう感じられてもいいと思います。わたしとしては、オリジナル・シナリオに書かれていたとおり、現実の映像として撮ったつもりですが、もしかしたらジャニーヌだけがニュース映画のなかに恋人のラウルを発見したのかもしれない。その前に、感化院の独房に入れられたジャニーヌがラウルのことを思いだすカットがありましたでしょう。

――ええ、やはりモノクロでチラッと出てきますね。

ミレール　そう、たぶん、それがあるので、映画館のニュース映画に出てくるラウルの姿もジャニーヌの主観的なイメージのような印象を与えるのだろうと思います。

――ジャニーヌが感化院の独房で思いだすのは、ラウルがたばこをポーンと投げて口のなかに入れるところですが、あのたばこを投げるのはトリュフォーのシナリオにも書かれていたのですか？　というのも、あのたばこ投げはジャン＝ピエール・レオーがしょっちゅうやっていたのを思いだしました。

ミレール　そう、そう、そのとおりです。ジャン＝ピエール・レオーが日常やっていたしぐさで、それをシモン・ド・ラ・ブロスに、つまりラウルにやらせたのです。ゴダールの『男性・女性』（一九六六）のなかでも、ジャン＝ピエール・レオーはあのたばこ投げをやっていたでしょう。あのしぐさはとくにフランソワのシナリオに書かれていたものではありません。しかし、あれはフランソワが若いときにやっていたしぐさなんじゃないかな。それをジャン＝ピエール・レオーがまねたのかもしれない。

――トリュフォーの短篇習作『ある訪問』（一九五四）でもすでに、ジャン＝ジョゼ・リシェがたしか、あのたばこ投げをやっていましたね……。映画館でジャニーヌがキャサリン・ヘップバーンとポール・ヘンリード主演の『愛の調べ』（一九四七）というアメリカ映画を見るシーンでは、フランス語の吹替えの声が聞こえるだけで、スクリーンを見せないのも権利の問題がからんでいたせいですか？

ミレール　そうです。フランス語吹替え版ということで、あのフランス語のせりふもすべてそれらしく偽造したものです。フランソワのシナリオでは、ただ「アメリカの美しい恋愛映画」を見に行くと書かれていただけでした。

――リュシエンヌ・ドリルの歌うシャンソン「サンジャンの私の恋人」が映画のなかに流れますが、これはトリュフォーの『終電車』（一九八〇）にすでに印象的に使われていたものですね。

ミレール　いや、じつは、『終電車』にこのシャンソンが使われていたことをすっかり忘れてしまっていて、知らずにわたしが選んだものなのです。先に知っていたら使わなかったかもしれない（笑）。そう、フランソワはあのシャンソンが大好きだった。とても美しいシャンソンですからね。フランソワが最も愛していたシャンソン歌手は、もちろん、ごぞんじですね。

――シャルル・トレネですね？

ミレール　そう、『トリュフォーの思春期』にテーマ・ソングのように使っていますね、「子供たちが退屈な日曜日」というシャンソンを。それから、「残されし恋には」というトレネの美しいシャンソンを使った同名の映画もありましたね、「アントワーヌ・ドワネルもの」で。

――日本では『夜霧の恋人たち』という題になってしまいましたが（笑）。『小さな泥棒』の冒頭に流れる「いちばんうまい歩き方」という残酷な童歌《わらべうた》はミレールさんの長篇映画第一作の題名でもありますね？

ミレール　そうです。古い唄で、わたしが子供のころ、夏の林間学校などでよく歌ったものです。

――トリュフォーのシナリオにはせりふも書かれていたのですか？

ミレール　いくつか書かれていました。三つか、四つです。教会の献金を盗もうとしてつかまったジャニーヌが、若い神父に、「何でも言うことを聞くから、逃がして」と言うせりふとか、映画館で知り合ったミシェル・ダヴェンヌに、ジャニーヌが別れぎわに、「五回目のデートまで待たなくても、すぐ寝てもいいのよ」と言うせりふとか。それから、あと一つか二つあったと思いますが……。

――ブルジョワの奥さん、若いロンゲ夫人（クロチルド・ド・ベイゼル）が妊娠して着られなくなったドレスをたくさんジャニーヌにあげてしまうけれども、流産して、「もう赤ちゃんが産めない体になったの」とがっかりして言うと、ジャニーヌが慰めようもなくて、「ドレスはお返しします」と言いますね……。

ミレール　そう、そう、あれもフランソワのシナリオにあったせりふです。ジャニーヌの無器用な率直さがよく出ているせりふですね。フランソワの『夜霧の恋人たち』で、ジャン＝ピエール・レオーがデルフィーヌ・セーリグと二人きりになって、気が転倒し、「ウイ、マダム」と言うところを、「ウイ、ムッシュー」と言ってしまうのと同じような感じですね。

――ジャニーヌとラウルが夏の一週間を海辺で自由気ままに暮らすシーンで、夜、焚火をたいて、ラウルがジャニーヌに、夜空の星の「無償の美しさ」を語るところは非常に文学的ですが、何かからの引用ですか？

ミレール　いえ、あれはわたしが書いたものです。あのシーン全体は、フランソワのシナリオでは、ただ、「二人はイングマール・ベルイマンの『不良少女モニカ』（一九五二）のように一週間を海辺ですごす」と書かれてあるだけでした。

――あの夜景はセット撮影ですか？　美しい夜空でした。

ミレール　ロケーションです。ライトにゼラチンをかぶせて、ごくふつうの明るさで撮影しました。フジカラーですから、粒子が荒れずに非常に高感度のいいフィルムなのです。夜空の星だけは合成ですが。

――牛飼いの太った醜悪な農婦が自由奔放に生きる若い二人に嫉妬して警察に通報し、ジャニーヌは逮捕されて感化院に送られるのですが、やはりオリジナル・シナリオに書かれていたシーンですか？

ミレール　そうです。あのエピソードのなかで、シナリオになかったのは不発弾の話だけです。若い恋人たちが牛のまわりではしゃぎまわっているのに苛立つ農婦の話はフランソワのシナリオに書かれていました。そこに恋人たちが不発の手榴弾を発見して、投げると爆発し、牛の群れがおどろき、農婦が怒り狂って警察に訴えるという話を強調して加えただけです。わたしはフランソワのシナリオにできるだけ忠実に撮りました。シナリオを改変したところはほとんどありません。ジャニーヌが感化院に入れられてからのエピソードをかなり大きくふくらませたところが、改変といえば言えるくらいのものです。たとえば、ケバディアンという自殺する女の子はフランソワのシナリオには出てきません。ジャニーヌの継母の愛人のパスクエット（レミー・キルシュ）も新しく加えた人物です。もっとも、フランソワのシナリオに、この愛人の存在は暗示されています。尻軽女で、いつも夫以外の男をつくっていたという記述があったと思います。

――ジャニーヌの継母は、彼女の母、つまりジャニーヌの母の妹なわけですが、ジャニーヌの母親の話はせりふのはしはしに出てくるだけで、写真を見せるところなんかはありませんね。

ミレール　ジャニーヌの母親はナチ占領時代にドイツ人と関係を持っていたために、家族全員から嫌われていたことがわかる。ドイツ人と通じていた女たちは、フランスでは、とくに一九五〇年ごろには、毛嫌いされ、迫害されたのです。一家の恥であり、家族のなかから犯罪者をだしたのも同然だった。だから、一家のなかで、その痕跡をすべて消そうとした。写真も何もかも、すべて捨て、存在そのものをかき消そうとしたのです。だから、ジャニーヌの母の肖像写真が一枚も残っていないのは当然なのです。

――妊娠したジャニーヌが堕胎しようとするところは悲惨ですが、ラストは希望がありますね。

ミレール　あれも最初のシナリオどおりです。子供を産む決心をしたジャニーヌが産科医に診断してもらいに行くのがラスト・シーンで、おなかの子がよく動くので、「落ち着きのない子になるぞ」という医師の言葉で終わっています。この素敵な言葉をなんとかして生かしたいと思いました。字幕だけにしたのはわたしのアイデアですが、診察のシーンを実際に撮るのは非常にむずかしいと思ったのです。

（一部初出、一九九〇年、「FLIX」）

追記　クロード・ミレールは二〇一二年四月四日に急逝。七十歳であった。新聞の死亡記事によれば、「代表作に『死への逃避行』（83年）、『小さな泥棒』（88年）、『ニコラ』（98年）など。『なまいきシャルロット』（85年）では、女優シャルロット・ゲンズブールさんを世に送り出した」（朝日新聞）。夫人のアニー・ミレールは脚本家、プロデューサーとして活躍。一九九七年には息子のナタン・ミレール（『野性の少年』に父母と出演したときにはまだ一歳にみたない赤ん坊だった）が短篇作品ながら監督としてデビューしている。

サミュエル・フラー

批評家は地獄へ行け

一九九〇年八月、ユーロスペース主催の回顧上映「B級映画最後の巨匠　サミュエル・フラー映画祭」の折りにサミュエル・フラー監督が来日した。記者会見がおこなわれた翌日、インタビューをするチャンスに恵まれたのだが、これがまったく思わぬ展開になり、このままではとても発表できるようなものではないので……と主催者側にも謝罪して、以来ずっと、私としては愛着はあってもあまり思いだしたくない「最後のインタビュー」としてテープごと引出しの奥にしまいこんだままだった。しかし、一九九七年十月三十日にサミュエル・フラーが亡くなった（享年八十六）いま、追悼の意をこめ、思いきってわが恥をさらすことにしたのである。

「B級映画の巨匠」というのはもちろんサミュエル・フラーという監督に対する讃辞であり敬意をこめた呼称ではあるにちがいないのだが、サミュエル・フラー自身はおそらく「B級」の意識など持ったことはなかっただろう——B級中のB級映画会社リッパート製作の西部劇『地獄への挑戦』（一九四九）を撮って監督としてデビューしたときから。「B級とはなんだ?」とわが大魔神はお怒りになられるだろう。

それで思いだされるのは、フランソワ・トリュフォーの次のような一文である。

「映画をつくるたびに、それが前人未踏の領域への冒険であり、かつて誰も考えたことのない斬新なアイデアであり、世界で初めて語られる物語であると自負することによって、自分の存在価値を確かめずにはいられないタイプの映画監督が多い。フランスでは、たとえばジャン=ピエール・メルヴィルがそうだった。彼は自分の撮っている映画が単なるギャング映画だとは絶対に思いたがらず、つねに自分はギリシア悲劇を撮っているのだと思いこみ、ひとにもそう信じこませようとした。サミュエル・フラーにもちょっとそんなところがあるかもしれない。戦争映画や犯罪映画を撮りながら、彼はいつも〝政治〟とか〝文明〟とかを想い描いているような気がする。といっても、もちろん、『鬼軍曹ザック』から『最前線物語』に至る、『拾った女』から『裸のキッス』に至る、サミュエル・フラー作品はどれもじつに美しい映画だが――」(『わが人生の映画たち』)。

日本における評価(とも言えない評価)はひどいもので、「サミュエル・フラーは、撮影のとき〝用意スタート!〟の代わりにピストルをぶっ放すのが話題になった監督で、来日して『東京暗黒街 竹の家』(一九五五)なんて阿呆な駄作をつくったこともある」と双葉十三郎は書いている(『ぼくの採点表』、トパーズプレス)。「ダメな作品が大半」で、ハリウッド最初の朝鮮事変映画『鬼軍曹ザック』(一九五〇)も「ハードなタッチは買える」が「出来は全くお粗末」、生き残ることこそ戦争の栄光として描いたユニークな、私にとっては最高の『最前線物語』(一九八〇)も双葉評では「まァわりといい場合の彼」の作品と手厳しい。私としては息を呑む傑作と言いたいくらいの『拾った女』(一九五三)についても「演出が悪くて物足りない」、『殺人地帯U・S・A』(一九六一)についても「お話はパッとしないが、展開はキレがよく、暴力場面では十八番の荒っぽいタッチを見せてくれるのでまァ退屈しないが、フラー先生、この映画も、はいスタート、ピストルどかんで撮影したのかな?」と揶揄的な評価である。

サミュエル・フラーを最初に評価したのはフランス人、それもヌーヴェル・ヴァーグの世代だった。晩年はフランスに住んで、作品もフランス人のプロデューサーとフランス資本によるものばかりになった。

「一九五〇年代にジャン＝リュック・ゴダールをはじめとするフランスの批評家に〝発見〟され、次いでアンドリュー・サリスなどアメリカの批評家によってそのダイナミックな視覚的文体が高く評価されるに至ったアメリカのB級映画監督」(スコット・シーゲル/バーバラ・シーゲル「ハリウッド百科」)というのが、いまや、おおかたのサミュエル・フラーに対する讃辞だが、「多くの凡庸なアクション映画を撮り、そのほとんどが重苦しい反共主義や人種差別の問題がヒステリックにからむか、さもなくば戦争や軍隊の残忍さを黙示録的に告発するといった類のもので、その〝イデオロギー〟はきわめて不統一でちぐはぐなもので、作品のスタイルや演出に何のつながりもない」(ジョルジュ・サドゥール「映画作家辞典」)という評も一方にはある。

昨年（一九九七年）十一月、追悼企画さながらタイミングよく、ぴあフィルムフェスティバルで特別上映されたティム・ロビンス製作・直撃取材によるドキュメンタリー『サミュエル・フラー／タイプライター、ライフル、ムービーキャメラ』（アダム・サイモン監督、一九九六）を見た人なら、サミュエル・フラー監督の歯切れのいいニューヨーク弁と見事なしゃべりっぷりを堪能したにちがいない。サミュエル・フラーの御機嫌な饒舌には、その話の面白さもさることながら、誰しも魅せられてしまうだろう。

ところが、私がうっかり、おこがましく批評家気取りで、引用とかオマージュとかリメークとか、生意気な表現を使ってしまったために、これは、わが大魔神の御機嫌を損ねる結果になった不幸なインタビューなのである。それでも、それなりに、と弁解がましく言わせてもらえば、やはりサミュエル・フラーならではの映画論が露呈する瞬間があって、じつに興味深い。昼食をいっしょにとりながらのインタビューだったので（しかもフラーの孫ぐらいの小さな娘さんもいっしょだったので）、流れは途切れがちだったが、批評をめぐるわが大魔神の怒りの言説には、わが恥も忘れて、ただもう圧倒された。

しかし、私の最も好きなサミュエル・フラー作品、ハードボイルド・スリラー『拾った女』とハードボイルド西部劇『四十挺の拳銃』（一九五七）のことはついにおうかがいする間もなくわが大魔神を怒らせてしまったのが以下のインタビューなのだ。

インタビューは通訳を介しておこなわれた。最後までがんばって付き合ってくれた美しい通訳嬢にいまなお感謝をこめて頭が下がる思いだ。そして、八年後、このインタビューを思い出してくれた「ユリイカ」編集部の郡淳一郎氏がテープ起こしをマイケル・レイン氏におねがいしてくれて、以下のように採録されることになった。

なお、サミュエル・フラーに関してはインタビューによる自叙伝「映画は戦場だ！」（吉村和明／北村陽子訳、筑摩書房）があることを付記しておきたい。[*1]

フランスではすごく評価された

――これはリュック・ムレ監督の『ブリジットとブリジット』（一九六六）というフランス映画の貴重なスチール写真です。私の大事なコレクションの一枚です。

フラー　ああ、『ブリジットとブリジット』だ。写真のこの娘《こ》はおぼえてないな。

――フランソワーズ・ヴァデルという名の女優かと思われますが、私もこの映画でしか見たことがありません。ブリジットという名の二人のヒロインのうちの一人を演じていました。

フラー　おぼえてない。わたしがよくおぼえているのは、この映画、『ブリジットとブリジット』には、わたしのほかにもう一人、映画監督が特別出演していたな、フランスの監督が。クロード・シャブロルだ。彼も葉巻《シガー》をくわえてね、いっしょに出たんだ。

――リュック・ムレはヌーヴェル・ヴァーグの発火点になったフランスの映画研究誌「カイエ・デュ・シネマ」の同人で、クロード・シャブロルやジャン＝リュック・ゴダールやフランソワ・トリュフォーの後輩にあたり、そんなわけで彼の映画にシャブロルが友情出演しているのはわかるとしても、フラーさんが彼の映画に特別出演されたのはどんないきさつからですか？

フラー　古いフランスの俳優で、ヴィクトール・フランサンというすばらしい名優がいたが、知ってるかね？　戦後は、第二次世界大戦後は、ハリウッドに来てアメリカとフランスのあいだを行ったり来たりしながら仕事をしていた。わたしの映画にも出たことがある。

――『地獄と高潮』（一九五四）に科学者の役で出演していましたね？

フラー　そう、すばらしい俳優だった。戦前、ハリウッドにくる前に、彼が出た偉大なフランス映画がある。偉大な監督の……ええと、何と言ったっけ、あの、世界で最も偉大な監督の一人だ。『ナポレオン』（一九二七）を撮ったのは誰だ？

――アベル・ガンスですね？

フラー　そうだ、アベル・ガンス。そのアベル・ガンスが撮った偉大な反戦映画があるだろ。第一次世界大戦の死者たちを描いたすばらしい映画だ。

――『私は弾劾する』（一九三七）ですね。死者たちがよみがえってきて……。

フラー　そう、第一次大戦で死んだ人々が墓場から、棺から、起き上がってきて、観客に向かって言う、「なぜわたしは殺されたのだ？　戦争とはいったい何なのだ？」と。そう、そう、『私は弾劾する』。ドレフュス事件のときのエミール・ゾラの有名な告発状の題を映画のタイトルにしていたんだ。そう、そう、思いだしたよ。その映画の主役がヴィクトール・フランサンだった。で、そのヴィクトール・フランサンが、あるとき、「カイエ・デュ・シネマ」誌のなかの論文をコピーして送ってくれたんだ。そのころ、わたしは「カイエ・デュ・シネマ」なんていう映画雑誌の名は聞いたこともなかった。その「カイエ・デュ・シネマ」誌（一九五九年二月第59号）にリュック・ムレという若い批評家がわたしの映画のことを書いていた。長い論文だった。わたしの映画が大好きらしい。わたしの映画をクリストファー・マーローの詩に比較して絶讃してくれていた。シェイクスピアと同時代のイギリスの詩人で劇作家のクリストファー・マーローに。わたしはクリストファー・マーローが大好きだったから、このリュック・ムレというやつはなかなか慧眼《スマート》だと思った。クリストファー・マーローのように才人で、享楽主義者で、無神論者で、超人的な欲望に燃えた悲劇的な性格だと映画作家としてのわたしを分析していた。わたしはその論文をヴィクトール・フランサンの訳で読んだ。わたしはフランス語が読めないので、彼が英語に訳してくれたんだ。その論文のなかで、リュック・ムレは、わたしの映画では足がフェティッシュになっているとみなしている。フェティッシュってのは何かというと、要するに病気《ウイークネス》ってことらしい。つまり、わたしが病的に足にこだわるというわけだ（笑）。足ばかり撮っている監督だというんだ。歩く、走る、足、足、足。走る、歩く、足、足、足。わたしの映画は足の映画だとリュック・ムレは言うんだ（笑）。

――たしかに、『鬼軍曹ザック』や『折れた銃剣』（一九五一）といった戦争映画では行軍に次ぐ行軍が描かれているわけですが……。

フラー　戦争映画ばかりでなく、『赤い矢』（一九五七）のような西部劇でもインディアンが走る、ロッド・スタイガーの白人男も走る、矢との競走（『赤い矢』の原題 Run of the Arrow）だ。なるほど、足フェティッシュだ。笑ったね。結局、病的に足にこだわっているのはリュック・ムレのほうなんだと納得したね。フェティッシュってのは「yen」のことだ。アメリカでは「yen」はもちろん日本の円（yen）でなく（笑）、欲望《デザイア》とその対象の意味だ。そこで、わたしはハリウッドにある救急用具専門の店に行った。腕や脚を骨折したり捻挫したり、腰を痛めたりしたときのために、救急手当用の包帯なんかを売っている店だ。その店の前には、こんな包帯を巻いた足のマークの看板がある（笑）。

――まるでギブスみたいな（笑）。

フラー　そう、その看板を買ってね、リュック・ムレに送ってやったよ（笑）。一九五九年のことだった。それで、一九六五年にパリに行ったときに、リュック・ムレが映画作家になって『ブリジットとブリジット』を撮影中だったので、見学に行って、「カイエ・デュ・シネマ」誌に書いてくれた論文のお礼を言ったら、映画のワンシーンに出てくれとたのまれた（笑）。

――一九六五年にパリに行かれたのは何のためですか？　『裸のキッス』（一九六四）のパリ公開のときでしょうか？

フラー　いや、そうじゃない。ボードレールの詩集「悪の華」（の題名だけを借りたドラマ）の映画化のためだった。結局、プロデューサーが破産してしまって、撮るところまでいかなかったがね。

――あ、それはジャン＝リュック・ゴダール監督の『気狂いピエロ』（一九六五）に特別出演されたときに語っておられましたね。「映画とは何か？」という質問に、「映画とは戦場のようなものだ。愛、憎しみ、アクション、暴力、死、ひとことで言えばエモーションだ」と答えられ

『気狂いピエロ』（1965）　ジャン＝ポール・ベルモンドとサミュエル・フラー（特別出演）

る有名なシーンで。

フラー　ジャン＝リュック・ゴダールにぜひ出てほしいとたのまれた。ゴダールがフランス語で質問して（映画のなかではジャン＝ポール・ベルモンドが質問する）、わたしは英語で答えた。通訳があいだに入ってね。ゴダールもわたしの映画が大好きだと言ってくれた。あまりうまい英語じゃないが、英語でしゃべってくれた。それから、フランソワ・トリュフォーにも会った。英語が全然だめで、そのうえ早口で、何を言っているのか全然わからなかったけれども（笑）、わたしの映画が大好きらしいことはよくわかった。ひどく緊張していたな、トリュフォーは。フランスではわたしの映画がすごく評価されていることを知っておどろいたものだよ。

（電話がかかってくる）

失礼（と受話器を取り、通訳嬢に）昼食はこのホテルでいいかね？　食事をとりながらインタビューをつづけよう。みなさん、わたしの招待客だ。（電話の相手に）そうだよ、ダーリン、そう、いいとも。かまわんよ、ここで待ってるからね。みんなで下のレストランに行って食事をするんだ。オーケー、いいよ。（受話器を置いて、通訳嬢に）娘がもうすぐここにくる。すまないが、彼に（と私のことを目で示し）インタビューは昼食をとりながらつづけようって言ってくれ。きょうは娘といっしょに食事をするって約束したんでね。小さな娘だし、まだ十五歳半だからね、約束は守ってやらないとね。彼女を不幸にしたくないんだ。

（娘さんがやってくる）

ハロー、ダーリン。これからいっしょに食事をするみなさんだ。紹介しよう。わたしの娘のサマンサです。(娘さんに『ブリジットとブリジット』のスチール写真を見せて)これは一九六五年の写真だよ、ハニー、まだパパの髪がいまみたいに白くなかったころだよ。いっしょにうつっている若い女優は名前を忘れてしまった。この映画、『ブリジットとブリジット』をつくったのがフランスの映画雑誌「カイエ・デュ・シネマ」にパパのことをほめて書いてくれたリュック・ムレだ。こんな写真が撮ってあったなんて知らなかった。

サマンサ　いい写真ね。

フラー　でも、これはこの方の大切なコレクションなんだ。

(インタビューに戻る)

……それで、一九六五年に「悪の華」の映画化の話があってパリへ行って、リュック・ムレがちょうど『ブリジットとブリジット』を撮影中だったので、たのまれてチラッと出たんだ。その前に、わたしの映画を「足の映画」と書いたリュック・ムレには、救急手当用具の店の足のマークの看板を送ってね、「足フェティッシュはきみのほうだ、足が痛んだらこれを抱いて眠るといい」って書いてやった(笑)。

(ホテルの地下の和食のレストランに移る)

リメークは撮らない

フラー　たしか、あんただったな、昨日の記者会見で、『東京暗黒街　竹の家』のラストシーンの遊園地はアサクサのデパートの屋上だったと言ったのは。

――そうです。浅草の松屋デパートだと思います、映画を見るかぎりでは。フラーさんが昨日おっしゃった日比谷のかつての日活ビルの屋上ではないことだけはたしかです（笑）。

フラー　昨夜、記者会見のあと、わたしの映画に出た女優の、いまは政治家の、ヤマグチ（山口淑子）さんと夕食をいっしょにして、午前中に記者会見でその話があったことを思いだしてね、「あのラストシーンを撮ったデパートの屋上はどこだったか、おぼえてるかい」ってきいたら、「ギンザ」って言ったよ（笑）。

――銀座の松屋デパートですか？

フラー　そう、ギンザのデパートだって（笑）。シャーリー・ヤマグチ（というのが当時、わたしの映画『東京暗黒街　竹の家』のヒロインを演じたころの彼女のアメリカ名だった）があのラストシーンのヒントを与えてくれたんだ。彼女と銀座を歩いているときに、デパートの屋上に遊園地があることを教えてくれた。子供を連れた主婦たちが買物をするあいだ、子供を遊ばせておく無料の託児所になっていた。シャーリー・ヤマグチに連れて行ってもらって、見たとたんに、ここがラストシーンになるぞ、と思ったよ。

――メリー・ゴー・ラウンドみたいな回転板にのってロバート・ライアンとロバート・スタックが射ち合いをする見せ場がすばらしく印象的でした。デパートの屋上を見上げる群衆の俯瞰ショットが入って……。この射ち合いのシーンのあと、ロバート・スタックと山口淑子が浅草のお寺にお参りに行くというハッピーエンドでした。

フラー　それはよくおぼえている。あの寺院の前の広場が唯一、東京で広々と撮れる場所だった。映画はシネマスコープだったから、何もかもワイドで撮る必要があった。最後に二人が歩き去っていくところを撮るには、あの場所しかなかった。それも白人の男が日本の女とスクリーンで初めて手に手をとってのハッピーエンドだったからね。「蝶々夫人」のように心中したりしないでね。パリのシャンゼリゼのような大通りが本当は理想的だった。しかしアサクサにはトリイ（鳥居）があったり、じつに奇妙な、かつてない異常な雰囲気の大通りの風景があった。もちろん、映画が日本を舞台にしていることをはっきり示す必要があった。映画は最初、ヨコハマから撮影することになった。撮影はしやすい場所だったが、風景があまり日本的じゃなくて困った。映画のタイトルからして『竹の家《ハウス・オブ・バンブー》』だからね、しょっちゅう日本的なイメージを入れなければならなかったので苦労したよ。

――早川雪洲が刑事役で出ていましたね？

フラー そう、セッシュー・ハヤカワが出た。セッシュー・ハヤカワは自分の娘を使ってくれと言ってね。十八歳か二十歳か、若くて美しい娘を連れてきた。ヨシコ（早川令子《よしこ》）という名だった。撮影中、ロバート・スタックは「マリコを見なかったか？ マリコはどこにいる？」としょっちゅうたずねた。マリコはシャーリー・ヤマグチの役名だ。そこで、わたしはマリコの女友だちの役を思いついた。彼女にロバート・スタックが「マリコを見なかったか？ マリコはどこにいる？」とたずねるシーンを思いついたんだ。そしてセッシュー・ハヤカワの娘を呼んで言った。「きみの役だ」。彼女は英語がしゃべれたし、とても一所懸命だった。

――『東京暗黒街　竹の家』は一九四八年のウィリアム・キーリー監督、リチャード・ウィドマーク主演のギャング映画『情無用の街』のリメークとして知られていますが、物語の舞台をアメリカ南西部の名もなき街から東京に変えたのはどんな理由からでしょうか?

フラー　ちょっと待ってくれ。わたしの映画がリメークだって? 誰がそんなことを言ってるんだ? わたしは既成のものを焼き直し《リメーク》たことなど一度もない。リチャード・ウィドマーク主演のそのギャング映画は、たしかに、二十世紀フォックスの作品だった。脚本を書いたハリー・クライナーはわたしの友人の一人だ。わたしはその映画の題名も知らない。『情無用の街』? そうかもしれない。わたしの映画、『東京暗黒街　竹の家』の本当のところは、こうだ。二十世紀フォックスの製作のトップ、ダリル・F・ザナックが「日本へ行って映画を撮ってみる気はあるか?」ときくので、わたしは「イエス」と答えた。「アイデアがあるか?」「アル・カポネ東京へ行く、というのはどうです?」「よかろう」。そこでわたしはシナリオを書いた。アル・カポネは東京のギャングのボスだ。FBIのロバート・スタックが東京の暗黒街に潜入してボスのロバート・ライアンに近づく。そこまで聞いて、ザナックが言った、「そいつは前につくったことがある」。ある男が敵の仲間になって情報をさぐるという話で、それがハリー・クライナーの書いた例のギャング映画だった。「おまわりがギャングになりすましてだますんだ。その線でいくことにしよう」とザナックは決めてしまった。「いいでしょう」とわたしは言った。そんなわけで、わたしはシナリオのクレジットもすべて献上した。わたしのクレジットはただ、「台詞追加」だけだった。しかし、追加した台詞ばかりでなく、ストーリーもプロットもすべて全然別物なんだ。単に舞台をアメリカの都市から東京に移し変えたというんじゃないんだ。まったく別の国の話だ。ハリー・クライナーが脚本を書いた映画は何と言ったかね、『情無用の街』？　あれは単なるギャング映画だった。それも二十世紀フォックスの古い別の映画のコピーだった。ハリー・クライナーの台本《スクリプト》そのものがコピーだったんだ。元になったのは何とかいう戦前のフォックスのギャング映画だ。

——それでちょっと思いだしたのですが、一九二八年のルイス・マイルストン監督の『暴力団』のリメークで、フラーさんの第一回監督作品に予定されていた『脅迫者《ザ・ラケット》』という作品がありましたね？　結局、ジョン・クロムウェル監督が一九五一年に、ロバート・ミッチャムとロバート・ライアンの主演で撮りました。RKO作品です。この映画にもフラーさんのお名前はクレジットされてはいないのですが、一九二〇年代の禁酒法時代のシカゴから一九四〇年代の知事選前夜のアメリカ南西部の町にドラマの舞台を変えたのはフラーさんのアイデアだったといわれています。『脅迫者《ザ・ラケット》』を撮られなかったのも、それがリメークだったからでしょうか？

フラー　そうだ。リメークは撮らない。陳腐だからね。『脅迫者《ザ・ラケット》』のことはよくおぼえている。オリジナルはブロードウェイの古い芝居だった。バートレット・コマックが書いた舞台劇だ。ギャングと警官《コップ》の話だ。ブロードウェイの舞台では、エドワード・G・ロビンソンがギャングを演じ、ジョン・クロムウェルが警官《コップ》を演じた。

——映画監督のジョン・クロムウェルが俳優として出演したのですか？

フラー　ジョン・クロムウェルはもともと舞台俳優だった。最初は俳優として映画界入りした。で、『脅迫者《ザ・ラケット》』が映画化されることになったとき、わたしはRKOからこの古い芝居の新しい版《ニュー・バージョン》をやらないかとたのまれたが、「ノー」と言った。「新しい《ニュー》」とはどういう意味だ？　ものすごく古い芝居だし、時代遅れの物語だった。わたしは新聞記者時代から警官《コップ》のことをよく知っていたから、余計その古めかしさが気になった。わたしは台本《スクリプト》をたのまれて書くことになった。エドマンド・グレンジャーが映画のプロデューサーだった。とにかく、わたしは台本をたのまれて書くことになった。わたしが書いたのは、警察の内部の機構を暴露した危険なものだった。わたしはプロデューサーのエドマンド・グレンジャーに、このまま撮れるなら撮りたい、変えるのなら撮りたくないと言った。それで、RKOは、ブロードウェイの舞台で二十年前にこの芝居を演じたジョン・クロムウェルを監督に起用したんだ。

――『脅迫者《ザ・ラケット》』という映画にはロバート・ライアンが情婦のリザベス・スコットよりも弟（を演じた若い俳優の名前は失念しましたが）のほうを偏愛するというギャングのボスの役で出ていて、すでに『東京暗黒街　竹の家』のホモセクシャルなギャングのボスのイメージをほうふつとさせるのですが、ひょっとしてキャスティングもフラーさんがお考えになったのでしょうか？

フラー　RKOはロバート・ミッチャムとロバート・ライアンの起用を決めていた。二人とも当時RKOのスターで、強烈な性格俳優だった。もしわたしが映画を撮るとしたら、ロバート・ミッチャムをギャングに、ロバート・ライアンを警官《コップ》にするとわたしは言った。ギャングのほうが重要な役だったからね。ロバート・ミッチャムに悪役をやらせるわけにはいかん、彼は、いい役《ナイス・マン》だ、警官《コップ》のほうだ、ロバート・ライアンがギャングだ、と会社側は主張して決めてしまった。ロバート・ミッチャムも、ロバート・ライアンも、プロデューサーのエディ（エドマンド）・グレンジャーも、ミスキャストだったと認めていたね。そもそもオリジナルの芝居でも、主役は警官《コップ》ではなく、ギャングのほうだ。エドワード・G・ロビンソンは舞台でこのギャング役を演《や》って、評判になり、ブロードウェイからハリウッドに招かれたんだ。

——それで、エドワード・G・ロビンソンは一九三一年に『犯罪王リコ』（マーヴィン・ルロイ監督）のギャングのボスを演じてスターになるわけですね？

フラー　そうだ。アル・カポネを演じてスターになった。『脅迫者《ザ・ラケット》』も『犯罪王リコ』もアル・カポネをモデルにした作品だ。わたしが『脅迫者《ザ・ラケット》』のオリジナルの舞台劇に興味を持った唯一の点も、そこだ。すばらしいのは悪役の登場だ。アル・カポネが突然、警察を襲って、バンバーンと射ちまくって去っていく。すごいんだ。それがブロードウェイの舞台劇だった。これがエドワード・G・ロビンソンのこの芝居での初登場の場面だ。この芝居で当てて、彼はハリウッドに招かれ、『犯罪王リコ』をやることになったんだ。わたしがこのブロードウェイの芝居の映画化に興味を失った最大の理由は、この悪役のイメージが薄められて、警察を傷つけないように当たり障りのないストーリーに書き変えられてしまったからだ。わたしは第一稿を書いただけ。だから、わたしの名前はクレジットタイトルにはない。わたしが書いたいくつかの要素《エレメント》が映画に使われていることはたしかだが、それだけのことだ。

そうだ、言い忘れていたことがある。『東京暗黒街　竹の家』を撮っているときに、こんなことがあった。東京から少し離れたカマクラという所へロケーションに行ったときだ。オックスフォード大学に留学したという一人の僧侶に会った。日本人の僧侶、仏教のお坊さんだ。もちろん英語がよくできる。その彼が夕食に招いてくれた。昼食だったかもしれないが、とにかくぜひというので、ごちそうになった。彼が連れて行ってくれたのは小ぢんまりとした中華料理店《チャイニーズ・レストラン》だった。日本の僧侶《ジャパニーズ・モンク》が中華料理店《チャイニーズ・レストラン》に！ おかしかったね。彼がわたしに会いたかったのは、わたしが漫画《カートゥーン》の愛好家で、ジャーナリスト時代に新聞漫画も描いていたことを知っていたからだった。彼の父親も漫画家で、息子の彼も漫画が大好きで、わたしがアメリカの漫画家たちと交流があることを本で読んだことがあると言った。アメリカの新聞漫画について、彼は何でも知りたがった。わたしはループ・ゴルバーグや「ポパイ」の作者シーガーの話をした。彼は興奮して、「ああ、わたしの父に聞かせてやりたかったなあ」と言った。彼の父親は日本の漫画家の巨匠《マスター》ということだったが、名前はおぼえていないんだ。

――鎌倉ゆかりの漫画家の巨匠《マスター》といえば、横山隆一でしょうか？ 「フクちゃん」という人気漫画で知られた……。

フラー　かもしれない。名前は残念ながらおぼえてない。

『ストリート・オブ・ノー・リターン』とデイヴィッド・グーディス

――サミュエル・フラーさんの最新作の一本、『ストリート・オブ・ノー・リターン』（一九八九）はデイヴィッド・グーディスの同名の小説の映画化ですが、デイヴィッド・グーディスはたしかフラーさんと同時期に（一九三〇年代後半から四〇年代にかけて）ハリウッドで仕事をしていた作家ですね。フラーさんがこの映画を原作者のデイヴィッド・グーディスに捧げられているのは個人的に何か特別な理由とか思い出のようなものがあるからでしょうか？　たとえばデイヴィッド・グーディスの生前からの約束の、宿願の映画化の実現だったとか……。

フラー　『ストリート・オブ・ノー・リターン』の原作が発表されたのは一九五〇年代（一九五四年）のことで、わたしは読んだことがない。わたしが読んだのは若いフランス人のジャック・ブラルが書いた映画用台本《スクリーンプレイ》だけだ。この映画を製作したジャック・ブラルがデイヴィッド・グーディスの小説を読んで脚本を書いた。わたしが読んだグーディスの小説は「ダーク・パッセージ」だけだ。第二次世界大戦後の一九四六年末に、わたしはワーナー・ブラザースでシナリオライターとして仕事をしていたが、そこで初めて、やはりシナリオライターとして契約していたデイヴィッド・グーディスに会った。彼の小説、「ダーク・パッセージ」が映画化されたばかりだった。ハンフリー・ボガートとローレン・バコールが出た映画だ（邦題『潜行者』一九四七）。グーディス自身が脚本も書いた。監督はデルマー・デイヴィスだ。濡れ衣を着せられた主人公が脱獄して整形手術をうけ、すっかり顔を変えて、真犯人を探すといった古くさい陳腐なストーリーだったが、主人公がタフな男ではなくて、つねに不安で、おびえていて、暗く落ちこんでいるところが興味深かった。ハンフリー・ボガートにはふさわしくなかった。なぜなら、観客は、ハンフリー・ボガートなら脱獄後もかならずや事をなしとげてみせることがわかっているから、逃げまわる主人公に同化して不安にかられるといったサスペンスがない。ハンフリー・ボガートはミスキャストだった。戦前の、脇役、悪役時代のハンフリー・ボガートは脱獄犯を演じたら殺されるときまっていたが（笑）、すでに彼はスターであり、ヒーローだったから、そんな心配がない。これはモンゴメリー・クリフトにこそふさわしい役だった。わたしはデイヴィッド・グーディスにそう言った。「わたしが決めたキャストじゃないんだ」とグーディスは言った。「どうしようもないじゃないか。モンゴメリー・クリフトはパラマウントの俳優だ。ワーナー・ブラザースはハンフリー・ボガートを使うことに決めていたんだ。しかし、ボガートはいい俳優だぞ」。デイヴィッド・グーディスはワーナー・ブラザースが彼の本を買ってくれたことに有頂天になっていた。

監督のデルマー・デイヴィスはわたしの友人の一人だったが、映画の出来はよくなかった。ばかばかしくて見てられなかったな。ワーナー・ブラザースの撮影所長、ジャック・ワーナーも、試写を見て、カンカンだった。なぜか、わかるかね？　原作の小説は一人称で書かれていてサスペンスがあったが、映画でも主人公が脱獄して整形手術をうけるまで一人称で、主観キャメラで、つまりキャメラの眼が主人公の眼になって、描かれる。その間、当然ながら、ハンフリー・ボガートは画面に出てこない。手術後も顔に繃帯をぐるぐる巻いているので、眼しか見えない。ハンフリー・ボガートというスターが主役なのに、ハンフリー・ボガートがなかなか見られないんだ（笑）。だから、撮影所長のジャック・ワーナーはカンカンだった。「映画の七十五パーセントが顔に繃帯を巻いている男の話だなんてことがあるか。ボガートに金を払ってるんだぞ。観客もボガートを見にくるんだ。それが顔も見られないとは何事だ」（笑）。映画は翌年の一九四七年に公開されたが、一時はオクラ入りになるところだった。ジャック・ワーナーが言ったことは正しい。ひどい映画だった。くだらない脚本だったよ。
――しかし、原作の「ダーク・パッセージ」はデイヴィッド・グーディスがあなたに捧げた小説だったとか……。

フラー　そう、たしかにそのとおりだ。わけはこうだ。デイヴィッド・グーディスが「ダーク・パッセージ」を書いたのは一九四五年だが、その五、六年前に、わたしは「ダーク・ページ」という小説を書いて発表していた。戦争の前だった。ダーク（暗い）という言葉をヒントに別の物語を書いたんだとデイヴィッド・グーディスは言って、わたしに「ダーク・パッセージ」を捧げてくれた。それだけのことだよ。
（娘さんのサマンサに）ダーリン、こんなものに五百ドルも払うことはないよ、ジェシー・ジェイムズ・ホテルとはちがうんだから！（というようなことをかなり長々とやさしくお説教してから、インタビューに戻って）質問は忘れてないからな（笑）。わたしの答えもまだ終わっていない。ダーク（暗い）という言葉には、当時、重い意味がこめられていた。共和党上院議員ジョゼフ・マッカーシーが先頭に立って急速にエスカレートするハリウッドの赤狩り、マッカーシズムの暗い予感に、誰もがおびえていたころだ。デイヴィッド［・グーディス］は少くともダーク（暗い）という言葉にそのような意味をこめていたんだ。「ダークという言葉を通じてわたしたちは何かを共有している」とデイヴィッドは言った。彼は若く、とても繊細なやつだった。自分の書いた脚本が気に入られないと、すっかり悄気て、ふさぎこんだ。わたしは自分の書いたものが撮影所の製作部のお偉方に「こんなものはだめだ」と言われても、くそくらえと思ったものだ。そして実際、「くそくらえ」と言ってやった。それなら別のものを書いてやる、とね。わたしは無数のアイデアを持っていたし、無数のストーリーを書いた。デイヴィッドは「くそくらえ」と言えない性格だった。悩みを全部自分のなかにかかえこんだ。だから、彼の小説や脚本を批判するときには気を遣わなければならなかった。わたしはズケズケものを言うたちだが、デイヴィッドは率直で悪意のない男だからね。親切で礼儀正しいんだ(笑)。誰かをこきおろしたら、すぐ「すみません《アイ・アム・ソーリー》」とあやまるからね。批評家たちのように一方的に傍若無人に断罪する気はない。デイヴィッドに初めて会ったときに、わたしは彼の原作と脚本による「ダーク・パッセージ」の映画化(『潜行者』)を彼の目の前でけなしたけれども、すぐ友だちになった。それから、四年間、ほとんど毎日のように食事をいっしょにしたり、夜じゅういっしょに遊んだりした。彼は人見知りするタイプだったが、わたしとはいつも気楽に付き合った。安心して何でもしゃべった。私生活も隠さずに、彼の女も紹介してくれた。彼は黒人のガールフレンドといっしょで、周囲から白い眼で見られ、ひどく気に病んでいた。彼女のほうも周囲の眼に耐えられず、ときには気が狂わんばかりになっていた。わたしはデイヴィッドに言った。「あんたが黒人の女の子と寝ようと、象と寝ようと、わたしの知ったことじゃない」。同じことをわたしは彼の黒人のガールフレンドにも言った。「象でも何でも構わないが、お名前だけは知りたいね。いっしょに食事をしているときに、誰と話しているのかわからないというのでは困るからね」。こんなふうにして、わたしはデイヴィッドと彼のガールフレンドとともにしょっちゅう昼食や夕食を共にしていた。彼はあまりにも神経質だった。周囲の連中は彼を変人《エキセントリック》あつかいしていたが、彼はけっして変人ではなかった。

――デイヴィッド・グーディスといっしょに仕事をされたことはないのですか？

フラー 仕事をいっしょにしたことはない。わたしもライター、彼もライターだ。共同で仕事をする理由はない。わたしはわたし自身のアイデアを持っている。彼は彼自身のアイデアを持っている。たとえば二人の画家がいるとする。一人が絵を描く。もう一人の画家も絵を描く。それぞれ自分の絵を描く。あたりまえのことだ（笑）。

――『ストリート・オブ・ノー・リターン』という映画を原作者のデイヴィッド・グーディスに捧げられているのは、かならずしもかつての友情とか思い出からというわけでもないのですね？

フラー デイヴィッドは一九六〇年代に亡くなった。きっと彼もこの映画化を願っていたにちがいないと思うんだ。撮影中ずっと、いつも彼がすぐそこに、いっしょにいてくれるような気がした。とても親しく付き合っていたからね。彼がやりたいこともよくわかるんだ。彼のねらいをはずさずに撮ったと思う。それで「デイヴィッド・グーディスに」という献辞を入れた。

すでに言ったように、わたしが読んだのはジャック・ブラルが書いた映画用台本《スクリーンプレイ》だけだ。この映画のプロデューサーのジャック・ブラルがデイヴィッド・グーディスの小説を読んで脚色した。原作の視覚的《ヴィジュアル》に最もいい部分を、神髄を、とらえたにちがいないと思われる、とてもいい脚本だった。すぐにも映画に撮れるすばらしい脚本だった。だから、あえて原作を読んで最初からやり直す必要がなかった。ジャック・ブラルの台本《スクリプト》が真の原作だった。そこから出発したんだ。あとは映画のためにいっしょに手直しをするだけだった。ジャック・ブラルがわたしに台本《スクリプト》を持ってきたときには、わたしに手直しの協力をたのむだけで、監督は自分でやる気だったと思う。彼はすでに『夜間撮影《エクステリユール・ニュイ》』（一九八〇）という美しい映画を撮っていた。フランスではとても高く評価された作品だ。

彼はわたしに脚本を全面的に書き変えてもかまわないと言ったが、その必要はなかった。若い人気歌手だった主人公が美しくセクシーな踊り子に恋をするが、彼女は暗黒街のボスの情婦で、ある日、男たちに襲われた彼は恋人を奪われたうえ、ナイフで声帯《のど》を切られて歌えなくなり、アル中の浮浪者にまで堕ちてしまう。ところが偶然、復讐のチャンスがやってくるというメロドラマだが、構成のしっかりした脚本だった。ただ、わたしはこれを黒人と白人の人種的対立が渦巻く現在のロサンゼルスの物語にした。その意味ではまったく新しい物語に書き変えたんだ。

それで思いだしたのは、一九四七年か四八年ごろのことだが、デイヴィッド・グーディスがニューヨークのハーレムの黒人たちの暴動についてわたしの書いた新聞記事の切抜きをどっさりスクラップして持ってきたことがあった。わたしが「ニューヨーク・イヴニング・ジャーナル」という市民ケーンの、つまりウィリアム・ランドルフ・ハーストの、新聞に書いたルポだ。ハーレムでは棒や斧やのこぎりを持ってすさまじい乱闘がくりかえされていて、その模様を書いた記事をスクラップして持ってきたデイヴィッド・グーディスがわたしにこまかく質問して、それをもとに一冊小説を書くつもりだと言った。その一冊の小説が書かれたことはたしかだったが、あまり気にもとめずにいた。そのまま、その後ずっと忘れていたけれども、パリでジャック・ブラルがわたしに『ストリート・オブ・ノー・リターン』の脚本を見せてくれたときに、そのことを思いだし、たぶんこの原作がその一冊の小説だったことに思いあたった。

ジャック・ブラルは結局、わたしに監督もやってくれと言った。そういうわけだ。

——デイヴィッド・グーディスの他の小説の映画化作品はごらんになっていますか？　ジャック・ターナー監督の『ナイトフォール』（一九五七）とか、ポール・ウェンドコス監督の『ザ・バーグラー』（一九五七）とか、そのリメークでフランスのアンリ・ヴェルヌイユ監督の『華麗なる大泥棒』（一九七一）とか、やはりフランスでフランソワ・トリュフォー監督の『ピアニストを撃て』（一九六〇）とか、ルネ・クレマン監督の『狼は天使の匂い』（一九七二）とか……。

フラー　いや、わたしはどれも見ていない。どれもかなりいい作品だと聞いているが、見ていないんだ。わたしが見たのは、最近、パリに来て見たジャン＝ジャック・ベネックスという若い監督が撮った『溝の中の月』（一九八二）だ。一九五〇年代の初めに（一九五二年）、デイヴィッド・グーディスが書いた小説の映画化だ。ＴＦ１というフランスのテレビジョンに出演したときに、その映画についてどう思うかと聞かれた。「悪くはないが、ただひとつ、血がほとばしって路地から溝の中まで血が流れ落ちるところをのぞけば」とわたしは答えた。「あとはすごくいい、大好きな映画だ」とね。映画はカンヌ映画祭に出品されてひどい悪評をこうむったらしい。若いベネックス監督はわたしに会うと、いきなり抱きついてきて、「わたしが、ベネックスです」と言った。「カンヌではこの映画は吊し上げにあいました。誰も彼も、新聞も、テレビジョンも、一般の観客も批評家も、この映画を罵倒しました。この映画を愛したのは二人だけ、あなたとわたしだけです！」（笑）。この映画はジャン＝ジャック・ベネックスの第二作だった。第一作の『ディーバ』（一九八一）が大成功だっただけに、第二作に対する期待が大きく、風当たりも強かった。そんなものだ。それに耐えて伸びていくんだ。「デビュー作はよかったが、こんどの映画は最悪だ、と誰もが言う。そう言うのは簡単なんだ。言わせとけばいい。忘れることだ」とわたしは若いベネックスに言った。わたしは妻のクリスタ［・ラング］に彼を紹介した。彼はすごくよろこんで、興奮気味に言った。「わたしはヨットを持っています。ご家族でバカンス用に使ってください。差し上げます。何でも差し上げます！」（笑）。TF1のテレビジョン番組を見て、わたしが彼の映画を悪くないと言ったのがよほどうれしかったらしい。「でも、テレビジョンのインタビューで、血のシーンは好きではないとおっしゃってましたね。どこがだめなのでしょうか？」と彼は追及してきた。映画は夜の路地で一人の娘が惨殺されるところからはじまる。すばらしく美しくてセクシーな女の子だ。何と言ったっけ、あの有名な女優？

――ナスターシャ・キンスキーですか？

フラー　そうそう、ナスターシャ・キンスキーだ。女性誌の広告から抜け出てきたような美しさだ。彼女はカミソリで喉を切られて、いや、自殺だったか……そうだ、彼女はカミソリで自分の喉を切る。そして血を吹いて倒れるんだが、それがスローモーションで美しく倒れていく。何もかも美しい。そして喉元から血がゆっくりと溝の中に流れこんでいく。月光に照らされて、それはじつに美しい。断末魔の苦しみなど、そこにはない。だが、喉を切ると、どうなるか。ニワトリの首をチョン切ったことがあるかね？　首をチョン切られたニワトリは、こんなふうに（と手を振り回し）、羽をバタバタさせて、血を吹きながらもがき、あばれまわるんだ、胴体だけで（食事中の通訳嬢が気味悪そうな顔をする）……失礼、食卓でこんな話をしてしまって、すまない。

死の苦悶は美しいものじゃないんだ。わたしはベネックスに言った。「実際に誰かが喉を切って自殺するシーンを見たことがあるのかね？」。彼はおどろいて、「そんなところを見たことはありません」（笑）。ベネックスの映画では、喉をかっ切って死んでいく娘がマネキン人形のように美しい。血は出るけれども、血が通ってない美しい人形なんだ。わたしは実際に路上で自殺した人間を何人も見てきた。みんな、のたうちまわって、すさまじく醜悪な死にざまだった。もしスローモーションのようにゆっくりと死んでいった人間がいたとしたら、おそらくスティーヴン・フォスターくらいなものだろう。「おおスザンナ」や「スワニー河《リヴァー》」などの作曲家のスティーヴン・フォスターだ（〽おおスザンナ……と口ずさむ）。アメリカ最大の作曲家の一人だ。すばらしい歌曲をたくさん作ったが、酒飲みで、ウィスキーのために何でも作曲した。アメリカの最も美しい歌曲の数々をウィスキーのために書いた偉大な作曲家だ（笑）。南北戦争末期（一八六四年）に、カミソリで喉を切って自殺したが、ひどく泥酔していた。ぐでんぐでんに酔っていて、喉を切った痛みも感じなかったようだ。カミソリを喉に深く切りこんだまま、ゆっくりと倒れて死んだということだ。わたしはその死にざまを新聞に書いたことがある。ニューヨークの無法街、バワリーに行って取材し、彼が住んでいたホテルの部屋に泊まって寝た。

（娘さんのサマンサが食事のメニューのことで文句を言うのにやさしく答えて）ダーリン、これはおいしいよ。マッシュルームのほうがいい？　好きな物をお食べ。

（インタビューに戻って）さっきのデイヴィッド・グーディスの小説の映画化の話で、ひとつ思いだした。フランソワ・トリュフォーの『ピアニストを撃て』は見ている。シャルル・アズナヴール主演のフランス映画だ。すばらしい作品だった。デイヴィッド・グーディスの「ダウン・ゼア」の映画化だ。原作のほうは読んでいないのだが。

――デイヴィッド・グーディスの原作の映画化作品やサミュエル・フラーさんの作品をふくめて戦中・戦後のアメリカの暗い犯罪映画はフランス語のフィルム・ノワールという名称でよばれていますが、いつごろからこのフランス語の名称が使われたのでしょうか？

フラー　知らないね。フィルム・ノワールなんて呼称はわたしには何の意味もない。何年か前にパリで開かれたフィルム・ノワールの作家の集いにわたしは招かれたことがある。いくつかの出版社が合同で開いた催しだった。そこでも同じ質問をうけた。フィルム・ノワールについてどのように考えているか？　何も考えてない。わたしにとっては何の意味もないんだ。デイヴィッド・グーディスについて言えば、何よりもまず、彼はフィルム・ノワールの作家ではない。フィルム・ノワールというのはある種の探偵映画、ミステリーもの、警察や法廷に関わるもの、殺人事件の手がかりをさぐって真相を発見するといった類のものを言うのだろう。その手の原作を書いた作家たちはもう死んでしまった。もちろん作品は残って生きつづけているが、たとえばジェイムズ・ケインはフィルム・ノワールの作家ではない。彼はキャラクター・ライターだ。キャラクター・アクター（性格俳優）と同じ意味でのキャラクター・ライターなんだ。デイヴィッド・グーディスもキャラクター・ライターだ。ホレス・マッコイもキャラクター・ライターだ。犯罪が描かれているのは、謎ときのためじゃない。探偵小説《デテクティヴ・ストーリー》じゃないんだ。私立探偵が殺人事件を捜査して解決するなんていうのはサム・スペードにまかせとけばいい（笑）。

批評は作品を破壊するだけだ

――フラーさんの最新作のもう一本はフィリピンでロケされた『デンジャーヒート　地獄の最前線』（一九八九）ですが、これはテレビ映画ですね。日本ではビデオで出ています。この作品のなかで印象的だったのは映画館のなかで射ち合いをするシーンです。スクリーンにはハワード・ホークス監督の『暗黒街の顔役』（一九三二）やラオール・ウォルシュ監督の『白熱』（一九四九）の壮絶な銃撃戦のシーンが上映されているのですが（とくにジェームズ・キャグニーが印象的にうつりますね）、これらのギャング映画の古典へのオマージュとして引用されたのでしょうか？

フラー　引用？　オマージュ？　なんだね、それは？　わたしはただそこに『民衆の敵』（ウィリアム・A・ウェルマン監督、一九三一）とか『犯罪王リコ』のようなギャング映画の射ち合いのシーンがほしかっただけだ。とくにジェームズ・キャグニーの印象的なシーンを選んだわけではない。ちゃんと金を払って買ったシーンだ。オマージュとか引用とか言ってタダで使用したわけじゃない。必要なシーンだったから、そこに使った。

――スクリーンのなかの銃撃戦と劇場のなかの射ち合いが交錯するところは非常にヒッチコック的ですね。『逃走迷路』（アルフレッド・ヒッチコック監督、一九四二）の映画館のなかの射ち合いのシーンを思いだしました。

フラー　それはお世辞かね？　ヒッチコックに比較してくれるのなら讃辞のつもりだろうな。『逃走迷路』というのはラストが自由の女神のてっぺんで格闘するやつだろう、ケーリー・グラント……ではなくてロバート・カミングスが出た。あれはグレアム・グリーンからのイタダキなんだ。グレアム・グリーンは偉大なイギリスの小説家だ。だが、わたしの映画とヒッチコックの映画に何か関係があるのかね？　質問の真意がつかめない。

――スクリーンのなかから拳銃を射つと映画館のなかの観客の一人が本当に射たれて倒れるところがヒッチコックの映画にもあるので、そこからフラーさんもアイデアを得たのではないかと……。

フラー　アイデアを得た？　わたしは他人の作品からアイデアを得たことなどない。わたしのアイデアはつねに現実から出発している。あれはリアルなだけだ。現実に起こり得ることだ。劇場のなかに逃げこんだギャングを警官が追いかけ、暗闇のなかで射ち合いになる。実際によくあったことだ。

批評的な分析はやめてほしい。批評というのはまったく創造的じゃないからな。これはいつも問題になるんだが、評論（review）と批評（critic）には大きな違いがある。評論《レヴュー》というのは、本についてなら書評、交響曲についてなら音楽評、芝居についてなら劇評だが、読者を書物へ、大衆をコンサートへ、観客を劇場へみちびくものだ。人々に本を読ませるために、音楽を聴かせるために、芝居を観させるために、評論《レヴュー》は書かれる。ところが、批評《クリティック》はどうだ？　妄言ばかりだ。批評家は自分の考えを述べるというが、ろくな考えも持っていないくせに書きたがる。批評は創造とは無関係な代物だ。創造とは何たるものかも知らずに創造についてああだ、こうだと御託《ごたく》を並べるのが批評家だ。ナンセンスだ。創造に関わることができないので、その才能がないので、自分の考えとやらを述べたがる欲求不満のライターが批評家なんだ。脚本も書けずに映画を裁こうとする。自分では何も創造できないので他人の作品を破壊しようとする。それが批評家だ。この、批評家についての批評、これこそ引用だ。引用、つまり誰がそう言ったか、わかるかね？　わたしは有名な誰かの言葉を引用しているんだ。ジョージ・バーナード・ショーだ。シェイクスピア以来最大の劇作家とみなされているジョージ・バーナード・ショーだ。劇作家になる前、彼は批評家だった。ロンドンの舞台で上演される劇の批評を書いていた。辛辣な批評で名を高めたが、結局、批評家というのは他人の作品を食いものにする寄生虫だ、というのが彼の結論だった。「わたしはペテン師だ」とジョージ・バーナード・ショーは批評を書きながら言いつづけた。自分で戯曲一本も書けずに他人の作品を批評することにうんざりしていたんだ。それから自分で戯曲を書きはじめた。作品は思想的命題の劇化だ。彼の書いた劇はどれも引用にみちみちているが、それこそ批評についての批評だ。すべての批評家に嫌われた作品を彼は書きつづけたんだ。それこそ本物のしるしだ。

（娘さんのサマンサが好き嫌いがはげしく、また何か言いはじめるので）それはお米だよ、そう、お米だ。それは何だろう、ねぎじゃないな。何だろう、その紫色のは？　パパにはわからない。もちろん食べられるさ、でも日本料理は味がとてもデリケートなんだよ。

（かなり手こずる。やっとインタビューに戻って）フランスにサント＝ブーヴという有名な批評家がいたことを知ってるだろう、バルザックと同時代の批評家だ。最低の食わせものの批評家だ。バルザックのことを小説の書きかたも知らないえせ小説家だとか、悪趣味だとか、垂れ流しの破廉恥な暴利主義者とか、時代の腐敗そのものだとか、さんざんののしって書いた。歪んだ、見当違いも甚だしい批評だった。ところが、バルザックが成功し、名声を得て、死ぬと、いち早く葬儀に駆けつけ、柩を運ぶ男たちのなかに率先して加わり、てのひらを返すようにバルザックを「現代の最も独創的な」小説家などともちあげて追悼文を書き、いかにも自分だけがバルザックを評価していたかのごとくふるまった。これが批評家の正体だ。死体にたかるうじ虫と同じだ。「批評は微妙な芸術である」などとほざき、「真の批評はおしゃべりから生まれる」などと言って、知ったかぶりの愚劣な「閑談」とやらを垂れ流した。真の批評だろうがえせ批評だろうが、批評が「微妙な芸術」たり得ることはない。バルザックが見事に言ったように、批評家は「人をだます才能だけがある無能な人間」だ。サント＝ブーヴはまさにその意味で批評家の鑑だ。自己宣伝の巧みな天才的批評家だ。いかさま《フェイク》だ。自分の判断が間違っていたことを認めず、うまくごまかして、その批評眼の正しさを正当化するために、なんともずるがしこく言い換える。バルザックのことを小説家としての文体もない、小説の書きかたも知らないなどとこきおろしていたくせに、その追悼文では、けろりとして、サント＝ブーヴは「バルザック氏の文体の花の咲くような美しさ」などといったわけのわからぬ讃辞を書くことも辞さない。あの「甘美に崩れた文体」は自分の好みではないが魅力がある云々と平然と書く。まったくおぞましい。わかるかね？　いつの時代にも、どんな分野にも、多かれ少なかれ、サント＝ブーヴがはびこっているんだ。不幸なことだ。

偉大なるB級の傑作だと？

――批評家とは創造＝作品の破壊者であると怒りの断罪を下されたフラーさんにとって、アメリカにもやはりいい批評家はいないということでしょうか。たとえば辛口の映画評で知られたポーリン・ケイル女史[*2]のような批評家についてはどのように思われますか？

フラー　ポーリン・ケイルのことはよく知っている。彼女の書くものはよく読んでるよ。そう、彼女も批評家だ。

――シドニー・ポラック監督が日本に来て撮った『ザ・ヤクザ』（一九七四）についての批評のなかで、ポーリン・ケイルはフラー監督の『東京暗黒街　竹の家』と比較しつつ、「これが二十年前のサミュエル・フラーなら、偉大なるB級の傑作になっていただろう」と書いています。

フラー　ポーリン・ケイルがそんなことを書いていたのか？　そうなんだろうな、おどろくにはあたらない。偉大なるB級の傑作だと？　まったく批評家はうまいことを言う。中身のない、無意味な言い回しだ。わたしが精神病院についての映画を撮ったときも、ポーリン・ケイルは皮肉に「こんな映画は撮るべきではない」と書いたものだった。

――『ショック集団』（一九六三）ですね？

フラー　そう、『ショック集団』だ。精神病を愚弄している、ゆるしがたい、追放すべき映画だ、とポーリン・ケイルは批判した。それはそれでしかたがない。彼女がわたしの映画を好きになれないというのなら、それもよかろう。その後、わたしは彼女の親族の一人が精神病院に入院していることを知った。彼女のいとこが精神病で入院していた。わたしの映画のなかで、患者の一人（ネイル・モローが演じた）がいつも廊下で舟を漕ぐしぐさをしているが、彼女のいとこも同じことをやっていた。それが彼女の気に入らなかった。家族の恥をさらしたというわけだ。わたしは彼女のいとこをモデルにしてこの人物をつくったわけじゃない。そういう患者はどこにでもいる。狂気の一つの症例にすぎない。ただ、彼女は自分のいとこがその患者と同じ病気なので、見るに耐えられなかったというだけのことだ。だからといって、わたしの映画をこきおろす理由はないはずだ。すりかえもいいところだ。いかさま《フェイク》だ。「ニューヨーク・タイムズ」紙に演劇評を書いていたブルックス・アトキンソン*3と同じだ。ニューヨークの演劇界では批評家の力があまりにも強くなりすぎて、誰もかれもが劇評家の顔色をうかがうほどだった。ブルックス・アトキンソンがその芝居を気に入ったかどうかで、評価が決まった。その影響は甚大だった。ところが、どうだ。「ニューヨーク・タイムズ」紙の仕事を失ったいま（なぜなら、「ニューヨーク・タイムズ」紙は別のもっといい書き手を見つけたからだが）、もはやブルックス・アトキンソンにご高見をうかがう者など一人もいない。みんながおそれていたのは「ニューヨーク・タイムズ」紙のブルックス・アトキンソンであって、その肩書きのなくなったブルックス・アトキンソンなど何の意味もないからだ。芝居にとって重要なのは、「ニューヨーク・タイムズ」紙の劇評であって、ブルックス・アトキンソンの名前ではなかった。「ニューヨーク・タイムズ」紙なしにブルックス・アトキンソンなど何の意味もない。「ニューヨーク・タイムズ」という大新聞の威を借りた批評家にすぎなかったからだ。権威を利用したペテン師にすぎなかったんだ。「ニューヨーク・タイムズ」紙だからみんなが一目置いていただけのことだ。その強力なバックを失ったブルックス・アトキンソンなど、もう誰も相手にしなくなった。ブルックス・アトキンソンも、ポーリン・ケイルも、おぞましい存在なだけだ。

——ポーリン・ケイル女史の『ショック集団』評が出たついでに、この映画についてちょっとおうかがいしたいのですが、患者の一人が悪夢にうなされるように過去の情景を一瞬思いだすとき、カラーで鎌倉の大仏とか僧侶の列とか富士山のショットが出てきます。白黒映画なので、そのカラーの効果は強烈で衝撃的なのですが、ひょっとしてフラーさんが『東京暗黒街　竹の家』の日本ロケに来たときに撮られたものですか？

フラー　そうだ。ロケーション・ショット、つまりロケハンのときにわたし自身が16ミリで撮ったものだ。そのときは、もちろん、『ショック集団』に使おうと思って撮っていたわけではない。わたしの心にふれるもの、わたしが強く興味をひかれるものを、何でもわたしは撮っておく。日本では、黄色い衣に身を包んだ僧侶たちが列をつくって道を歩いていくところを撮った。富士山《マウント・フジ》を撮った。別の映画ではブラジルの西の奥のマトグロッソのジャングルにロケハンに行って、カラジャ族の儀式やイグアス瀑布を撮った。『虎退治人《ティグレロ》』という映画だ。ロケハンだけで終わってしまったがね。一九五四年のことだった。それらはすべてわたしのため、わたし自身のために撮ったものだ。それから、わたしは『ショック集団』という映画をつくった。精神病院の患者が一瞬、正気に戻るシーンがある。どんな狂人《インセイン》も正常《セイン》になる瞬間があるんだ。それはほんの二、三分にすぎないかもしれないが、まったく明晰になるときがある。わたしの映画は、狂人をよそおって精神病院に入院するルポライターの物語だが、彼は自分が絶対に正常だと信じつづけて狂人に近づく。ある調査をするためだ。精神に異常をきたした者がふと正常にかえった一瞬に正しい情報が得られるからだ。ルポライター（ピーター・ブレック）は一人の患者（ジェームズ・ベスト）に話しかける。その患者は自分を南北戦争のときの南軍の将軍と思いこんでいるが、実際は朝鮮戦争で捕虜になったときにコミュニスト側に寝返って敵のスパイとして働いていた若い男だ。鎌倉の大仏のてっぺんから見下ろした思い出、富士山《マウント・フジ》を見た思い出、そして遊園地の子供たちを乗せて走る列車から富士山の麓を次から次へと走るのを見た思い出、朝鮮で列車を襲撃した思い出がよみがえる。こうして正気を取り戻す瞬間、そこに16ミリのカラーで撮った映像を使った。黒い列車が通る。その向こうに世界一美しい火山、フジが見える。日本の僧侶の列が通る。16ミリのシネスコ・レンズで撮影したものをスタンダード・サイズに圧縮して使ったので、何もかもが縦に長く細くなって映る。狂人《インセイン》を通じて正常《セイン》が歪む。狂人の眼を通してイメージが形になって見えてくるんだ。だが、狂人に近づいて何かを見てしまう「正常な」彼もいつのまにか狂人に近づいていく。精神病院《インセイン・アサイラム》で、誰かが正常《セイン》になる瞬間に正常《セイン》な彼が狂人《インセイン》に近づく。あるシーンで、「雨《レイン》」が降ってくる。それはもはや「正常《セイン》」ではないんだ。精神病院の廊下に雷鳴が響き、豪雨が降りそそぐ。彼はひとりぼっちだ。そこにわたしはブラジルのマトグロッソのイグアス瀑布をカラーで撮ったシーンを入れた。白黒映画のなかで正常《セイン》なものだけがカラーで出てくる。KKK（クー・クラックス・クラン）の創始者と思いこんでいる「白人至上主義」の黒人（ハリー・ローズ）も、正常に戻った瞬間に、アマゾン流域のカラジャ族の儀式をカラーで思い出す。カラーの映像が正常《セイン》で、白黒が狂人《インセイン》の世界だ。それらのカラーの映像はすべてわたし自身が16ミリのシネマスコープで撮影したものだ。

——富士山を背景に列車が通るシーンは『東京暗黒街　竹の家』のロケハンのときに撮られたとのことですが、映画の本篇のほうでは、冒頭、雪景色のなかで富士山をバックに貨物列車が通るシーンからはじまります。ロケハンにこられたときには、まだ雪が降っていなかったわけですね？　それとも、あの雪景色のなかの富士山はひょっとして合成によるはめこみですか？

フラー　いや、実写《リアル・ショット》だ。

——天候の問題で富士山をあのように鮮明に美しく撮影するのは非常にむずかしいはずですが、簡単にすぐ撮れたのでしょうか？

フラー　いや、いや、大変だったよ。フジがきれいに姿を見せるのを待って一週間もついやした。ロケハンのときはあの近くの小さな町の旅館にひとりで泊まって、スタッフがくるのを待つあいだに撮った。フジは頂上が平らな山だ。その高嶺に雪をいただいた美しさといったらない。その麓を黒い、古めかしい列車が走るんだ。ああ、早くキャメラマンのジョー（ジョゼフ）・マクドナルドが来てくれたらな、と思ったよ。

――『東京暗黒街　竹の家』は富士山を背景に冬景色のなかを走る現金輸送列車が襲われるところがアヴァンタイトル（映画題名が出る前のトップ・シーン）になっているんですね。

フラー　そうだ。世界一美しい富士山を背景に強盗と殺人がおこなわれる。そこへ一人の女性が来て、死体を発見して、悲鳴を上げる。キャメラのほうをふりかえって叫ぶんだ。名前は忘れたが、中年の美しい女優だった。

――英百合子だったと思いますが……農婦の役でチラッと出ていましたね。

フラー　そうかもしれない。名前は知らないんだ。とても有名な女優だってシャーリー・ヤマグチとセッシュー・ハヤカワが言っていたことだけはおぼえている。そんな名のある女優にあの悲鳴を上げるだけの役で申し訳なかったが、ほかに役がなかったんだ。死体を発見して、顔をそむけ、キャメラに向かって叫ぶだけの役しかないけれども、それでもいいかってわたしは訊いたんだ。彼女がそれでもいいというので使った。彼女の悲鳴を合図にオーケストラの音楽が高鳴るという重要な役ではある。ところが、彼女の悲鳴が長くつづかない。すぐ息切れしてしまう。「もっと長く」と言っても、「これ以上は無理。息がつづかない」ってね。それで、わたしは彼女を走らせることにした。キャメラに向かって叫んだあと、彼女は走りだす。急を告げに走る、走る。一所懸命、走る、走る。そこにクレジットタイトルを重ねて出していくことにしたんだ。彼女は「初めてアメリカ映画に出られた」って、とてもよろこんでくれた。すてきな女性だったな。

『最前線物語』に再編集版はない

――『最前線物語』(一九八〇)についておうかがいしたいのですが、宣伝パンフレットの解説によれば、最初に編集した版は六時間という長さだったので、現在の二時間弱の劇場版とは別に、その元の版を復元してテレビ放映用に再編集されるおつもりとか……?

フラー　そんなつもりはない。アクションやエモーションのくりかえしはすべてカットして現在の形になったんだ。現行版(一時間五十一分)がディレクターズ・カットだ。切り捨てたものをまたひろって蒸し返す気はない。自分が捨てたものを復元するなんてばかげている。

(娘さんのサマンサが「そうよ、パパ、全部テレビジョンで連続してやったら、とてもいいのに。新しく一本、別のいい映画もできるわ」と言うので)

そう、ダーリン、それも考えたが、ばかげたことだ。くりかえしはよくないからね。いまのままでいいんだ。

――そういえば、娘さんが出たシーンもカットされたということですが……。

フラー　そう、ドイツの戦場で少女が出てくるシーンがあった。兵隊に向かって少女が歌を歌うシーンだ。そう、サマンサがその少女の役を演じて、歌うんだ。リー・マーヴィンとマーク・ハミルの兵隊に向かって歌う。マーク・ハミルはジョージ・ルーカスの『スター・ウォーズ』（一九七七）の若い俳優だ。いいシーンだったよ。

――それはぜひ見てみたいシーンですね。

フラー　もうカットしてしまったんだ。そのシーン全体をカットした。忘れてくれ。カットできるから、カットしたんだ。『ストリート・オブ・ノー・リターン』にもサマンサが出ている。歌手のキース・キャラダインにサインを求める少女の役で出ている。そこはカットできないので残してある。『ホワイト・ドッグ　魔犬』（一九八二）のラストシーンで老人が二人の孫娘を連れて出てくる。その娘の一人がサマンサだ。ここもカットできないシーンだった。しかし、『最前線物語』の場合は違う。アメリカのシーンでやったことをまたドイツのシーンでくりかえすことはできない。それは同じシーンのくりかえしではないが、同じエモーションのくりかえしになる。それだけはやりたくない。わたし自身に対してゆるせないことなんだ。[*4]

――『最前線物語』では子供が出てくるシーンがいくつかあって、どれも忘れられないすばらしいシーンです。リー・マーヴィンの軍曹の鉄かぶとを花で飾るシチリアの少女、あるいはリー・マーヴィンの肩の上で死んでいくユダヤ人の少年など、じつに感動的です。

フラー　子供は国の象徴だからね。子供を見ればその国がわかると言ってもいいくらいだ。とくに戦争があれば、そこに子供がいる。大人たちが戦場に去ったあと、町や村に残るのは女たちと、子供たちだ。

――シチリアの小さな村には女といっても老婆だけ、それに小さな子供たちしかいないんですね。

『最前線物語』（1980）ロケ・スナップ　右から三人目がサミュエル・フラー、その右隣にリー・マーヴィン　Ⓒロリマー・プロダクション／D.R.

フラー　あれは実際にそうだったんだ。少女がリー・マーヴィンの鉄かぶとを花で飾るところでは、実際にあったこんなシーンを撮ることも考えた。少女がかぶとを花で飾って持っている。リー・マーヴィンはその鉄かぶとを少女の頭にかぶせて抱き上げる。そのとき、それをもちろん少女とは知らずに鉄かぶとをねらった一発の銃声が轟く。少女の頭と鉄かぶとが吹っ飛ぶ。しかし、実際にあったこととはいえ、映画でそれを見せるのはゆきすぎだと思ってやめたんだ。
リー・マーヴィンがユダヤ人の子供を肩車してやると、そのままぐったりと死んでいくところも、実際はもっと悲惨な死にかただったろう。だが、わたしはあの子供をナチのユダヤ人強制収容所の生き残りの象徴であるとともに、死そのものの象徴として描いた。リー・マーヴィンの軍曹にはいつも「死」がつきまとっている。戦場で死線を越えてきただけでなく、「死」そのものとたたかいつづけるんだ。ユダヤ人の子供を肩の上に乗せてやるとそのままぐったりとなり、急に重くなる。死体は重いものなんだ。彼はその死体を肩の上にのせたまま歩きつづける。

――リー・マーヴィンの軍曹の役は最初ジョン・ウェインが演じる予定だったとのことですが……？

フラー　そのとおりだ。『最前線物語』の第一稿を書いたのは一九五七年のことで、ジョン・ウェインが「ビッグ・レッド・ワン」（アメリカ第一歩兵団）を率いる軍曹の役をやることになっていた。しかし、わたしがロケハンのためにヨーロッパへ行っているあいだに、事情が変わった。ジョン・ウェインの出演料が高くなりすぎたこともあり、わたしはこのシナリオを先に小説として書くことになったんだ。そのうちに、ピーター・ボグダノヴィッチがプロデューサーをやりたいと言ってきた。そのころ、ボグダノヴィッチとフランシス・コッポラとウィリアム・フリードキンの三人が「ディレクターズ・カンパニー」という独立プロを設立していた。そこで、ボグダノヴィッチがわたしの映画を製作したいと言ってきた。配給はパラマウントで、スティーヴ・マックィーンが使えるという話だった。軍曹の役にマックィーンは若すぎると思ったけれども。それからまた企画が二転三転して、ボグダノヴィッチが脚本をリー・マーヴィンに送ったところ、ぜひやりたいという返事をもらった。わたしもリー・マーヴィンなら軍曹の役にぴったりだと思い、いっきょに映画化が決まったんだ。その間にボグダノヴィッチがロリマー・プロダクションに話を持っていって製作をひきうけさせた。そういうわけだ。もういいだろう。このへんで終わりにしよう。行こうか《レディー・トゥ・ゴー》？　勘定《チェック》はどこで？

（初出、一九九八年、「ユリイカ」一月号〜三月号）

＊1　二〇一五年にはさらに決定版とも言うべき大部の「サミュエル・フラー自伝　わたしはいかに書き、闘い、映画をつくってきたか」（遠山純生訳、boid／JRC）が出版された。

＊2／3　ポーリン・ケイルは一九六八年から九一年まで「ニューヨーカー」の辛口の映画批評家として健筆をふるい、最も影響力があった。二〇〇一年九月三日、八十二歳で死去。ブルックス・アトキンソンは一九二五年から六〇年まで「ニューヨーク・タイムズ」紙の劇評を担当。アメリカ演劇への貢献を讃えて一九六〇年にはニューヨークのマンスフィールド

劇場にブルックス・アトキンソン劇場の名が与えられた。一九八四年一月十四日、八十九歳で死去。

＊4　サミュエル・フラー監督の死後、『最前線物語』の残された七万フィートものフィルムとフラー監督の撮影台本をもとに、映画研究家リチャード・シッケルの監修による増補再編集版『最前線物語　ザ・リコンストラクション　スペシャル・エディション』（四十分をこえる場面が復元された）がＤＶＤ化されたが、生前のフラー監督の言葉どおり「切り捨てたものをまたひろって蒸し返すなんてばかげている」だけの結果になったようだ。

イヴ・ロベール

独断と孤高の芸術家よりも単なるユーモア作家としてみんなといっしょに笑い合えるほうがいい

マルセル・カルネ監督の『愛人ジュリエット』（一九五一）の「忘却の国」のアコーデオン弾き、ルネ・クレール監督の『夜の騎士道』（一九五五）の青年士官などを演じ、一九五〇年代のフランス映画の名脇役として忘れがたい俳優であった。

一九五六年に結婚した女優のダニエル・ドロルムとともに設立したプロダクション「ラ・ゲヴィル」の代表でもあり、戦後のフランス映画の最大のヒットとなった一九六二年のちびっこ喜劇『わんぱく戦争』の監督でもある。その大ヒットで得た収益を他の監督たちの映画製作に注ぎ込んで、ジャン＝ポール・ラプノー（『城の生活』一九六六）、ジャン＝リュック・ゴダール（『中国女』一九六七）、エリック・ロメール（『モード家の一夜』一九六八）、ジャック・ドワイヨン（『泣きしずむ女』一九七八）の共同プロデューサーになった。

イヴ・ロベール。一九二〇年生まれの七十一歳。パリで大ヒット中の二部作『プロヴァンス物語　マルセルの夏』『プロヴァンス物語　マルセルのお城』（ともに一九九〇）の監督として、その日本公開キャンペーンのために一九九一年六月、来日した。

一九七三年にすでに来日したことがある。ユニフランス・フィルム（フランス映画海外普及機関）主催の「フランス映画の夕べ」で『ノッポで金髪で片方だけ黒い靴をはいている男』（一九七二）というイヴ・ロベール監督のしゃれたコメディーが上映され、ヒロインを演じたミレーユ・ダルクとともに来日したのだが、映画は残念ながらその後公開されずじまいだった（と思う）。そのときに初めてイヴ・ロベール監督にインタビューをして、こんな知られざる経歴を聞いた。

ここでまたマルセル・カルネやアレクサンドル・トローネルのインタビューに出没した謎のギリシア人、ニコ・パパタキスが登場することになるのだが、終戦直後のパリのサンジェルマン・デ・プレの一時代をつくるニコ・パパタキス経営の名高いキャバレ＝テアトル「ラ・ローズ・ルージュ」でジャズ（シャンソンの作詞・作曲家で歌手でトランペット奏者でもある）とスノッブな文学（アメリカの黒人作家ヴァーノン・サリヴァンの名で書いた偽ハードボイルド小説「墓に唾をかけろ」の作者＝翻訳者でありSF的シュールレアリスム小説としてカルト的名作になった異色の青春恋愛小説「日々の泡」の作者でもある）の流行作家でもあったサンジェルマン・デ・プレの名物男、ボリス・ヴィアンと組んで、パロディーとダジャレに彩られた寸劇の演出をしたのが、イヴ・ロベールにとって映画監督につながるキャリアの出発点になったということだった。

ボリス・ヴィアンとともに

——第一次世界大戦直後のパリのサンジェルマン・デ・プレから、イヴ・ロベールさんの活動というか、キャリアがはじまるわけですね？

ロベール　そうです。「ラ・ローズ・ルージュ」という小さな地下のキャバレ＝テアトルで、深夜からショーがはじまりました。当時のパリの演劇は、ナチ占領時代からひきつづき、老人向けの芝居ばかりで、若者には何の興味もないものばかりでした。そこで、わたしたちは、若者たちのために、わたしもまだ二十代でしたから、新しい演劇の試みに挑戦したわけです。非常に文学的な演《だ》し物でしたが、ニコ・パパタキス経営の「ラ・ローズ・ルージュ」を中心にサンジェルマン・デ・プレそのものが非常に文学的な環境だったのです。

わたしは小劇団を結成し、レイモン・クノーとかロベール・デスノスとかジャック・プレヴェールとかボリス・ヴィアンといった若い詩人や作家のオリジナル・シナリオによるショーを演出しました。当時のサンジェルマン・デ・プレの王者とも言うべきボリス・ヴィアンのアイデアで生まれたショーで、大人たちから与えられた私たちの玩具をすべてかなぐり捨てようという破壊的な、いわば造反劇でしたが、それを直接的、攻撃的に表現するのではなく、知的なダジャレやパロディーなど笑いによって演じようという試みでした。

芝居というよりは、むしろ、ステージの映画と言ってもいい見世物でした。というのも、演劇というよりもずっと映画に近い手法で、五十分か一時間程度のショーのあいだに七十以上もの場面転換がありました。つまり、一分ごとに、いや、数十秒ごとに、場面が変わったわけで、これは映画のカット割りのようなものだったのです。わたしはすでに映画を撮りたいと思っていたので、「ラ・ローズ・ルージュ」のショーで、キャメラもフィルムもなしで、わたしなりの映画をつくっていたわけです。

パロディーといえば、こんな演《だ》し物もありました。ボリス・ヴィアンと組んでやったものの一つで、「シネマサクル（映画倒し）」というものでした。シナリオライターが映画の脚本をプロデューサーのところへ持っていって見せる。監督は誰にやらせようか、とプロデューサーが言う。そこで、いろいろな監督を想定して、シナリオライターが自分の脚本のワンシーンを演じてみせる。同じシーンをいろいろな監督のスタイルで演出してみせるわけです。セシル・B・デミル風、ジョン・フォード風、チャップリン風、ロベルト・ロッセリーニ風、ルネ・クレール風、といったぐあいに、同じ台本、同じ台詞を、いろいろな異なるスタイルでやってみせるのです。

喜劇映画作家としてルネ・クレールの後継者のようにみなされていたイヴ・ロベール監督であったが（しかし『ぐうたらバンザイ！』という一九六七年の知られざる傑作などルネ・クレールをしのぐ忘れがたい幸福な喜劇だったと思う）、マルセル・パニョルの回想録「少年時代1　父の大手柄」「少年時代2　母のお屋敷」を映画化した『プロヴァンス物語』二部作は、イヴ・ロベール監督の初めてのドラマチックな作品と言える。*1

イヴ・ロベール　写真提供©ラ・ゲヴィル／D.R.

マルセル・パニョルとともに

——マルセル・パニョルの原作のどんなところにひかれたのでしょうか？

ロベール　少年時代と自然という二つの大きなテーマにひかれました。パニョルと同じように南仏《ミディ》生まれのわたしにとって、自然は人生に欠かせないものなのです。第一部の『マルセルの夏』で、少年マルセルは自然と出会い、人生と出会い、父親の男らしさ、すばらしさを発見する。一時は万能の神のごとく崇拝していた父親の弱さ、だらしなさを見てしまい、幻滅するものの、その弱さ、だらしなさこそ人間の魅力であることを学ぶ。子供たちに教える小学校の先生の立場にある父親にも知らないことがあり、知らないことを知らないと言うことはいいことなのだと認識するようになる。自然のなかに生きる土地の少年との友情、そういったすべての体験をとおして、マルセルは成長していく。第一部では山や石のある風景のなかに父親の栄光を、男らしさへのあこがれを描きました。しかし、その底に流れているのは水であり、母親的なもの、女らしさです。第二部では、山や石に対して、川や水のある風景のなかに、女性へのあこがれ、母親の美しさへの讃歌を描きました。わたしはこの映画を二部作として構想し、一本は男性形で、一本は女性形でつくろうと思ったのです。第一部の『マルセルの夏』は男性形の映画、第二部の『マルセルのお城』は女性形の映画と言ってもいいものなのです。

——二本つづけて撮られたわけですね？

ロベール　二本いっしょに、同時進行で撮りました。天候によって、午前中は『マルセルの夏』の数カットを、午後は『マルセルのお城』の数カットを、といったぐあいに。

——撮影には何か月ぐらいかけられたのですか？

ロベール　八月、九月、十月、十一月と四か月間、プロヴァンス地方でロケーション撮影、十二月はパリの撮影所でセット撮影しました。実質四か月間で二本の映画を撮り上げましたよ（笑）。

——しかし、季節の変化をとらえるのが大変だったのでは？

ロベール　プロヴァンス地方では、秋の二週間、まるで春のような気候になります。その変化をうまくとらえることができたと思います。いずれにしても、映画づくりにはつねにむずかしい条件がつきものです。束縛は創造に必要不可欠なものです。自由がかならずしも創造に刺激的とはかぎらない。

——いつごろから映画化を企画されていたのですか？

ロベール　一九五七年に原作を読んで以来です。しかし、当時はマルセル・パニョル自身が映画化しようと考えていました。一九七〇年代には母親の役にジェラルディン・チャップリンを予定して、かなり具体的に映画化を考えていたはずです。しかし、たぶんマルセル・パニョルは自分自身の少年時代の姿をスクリーンに描くことにためらいを感じて、企画の実現に手間取っていました。そして、一九七四年にはこの世を去るのですが、その直前、彼はわたしに映画化の許可をくれたのです。といっても、証明書のようなものを書いてもらったわけではないので、今回の映画化にこぎつけるまでには未亡人の許可を得るのが大変でした。

——マルセル・パニョルとはどのようなお付き合いだったのですか？

ロベール　彼の戯曲の一本をわたしが舞台で演出したことがあるのです。一九五六年だったと思います。「トパーズ」の演出のために、二か月間、パリでマルセル・パニョルといっしょでした。

――ご自分で演じられたのですか？

ロベール　いや、演出だけです。主役のトパーズを演じたのはフェルナン・グラヴェーという俳優です。

――アベル・ガンス監督の『失われた楽園』（一九三九）などに出ていた名優ですね？

ロベール　映画にも出ていましたが、戦前からの舞台の名優です。一か月間、わたしはマルセル・パニョルと付き合い、その百科全書のような、宇宙的な規模の知識、万能とも言える多芸多才におどろかされ、魅惑されました。それに、話上手なことといったら天下一品です。とどまるところを知らない見事な語り手です。

――マルセル・パニョルは「鉄仮面の秘密」という歴史秘話とも言うべきおもしろい実録ものなども書いていますね。

ロベール　そう、そう。ものすごくおもしろい本です。実録とはいっても、かならずしも史実にもとづいていないのですが（笑）。推理小説のようにミステリアスなおもしろさにあふれたものです。完全な嘘ではないけれど、南仏《ミディ》の人間らしく、何でもおもしろおかしく語るくせがあるのです（笑）。地中海気質のなせるわざでしょう。

パニョルの語る話はあまりにもおもしろいので、「日曜物語」とよばれました。日曜日には人は仕事を休んで、一日中たっぷりと話をしてたのしむ。パニョルはそんな物語を、このうえなくおもしろく語って聞かせる名人でした。わたしの映画の原作になった彼の少年時代についての回想録も、そんなパニョルならではの、日曜物語から生まれたのです。週刊誌「パリ・マッチ」や「エル」などの経営者であるピエール・ラザレフとエレーヌ・ラザレフの夫妻が催した晩餐会に招かれたマルセル・パニョルがたまたま語った少年時代の思い出話がその出発点でした。エレーヌ・ラザレフ夫人は、その話を彼女の経営する雑誌「エル」のクリスマス特集号にぜひ載せたいと言い、マルセルに初めて散文による回想録を書かせたのです。マルセル・パニョルが六十歳をすぎてから初めて書いた散文です。

――それまで小説なども書いてはいなかったのですか？

ロベール　劇作家のマルセル・パニョルはそれまで散文による作品を書いたことがありませんでした。小説家ではなかったので、芝居や映画の台本しか書いたことがなかったのです。それもすべて台詞を口述筆記させていたということです。そのマルセル・パニョルが初めて書いた散文によって見事な物語作者であることを証明してみせたのが、「少年時代」三部作でした。正確には四部作ですが、第四部は生前には発表されず、死後出版されました。わたしが映画化したのは、人生の手ほどきとも言うべきその第一部と第二部です。

――第二部の『プロヴァンス物語　マルセルのお城』のラストに引用されるマルセル・パニョル監督の映画の断片は何でしょうか？　レーミュという俳優が出ていますが……。

ロベール　そう、レーミュとジネット・ルクレールが出ています。『パン屋の女房』という一九三八年の作品です。わたしが最も好きなパニョルの映画です。戦後の作品では、『泉のマノン』（一九五二）がとてもすばらしい。

――『泉のマノン』はつい三、四年前にクロード・ベリ監督が『愛と宿命の泉』二部作（『フロレット家のジャン』／『泉のマノン』一九八六）として再映画化しましたね？

ロベール　そう。しかし、正確には再映画化ではありません。というのも、マルセル・パニョルは『泉のマノン』を撮ったあと、その原作を書いたのです。回想録で散文を書くたのしみをおぼえ、『泉のマノン』を自ら小説化したのです。それがクロード・ベリの映画のPART1にあたる『フロレット家のジャン』の原作で、この物語はマルセル・パニョルの映画『泉のマノン』には描かれていない話なのです。『泉のマノン』にはフロレット家のジャンの名前が出てくるだけで、人物としては存在していない。それが小説化した物語の主人公になってしまったわけです。

――ということは、最初の『泉のマノン』には原作がなかったわけですね？

ロベール　小説は書かれていなかった。シナリオがあっただけです。それも書かれたシナリオではありません。というのも、これも、例のごとく、マルセル・パニョルが語った話を、当時のパニョル夫人、女優のジャクリーヌ・パニョルがぜひ映画化してそのヒロインを演じたいというので、シナリオになったというわけなのです。

――マルセル・パニョルの監督作品は、残念ながら、日本では一本も公開されていないのですが、映画作家としてマルセル・パニョルはどんな存在だったのでしょうか？

ロベール　フランスのトーキー映画の草分け、パイオニアの一人です。ルネ・クレールやマルセル・レルビエといった映画作家たちが、サイレントこそ映画芸術の究極の形式であって、トーキーは邪道であり、音は映像を破壊すると叫んで、トーキーをなかなかつくろうとしなかったときに、いち早くトーキーの新しい可能性を信じ、切り拓こうとしたのがマルセル・パニョルだったのです。パニョルはマルセイユに撮影所を持っていたけれども、セットのなかで撮るだけでなく、撮影所の外にキャメラを持ち出して撮った。戦後のイタリアのネオレアリズモよりもずっと前に、パニョルは彼なりの方法でネオレアリズモを生みだしていたのです。それを言ったのはロベルト・ロッセリーニでした。「ネオレアリズモを生んだのはわたしではありません、あなたです」とロッセリーニはパニョルに言ったのです。アメリカでは、ジョン・フォードや何人かの映画監督が、早くからロケーション撮影をおこなっていた。ヨーロッパでは、マルセル・パニョルが撮影所の外にキャメラを持ち出して撮った最初の映画作家です。

パニョルは、マルセイユにラボ（現像所）も持っていました。映画会社を持ち、撮影所を持ち、現像所も持ち、映画館も持っていた。脚本、監督、製作、配給、興行、すべてを支配していたのです。

――パリを中心にしたフランス映画とマルセイユを中心にしたフランス映画があったわけですね？

ロベール　というよりも、マルセル・パニョル映画とその他の映画があったということです（笑）。

――マルセル・パニョルの映画は当たったのですか？

ロベール どれも大当たり、大ヒットです。彼の芝居と同じように、映画も大当たりでした。いまでも、彼の映画がテレビジョンで放映されると、白黒作品にもかかわらず、確実に高視聴率をあげるほどです。

パニョルの映画のすばらしさは、パニョルの演出があからさまに見えないことです。まるで俳優たちが自然にふるまっているようにみえる。俳優たちの映画という印象を与えるのです。

――ロベールさんご自身の映画がやはりそのような美徳をそなえているのでは？

ロベール 映画も演劇も、およそ見世物という名でよばれている芸術形式は、どれも他者とのコミュニケーションの一つの方法なのだとわたしは考えています。観客に、大衆に、何かを伝えなければ意味がない。人々を置き去りにして、人々よりもずっと先に、ずっと深く突き進んで、新しい独自のものを見出そうとする芸術家もすばらしいが、わたしはむしろ、たとえ単なるユーモア作家とみなされようとも、人々といっしょに歩みたいのです。孤高や独断よりも、そのほうがいい。人々といっしょに笑い、泣き、たのしむほうがいい。だからわたしは、監督として俳優たちの演技指導などもしません。俳優たちが演じること、あるいはむしろ演技をたのしむことの手助けをするだけです。

――ロベールさんは、あるインタビューで、自分をジャン・ルノワールとルネ・クレールのあいだに位置づけられておられますが……。

ロベール ルノワールとルネ・クレールのあいだに？ それはまた傲慢な！（笑） そんなお

それ多いことをわたしが言ったのだとしたら、ゆるしがたいことだね（笑）。

しかし、たしかに、ルノワールとルネ・クレールのあいだをめざすのは、映画を志す者の夢だからね。ルノワールの映画のすばらしいデタラメぶりと、ルネ・クレールの映画のバランスのとれた静かな美しさは対照的ですが、どちらもすばらしく、大好きです。

――俳優としてルノワールの映画には出られたことがありますか？

ロベール　映画には出たことはありませんが、ルノワールの演出した芝居に出たことがあります。一九五四年にアルルの円形劇場でシェイクスピアの「ジュリアス・シーザー」を上演したときです。*2

――ポール・ムーリッスやジャン＝ピエール・オーモンが出た有名な、一回きりの舞台ですね？

ロベール　そうです。ポール・ムーリッスがブルータス、ジャン＝ピエール・オーモンがマーカス＝アントニアス、アンリ・ヴィダルがジュリアス・シーザーでした。わたしはキャシアスの役でした。

――ロベールさんに映画の道を選ばせた決定的な一本の作品は何でしょうか？

ロベール　これを見て映画をやろうと決心したわけではありませんが、わたしの人生で最も感動をうけた映画はチャップリンの『街の灯』（一九三一）です。これまでもう何回見たかわかりません。八十回、いや九十回は見たでしょう。いまなお、わたしの心を最も打つ映画です。酔っぱらって前後不覚の状態のときだけ善良で親切で寛大になるという大金持ちの紳士が出てくるでしょう。それを見て大笑いしながら、何かを感じずにはいられなかった。人間というもの、人生の真実のようなものを垣間見る思いでした。酔いがさめて自分自身に戻ると、大金持ちはチャーリーを汚ない野良犬のように蹴とばして追い払うというすさまじさ。わたしはこの映画で人生の何かを学ぶことができたような気がします。それに、あのすばらしい恋物語。盲目の少女に恋をし、彼女の目が見えるようになったら、永遠に自分はその愛を失うであろうことを知りつつ、彼女に目の手術をうけさせるために献身的な努力をするチャーリーの絶望的な人生。涙なくしては見られない、あの悲痛なラスト・シーン。わたしが初めてこの映画を見たのは、まだ十代のころで、パリに出てきて印刷工として働いていました。毎日、わたしは工場からの帰りにこの映画を見ました。涙がこみあげてくるので、わたしは映画のラスト・シーンを見ずに映画館を出て、地下鉄にかけこみました。しかし、地下鉄のなかで、ラスト・シーンが目に浮かんできで、声を出して泣いてしまい、乗客たちにびっくりした目で見られて恥ずかしい思いをしました（笑）。地下鉄をおりて、自転車で家に帰る途中、またもや涙がこみあげてきて、ワアワア泣きながらペダルをふんだものです（笑）。こんなにわたしの心を打った映画はありません。何度見てもすばらしい映画だと思いますね。

――ロベールさんの映画に一貫している主題は人間の幸福ということではないかと思います。とくに、子供たちの幸福。『わんぱく戦争』に『わんぱく旋風』（一九六二）のわんぱくざかりの子供たちはもちろん、『プロヴァンス物語』二部作の子供たちも非常に幸福ですね。

ロベール　そう、わたしは幸福というものを信じています。幸福はいわば自然のようなもので

『わんぱく戦争』(1962) ©ラ・ゲヴィル/D.R.

『プロヴァンス物語　マルセルのお城』(1990) ©ラ・ゲヴィル/D.R.

す。自然には、たとえば厳しい寒さがあるけれども、それは必要なものなのです。温暖な春を迎えるためには冬の凍てつける寒さが不可欠なものなのです。クロサワの『デルス・ウザーラ』(一九七五)をごらんになったでしょう。自然へのすばらしい讃歌です。

人生にも、同じように、苛酷な事柄がたくさんあって、わたしたちは大人になって否応なしにそれを体験しなければなりません。だからこそ、わたしは、マルセル・パニョルのように、子供たちは幸福でなければならないと信じているのです。わたし自身、とても幸福な子供でした。子供のときから人生の厳しさを教えこむべきだという考えもあります。しかし、わたしはむしろ、反対の考えを持っています。わたしの映画の第二部『プロヴァンス物語　マルセルのお城』には、人々のその後の運命が、死が、描かれる。しかし、マルセル・パニョルはこう書いています。「人間の生涯とはこういうものなのだ。なにがしかの楽しい思い出、たちまちにそれをかき消す忘れがたい悲しみの数々……しかし、幼い者たちに、それを教えるのは無用なことだ」[*3]と。もちろん、わたしの映画にもナレーションとして引用しています。このパニョルの言葉にわたしの映画のモラルがこめられていると言っていいでしょう。

(初出、一九九一年、「マリ・クレール」)

*1/*3　マルセル・パニョル「少年時代1　父の大手柄」「少年時代2　母のお屋敷」(佐藤房吉訳、評論社)。

*2　一九五四年、「アルルの市《まち》の建設から二千年目を記念して行われる祝典行事」として

アルルの古代円形劇場で上演された。ジャン・ルノワール監督の初めての「芝居の冒険」だった。(「ジャン・ルノワール自伝」、西本晃二訳、みすず書房)

追記　イヴ・ロベールは二〇〇二年五月十日、八十一歳で死去。

サム・レヴァン

スチールマンとして、肖像写真家として――ルノワールからＢＢ《べべ》まで

サム・レヴァンの名はとくにフランス映画の幾多の忘れがたいスターの肖像写真（と同時に戦後のヨーロッパ・ロケのハリウッド映画の何人かのスター）の肖像写真と結びついている。

戦後、フランス映画の海外普及宣伝機関であるユニフランス・フィルムの極東代表部が東京に設置され、そこから映画会社や映画雑誌に配られたり、貸しだされた写真には、きまって「Photo Sam Levin」という署名とクレジットが記されていたものである。

一九六二年の三月にユニフランス・フィルム主催のフランス映画祭が東京でおこなわれ、そのとき来日したフランソワ・トリュフォーの通訳についたのをきっかけに、私はその後、ユニフランス・フィルムの仕事を手伝うようになり（まだ学生だったが）、機関誌「Unifrance Film」の編集にたずさわりながら、サム・レヴァン撮影の数々の肖像写真に親しんできた。それから三十年後に、サム・レヴァンの写真集の出版にあたってその編集をすることになったのも、何かの――映画的な――因縁かもしれない。

以下は、この［一九九二年］四月に大阪で催された本邦初の個展のために来日したサム・レヴァン（一九〇八年生まれの八十四歳である）[*1]に会ってインタビューしたものを中心にまとめたものだが、じつは、その前から写真集「スター　映画の肖像」（平凡社）を編集するにあたって、写真集に収められたスターや監督について、ＦＡＸを通してすでに「インタビュー」をつづけてきたのだった。

以下がサム・レヴァン写真集「スター　映画の肖像」の私の編集前記である。

映画史のなかのサム・レヴァン

サム・レヴァンという名前を最初におぼえたのは、ジャン・ルノワールの映画『獣人』（一九三八）の技術スタッフを記したクレジットタイトルのなかに「photographe de plateau」としてその名が見出されたときだったと思う。『獣人』は戦前の一九三八年のフランス映画だが、日本で公開されたのは戦後、一九五〇年になってからだった。のちに、サム・レヴァンが、『獣人』ばかりか、一九三七年の『大いなる幻影』から一九三九年の『ゲームの規則』に至る第二次世界大戦直前のジャン・ルノワール（戦火を逃れてアメリカに亡命するまでの）監督作品のすべての「photographe de plateau」であったこと、そしてそれがサム・レヴァンのキャリアのスタートになったことを知った。

フランス語の「plateau」は撮影所のステージのことだから、「photographe de plateau」は直訳すると「ステージの写真家」つまりは映画の撮影現場の写真家で、英語では **still photographer**（スチール写真を撮るカメラマン）、日本語でいうスチールマンである。

サム・レヴァンがスチール写真（photo de plateau）を担当した最初のフランス映画は、たぶん（とサム・レヴァンは言った）、一九三五年のジョルジュ・ラコンブ監督『スキャンダラスな夫婦』（日本未公開）。

そのころ、スチール専門の写真家というのは二十人ほどしかおらず（そもそもスチール写真を撮るのは撮影助手のセカンドかサードが手のあいているときにやっていた仕事であった）、クレジットタイトルに「公式に」記されるスチールマンは――プロダクションとの契約条件にもよるが――まだわずか五人ほどしかいなかったという。サム・レヴァンもそのさきがけのひとりだった。

次いでジャン・ルノワールとの仕事でその地位を確立し、一九三九年のルネ・クレールの未完の映画『澄んだ空気』の仕事に入ったところで、戦争を迎える。

サム・レヴァンの戦後のキャリアは、映画のシーンを「風景のように」撮る単なるスチール（静止）写真から、スターの、人間の、「いきいきとした姿、とくに顔」をとらえる肖像写真の方向に向かう。「ひとりひとり輝きが違う」女性の美しさに、「知性が透けて見える」男性の顔に、魅せられて、スターの、人間の、「表情」を写真にとらえようとする。「シネモンド」「ジュール・ド・フランス」といった雑誌に依頼されてスターのポートレートを次々に発表し、「スターの肖像写真家」として第一線に立つ。マルチーヌ・キャロルをモデルにし

サム・レヴァン

SAM LEVIN PORTRAITS

スター　映画の肖像

写真 サム・レヴァン　山田宏一編

平凡社

サム・レヴァン写真集「スター　映画の肖像」（平凡社刊）のカバー

た「ピンナップ写真」も大ヒットする。
一九五〇年からはハリウッドのメジャー会社、MGM（メトロ・ゴールドウィン・メイヤー）と契約し、ヨーロッパで撮影されるMGM製作のすべてのアメリカ映画のスターの「特写」を担当することになる。そのために、「エリザベス・テイラーとマリリン・モンロー以外」のほとんどのスターのポートレートを撮ったということである。

被写体が同じスターであっても、スチール写真と肖像写真の違いは大きい、とサム・レヴァンは言う。スチール写真は「映画のシーンやセットの美しさ、豊かさを再現し、すでに撮影されたイメージの雰囲気を再創造することによって、人々に映画を見たい気持ちを起こさせること、すなわち映画の宣伝・広報に奉仕するものでなければならない」が、肖像写真は「スチール写真とは違って、あくまでも映画のイメージにもとづきながらも、まったく独自にスターの魅力をひきだし、ふくらませて、そのイメージをクローズアップし、雑誌のカバーやポスターを見る人々に夢をみさせることを目的とするもの」なのである、と。「肖像写真は年をとらない」とサム・レヴァンは言う。「肖像写真のスターたちはわたしが写真を撮ったときのままの年齢で生きつづけているからだ。わたしはシャッターを切る瞬間にこう思う——眼は魂の鏡として、だが口は心の表情としてとらえなければならない」。

以下のサム・レヴァン氏による序文は私がインタビューをしてまとめたものに手を入れてもらったものである。

肖像写真とは何か

サム・レヴァン

なあに、すべては時とともに消え去るものさ、と人は言う。

だが、これらすべての「顔」の思い出が時とともに消え去ってしまっただろうか。

思うに、見えざる、しかし確たる光線がすばやく走る一瞬に、手にふれることのできない実体をとらえることこそ写真術だが、その瞬間に被写体とわたしとのあいだをかくも親密につないだこの接合関係《シナプス》は、シャッターの音が消えたあと、はかなく断たれてしまうものなのだろうか。

いや、そうではない、まさにその一瞬こそ、私の脳裏にイメージが生きたまま永遠に焼き付けられる至福の時なのだとわたしはひそかに確信しているのである。

だからこそ、ときとして、わたしの眼が肖像写真のスターや監督の視線にぶつかって、わたしは不意をつかれたように、どぎまぎしてしまう。

こうした状態がずっと長びいて、現実にコミュニケーションが成り立つような気がすることさえある。

いい肖像写真は眺めれば眺めるほど生きてくるものだ。

これが肖像写真家としてのわたしの信念である。

ジャン・ルノワールとの出会いからたずねてみた。

ジャン・ルノワールとともに

――映画の肖像写真家としてのあなたのキャリアはジャン・ルノワール監督との出会いからはじまると言ってもいいと思われますが、どんなきっかけからルノワール監督の仕事にかかわることになったのですか？

レヴァン　わたしはすでに何本か、あまりパッとしないフランス映画のスチール写真を担当していたのですが、そんな仕事のなかで、あるプロデューサーの息子と親しい友だちになった。プロデューサーの名前はフランク・ロルメールという、いまではもうすっかり忘れ去られた名前です。当時もたいして有名ではなかった（笑）。ジャン・ステリというやはりもう忘れ去られた監督の『牝牛の皇帝』という、これまたすっかり忘れ去られた映画を製作し、その息子が製作助手として働いていた。その映画のスチール写真をわたしが担当したのです。

――戦前ですね。何年ごろですか？

レヴァン　一九三六年だったと思います。

そのころ、ジャン・ルノワールは一本の映画を企画し、製作をひきうけてくれるスポンサーをさがしていた。すべてのプロデューサーにことわられ、時がたって、やっと一人の奇特なプロデューサーを見つけた。それがフランク・ロルメールだった。で、その息子がまた製作助手に付き、わたしをスチールマンとしてよんでくれたわけです。映画は最初、題名が決まっていなかったのですが、『大いなる幻影』（一九三七）の題で完成した作品です。

ジャン・ルノワールとの最初の出会いは最悪でした。というのも、わたしはプロデューサーの息子の友だちだったので、ルノワールはわたしをプロデューサーが雇い入れたスパイとみなしていたのです（笑）。

撮影はまずロケーションからはじまりました。エーリッヒ・フォン・シュトロハイムと捕虜たちが出るシーンで、すべてアルザス地方のオーラン県にあるオー・ケーニグスブルグの城砦で撮影されることになったのです。

ロケ隊は二手に分かれ、ルノワールはすべてのスタッフといっしょにバスに乗っていた。わたしはルノワールに紹介されていなかったのと、プロデューサーの自家用車に乗っていたので、スタッフの一員とみなされていなかったのです。途中、ガソリンスタンドで車をとめて降りたとき、わたしが写真を撮りはじめると、ルノワールが「なんだ、こいつは？ プロデューサーのスパイか」とどなった（笑）。

そんなことから、撮影に入ってからも、一か月間くらいは邪魔者あつかいされ、わたしが現場の写真を撮ってプロデューサーに撮影現場の出来事や進行の状況などをひそかに報告しているのではないかと疑われていた。そこで、わたしはある日、ルノワールに言ったのです。「ルノワールさん、わたしはただ写真を撮りたいだけです」。そして、それまで撮った写真を見せた。ルノワールはすごく気に入ってくれ、それからは信頼され、親密になり、友情が生まれた。『大いなる幻影』のあと、次の作品もやってくれといって、『ラ・マルセイエーズ』（一九三八）、

『獣人』（一九三八）、『ゲームの規則』（一九三九）とルノワールのほうからわたしをスチールマンとして招いてくれ、戦争がはじまるまでいっしょに仕事をすることになったのです。

――『獣人』のクレジットタイトルを見て、初めてサム・レヴァンという名前を知ったのですが、スチールマンの名前がクレジットタイトルに出るのはめずらしいことだったので、印象的におぼえています。

レヴァン　そう、当時はスチールマンの名前が映画のクレジットタイトルに出るようなことはなかった。出ないのがふつうだった。ジャン・ルノワールは、友情から、わたしの名前をだしてくれたのです。

シュトロハイムとカラス

――ジャン・ルノワールは「自伝」のなかで、『大いなる幻影』ではエーリッヒ・フォン・シュトロハイムという怪物的な俳優を「どうしても手に負えなかった」と述懐しているのですが、やはり撮影中は諍いがたえなかったのでしょうか？

レヴァン　いや、そんなことはありません。諍いがあったのは、ほんの最初のときだけです。シュトロハイムの演じる捕虜収容所の司令官はもっと派手に勲章をぶらさげているべきだとか、ドイツの将校たちの兵舎には売春婦たちをはべらせて退廃的なムードにすべきだというようなことをシュトロハイムが主張したのに対して、ルノワールはそんな安易なイメージは排除したいと言い返して、ちょっと言い争いがあったのです。しかし、それだけのことです。その後は順調に、和気あいあいのムードで進みました。

シュトロハイムは、わがままな巨人というイメージが強調されすぎていますが、むしろ、やんちゃな子供っぽいところのある人でした。照れ屋なのかもしれません。アップで撮られると二重あごが目立つといって、シュトロハイムはとてもいやがっていた。ジャン・ギャバンと対照的でした。ギャバンはクローズアップを要求し、そのとき、眼がきれいに見えるように、かならず眼にだけ特別のライトをあてるようにうるさく言うので、ルノワールは頭をかかえていました。クローズアップだけをきわだたせるといったハリウッド的な方法はルノワールの最も嫌うところでしたから。ロングもアップも同じライティングで自然に撮ってしまうというのがルノワールのやりかたでした。

で、シュトロハイムは、アップで撮られるとき、自分の二重あごを隠すために、あのあごまでギブスをはめたような頸椎矯正器をみずから考案したのです（笑）。

――そうだったんですか。ワインを飲むときなんかも、グラスから口にいきおいよく注ぎ込むように、あの首を動かさずに姿勢を保つ独特のスタイルがシュトロハイムならではの強烈な印象を残すものでしたが……。

レヴァン　シュトロハイムについては、こんなことも思いだされます。あのどっしりとした存在感にもかかわらず、すごく迷信深い人で、アルザスで撮影中も、宿舎《ホテル》からロケ先の城砦へ車で行く途中、カラスが、右から左へだったか、左から右へだったか、ある方向へ、目の前をよぎると、縁起をかついで、もう絶対にその道を進まずに、遠回りして別の道を行くという人でした。カラスが大嫌いだったのです（笑）。そんなことがあったけれども、わがままで撮影を遅らせるようなことはなかった。真のプロでしたね。ルノワールはシュトロハイムの偉大な個性を崇拝し、シュトロハイムはルノワールの豊かな人間味と知性にすっかり惚れこんでいた。おたがいに尊敬しあっていたと思いますね。

——シュトロハイムがいろいろなアイデアをだすというようなこともありましたか？ 二重あごを隠すための首のギブスはともかくとして（笑）。

レヴァン おたがいしょっちゅう話し合ってやっていたと思います。シュトロハイムに対してばかりでなく、ルノワールは誰に対しても、すべてにオープンで、寛大で、すべての人の言うことに耳を傾け、いいアイデアなら即座にとりいれたものです。自分だけの考えにこだわり、凝り固まった映画作家ではなかった。みんなで映画をつくるという気分を盛り上げて、そうした気分を最後まで見事に保ちつづけるすぐれたオーガナイザーでした。すばらしい人間でしたね。

——即興演出も多かったのですか？

レヴァン 即興というか……そう、その場の雰囲気で、とくに俳優たちの気分によって、撮影の方法などを変えることをルノワールは躊躇しなかった。俳優をいつも大事にし、俳優中心の演出だった。たとえば、こんなことがあった。『獣人』で、ジャン・ギャバンの相手役のヒロインを演じたシモーヌ・シモンが、とてもデリケートなシーンで、どうしてもうまくいかない。彼女はだんだんいらいらしてくる。ルノワールはそれをすばやく見てとって、「いいんだよ」と言ってから、彼女をステージの奥のほうに連れていき、五分間か十分間か、いっしょに何か

『大いなる幻影』(1937)　ピエール・フレネーとエーリッヒ・フォン・シュトロハイム(右)　© R.A.C.／D.R.

話しながら、歩きまわっていた。それからまたキャメラの前に彼女を連れて戻ってきた。そして、彼女の相手になって演じてみせた。シモーヌ・シモンはだんだん役のなかに入りこみ、涙がこみあげてきた。ルノワールは彼女をやさしく抱きしめ、それから、キャメラに向かって言った。「よし、本番いこう!」。

ルノワールにとっては、何よりもまず、俳優がすべてだったのです。

——戦争がはじまる直前の一九三九年に、ルネ・クレール監督の『澄んだ空気』という映画の仕事をなされていますが、映画が未完に終わったのは戦争のせいですか?

レヴァン そうです。仕事といっても一日しかなかった。クランク・インした一九三九年の七月十五日が宣戦布告の日だったのです。

——『澄んだ空気』はどんな映画になる予定だったのですか?

レヴァン まったくわかりません。子供たちがたくさん出る映画でした。戦時中にルネ・クレールは撮影を再開するつもりだったらしいけど、数か月もたつと、子供たちがすっかり大きくなってしまい、またあらたにオーディションで子供たちを集めるのも大変で、結局あきらめたようです。

——ジャン・ルノワールの助監督だったジャック・ベッケルと知り合ったのも、ジャン・ルノワールの『大いなる幻影』のころですね?

レヴァン そうです。『大いなる幻影』のときに、すでに助監督についていました。

——ジャック・ベッケルが監督になってからもいっしょに仕事をされましたか?

レヴァン　いや、残念ながら、いっしょに仕事はしていません。ジャック・ベッケルが監督として一本立ちになったのは戦時中で（一九四二年、『最後の切札』）、わたしはそのころ、写真の仕事をやめてレジスタンスに参加していましたから。

レジスタンスとシモーヌ・シニョレ

――戦時中はレジスタンスに加わって、映画からも写真からもまったく離れておられたわけですね？

レヴァン　そう。わたしがレジスタンスに加わったのは南仏《ミディ》のニースにおいてでした。女優のシモーヌ・シニョレと知りあったのも、ニースにおいてでした。当時、シモーヌは監督のイヴ・アレグレといっしょでした。彼らはまだ若く、小さなアパルトマンに住んでいた。ある晩、わたしたちはレストランで夕食をいっしょに食べた。いろいろな話に夢中になり、陽気にしゃべりつづけ、ふと気がつくと、真っ暗だった。灯火管制下の消灯時間がすぎてしまったのです。もちろん、外出禁止で、あえて外出したりしたら、命の保証はないという危険な状況におちいりました。どうしたらいいか、まったくわかりませんでした。そこで、レストランの主人やら、みんなが思いついた解決法は、救急車をよぶことでした。シモーヌ・シニョレを急病人に仕立て、イヴ・アレグレとわたしが、付き添いで救急車に乗りこんだ。救急車を運転するほうも心得たもので、まずわたしのアパルトマンに寄ってわたしを降ろし、それから、イヴ・アレグレとシモーヌ・シニョレの夫妻を送っていきました。

——まるで映画みたいですね（笑）。

レヴァン　そう、まさに映画のようでした。こんな形でも、ささやかなレジスタンスがおこなわれていたのです。

——シモーヌ・シニョレの若いときのすばらしく美しい写真がありますが、そのころ撮られたものですか？

レヴァン　そのころは写真をまったく撮っていません。シモーヌ・シニョレの写真を撮ったのは、戦後になってからです。

——シモーヌ・シニョレは戦時中に映画女優としてデビューしていますね。

レヴァン　そう、最初は小さな役でしたが、すぐスターになり、イヴ・アレグレ監督の『夢の箱』、『暁の悪魔』などに出ています。一九四五、六年の作品ですね。わたしが彼といっしょに仕事をしたのは、一九四七年の『デデという娼婦』が最初です。

——スチールマンとしての戦後の最初の仕事はどの映画でしたか？

レヴァン　戦後の最初の仕事は……なんとかいう女流監督の作品でした。映画の題名も忘れました（笑）。

——戦後すぐルネ・クレール監督の映画の仕事もなされていますね。一九四七年の『沈黙は金』。

レヴァン　そう、ハリウッドから帰ってきたばかりのモーリス・シュヴァリエが出ています。ルネ・クレールとは、その後も、『悪魔の美しさ』（一九五〇）、『夜ごとの美女』（一九五二）と、いっしょに仕事をしましたが、スチール写真は撮っていません。ポスター用、パブリシティー用の特写だけです。『悪魔の美しさ』はイタリアとフランスの合作で、イタリアのチネチッタ撮影所で撮った作品です。ミシェル・シモンが出ていた。すばらしい俳優だった。

写真は会話なのです

――あなたの撮られた『悪魔の美しさ』のミシェル・シモンの肖像写真はすごいですね。

レヴァン　わたしはミシェル・シモンの写真を四枚別々に撮ったのですが、ベタ焼きを見ると、まるで同じときに撮った一連の写真のように見事にどれもまったく同じでした。ミシェル・シモンがわたしに同じものを撮らせたのですね。個性的な俳優ほど撮らせかたをよく知っているんですね。

――ルイ・ジューヴェの肖像写真もすばらしいものですが、やはり個性の強い俳優だったのではありませんか?

レヴァン　ルイ・ジューヴェの写真は一九四〇年の『ヴォルポーネ』のときのものです。モーリス・トゥールヌール監督の映画です。ルイ・ジューヴェは映画があまり好きではなかった。映画に出たのは、演劇のため、彼の劇団のために、金を稼ぐためだった。

――演劇人の舞台写真なども撮られましたか?

レヴァン　いや、舞台俳優はドーラン、メーキャップで顔をつくるので、素顔の表情がなくなってしまうのです。わたしは人間の顔の表情をとらえたい。表情をとらえることによって、心を感じ、会話ができるからです。わたしにとって、写真は会話なのです。たとえ話ができなくても――たとえば、わたしは英語がまったくだめなので、アメリカのスターの写真を撮るときなども――ほとんど言葉なしで「会話」ができる。初めて会う相手について、わたしは何も知らない。しかし、相手はプロの人間です。たとえばエヴァ・ガードナーというアメリカの映画女優に初めて会ったのは、一九五九年の『裸のマヤ』（ヘンリー・コスター監督）のときです。彼女はわたしのすぐ目の前に立っていた。衣裳を何種類か持ってきて、わたしに見せて、「どれを着たらいい？」と聞くので、わたしは「衣裳のことはあなたご自身のほうがよく知っていらっしゃるでしょう」と言いました。「いや、写真を撮るのはあなたよ」と彼女が言うので、結局、わたしが衣裳を選びました。次いで、わたしは彼女が立つポジションを決め、ちょっとした動きとか目線などを指示し、照明のセットをした。そこまではたしかにわたしの仕事です。しかし、それからはスターの、プロの俳優の、見せどころなのです。プロとしてライティングをよく知っているので、すごく撮らせかたがうまいのです。

――その点で最もプロと言えるスターは誰でしたか？

レヴァン　アメリカのスターはみな真のプロと言えます。そのために鍛えられている感じです。最も美しく撮られる術、撮らせる術を知っていますね。バート・ランカスターなども、じつに見事にポーズをとって、一時間四十分のあいだ、じっくり付き合ってくれ、たのしく撮らせてくれました。真のプロは仕事に熱心で、いやな顔一つせず、文句も言わず、最も協力的なので、じつにあつかいやすい。

ジャン・ギャバンとブリジット・バルドー

――フランスの俳優はどうですか？

レヴァン　もちろん、フランスの俳優たちもプロですが、アメリカの俳優たちとはかなり違います。ジャン・ギャバンなど、すぐだれてしまって、「ライトが熱すぎる」「くたびれた」と文句ばかり言うけれども、仕事を放棄するわけではない。親しすぎるので、気軽に文句を言うのです。だから、わたしのほうも、「困るな、きちんとやってくれなきゃ」と言い返す、といったぐあいに、和気あいあいの雰囲気で仕事をするのです。

――ジャン・ギャバンの写真を撮ったのは、戦前のジャン・ルノワール監督の映画のときだけですか？

レヴァン　ルノワール作品以外では、『大いなる幻影』と同じ年（一九三七年）に、『使者』（レイモン・ルーロー監督）というギャビー・モルレーと共演した映画のスチール写真を担当したときだけです。戦後のギャバンの特写、肖像写真は一枚も撮っていません。

――あなたの撮られた女優の写真のなかで、最も印象的なのはブリジット・バルドーの一連の写真です。じつにいきいきとしてチャーミングですね。

レヴァン　ブリジット・バルドーとは彼女が十代のころからの知り合いです。仕事のうえで、わたしが彼女を選んだわけでもなく、彼女がわたしを選んだわけでもない。わたしたちが知り合ったのは、まったくの偶然からです。わたしは一九四六年に、イヴ・アレグレの兄のマルク・アレグレ監督の『ペトリュス』のスチール写真を担当して以来、ずっとマルク・アレグレ個人と親しく付き合っていたので、その助監督のロジェ・ヴァディムとも知り合いになり、ヴァディムの可愛い奥さんのブリジット・バルドーとも知り合いになり、写真を撮るようになったのです。

——ロジェ・ヴァディムが脚本を書いて助監督につき、ブリジット・バルドーが出演した一九五六年のマルク・アレグレ監督『裸で御免なさい』のころですね？

レヴァン　もっと前です。一九五三、四年のことです。ブリジット・バルドーはまだ二十歳前で、かけだしの女優でした。わたしたちはすごく気が合った。わたしはブリジット・バルドーの最初の写真家になった。誰が撮っても彼女は美しいけれども、わたしが撮った写真の彼女がいちばん自然でいきいきとしていると思います。

——まったくそのとおりだと思います。ブリジット・バルドーの映画のスチール写真も撮られましたか？

レヴァン　いや、撮っていません。わたしは友だちとして彼女の写真を撮ったのです。ロジェ・ヴァディムの映画のスチールも撮っていません。一九五〇年代には、もうほとんどスチール写真を撮っていません。

——スチールマンとしての最後の作品は何ですか？

レヴァン　ジェラール・フィリップが出た『男の世界』。一九五六年のイヴ・アレグレ監督作品です。当時のイヴ・アレグレ夫人のミシェール・コルドーが共演していた。のちに監督になったジェラール・ウーリーも出ていた。

――一九五六年のジャン・ルノワール監督の『恋多き女』の有名な写真は?

レヴァン　あれはイングリッド・バーグマンの特写だけです。撮影所のセットではなく、わたしのスタジオで撮ったものなのです。わたしは、残念ながら、戦後はルノワールと一度も仕事をしていないのです。

何人かのスター（女優、男優）、監督たちについて語ってもらった思い出やコメントは写真集のなかにキャプション（写真説明）として以下のようにまとめた。

〔女優〕

ブリジット・バルドー

最もセクシーなピンナップ・ガールだ。わたしはブリジットがまだ髪をブロンドに染める前から写真を撮っている。わたしといっしょのときがいちばん安心できると彼女は言う。彼女があなたの前を通り、ふりかえって、あなたを見つめたら、もう一生あなたは彼女のとりこになってしまうだろう。

ミシェール・モルガン

その美しさはこのうえなく繊細で、このうえなく芸術的で、このうえなく誠実だ。われらのミシェール!

シモーヌ・シニョレ

彼女に初めて会ったのは戦時中、南仏ニースの抵抗運動《レジスタンス》のさなかだった。以来、ずっと友だち付き合いをしてきた。知性と教養にあふれたすばらしい女性だ。

マルチーヌ・キャロル

彼女は夫君のクリスチャン＝ジャック監督の『愛すべき御婦人たち』（一九五二）のヒロインを演じたが、写真を撮るためにポーズをとってくれるときの彼女も、陽気で、チャーミングで、協力的で、まさに愛すべき女性だった。心臓発作による無残な急死（四十五歳だった）を思うと、悲しい。

ジャンヌ・モロー

彼女のすばらしさは、家具も何もない室内のインテリアのように解放的で気楽でさっぱりしていることだ。彼女は当時イギリスの映画監督、トニー・リチャードソンといっしょだった。ベールとヒッピー風の長い髪は彼女自身のアイデアだった。わたしは何もしなかった。

ジーナ・ロロブリジーダ

彼女は思わず齧りたくなるような美しい果実だ。ルネ・クレール監督の『夜ごとの美女』（一九五二）に出演したとき、彼女は二十四歳だった……。

イングリッド・バーグマン
その豊かな演技力とエレガントな美しさで世界を征服した稀有なスターだ。

ロミー・シュナイダー
その女らしい感受性、やさしさ、気くばり、美しさ。女らしさのすべてが、彼女だ。あとには何が残ったか――その不幸な死の悲しい思い出だけ。

エヴァ・ガードナー
この目のくらむような美しさは、天使なのか、悪魔なのか。豹のような獰猛さ、しなやかさで、映画を魅惑したアメリカ女優だ。

ジェーン・フォンダ
私の知るかぎり、最も美しい脚の女性だ。気立てもよく、はつらつとしていて、仕事の面でも真のプロと言える女優だ。

〔男優〕
ジャン・ギャバン
この名優の魅力については言いつくされてきたし、わたしがあえてそれ以上言うことはない。わたしは彼が歩く姿を写真に撮った。ジャン・ルノワール監督の映画で、和気あいあいの人間関係のなかで撮った。

ルイ・ジューヴェ

偉大な演劇人だが、スクリーンに忘れがたいシルエットを残した。俳優として映画で得た収入をすべて演劇の創造のために使い果たしたといわれる。

ジェラール・フィリップ

貴公子だ。すべての美徳を持ち合わせている。あまりにも早くこの世を去ったこの偉大な俳優について何を言ったらいいだろうか。

ミシェル・シモン

その才能のユニークさは言葉で言いつくせないものだ。大の人間嫌いで知られていたが、動物への愛は心を打つやさしさにみちあふれたものだった。

〔**監督**〕

ジャン・ルノワール

偉大な映画監督だ。何よりも俳優たちを愛していて、彼らをいきいきと演じさせることにかけては天才的だ。『大いなる幻影』（一九三七）以来、私は数年間、ジャン・ルノワールといっしょに仕事をし、親しい友だちになれた。

ルネ・クレール　繊細で、深い教養にみち、静かなユーモアにあふれた芸術家だ。イタリアの偉大な映画監督、ヴィットリオ・デ・シーカはこう言ったことがある。「いつもわたしの念頭にある映画作家はルネ・クレールとチャップリンだ。彼らが映画芸術のすべてを創造したんだ」と。

スチール写真から肖像写真へ

――戦後、スチール写真をあまり撮られなかったのはなぜですか?

レヴァン　一本の映画の撮影にまるまる付き合うことは、もちろん、とても興味深いことなのですが、一か月から三か月もかかる。年に四本も付き合うと、もうほかの仕事が全然できなくなるのです。わたしは肖像写真に興味があり、そこに専念したかったので、スチールからはしだいに遠ざかる結果になったのです。それに、戦後、映画づくりがさつになるにつれて、スチールマンの仕事はどんどんなおざりにされるようになった。支払いは悪いし、今日、フランスでは、もはや存在しないと言ってもいい職業です。

かつては、シーンを撮り終えるごとに、かならず、同じシーンを再現して、同じライティングでスチール写真を撮るようになっていたのですが……。

——同じライティングで？

レヴァン　そう、同じライティングで。ところが、その後、状況はすっかり変わってしまった。映画を撮るスピードが早くなったために、スチールを撮らせる余裕がなくなってしまったのです。スチール写真は、撮影の本番中にはもちろん撮れないので、テストのときに撮ってしまわなければならない。映画のシーンを再現するというスチール写真の本来の意味が、すでに失われてしまっているのです。

かつて、スチールマンの役割は単に映画の宣伝用の写真を撮るだけではなかった。映画がどのようなスケールで、つまり、どのくらいの金をかけて、どのように映画がつくられたかを誇示するために、プロデューサーが、出資者が、ほとんど自分のために、スチールマンを雇って写真を撮らせたのです。スチールマンは写真を撮って、「これがセットです」「これがスターです」といったぐあいに出資者に見せたものです。それが「あなたのお金がこのようなセットになり、このように使われました」という証明にもなったのです。

——あなたがこれまで写真を撮る機会がなかったスターのなかで、この人だけは撮りたかったというのは誰ですか？

レヴァン　マリリン・モンローとエリザベス・テイラー。マリリンは、残念なことに、フランスにこなかった。リズは何度も来たけれども、ついに写真を撮るチャンスがなかった。

——いま、フランスで撮りたいと思われる女優はおりますか？

レヴァン　イザベル・アジャーニですね。とくに彼女のデビュー当初はすばらしい写真が撮れるだろうと思いました。しかし、出会いのチャンスがなかった。といっても、要するに、おたがいの意志の問題ですからね。こっちが撮りたい、向こうが撮られたいという、おたがいの意志が合致しなければ、出会いのチャンスは生まれませんから。

（一部初出、一九九二年、「FLIX」／再録、二〇〇八年、「ユリイカ」別冊——総特集「ジャン・ルノワール」）

＊1 **（追記）** サム・レヴァンはこのインタビューのあと、フランスに帰って間もなく（一九九三年十一月五日）亡くなった。享年八十四。

ルネ・リシティグ

失われた映画を求めて――映画の編集と修復

東京国際ファンタスティック映画祭'92の「SPECIAL企画シネマレジェンド」として上映された『カサノバ　スコア・バージョン』は圧巻と言うしかないすばらしい催しであった。

『カサノバ』は一九二七年のアレクサンドル・ヴォルコフ監督による、サイレント末期の知られざる名作である。一九二〇年代のフランス映画史を席捲し、輝かせた亡命ロシア人（貧しい難民ではなく、金銀財宝と芸術的教養を豊かに持ち合わせた貴族階級）の伝説のスター、イワン・モジューヒンが主演した伝説の映画だ。

風紀を乱す大胆で奔放な描写ゆえに各国で検閲騒ぎを起こし、日本でも戦前、『ロベルト』の題でずたずたにカットされた版が公開されただけ。田中純一郎著「日本映画発達史Ⅱ　無声からトーキーへ」（中央公論社）にも、「昭和五（一九三〇）年に検閲受難を見た欧州映画の一本で、「テクニカラーの華麗な場面が連続し、濃厚なエロチシズムがあった」が、発禁本の「カサノヴァ情史」の映画化ということもあって、検閲で「カサノヴァ」の文字が許されず、「『ロベルト』と改題したうえ、キス・シーン全部をカットされたので、魅力は喪失した」という記述がある。

その失われた「魅力」の完全復元版（二時間二十分の染色版）にジョルジュ・ドルリュー作曲の新しい音楽《スコア》を入れた[*1]『カサノバ　スコア・バージョン』が、ついに日本登場。その修復《レストア》・編集を三年がかりで手がけたシネマテーク・フランセーズのルネ・リシティグ女史が来日した。一九二一年生まれの七十一歳。このSPECIAL企画の仕掛人であり東京国際ファンタスティック映画祭プロデューサーの小松沢陽一氏も述べられていたように、「とても元気で陽気なおばあちゃん」で、すばらしい映画狂であった。（以下のインタビューも小松沢氏のご好意によってセッティングされたものである）。

日本に来たのは初めて。「三度目の正直」とのことだった。一度目は一九六一年に『キング・オブ・キングス』（一九六一）の編集を担当しているときに、監督のニコラス・レイが「次回作は日本で撮るからね、いっしょに日本に行こう」と誘ってくれたが、その「次回作」が企画流れになった。二度目はそれから七年後の一九六八年にエチエンヌ・ペリエ監督の『ホットライン』の編集を担当し、それから七本つづけて同監督といっしょに仕事をすることになって、あるとき、ショーウィンドーをのぞいて、日本製のカメラを買おうとすると、ペリエ監督が「次回作は日本で撮るんだ、だから日本へ行ったときに買えばいい、ずっと安いから」と言ってくれたが、この「次回作」も撮られなかった。「やっと、こんどムッシュー・コマツザワのおかげで、日本にくる夢がかなえられたのです」。

アンリ・ラングロワのシネマテーク・フランセーズで失われた映画の発見や復元の仕事にとりかかる前に、ルネ・リシティグ女史はジャン・ルノワール監督の晩年の三作、『コルドリエ博士の遺言』（テレビ映画、一九五九）、『草の上の昼食』（一九五九）、『捕えられた伍長』（一九六二）、ニコラス・レイ監督の『キング・オブ・キングス』、マルセル・カルネ監督の『若い狼たち』（一九六七）などの編集を担当し、一九五六年にはエーリッヒ・フォン・シュトロハイム監督とともに復元・再編集した同監督の一九二八年のサイレント映画の名作『結婚行進曲』をきっかけにシネマテークにおける復元作業にとりかかる。

ラングロワ、ルノワール、ニコラス・レイ、シュトロハイム、マルセル・カルネ……そしていろいろな映画をめぐって、話はたのしくあちこちに飛んだ。

映画に生きる

——ルネ・リシティグさんは一九二一年、上海生まれとのことですが、国籍は、フランスですね？　いつごろから、どのようにして映画の道に進まれたのでしょうか？

リシティグ　わたしの父はルーマニア人、母はロシア人で、父は上海の鉄道電信会社の技師でした。父も母も映画が大好きで、姉とわたしはよく映画に連れて行ってもらいました。わたしがまだとても小さかったころ、父がパテ・ベビーという小型のキャメラを買ってくれたことを思いだします。パテ・ベビーというのはフィルム幅が９・５ミリの小型キャメラで映写機《プロジェクター》にもなるという、アマチュア映画用のものですが、ときにはプロも使うものでした。わたしは大よろこびで、いろんなものを撮りまくり、近所の子供たちを集めて上映して見せたものです。それから、父が死んで、家庭が貧しくなってからは、もちろんそんなぜいたくはゆるされず、映画を見るという、最も経済的な、お金のかからないたのしみだけになるのですが、父が生きていたころは裕福で、わたしの最初の映画との接触もそんなふうにぜいたくなものでした。

――お父さんは上海で亡くなられたのですか？

リシティグ　いいえ、フランスに来てから……わたしが十一歳のときでした。一九二七年の革命、蔣介石が上海で共産党に対して起こしたクーデターのとき、父は安全のためにわたしたちをフランスに送り、自分はそれから二年間、上海に残りました。そして、会社との契約を終えてから、フランスにやってきました。ちょうど映画がトーキーになったばかりで、父はエクレール社で、次いでトビス社で、録音技師に雇われました。女流監督のジェルメーヌ・デュラックと仕事をすることになったのですが、映画の編集中にフィルムが発火し、父は焼死しました。

――当時のフィルムは可燃性でしたから、よくフィルムの発火による火災が起きたようですが、お父上もそうした事故で焼死されたのですか……。

リシティグ　そうです。信じがたい事故でした。以来、母は映画という言葉すら口にだしたがらなくなりました。

しかし、映画監督になるのが少女時代からのわたしの夢でした。とはいうものの、あのころは女性が映画監督になるなんて、まったく不可能なことでした。もちろん、例外はありました。世界最初の女性監督、アリス・ギーはフランス映画の創始者の一人ですし、彼女に次いで、

『貝殻と僧侶』（一九二七）など数々のアヴァンギャルド映画を撮ったジェルメーヌ・デュラックが出たし、戦後も、『処女オリヴィア』（一九五〇）のジャクリーヌ・オードリーは現役でした。ドイツには有名な『制服の処女』（一九三一）のレオンティーネ・ザガン、アメリカには『人生の高度計』（一九三三）などのドロシー・アーズナーが映画史上に足跡を残していた。でも、それぐらいのもので、女性の映画監督は世界に四、五人しかいなかったのです。そこで、わたしは、監督に次いで映画的創造に最も近い仕事は何だろうかと考え、編集を選んだのです。映画は編集によってよくも悪くもなる。最終的に映画を生かすのも壊すのも編集の力なのです。といっても、当時、戦争直後ということもあって、失業者は街にあふれていたし、そのうえ映画界に入るのはとてもむずかしかった。もちろん、見習いからはじめなければならないけれども、見習いですらなかなか雇ってもらえなかった。どの撮影所も人員がありあまっていて、新入りなど必要としていなかったのです。わたしはあちこちに手紙を書いたり直接会いに行ったりして、やっと一か所だけ、返事があったのですが、むこう二年間は見習いという契約条件でした。二年間も見習いなんて……でも、わたしは結局そこで二十二か月間、ほぼ二年間ですね、見習いとして働きました。それから、わたしは、ちょっとしたコネを見つけて、エクレール社の撮影所長に会いに行きました。所長の奥さんがわたしの父の名前を知っていて、わたしのことを所長に話してくれたのです。しかし、所長はこう言ったものです。「きみを雇ったりしたら、撮影所の連中が黙ってないだろうからね。連中の仕事を奪うわけにはいかんからね」。わたしは現像所《ラボ》の掃除婦でいいから、働かせてほしいとたのみました。「フィルムのくずなんかがちらかるでしょう。掃除のおばさんが必要ではありませんか？」って（笑）。
撮影所長のムッシュー・テリュスは、びっくりして、目の前の若い女を（わたしはまだ若かったから）まじまじと見て、それから笑いだしました。「よかろう。掃除のおばさんでいいなら、雇いましょう」。

――本当に掃除のおばさんをやったのですか？（笑）

リシティグ　やりました（笑）。わたしは本当に掃除もやり、何でもやりました。ラボの仕事もすべて手伝い、現像のプロセス、とくにフィルムの画調の調整、タイミングについて学びました。カットが変わるごとに、雨の日か快晴《ピーカン》か、光の状態を調べて画面の明るさを、画調を、調整することです。映画の編集ではいちばん大事なことですからね。それから、やっと編集の見習いにつくことができたのです。

フィルム編集と吹替え

――編集の見習いとしてつかれたのは何年ごろからですか？

リシティグ　一九四八年か四九年からだったと思います。マルセル・クラヴェンヌ監督の『死の踊り』（一九四六／四八）だったか……いや、ベルナール・ロラン監督の『ある殺し屋の肖像』（一九四九）だったか……どちらかです。記録《スクリプター》の見習いもやりました。映画の演出の仕事を現場で見て知りたいと思ったのです。それから、次々にいろいろな作品について、編集助手をへて編集技師として独立したのが一九五六年です。ベルリンで撮ったフランスとドイツの合作映画で、『ガソリン・ボーイ三人組』。

——トーキー初期のドイツ映画の名作に『ガソリン・ボーイ三人組』（ヴィルヘルム・ティーレ監督、一九三〇）というのがありますが……。

リシティグ　そのリメークです。ジョルジュ・ゲタリとクリスチーヌ・カレールが主演した『ガソリン・ボーイ三人組』（ハンス・ヴォルフ監督、一九五五）。一九三〇年にアンリ・ガラとリリアン・ハーヴェイの主演で大ヒットした同名の作品のリメークで、フランスとドイツの合作だったのでドイツ語版とフランス語版がつくられ、わたしはフランス語版のほうの編集を担当したのです。一九三〇年の『ガソリン・ボーイ三人組』はドイツ語、フランス語、英語の三か国語の版《バージョン》がつくられました。

——映画がトーキーになって、まだダビングの技術が発達していなかったためですね？

リシティグ　そのとおりです。トーキーの初期は同時録音で直接フィルムに音を入れる方法しかなく、吹替えの技術がなかったので、俳優そのものを取り替えて、各国語の版《バージョン》をつくったのです。フランス語版はフランスの俳優で、ドイツ語版はドイツの俳優で、英語版はイギリスの俳優で。当時は一本の映画がつねに三か国語で撮られ、まったく同じ物語なのに、別の俳優が演じるので、まったく違う映画が三種類できたのです。

——そういえば、最近、日本のテレビで一九三四年のフランス映画『別れの曲』（ゲザ・フォン・ボルヴァリー監督）が放映されたのですが、ドイツ語版でした。日本の劇場で公開されたフランス語版ではフランス俳優のジャン・セルヴェがショパンの役を演じていたのですが、ドイツ語版ではまったく別の知らない俳優が演じているので、びっくりしました。

リシティグ　どの映画も三か国語で撮られていました。フランスにはパリ郊外のサンモリッツにパラマウントの撮影所があって、三か国語用のステージがつくられ、同じセットで俳優だけを取り替えて撮影できるようになっていました。各国語で書かれた同じ台本にもとづいて同じシーンを、まずフランスの俳優を使ってフランス語で、次にドイツの俳優を使ってドイツ語で、それからイギリスの俳優を使って英語で、といったぐあいに次々に撮るのです。ときにはイタリア語版、スペイン語版などを撮ることもありました。

――監督もそれぞれ別の人がやったのですか？　『別れの曲』の監督は同じでしたが……。

リシティグ　監督は原則として一人ですが、各国語版に監修者がかならず付きました。一九三五年のジャック・フェデル監督の『女だけの都』では、助監督だったマルセル・カルネがフランス語版の監修を担当しています。これは映画監督をめざす若い人たちにとっては演出を学ぶすばらしいチャンスでした。ときには監督の指示のもとに俳優に芝居をつけたり、演出をするというようなこともあったようです。たしか、クロード・オータン＝ララが、そんなふうにして、フランス語版の監修者から監督になった。彼の回想録のなかに書いてあったと思います。

――フレッド・ジンネマン監督もアメリカ映画のドイツ語版をつくるという修業時代に演出を学んだと語っていますね。

リシティグ　そうです。それは短い期間でしたが、とても豊かな時代だったと思います。しかし、このやりかたには時間もかかり、お金もかかりました。そこで、まもなく、吹替えの技術が開発され、一九三〇年代の半ばごろからはもうこうした各国語版を撮る方法はすたれてしまっていたのですが、ヨーロッパでは、戦後のある時期まで、合作などの場合にはまだこの方法がときとしてとられていたのです。しかし、三か国語版というようなことはもうありませんでした。ドイツとフランスの合作の場合にはドイツ語版とフランス語版だけです。それぞれの国のプロデューサーがそれぞれの国のスターを使いたいというような条件で合作がおこなわれたからなのです。

——なるほど、それでよくわかりました。一九五五年のジュリアン・デュヴィヴィエ監督の『わが青春のマリアンヌ』が最近、日本でビデオ発売されたのですが、これがやはりドイツ語版でした。かつて劇場で公開された版はフランス語版で、ピエール・ヴァネックが主役の少年を演じていたのですが、ドイツ語版のほうでは別のドイツの若手俳優が……

リシティグ そう、ホルスト・ブーフホルツが演じている版ですね。わたしが編集を担当した『ガソリン・ボーイ三人組』もまったく同じケースです。フランス語版とドイツ語版を同時に撮り、フランス語版ではジョルジュ・ゲタリが、ドイツ版ではヴィリ・フリッチュが演じました。

——一九五五年の『ガソリン・ボーイ三人組』の監督はハンス・ヴォルフで、ドイツ語版の監修者は、たしか、ヴィリ・フォルストですね。フランス語版の監修者は誰だったのですか？

リシティグ ピエール・レオー。そう、フランス語版監修者が付きましたから、わたしは映画を撮った監督とはまったく接触せず、フランス語版の監修者といっしょに仕事をしただけです。

その監修者がピエール・レオーのお父さんです。彼が助監督もやり、フランス語版の監修を担当したのです。

――ピエール・レオーはシナリオライターですが、助監督もやっていたのですか？

リシティグ　この映画では助監督でした。脚本にも協力していたのかもしれません。奥さんのジャクリーヌ・ピエルーは女優で、いっしょにベルリンに来ていました。ジャン＝ピエール・レオーのお母さんです。美しい女優でした。

リシティグ　彼女も『ガソリン・ボーイ三人組』に出ていたのですか？

リシティグ　いえ、そうではありません。夫のピエール・レオーに付き添ってきたのです。

――どんな女優だったのですか？

リシティグ　あだっぽい女の役が多かったと思います。スターではなかったので、代表作が何か、ちょっと題名が思い出せないのですが、とても美しい女優でした。

アンリ・ラングロワとメリー・メールソン

――ジャン・ルノワール監督と仕事をなされたのは、いつごろからですか？

リシティグ　一九五九年、『コルドリエ博士の遺言』からです。それからすぐ、同じ年に『草の上の昼食』、六一年に『捕えられた伍長』と三本つづけて編集を担当しました。すばらしい体験でした。ムッシュー・ルノワールの最後の作品になった一九六九年の『ジャン・ルノワールの小劇場』は、残念ながら、わたしはほかの仕事が入っていて、編集にたずさわることができなかったのですが……。

――ジャン・ルノワール監督の仕事をなされることになったのは偶然なのですか？

リシティグ　偶然ではありません。わたしはぜひともムッシュー・ルノワールといっしょに仕事をしたかったし、そのチャンスを待ち構えていたのです。そこにたどりつくまでには長い話があります。

一九四八年、わたしがまだエクレール社の現像所《ラボ》で雑用係として働いていたときに、撮影所の同僚の女の人が、パリ八区のメッシーヌ通りにできたシネマテークの話をしてくれました。「あんたの同類がいるよ」と言うのです。アンリ・ラングロワのことでした。「まったく映画に狂っているとしか思えない男が、毎晩三本ずつ古い映画を上映して見せている。行ってみたら？」。で、わたしは行ってみました。まだそれほど太ってはいないアンリ・ラングロワが、大きな目玉をギョロつかせて、入口に立っていました。入場券を売っていたか、もぎりをしていたか……。何週間かシネマテークにかよってから、わたしはアンリ・ラングロワに会いに行きました。そして、無謀にも、こんなおねがいをしたのです。「ムッシュー・ラングロワ、わたしは映画の仕事をしているのですが、まだ見習い中で、お金がありません。なんとか入場料を特別に安くしてもらえないでしょうか？」。彼はわたしをギョロリと見て、言いました。「よし、半額にしてやる」。というわけで、以後、二フランで入れてくれました。こんなふうにして、わたしはアンリ・ラングロワとすっかり意気投合して仲よしになり、彼の同志であり伴侶であるメリー・メールソン女史を紹介され、親しくなった。メリーはそのころからもう、こん

アンリ・ラングロワ　©「ヌーヴェル・ヴァーグによるヌーヴェル・ヴァーグ」（アンドレ・S・ラバルト／ジャニーヌ・バザン監修・構成、1995）より／D.R.

なに太っていました（笑）。

メッシーヌ通りにあったころのシネマテークは知っていますか？

――いえ、私がパリに初めて行ったのは一九六四年の末ですから……。

リシティグ　ああ、映写会場がもう［パリ五区の］ユルム街と［パリ十六区の］シャイヨ宮に移っていましたね。その前はメッシーヌ通りにあって、映画を愛する若者たちの熱気があふれかえっていました。映写会場は小さかったけれども、まさに映画狂の殿堂という感じでした。

――そのころのシネマテークの話はフランソワ・トリュフォーからよく聞かされました。のちにヌーヴェル・ヴァーグの監督になるトリュフォー、ゴダール、シャブロル、リヴェットといった若者たちが毎晩かよいつめていたころですね？

リシティグ　そう、すべての映画狂が集まってきたのです。わたしはアンリ・ラングロワ、メリー・メールソンの二人とどんどん親しくなり、メリーはよく、映画の上映が終わってから、夜食に招いてくれました。彼女はスタッフをもてなすために、二十人前ものマカロニをつくったりしました。よくわたしを食事に招いてくれ、貧しいわたしに食べさせてくれたのです。そんなこともあって、わたしは少しずつシネマテークの仕事を手伝うようになりました。もちろん、報酬なしです。わたしの母は絶望的になったものです。「まったく、ばかなことばかりして、どうやって生きてくつもりなの？」。しかし、わたしはシネマテークで仕事をするだけでたのしかった。それから一年半か二年ぐらいしてから、シネマテークの会計が多少うるおってきたらしく、アンリ・ラングロワはほんの少しばかりわたしに支払ってくれるようになりましたが……（笑）。

——そのころから古い映画の復元作業をやりはじめたのですか？

リシティグ　そのころわたしがやっていたことは、上映用のプリントの状態を調べて、点検、クリーニング（フィルムの汚れ落とし）、パーフォレーション（フィルム送りの孔＝目）の目くずれの補修などの応急処置をおこなうことでした。プリントを保存するだけでも精いっぱいだったのです。復元作業にとりかかるには、シネマテークはまだ貧しすぎました。できることは何でもやったのです。それから、夜はアンリ・ラングロワの口述で手紙を筆記したりしました。それからそのうちに、映画の編集の仕事のほうで収入も順調に入り、生活も安定してきました。それからしばらくして、メリー・メールソンがわたしにエーリッヒ・フォン・シュトロハイムを紹介してくれたのです。一九五六年のことです。シュトロハイムは彼が一九二六年から二七年にかけて撮ったサイレント映画『結婚行進曲』のサウンド版をつくるために、信頼できる編集者をさがしていたのです。

シュトロハイムとともに

——一九六五年にシネマテークで『結婚行進曲』のサウンド版を真っ新《さら》のニュープリント（としか私には思えないくらいきれいなプリントでした）で見たことがあります。じつにすばらしいものでした。カラーの部分など、一巻だけとはいえ、目のくらむような美しさでした。

リシティグ　そのサウンド版は一九五六年にわたしがつくったものです。わたしが本格的に復元作業に取り組んだ最初のものです。

――『結婚行進曲』の音楽《スコア》はそのときに新しく作曲されたものですか?

リシティグ　いえ、オリジナル・スコアです。というのも、一九二八年にサイレント版で公開されたときに、シュトロハイムがすでにサウンド版をつくるつもりで、G・S・ザメツニックとルイス・デ・フランチェスコに音楽を作曲させ、録音もしてあったものです。その録音ディスクが(当時はテープではなく、円盤《ディスク》に録音していました)発見されたことから、サウンド版として完全復元することになり、一九五六年の「ブラジルの」サン・パウロ映画祭に招待されてプレミア上映されることになったのです。ということは、映画祭までに間に合わせなければならないということであり、ほとんど不可能への挑戦でした。しかも、映像が録音ディスクと完全には同調せず(三十三回転のディスクでした)、あちこちに音ズレが出てくる。それに最後の一巻はひどくいたんでいました。「映画祭までに完成したら奇跡だ」とシュトロハイムは言っていたものです。「映画なしに、映画祭には行けない」。映画祭まで三週間、日曜日も休まずに働き、最後の一週間はほとんど夜昼分かたずに働きつづけました。シュトロハイムの最後の伴侶だった女優のドニーズ・ヴェルナクもいっしょに付き合って助けてくれました。

わたしが二人といっしょにそんなふうに親しく知り合ったのはそのときが初めてですが、二人と出会ったのは、映画のなかですが、もっとずっと前でした。一九四八年、わたしが編集と記録の見習いとして最初についた映画の一本『死の踊り』に主演していたのがエーリッヒ・フォン・シュトロハイムとドニーズ・ヴェルナクでした。

『結婚行進曲』（1928／1956）のサウンド版編集中のエーリッヒ・フォン・シュトロハイム　©シネマテーク・フランセーズ／D.R.

——怪物といわれたエーリッヒ・フォン・シュトロハイムですが、わがままで、気むずかしくて、残酷で、容赦ない完全主義者で、仕事がやりにくかったところもあったのではありませんか?

リシティグ　とんでもない。あれほど心がひろく、やさしく、思いやりのある人もめずらしい。じつに繊細な心の持ち主でした。あの見かけの冷酷さ、いかつさは、自分のやさしさを押し隠して人をだますための仮面だったのです。彼はいつも大きな車に乗ってやってきました。ビリー・ワイルダー監督の『サンセット大通り』(一九五〇)に出たときに運転していた車です。

——執事として女主人のグロリア・スワンソンを乗せて運転していた車ですか。あれはシュトロハイムの車だったのですか?

リシティグ　シュトロハイムが映画のあと買い入れたのだそうです。その車をフランスに持って来て乗り回していました。ただし、運転していたのはドニーズでした。二人はパリ郊外のセーヌ・エ・オワーズ県のマント・ラ・ジョワに住んでいました。

——一九五六年といえば、エーリッヒ・フォン・シュトロハイムが亡くなる一年前ですね?

リシティグ　そうです。七十歳をすぎていました。でも、まだ映画を撮りたくてプロデューサーをさがしていました。記録《スクリプター》の仕事をやっていたわたしの姉(リュシー・リシティグ)もシュトロハイムの大ファンで、プロデューサーさがしに一役買ったことがあります。ベルギーのプロデューサーたちが企画に興味を示してシュトロハイムに会いに来たのです。シュトロハイムはプロデューサーたちをはじめ、わたしたちみんなを食事に招き、食卓で企画中の映画の話をしました。それはすばらしいストーリーでした。年老いた召使の女が若い女主人の不倫を知って脅迫する話で、シュトロハイムがその物語を語ると、もう映画のシーンが次々に浮かんでくるようでした。わたしはただシュトロハイムを見つめ、シュトロハイムの話に耳を傾け、何も食べられなかった。どんな料理が出たのかもおぼえていない（笑）。

――シュトロハイムの実現されなかった何本かの映画の企画のなかに、たしか、『ブラジルから来たいとこ』という題だったと思いますが、屋敷の若い女主人が、夫が旅に出た留守中に、ブラジルから来た美しい魅力的ないとこの青年と恋におち、それを知った召使の女にゆすられるという話がありましたね。

リシティグ　そう、それです。召使と女主人の立場が逆転する話です。それはすばらしい話でした。シュトロハイムの話にわたしはただもう、うっとりと聴き入っただけでした。しかし、それもついに撮れずに、シュトロハイムは亡くなりました。*2 あの日曜日の昼食会は、わたしにとって、一生忘れられない思い出です。シュトロハイムが話すのをわたしはただ見つめ、聴いていました。

――シュトロハイムはジャン・ルノワール監督の『大いなる幻影』（一九三七）にも出演していますが、そのときの話など何かお聞きになりましたか？

リシティグ　『大いなる幻影』についての話は何も聞きませんでした。ただ、ルノワールもシュトロハイムもおたがいにとても尊敬し合っていたことはたしかです。

ジャン・ルノワールとの出会い

――リシティグさんがジャン・ルノワール監督と初めてお会いになるのは、いつごろですか？

リシティグ　シュトロハイムと知り合ってから二年半後です。メリー・メールソンがやはり紹介してくれたのです。わたしはすでに何本か編集の仕事をやっていましたが、夢中になれるような作品はなく、シネマテークの仕事のほうを優先していました。『結婚行進曲』のあと、アンリ・ラングロワにたのまれて、ピエール・プレヴェール監督の一九四三年の『アデュー・レオナール』の復元にとりかかりました。そんなふうにして、アンリとメリーといっしょに三年間、仕事をつづけました。その間に、シネマテークの事務所がパリ十六区のスポンティーニ街に引越し、映写会場も五区のユルム街にあるソルボンヌ大学教育学部の講堂に移って、学生たちがむらがるようになった。そして、また、事務所が十七区のクールセル街に移って、そのときからシネマテークのメインの映写会場が十六区のシャイヨ宮になるのですが、わたしはずっとシネマテークとともに歩んできて、アンリ・ラングロワの仕事に魅せられ、わたし自身の本業《メチエ》をちょっとだけなおざりにしていたのです。そんなときに、メリー・メールソンがジャン・ルノワール監督に紹介してくれて、「そろそろ本業に戻るべきよ」と言ったことをよくおぼえています。もちろん、そうでなくても、わたしは敬愛する偉大なジャン・ルノワール監督を前にして、身がひきしまる思いでした。

――ジャン・ルノワールとほかの監督との違いがあるとしたら、編集する立場から見て、それは何ですか？

リシティグ　ふつう、編集の仕事は映画の撮影が終わってからはじまるので、編集者が撮影の現場に立ち会うことはないわけですが、ムッシュー・ルノワールはいきなりわたしを、撮影に入る前に、それもクランクインの一か月前に、呼び寄せ、俳優の演技リハーサルから付き合わせました。こんなことはわたしにとって初めてのことでした。『コルドリエ博士の遺言』（一九五九）はフランス国営テレビの制作だったので、パリ十区のショーモン街のテレビ局のスタジオで俳優の演技リハーサルがおこなわれました。キャメラなしのリハーサルです。わたしは初めて、ムッシュー・ルノワールが俳優に動きや芝居をつけるところを見ることができて、気も狂わんばかりでした。すばらしかった。

――それからずっと映画のすべての段階に付き合われたのですか？

リシティグ　そうです。映画の準備段階から映画ができあがっていくすべての過程を見せられました。わたしは幸福感と恐怖でふるえました。

――次の『草の上の昼食』や『捕えられた伍長』でも、やはり同じように俳優の演技リハーサルから撮影中も立ち会われたのですか？

リシティグ　そうです。ただ、『草の上の昼食』はロケーションが中心だったので、わたしはセット撮影を見せてもらっただけですが、ムッシュー・ルノワールに「きょうは見にきてくれ。意見を聞かせてほしい」と言われるたびに、ふるえました（笑）。

――ルノワールはよく意見を聞いたのですか？

リシティグ　他人の意見をよく聞いて、いいアイデアはどんどん採り入れました。わたしにはこんなふうにたずねたものです。「ここはこんなふうに撮るつもりだが、編集ではうまくつながるだろうか？」といったぐあいに。ムッシュー・ルノワールに相談されるなんて……わたしはふるえました（笑）。じつにすばらしいことでした。

ムッシュー・ルノワールのやりかたでわたしが最も好きなのは、俳優に向かってけっして「それじゃだめだ」「それはよくない」などと否定的に言わなかったことです。「（ジャン・ルノワールの口調をまねて）すばらしい！　見事だ！」とつねに絶賛してから、「でもこうしたらどうだろう？」「きみの考えでは、こんな場合どうする？」といったぐあいにもっていって、結局は自分の求めているものをすべて俳優からひきだし、手に入れてしまうのです。「それじゃだめだ。もう一回やり直し！」などと言ったことは聞いたことがありません。

——編集者に対してはどのように指示されたのですか？

リシティグ　何も言いません。わたしにすべてをまかせてくれます。最初から「ああしろ」「こうしろ」といった指示は一切なし。編集室にやってきて口だしすることもない。編集室にやってくるのは昼食か夕食に誘ってくれるときだけ。『捕えられた伍長』のときに、一度だけ、編集室に入ってきたことがあるのですが、それは戦争のニュース・フィルムのどのシーンを使うか、わたしといっしょに編集機で見て決めるためでした。

——完全に編集をまかせっきりなのですか？

リシティグ　もちろん、わたしのほうも勝手に編集するわけではなく、記録《スクリプター》の女性がメモしたシート（記録用紙）をもとにフィルムをつないでいきます。シートには撮影の詳細なデータと

ルネ・リシティグ

『草の上の昼食』(1959) 撮影中のジャン・ルノワールとカトリーヌ・ルーヴェル©
D.R.

ともに、ジャン・ルノワールが撮影現場で言ったこともすべて記されていますから、わたしは監督の意図をそこから読み取り、わたしなりに編集するわけです。ジャン・ルノワールは、編集ずみのラッシュ・フィルムを試写室のスクリーンで見るだけ。そして、「ここはもう少し長く」とか、「ここは捨てていい」とか、自分の考えを言ってくれる。ニコラス・レイもそうだった。編集室に入ってきて、ああだ、こうだと口だしをしたことはありません。わたしの方法は、監督に編集を一任され、わたしなりにいいものと悪いものを選り分け、映画のためにいい方向に編集する。もしそれが監督の気に入らなかったら（当然ながら監督がすべてを決定するのですから）わたしはすべてをやり直す。しかし、すべてをやり直さなければならないとしても、最初からすべてをまかせてもらったほうがいい。編集は編集者にまかせ、編集ずみのフィルムをスクリーンで見るところに、ジャン・ルノワールの頭のよさが感じられます。作品をいったん自分の手から放して、距離をもって見ることによって、ある種の客観性を作品にもたらすことができるからです。

映画は一人の芸術家がつくるものではなく、大勢で力を合わせてつくるものだという考えが、ムッシュー・ルノワールのスタッフには浸透していました。ムッシュー・ルノワールはみんなの力をひきだして結集する現場の監督なのです。だから、彼は、けっして「こうしろ」「ああしろ」とは言わずに、誰にでも「どう思う？」「どうやればいい？」と聞くのです。もし相手の意見がよければ、「よし、それでいこう」ということになる。わたしに対しても同じです。わたしが「こう思う」と信じて編集したフィルムを見て、彼はよければ「これでいこう」と言い、だめならば「ここはロングで撮ったカットのほうがいい」とか、「背中だけのカットのほうがいい」とか指摘してくれる。仕事中に編集室に入ってきて邪魔したりしない。それぞれの部署《パート》のそれぞれの人間の仕事を尊重してくれたのです。

ニコラス・レイ、ヴィンセント・ミネリ、マルセル・カルネ

――ニコラス・レイ監督とはどのようにして出会ったのですか?

リシティグ　一九四九年にニコラス・レイの映画を見て以来、いつか監督本人に会いたいと思っていました。一九四九年、わたしは二十七歳でした。そのころ、ブロードウェイという映画館がパリのシャンゼリゼ大通りにあって(一九六〇年代まであったと思うのですが、いまはもうありません。マリニャンという映画館の真向かいにありました)、そこで偶然、上映中の映画の看板を見て、衝動的に見たのがニコラス・レイ監督の第一作、『夜の人々』(一九四八)でした。すばらしい作品でした。わたしは魅惑され、以来、ニコラス・レイの作品が公開されるたびに見に行きました。どの作品もすばらしく、魅惑されました。そんなある日、姉のリュシーがこう言ったのです。姉がハリウッドの何人かの監督の記録《スクリプター》の仕事をつづけていたことは言いましたね。姉も、映画が大好きで、といってもわたしほどではありませんが(笑)、早くから映画の仕事についていたのです。その姉が「北アフリカのリビアでロケーション撮影する英仏合作の映画の仕事があるけど、迷ってるの。監督はニコラス・レイとかいうアメリカ人、知ってる?」って言うので、わたしは「知ってるなんてもんじゃないわ。最高の監督よ。絶対オーケーすべきよ」と言ったのです。で、姉はその映画の記録《スクリプター》をやることになった。映画の撮影が終わって、姉から電話があり、「画像の編集は済んだけど、音声の編集を急いでいるの。やる気ない？」と言うので、「ニコラス・レイの映画だったら何でもやるわ！」とわたしはすぐ飛んで行った（笑）。というわけで、『にがい勝利』（一九五七）の音編に起用されることになり、これがニコラス・レイ監督との最初の直接的な出会いになった。画編のほうはレオニード・アザールがやっていた。

ニコラス・レイは人間的にもすばらしく、わたしの仕事にも満足してくれ、またぜひいっしょに仕事をしたいと言ってくれた。そして、一九六一年にまたヨーロッパで、スペインのマドリッドで撮ることになった『キング・オブ・キングス』の編集に招いてくれた。

ニコラス・レイは本当に親切な人で、わたしのためにいろいろなことをしてくれた。ヴィンセント・ミネリのミュージカル『恋の手ほどき』（一九五八）の音編にわたしを推薦してくれたのもニコラス・レイです。

――『恋の手ほどき』はベル・エポックのパリを舞台にした恋物語ですが、ハリウッドでセット撮影されたミュージカルですよね。リシティグさんもハリウッドに行かれたのですか？

リシティグ　いえ、ハリウッドに行ったわけではありません。パリでロケーション撮影されたシーンもあり、そのとき監督のヴィンセント・ミネリや出演者のモーリス・シュヴァリエ、ルイ・ジュールダン、レスリー・キャロンにも会いました。歌うシーンのサウンド・トラックはすべてわたしの編集したものです。

――私がパリに滞在していた一九六〇年代に、シネマテークでヴィンセント・ミネリ監督の大特集があったのですが、その間に突然一回だけアンリ＝ジョルジュ・クルーゾー監督の『密告』（一九四三）の上映がプログラムに組まれていて、しかもその日にかぎってジャック・リヴェットとかジャン＝リュック・ゴダールとか、いろんな人が早くから来て、すごく盛況だったんですね。ジャック・リヴェットが言うには、『密告』は当て馬で、何を上映するかたのしみだよって（笑）。私は、もちろん『密告』でもたのしみにしていたのですが、上映したのは、なんとヴィンセント・ミネリ監督の『若草の頃』（一九四四）でした。ものすごく美しいカラーで、映画は最高だし、いかにもラングロワらしい見事な当て馬のプレゼントでした。あの『若草の頃』も、たぶん、ルネ・リシティグさんの手になる復元版だったのですね？

リシティグ　もちろん、そうです。アンリ［・ラングロワ］の当て馬作戦を知っているのはメッシーヌ通りのシネマテークの常連だけでしょうね（笑）。

――ところで……一九六七年にはマルセル・カルネ監督の『若い狼たち』の編集を担当されていますね？

リシティグ　マルセル・カルネの仕事はやめろ、ひどい目に遭うぞ、カルネは女嫌いだし、いじめられるぞ、などとみんなに止められましたが（笑）、姉がハリウッドから帰って、『若い狼たち』の記録《スクリプター》をやっていたものですから……。

――お姉さんのリュシー・リシティグはほかにもマルセル・カルネ監督の映画の記録《スクリプター》を担当されていますか？　というのも、マルセル・カルネ監督の編集は戦前から、いつもアンリ・リュストという人が担当していますね……。

リシティグ　そのとおりです。常連のスタッフとして、アンリ・リュストという男性が担当していましたが、『若い狼たち』のときは別の作品の編集で手が空いていなかったのです。マルセル・カルネはごぞんじのように戦前から戦中にかけて、『霧の波止場』（一九三八）、『悪魔が夜来る』（一九四二）、『天井桟敷の人々』（一九四五）などの名作を撮った巨匠ですが、戦後はぱっとせず、本人だけが巨匠ぶって威張り散らして、みんなに嫌われていました。姉はハリウッドのプロの世界で鍛えられていたので、ムッシュー・カルネに気に入られたようで、「リュシーの妹なら」というわけで編集にわたしが起用されたのです。たしかにムッシュー・カルネはいろいろと面倒な人だったけど（笑）、わたしはこの仕事をひきうけてよかったと思っています。一九五八年にヌーヴェル・ヴァーグにさきがけて若者の風俗を描いた（とムッシュー・カルネは自負していた）『危険な曲がり角』の続篇のような作品で最高のマルセル・カルネ作品とは言えないけれど、わたしなりに愛着のある映画です。

――リシティグさんが新作の映画の編集をなされていたのはいつごろまでですか？

リシティグ　一九七八年のエチエンヌ・ペリエ監督の『かくも美しい村』が最後の編集作品です。エチエンヌ・ペリエ監督との八本目の仕事でした。そのあと、テレビで『感情のもつれ』というシリーズものの編集をちょっとお手伝いしましたが……。

――その後はシネマテーク・フランセーズで復元作業に専念されるわけですね？

リシティグ　そうです。

失われた映画を求めて

リシティグ　アンリ・ラングロワの死後、シネマテークの仕事に専念することになりました。アンリが亡くなったのは一九七七年一月十三日でした。そのころメリー・メールソンも車椅子で生活することを余儀なくされ、[*3] フィルムの収集はもちろん、シネマテーク所蔵のプリントの保存、カタロギング、資料作成、上映用のフィルムの点検などに全身全霊をこめてあたることのできる人が、突如として、いなくなってしまったのです。復元作業にかかるためにはまだお金がなくて、動きがとれなかったのですが、とりあえず、アンリ・ラングロワの遺産であるシネマテーク所蔵のプリントを救うことが急務でした。そこで、わたしがプリントの点検のために正式に雇われたわけです。シネマテークの所蔵プリントはすでに十年来、点検がおこなわれていなかったのです。

アンリ・ラングロワの死をきっかけに、わたしは映画保存の歴史を紀元前と紀元後に分けています。紀元前はアンリ・ラングロワその人でした。ラングロワがすべてをやっていた。紀元後、すなわちラングロワ亡きいま、わたしたちは、ラングロワの後を継いで、すべてをやり直さなければならないことに気づいたのです。わたしたちは、アンリ・ラングロワの遺志を継いで、ささやかながら、力を合わせて、大洪水から映画たちを救うノアの方舟にならなければならない。一九七〇年代末から一九八二年の初めにかけてミッテラン政権のジャック・ラング文化相の庇護と援助のもとに映画監督のコスタ＝ガヴラスがシネマテークの主幹になり、政府からの大幅な補助金が得られるようになりました。復元作業にとりかかれるようになったのも、やっと一九八二年の初めからなのです。ですから、シネマテークの復元作業はまだやっと十年前にはじまったばかりなのです。しかし、それでも、とにかく年間八十本から百本の作品が復元されるようになりました。

――「紀元前」のアンリ・ラングロワの遺志を継いで……。

リシティグ　もちろんです。すべてはアンリ・ラングロワからはじまったのですから。ラングロワは、傷ついた、あるいは死滅したかに見えた映画の生命をすべて完全な形でよみがえらせようとした。ただ、そのためのお金がなかった。ジャン・エプスタン（エプシュタイン）監督の妹、マリー・エプシュタインがしょっちゅう、彼女のポケット・マネーをラングロワに貢ぎ、プリント代や経費をかろうじてまかなっていました。とくに一九六八年のシネマテーク事件[*4]以来、アンリ・ラングロワのシネマテークは政府からの補助金を完全に打ち切られ、ラングロワは［カナダの］モントリオールの映画学校の講師を勤めて、その個人の収入でかろうじてシネマテークの人員の給料を支払っていました。ラングロワが死んだとき、彼のアパルトマンは電話も電気も料金未納で切られていました。そんな悲惨な状態で人知れず死んでいった彼には、お墓もなかった。その後、一九九一年に、やっと私たちはお金をだしあって、モンパルナス墓地にすばらしいお墓をつくることができました。数々の映画の写真が墓石にうめこまれたすばらしいものです。

――リシティグさんはアンリ・ラングロワの後継者としてがんばっておられるわけですね？

リシティグ　誰もラングロワの後継者にはなれません。ただ、わたしはわたしなりに一所懸命、ラングロワの考えていたことを実現させていこうと努めているだけです。復元作業のときにも、わたしはいつもラングロワのことを考えています。「こうしたら、きっとアンリの気に入るにちがいない」「アンリなら、きっとこうするだろう」と思いながら仕事をするのです。世界中の映画を救おうと考えたのは、彼が最初ではなかったにしても、その真の先導者であったことはたしかです。一九三六年に彼が創設したシネマテークは、そのフィルムの収集保管の規模からいっても、最初の真のフィルム・アーカイヴと言えるものです。国際フィルム・アーカイヴ連盟（ＦＩＡＦ）の設立をよびかけたのもラングロワでした。そうしたすべての映画の保存・復元のアイデアや活動の父と言える存在なのです。

カサノバ、モジューヒン、染色版

――東京国際ファンタスティック映画祭'92で特別上映された『カサノバ』の復元はどのようにしておこなわれたのですか？

リシティグ　一九二〇年代に「アルバトロス」というパリに亡命してきたロシア人の映画集団がフランス映画を最高にかがやかせたことはごぞんじでしょう。アンリ・ラングロワが最も愛した映画史の一ページです。フランス映画史上最もユニークな時代と言ってもいいかもしれません。ロシア人の監督や俳優ばかりでなく、ジャック・フェデルやルネ・クレールやジャン・エプスタン（エプシュタイン）といった監督もふくめ、フランスの映画人とロシア人の芸術家たちがいっしょになって見事な映画の数々を花咲かせた時代なのです。このアルバトロス社の映画をアンリ・ラングロワがすべて買い取っていました。これがシネマテークの唯一の財産になったのです。というわけで、アルバトロス社の映画から、わたしは復元作業にとりかかりました。すべての権利をシネマテークが所有しているからです。なかでも、わたしは名優という以上にサイレント時代の大スターであったイワン・モジューヒンとその映画を現代によみがえらせたいと思いました。『火花する恋』（アレクサンドル・ヴォルコフ監督、一九二三）、『キイン』（アレクサンドル・ヴォルコフ監督、一九二三）、『過ぎ行く影』（アレクサンドル・ヴォルコフ監督、一九二四）、『大帝の密使』（ヴィクトール・トゥールジャンスキー監督、一九二六）、『カサノバ』……。なぜイワン・モジューヒンなのかというと、それはわたしの母のためなのです！

ロシア生まれの母がよく話してくれた思い出話に、母が十六歳のころ（ということは第一次世界大戦の前です！）、ある慈善パーティーにイワン・モジューヒンが招かれて、母といっしょに踊ったというのです。当時すでにモジューヒンは大スターでした。母には生涯忘れられぬ日になったようです。「イワン・モジューヒンと踊ったのよ」と母は何度もわたしたちに聞かせたものです。そんなわけで、子供のころから、このロシアのセクシーな貴公子とも言うべき美貌のスターの名前はわたしの脳裏に刻みつけられていました。そして、母が語った思い出のモジューヒンの面影を、「ロシアのヴァレンチノ」ともよばれていたその性的魅力を、わたしはフィルムのなかに見出し、再現させたいと思ったのです。「あの素敵なまなざし……あんなにきれいに澄んだ魅力的なブルーの瞳は見たことがない」と母は語っていましたが（父の死後、すっかり映画嫌いになってしまった母でしたが、モジューヒンだけは例外でした）、わたしも『カサノバ』を見て、まさにそのとおりだと思いました。『カサノバ』のモジューヒンはすでに三十八歳か三十九歳で、いわば男ざかりの美しさに輝いています。成熟の年齢に達した男の美しさの頂点と言えます。娘時代のわたしの母を魅了した瞳もじつに美しい。

――『カサノバ』は日本でも戦前、『ロベルト』の題で公開されています。なぜカサノバがロベルトになっているのか、わからないのですが……。

リシティグ その理由はわたしから説明しましょう。この映画はイギリスでも『ロベルト・フェラーレ』と改題されて、エロチックなシーンをカットした版が公開されました。カサノバは有名な色事師なので、その名前を避けて、ロベルト・フェラーレという名前に変えたのです。たぶん、その版が日本でも公開されたのでしょう。今回の完全復元版をごらんになると、全裸の女を抱くシーンなどがあって、映画がつくられた時代を考えるとすごく大胆なことにおどろかされます。当時のイギリスでは絶対にゆるされなかったシーンですね（笑）。上映時間を調べてみると、三分の一以上はカットされた版ですね。

――三分の一もカットされたのですか……。日本でもこれから初めて完全版が公開されることになるので、話題になると思います。じつにすばらしい映画ですね。ジョルジュ・ドルリューの音楽もすばらしく、もちろんこれは新しく作曲されたものですが、美しい染色版は公開当時のまま復元されたものですね？

リシティグ そうです。しかし、忘れてはならないことは、かつて完全なサイレント映画というものはなかったということです。サイレント映画はつねに伴奏音楽とともに上映されたので、『カサノバ』の「スコア・バージョン」はむしろオリジナルの精神を生かしたものなのです。大都会の映画館では大オーケストラ、小さな町や場末の映画館では小編成のオーケストラ、ときにはピアノだけ、バイオリンだけといった違いはあったにしても、伴奏音楽なしに上映されることはなかったのです。ジョルジュ・ドルリューもそのことはよく知っていて、すばらしい音楽《スコア》を作曲、演奏してくれたと思います。

——ジョルジュ・ドルリューに作曲をたのんだのはリシティグさんですか？

リシティグ　わたしとロバート・マニキス教授です。マニキス教授はアメリカのUCLA（カリフォルニア大学ロサンゼルス校）のフィルム・アーカイヴの理事で、わたしが『カサノバ』の最初の編集を終えたころ、シネマテークに訪ねてきて『カサノバ』を見て大感激、ぜひUCLAのフィルム・エキジビションに参加させたいと言い、意気投合したわたしたちは、それではということでジョルジュ・ドルリューに音楽《スコア》の作曲をたのんだのです。

——サイレント時代のフィルムはどの程度、染色版だったのですか？　すべての作品が染色版で上映されたのでしょうか？

リシティグ　とくに大きな劇場で公開されるときには、フィルムはつねに染色版でした。全篇ではなくても、かならず染色されたシーンがいくつかあったのです。

——夜のシーンはブルー、火事のシーンは赤とかいったような一場面一色という染色版は見たことがあるのですが、『カサノバ』では二色、三色に染色されたシーンがあるのでおどろきま

『カサノバ　スコア・バージョン』（1927／1990）のオリジナル・ポスター　提供©小松沢陽一／シネマテーク・フランセーズ／D.R.

した。

リシティグ　シーンによってブルー一色、ピンク一色、グリーン一色、あるいはセピアだけ、黄色だけというのがふつうの染色版なのですが、ステンシル方式という特別な染色法で何色にも染色できたのです。ものすごく高くついた方法だけれども、一場面七色まで可能でした。*5

――七色も？

リシティグ　そうです。そのためには、フィルムを三十メートルのロールごとに一色ずつ何回も染色しなければならなかったので、ものすごく高くついたのです。ですから映画全篇ではなく、『カサノバ』でも染色はヴェネチアのカーニバルのシーンだけですね。

――カーニバルのシーンは圧巻ですね。

リシティグ　それもステンシルによる染色版のフィルムが一巻だけ発見されたので復元できたのです。発見されたときにはひどい状態だったのですが、すばらしいものになったと思います。映画そのもののすばらしさは言うまでもありませんが。

――サイレント映画は最初からみな染色版だったのでしょうか？

リシティグ　最初からとは言えないにしても、ジョルジュ・メリエスの映画がすでに、ひとコマずつ着色されたものでした。メリエスのすばらしい着色版の夢幻劇の特集上映はムッシュー・コマツザワが東京でもやっていますね。ごらんになったでしょう。

――ええ、一九八九年の東京国際ファンタスティック映画祭で、「ジョルジュ・メリエス大回顧展」という空前絶後と言ってもいいくらい最高の特集上映がおこなわれました。どの作品もひとコマ、ひとコマに着色された極彩色の豪華版という感じで感動しました。

リシティグ　あの偉大なるメリエスも悲惨な死にかたをしました。晩年はすっかり忘れ去られ、作品もどこかに散逸してしまっていました。それを救ったのが、ごぞんじのようにアンリ・ラングロワです。作品ばかりでなく、メリエスが死んだとき、お葬式代を出したのもアンリだったそうです。

メリエスはトリック撮影とともに、特殊な染色装置を発明していました。彼の夢幻劇には人工着色のもののほかに、特殊な染色版もあります。色彩と音楽は、たぶん、最初から映画に要求されていたものなのでしょう。染色の方法も、一九一七年までは手仕事でした。それも、女の仕事でした。女たちが手塗りで、筆で、描いていたのです。一九一七年以後は、パテ社が開発した染色装置が普及して、染色版が一般的になったものと思われます。

――染色はいつごろまであったのですか？　トーキー以後にも染色版というのはあったのでしょうか？

リシティグ　トーキー以後の染色版はありません。もうそのころはカラー映画が開発されていましたから。それに、サウンド・トラックをこわしてしまうおそれがあるので、染色ができなくなったのです。染色版はトーキーとともに消滅したのです。

（一部初出、一九九二年、「ＦＬＩＸ」十一月号）

＊1　ジョルジュ・ドルリューは一九九二年三月二十一日に脳溢血で急逝（享年六十六）。『カ

サノバ』に「〝魂〟を吹き込んで現代に甦らせるための司祭の役」を担った大作曲家を招いて「ジョルジュ・ドルリューの指揮するオーケストラの伴奏付きでの日本上映を夢みていたのだが……」と小松沢陽一氏は残念がっていたものである。もっとも、ジョルジュ・ドルリューは大の飛行機恐怖症だったとのことだが……。

＊2　エーリッヒ・フォン・シュトロハイムは一九五七年五月十二日、七十二歳で、「パリからほど遠からぬ田舎の別荘で死んだ。［一九三〇年代半ば以後］ハリウッドからは締め出しを食っていたのだ。この追放流譚《るたん》の理由は、言わずと知れた、シュトロハイムの作品の一つ一つにかかった無茶苦茶な経費に対する怖《おそ》れだった。だがまた一方では、シュトロハイムが天才であったことも、疑う余地のない事実である。デスク・ワークでがんじがらめにされた、凡庸な映画作りには向いていなかったのだ。シュトロハイムは生涯を、フランス映画に俳優として出演しながら終えた。」（『ジャン・ルノワール自伝』、西本晃二訳、みすず書房）

＊3　メリー・メールソンは一九九三年七月十九日に死去。

＊4　シネマテーク事件（アンリ・ラングロワ解雇問題）――一九六八年一月、シネマテーク・フランセーズの創立者で館長であったアンリ・ラングロワが、その杜撰な管理を告発され、アンドレ・マルロー文化相の命令により解雇された事件。「シネマテーク・フランセーズ擁護委員会」結成によって、政府の助成金を打ち切られることにはなったが、アンリ・ラングロワはシネマテーク・フランセーズに復帰した。

＊5　ステンシル方式――「染色による方法は、映画の最も初期から考えられ、一八九四年

に公開されたエジソンの『胡蝶の舞ひ』は手で1コマずつ染色したハンド・カラー（手塗式着色）によるものであった。一八九六年ごろにはイギリスのロバート・ウイリアム・ポール（アニマトグラフの発案者）、フランスのシャルル・パテ（映画起業家）などによって型紙を用いたステンシル方式（型置染色法）が考案され、この方法によるパテ・カラー、ゴーモン・カラーなどが一九一〇年ごろまでひろく用いられた。その後、染料調色法によって、さらに豊富な色彩の調色を可能にした」（『映画百科辞典』、白揚社）

追記　ルネ・リシティグ女史は、このインタビューのあと、パリに帰ったらすぐまた、一九一九年のフランスの幻の連続活劇『トラヴァイユ』（全七話、アンリ・プークタル監督）の復元作業にとりかかるとのことだった。二〇〇七年十月十六日、八十六歳で死去。姉のリュシー・リシティグも一九九九年に亡くなっている。

シャルル・アズナヴール
ヌーヴェル・ヴァーグと即興――『ピアニストを撃て』はこうしてつくられた

一九九三年二月、ゆうばり国際冒険・ファンタスティック映画祭'93に審査員長として来日したシャルル・アズナヴールに、成田空港からパリ行きの帰国の飛行機に乗るまでホテルの一室でひと息入れるあいだ、ほんの三十分ほどだったが会見できた。映画祭実行委員長の小松沢陽一氏を通じて、あらかじめフランソワ・トリュフォー監督の『ピアニストを撃て』(一九六〇)を中心におうかがいしたい旨、伝えてもらって了解を得たささやかなインタビューである。

――俳優として出演されたフランソワ・トリュフォー監督の『ピアニストを撃て』に焦点を絞っておうかがいしたいと思います。『壁にぶつけた頭』という一九五八年のジョルジュ・フランジュ監督の映画で「静かな狂気を秘めた」精神病患者の役を演じたあなたを見て、トリュフォーは『ピアニストを撃て』に起用したとのことですが……。

『ピアニストを撃て』(1960)　シャルル・アズナヴールと手前にボビー・ラポワント
写真提供©レ・フィルム・デュ・キャロッス／MK2／D.R.

アズナヴール　そうらしいね。『壁にぶつけた頭』はわたしが本格的に出演した最初の映画の一本だ。「アッシジの聖フランチェスコとジェームズ・キャグニーを合わせたみたいだ」ってトリュフォーは言ってくれたよ（笑）。トリュフォーは短篇の『あこがれ』（一九五七）と長篇第一作の『大人は判ってくれない』（一九五九）をすでに撮っていたが、『大人は判ってくれない』はまだ公開されていなかった。『あこがれ』を見て、わたしは出演を決めた。当時、わたしには何本か映画出演の話があったけれども、映画のなかでは歌わないことを条件にしていた。歌手として出演するのではなく、あくまでも俳優として演じたかった。歌手としてはステージで歌う。映画には俳優として出たいと思ったんだ。

――『ピアニストを撃て』にはボビー・ラポワントというピョンピョン跳びはねるような感じで身体を上下にゆすって歌う一風変わった歌手が出演していますね。

アズナヴール　ボビーはすばらしい歌手だ。トリュフォーも大好きだった。当時はまったく知られていなかったが、やっと最近になってフランスではボビー・ラポワントが発見され、評価されはじめた。彼はじつはすぐれた数学者としても知られていたのに、大学の教授などにならずに、好きな歌の道を選んだんだ。たしかに、一風変わった男だよ（笑）。

――『ピアニストを撃て』のなかでは、もう一人、出演はしていませんが、「恋人たちの対話」*1 というシャンソンを歌っている歌手がいますね。

アズナヴール　フェリックス・ルクレールだね。数年前に亡くなったけれども、カナダの有名なシャンソン歌手だった。わたしがフランスで彼のレコードを出版する権利を買った。あのシャンソン、「恋人たちの対話」も、わたしがトリュフォーに推薦したんだ。
わたしは俳優として映画に出演するだけで、歌わない。じつは、わたしは十一歳のときに、チョイ役だけれども、映画に出たことがある。子役でね。

――そのころから俳優になろうと思っていたのですか?

アズナヴール もちろん! わたしは歌手でなく、俳優になりたかったんだ。最初は舞台で子役をやっていた。しかし、主役がとれなくてね。それに、十四、五歳になって、もう子役もできなくなって、食べていけなくなった。そこで、うまいぐあいにレヴューで歌うチャンスをつかんだので、歌手になった。食うために、芝居のほうはあきらめて、歌うほうに専念し、作曲もやるようになった。それから長いあいだ、ずっと歌手としてやってきたわけだけれど、またわたしが俳優に戻れたのはジャン゠ピエール・モッキーのおかげなんだ。

――ジャン゠ピエール・モッキーは『今晩おひま?』(一九五九)の監督ですね。『壁にぶつけた頭』に次いであなたが出演した作品ですが、ジャン゠ピエール・モッキーは俳優として『壁にぶつけた頭』にも出演していますね。

アズナヴール そう、ジャン゠ピエール・モッキーは俳優をやりながら脚本も書いていた。『壁にぶつけた頭』もエルヴェ・バザンの小説からジャン゠ピエール・モッキーが脚本を書いた。映画化も彼の企画で、彼がわたしを映画に招いてくれたんだ。そしてジョルジュ・フランジュが監督することになった。ジョルジュ・フランジュがわたしを起用したのではなく、ジャン゠ピエール・モッキーがわたしをひっぱってくれたんだ。モッキーが監督になって、その第一作が『今晩おひま?』で、ジャック・シャリエといっしょにわたしも出ることになった。そんなわけで、そもそもはモッキーがわたしを映画に導き入れてくれたんだよ。それから、トリュフォーの『ピアニストを撃て』だ。しかし、その前に、トリュフォーとはまったく別の企画でいっしょに仕事をするはずだった。トリュフォーはシャンソンが好きで、ミュージック・ホールに通いつめ、わたしのステージを見て、わたしについての長篇記録映画を企画していた。

——いつごろのことですか?

アズナヴール　一九五六、五七年ごろだったと思う。それから、しばらく時間があって、次にわたしに会いにきたときには、いい原作を見つけたから、記録映画ではなく、劇映画を撮りたいと言うんだ。それがデイヴィッド・グーディスのミステリー小説だった。

——記録映画のほうは撮らずに終わったわけですね?

アズナヴール　そうなんだ。それっきりだった。

——その後も企画が再燃することはなかったのですか?

アズナヴール　それが、何年か前にトリュフォーに会ったとき、あの企画はもうやる気がないのかって聞いたら、トリュフォーのやつ、そんな企画、本当にあったのかって、すっかり忘れてしまっているんだ(笑)。全然思いだせないと言うんだよ。わたしの作り話だと疑っていたくらいだった(笑)。

——『ピアニストを撃て』の原作は読まれたのですか?

アズナヴール　もちろん、読んだ。トリュフォーにぜひ読んでくれと言われてね。セリ・ノワール（暗黒叢書）の一冊で、「ピアニストを撃て」という題名だった。[*2] しかし、フランス人はみんな「ピアニストを撃つな」とおぼえていて、「ピアニストを撃て」と正しく言う人はめったにいない。みんな「ピアニストを撃つな」（笑）と言うんだ。

――エルトン・ジョンのアルバムに「ピアニストを撃つな」という題の曲がありますが、映画『ピアニストを撃て』と何かかかわりがあるのでしょうか？

アズナヴール　ないと思う。「ピアニストを撃つな」というのは、かつてアメリカ西部の酒場ではピアニストがめずらしかったので、撃ち合いのときもピアニストを撃つことが禁じられていた。禁酒法時代のシカゴのスピーク・イージー（闇酒場）でもそうだったらしい。というようなことから、「ピアニストを撃つな」というほうがもともと常套句だったんだ。

わたしは「ピアニストを撃て」、つまりデイヴィッド・グーディスの小説を読んで、その映画化に出演を承諾した。

トリュフォーとは、そのあと、もう一本、いっしょに仕事をする予定だった。レイ・ブラッドベリのSF小説「華氏四五一度」の映画化だ。これもいい本だった。しかし、イギリスのプロデューサーが（イギリス映画として撮ることになったんだ）、わたしの主演ではだめだと言った。それで、トリュフォーはジャン＝ポール・ベルモンドを起用しようとしたが、ベルモンドも当時は無名で、ことわられた。結局、オスカー・ウェルナーが演《や》ることになったけれど、ミスキャストだった。人間味のない冷たいキャラクターになった。トリュフォーには冷たいキャラクターは似合わない。

——トリュフォーは、のちにジャン＝リュック・ゴダール監督が撮る『勝手にしやがれ』（一九五九）を、一時、あなたを主演に撮ろうとしたこともありますね？

アズナヴール　そう、そう。トリュフォーがシナリオを書いて、わたしの主演で撮る予定だった。結局、トリュフォーは『大人は判ってくれない』を撮ることになり、ゴダールがトリュフォーのシナリオを引き継いで書き直し、やはりわたしの主演で撮る気だった。わたしがゴダールに初めて会ったのは、そんな特殊な、あわただしいときだったが、会ったとたんに、「これはわたし向きの映画じゃない」と言ったんだ。わたしを主役に考えたのはトリュフォーで、トリュフォーがわたしをゴダールに推薦したことも知っていたが、ゴダールの考えていた映画はまったくわたし向きではなかった。わたしは正しかったと思う。ジャン＝ポール・ベルモンドが主役を演《や》ることになって、大成功だった。ぴったりの役だったし、映画もすばらしいものになった。あのような攻撃的なキャラクターはジャン＝ポール・ベルモンドにこそぴったりで、わたしには似合わない。『勝手にしやがれ』はジャン＝ポールのキャリアの出発点になった。『ピアニストを撃て』がわたしの俳優としてのキャリアの真の出発点になったように。つまり、『ピアニストを撃て』がジャン＝ポール向きの映画ではないように、『勝手にしやがれ』はわたし向きの映画ではなかったということだ。それだけはわたしにもわかった。しかし、『華氏451』（一九六六）は、もしかしたら、ジャン＝ポールにも、わたしにも、すばらしい映画のチャンスだったかもしれない。だから、わたしたちは二人ともあの役をひきうけたんだ。結局、二人ともプロデューサーにことわられてね（笑）。

――もしあなたが『華氏４５１』に出たとしたら、相手役のヒロインは誰が演じる予定だったのですか?

アズナヴール　たぶんベルナデット・ラフォンだったと思う。トリュフォーは『あこがれ』のあとも、ベルナデットを使いたがっていたからね。わたしが出ていたら、あるいはジャン＝ポール・ベルモンドが出ていたら、『華氏４５１』はもっといい映画になっていただろうと思うな。残念だよ。

しかし、映画はかならずしも芸術的共感にもとづいてつくられるわけでなく、別の理由、とくに商業的理由でつくられるほうが多いんでね。

――ヌーヴェル・ヴァーグの監督たちは俳優として歌手としてのあなたの大ファンで、ジャン＝リュック・ゴダールは、『女は女である』（一九六二）のなかであなたの歌う「のらくらもの」をカフェのジュークボックスから流れるシャンソンとして一曲まるまる使っていますね……。

アズナヴール　たしかに、そのとおりだ。それも許可なしでね。事後承諾ってわけ。なかなか狡猾なんだ。ゴダールは映画ができあがったあと、電話で、「きみのシャンソンを使っちまったんだけど、使用料がいくらかわからなくてね」とかなんとか言って、うまく値切ってきてね（笑）。しかし、さすがゴダールでね、うまく使ってる。

――『ピアニストを撃て』は撮影中同時録音ではないどころか、何の音も録《と》っていなかったので、とくにあなたがピアノを弾いているのに合わせて作曲するのがものすごく大変だったとジョルジュ・ドルリューが語っていますが、実際にはどんな曲を弾いていたのですか?

アズナヴール　どんな曲だったか……即興で何でも弾いていたよ。パンパパパーンとね。クラシックを演奏するシーンは別だけれど、ジャズを弾くところはすべて即興でね。

――しかし、ベース奏者とドラマーがあなたのピアノ演奏に合わせて、たのしそうにやっているんですね。

アズナヴール　わたしといつもいっしょに組んでいるベース奏者とドラマーだからね。気が合うからね、いっしょに調子を合わせてすべて即興でやったんだよ。ジョルジュ・ドルリューはわたしの指の動きを見てメロディーをつけたんだよ。

――ご自分で音楽を担当する気はなかったのですか？

アズナヴール　映画で音楽にかかわる気はまったくない。映画をやるときにはミュージシャンであることを忘れたいんだ。純粋に俳優として演じたいんだ。それでも十本ほど映画音楽を担当したことがあるが、小きざみに使われたりして、どうもわたしの性に合わないんだよ。

――ピアノを弾くシーンだけでなく、『ピアニストを撃て』の撮影そのものが即興の連続だったそうですね？

アズナヴール　そうなんだ。たとえば、映画の最初のほうで、やくざの兄がわたしに会いにくるところがある。追われているから助けてくれって、たのみにくる。そこはもうちょっと時間をのばしたいんだとトリュフォーが言うので、ちょっとトイレに行くってのはどうかって言ったら、それでいこうということになった。

――あなたがトイレに入っているあいだに、ドアの外から兄のアルベール・レミーが苦境を訴えるところですね。

アズナヴール　そう、やくざの兄のせりふが長いので、もう少し長めのシーンにしなければならなかった。長々としゃべっているのをわたしがただ突っ立って聞いているってのも能がないのでね。鏡に向かってネクタイをしめたり、そんなことをしているだけでは間がもたないからね。聞き役のわたしの演技がそれなりに必要だった。それで、わたしがトイレに入っている、そのあいだも、やくざの兄がドアの外からしゃべりつづけるという場面をつくったわけだ。

もう一つの即興はラストシーンだ。トリュフォーはどのように結末をつけていいのか、決められずにいた。

――またむなしく人生がつづくことを知りつつ、うつろな目であなたがピアノを弾きはじめるというのがラストシーンですね。

アズナヴール　そう、うつろな目でね。恋人のマリー・デュボワが死んで、代わりに新しい娘が入ってきて、わたしに紹介される。わたしはいつもどおりピアノの前にすわり、弾きはじめる。キャメラはその手からわたしの顔をアップでとらえる。わたしはまさにうつろな目でピアノを弾く。わたしはトリュフォーの映画の気分をそのときまでにすっかりとらえていたので、あのシーンを即興で演じてみせたんだ。トリュフォーの気持ちになって演じたんだよ。たのしかったね、あの映画は。トリュフォーとも気が合ったしね、思いついたことをどんどんやってみようということになった。キャメラはラウル・クタールだ。どんなことをやっても、見事にキャメラにとらえてくれる名手だった。どんなに思いがけない動きをしても大丈夫だった。何をやっても心配ない。というわけで、トリュフォーとは「どうだい」「いいぞ」だけでね、ときにはめくばせ一つで、そのときどきの思いつきで何でもやったんだ。ほんの些細なことでも、たとえば鏡の前でネクタイをしめるというだけのことでも、パンパンパパパン……と軽快に口ずさみながら、リズムをとってやるとかね。

——『ピアニストを撃て』は公開当時、あまりにも唐突で、奔放で、デタラメで、ばかばかしいと批判されたりもしたんですね？

アズナヴール それこそヌーヴェル・ヴァーグの特色だったんだ。思いがけないこと、びっくりすること、「な、何だ、これは」というようなことの連続がヌーヴェル・ヴァーグだったんだよ。何が起こるかわからないというおもしろさなんだよ。

——本番撮影に入る前に演技リハーサルとかキャメラといっしょに本番テストとかはやらなかったのですか？

アズナヴール そんな撮影所的な古い方法は一切なしだった。キャメラ・リハーサルも芝居のテストも全然なしだ。まったく新しいやりかただったね。リハーサルをやってよくなる映画とはまったく別の映画の撮りかただった。

——脚本や台詞は撮影前に書かれていたのですか？

アズナヴール もちろんだ。そのうえでの即興だった。何もなくてデタラメをやったわけじゃない。

——ちゃんとした台本もなくて、その場、その場の思いつきで撮るのがヌーヴェル・ヴァーグだなどといわれたこともありますね？

アズナヴール　それはクロード・ルルーシュのことだね。『ヴィバラビィ』（一九八四）に出たときも、ルルーシュは自分でキャメラを回しながら、よく、「そこで何か言ってくれ」なんてね（笑）。トリュフォーの即興はちょっと違う。トリュフォーの場合は、どんなせりふでもいいから言ってくれ、というようなことはない。きちんと書かれていて、そのうえで俳優や状況に合わせて変わったり、短くなったり、長くなったりするんだ。だから、俳優も新しいタイプで、台本に縛られずに自由にしゃべったり動いたりできる俳優でなければだめだった。台本をしっかり読んで、せりふもきちんと暗記していなければ、何もできないというような舞台の古いタイプの俳優ではだめだった。舞台の俳優のほうもトリュフォーやゴダールの映画には出たがらなかった。どうしても出なければならなくなっても、ヌーヴェル・ヴァーグのやりかたをとても嫌っていたね。

――『壁にぶつけた頭』のジョルジュ・フランジュ監督はどうだったのですか？　ゴダールもトリュフォーも尊敬し、影響をうけたヌーヴェル・ヴァーグのいわば伯父貴分といった感じの映画作家ですが……。

アズナヴール　ジョルジュ・フランジュの場合はそれほど即興はなかった。しかし、オイゲン・シュフタンというドイツ出身のすばらしいキャメラマン（白黒の映像の名手だった）と組んで、いい仕事をした。フランジュは古い世代と新しい世代の両方の俳優をうまく使いこなした。『壁にぶつけた頭』ではポール・ムーリッスとピエール・ブラッスールが古い世代の俳優で、ジャン＝ピエール・モッキーとわたしとアヌーク・エーメが新しい世代だった。すばらしかったね、あのころの映画は。古い映画の殻を破って、新しい映画がのし上がってきたころだった。いまはつまらなくなった。クロード・ルルーシュ以後の連中はなぜか即興をおそれて何もしない。若い連中なのにね。だから、映画もはつらつとしていない。わたしが即興をたのしんだ最後の映画は、ミシェル・セローと共演した『帽子職人の幽霊たち』（一九八二）だ。クロード・シャブロルの映画だった。ヌーヴェル・ヴァーグの世代だからね、クロード・シャブロルは。どんどん即興をやるんだ。ミシェル・セローは舞台の俳優だから、あまり即興はしないが、わたしは即興が大好きなんだ。即興もできないというのでは息がつまるよ（笑）。

――トリュフォーはあなたを「ポエティックな」俳優と定義していますね。

アズナヴール　そうなんだ。ということは、わたしの役はむずかしくて、なかなか簡単には演《や》れないということなんだよ（笑）。

――『ピアニストを撃て』の前に、詩人のジャン・コクトーの映画（トリュフォーが共同製作者になっていますが）、『オルフェの遺言』（一九六〇）に特別出演していますね。

アズナヴール　あの映画にはジャン・コクトーの友人がみんな出ているんだ。コクトーがみんなを招いた。本当に遺言のつもりで、最後の映画になることを自分でもわかっていたからなんだと思う。南フランスのレ・ボー・ド・プロヴァンスで撮影していたが、わたしはちょうどツアーの最中で、すぐまたパリに帰らなければならず、二時間だけ寄って、何かおそろしいものを見ておびえた顔つきをして、撮り終えるとみんなと握手をして帰ってきただけ。あとで映画を見たら、詩人に扮したコクトーが背中から槍を突き刺されて倒れるところを見ておどろくというシーンだった。

――『ピアニストを撃て』の撮影は何日ぐらいだったのですか？

アズナヴール 五週間だったたと思う。全篇ロケーションだった。録音なしでね。雪の山小屋のシーンだけでなく、街頭でもカフェでも、どこでも。

――どこでも同時録音なしで？

アズナヴール もちろん、録音はまったくなしだった。あの雪の山小屋は寒かった。次々に風邪をひいてね、みんな、早く帰りたいって言いはじめてね。それで、トリュフォーは、撃ち合いのシーンを撮るときに、風邪で早くパリへ帰りたい者から順番に殺そうかって（笑）。山小屋の台所でわたしが一人で歩きまわるシーンをおぼえているかね？

――「血筋による宿命なのか、自分もとうとう泥棒一家の殺人犯になってしまった……」という内省のモノローグとともに歩きまわるあなたの横顔を、キャメラがずっとアップでとらえて追う長いシーンですね。

アズナヴール そう。あのシーンで、わたしが棚から角砂糖を一個つまんで口に入れてかじるところがあるんだ。

――よくおぼえています。なにげないけれども、孤独な瞑想のシーンにぴったりの小さなしぐさで、じつに印象的でした。

アズナヴール あれもわたしの思いつきなんだ。なんか、そんな気分でね、角砂糖があったので、ふっとつまんで口に入れたんだよ。キャメラもうまく撮ってくれた。

――山小屋に逃げてくる前に、パリのあなたのアパルトマンのベッド・シーンで、映画ファンの娼婦ミシェール・メルシエが胸をまるだしにすると、あなたがすかさずシーツで彼女の乳房をかくし、「映画ではこうするのさ」と言って笑わせるシーンがありますね。あれも、ひょっとして、そのとき即興であなたの思いついたギャグですか？

アズナヴール いや、あれはトリュフォーのアイデアだ。トリュフォーらしいギャグだよ。戦前のほうがスクリーンで裸を見せるのはもっと自由だったが、戦後は、とくに『素直な悪女』（ロジェ・ヴァディム監督、一九五六）のブリジット・バルドー以来、ベッド・シーンは検閲がうるさくなっていたんだ。そこで、あの愉快なおふざけをやってみせた。あれにはみんな大笑いだったな。あれ以後じゃないかな、スクリーンで平気で女が乳房をひけらかすようになったのは。決定的なギャグになったんだ。トリュフォーはいつも映画についてのこの手のめくばせをたのしんでいたよ。わたしとマリー・デュボワが二人組のギャングに脅されて車にのせられてハイウェイを走るところでは、「カイエ・デュ・シネマ」誌の大きなポスターが貼られたトラックが走り抜けていくんだ。あのころはゴダールもトリュフォーも、よくこんなめくばせをして遊んでいた。たのしかったよ。いい時代だったな。


（初出、二〇〇三年、「フランソワ・トリュフォー映画読本」、平凡社）

＊1　ボビー・ラポワントについて、フランソワ・トリュフォーはこんなふうに書いている

──「ボビー・ラポワントを初めて見たのは一九五九年のことだった。サンジャック街近くの地下の小さなキャバレーで毎晩自作のシャンソンを歌っていた。わたしは『ピアニストを撃て』を撮るところだった。主演は歌手のシャルル・アズナヴールだが、映画のなかでは歌わない。そこで、ボビー・ラポワントにキャメラの前で一曲同時録音で歌ってもらうことになった。ボビーは地下のキャバレーで歌っていたように、音楽のリズムに合わせて全身を上下にゆすりながら、なんとも滑稽な身振りで、しかし顔だけは大まじめで、目にはある種の強烈な悲しみをたたえて歌った。プロデューサーのピエール・ブロンベルジェはボビーが歌うこのシーンが嫌いだった。プロヴァンス地方の訛りがあって発音が悪いうえに身体をゆすりながら歌うので、何を歌っているのかさっぱりわからん、歌詞を一語一語もっとはっきり発音してもらうか、さもなくばスーパー字幕でも出すしかあるまい！　とブロンベルジェが言ったひとことがヒントになって、わたしはボビーが歌うにつれて、次々に歌詞が一語一語、画面の下のほうにスーパー字幕で出てくるようにしたのである。結果はすばらしく、コミカルな効果が倍加した。アズナヴールはボビーの歌がすっかり気に入り、アルハンブラ劇場のリサイタルの前座にボビーを登場させ、彼を『スーパー字幕付の歌手』と紹介したのであった」。（『ピアニストを撃て』のプレスより）

ボビー・ラポワントはその後、特異なシャンソン歌手として人気を得たが、一九七二年にがんのため五十歳で死去。

＊2　『ピアニストを撃て』の原作になったデイヴィッド・グーディスの小説（原題「ダウン・

ゼア」Down there）は二〇〇四年、フランス語訳（「Tirez sur le pianiste」）から邦訳、出版された（真崎義博訳「ピアニストを撃て」、早川書房）。

追記　シャルル・アズナヴールは一九九〇年代に俳優としては引退していたが、歌手としては生涯現役で、二〇一八年九月十七日（東京）、十九日（大阪）の日本公演を最後に、帰仏後、九月三十日から十月一日未明にかけて南仏《ミディ》の自宅で亡くなった。九十四歳だった。

マドレーヌ・モルゲンステルヌ

『あこがれ』から『大人は判ってくれない』へ――フランソワ・トリュフォー監督のデビューまで

一九九四年九月、東京・渋谷の東急Bunkamuraル・シネマで催された特集「パリの横顔」のなかの「フランソワ・トリュフォー追悼上映」のためにトリュフォーの元妻、マドレーヌ・モルゲンステルヌ夫人が招かれて来日した。トリュフォーとのなれそめのころを中心にうかがってみた。

――フランソワ・トリュフォーとのなれそめのころからおうかがいしたいと思います。数年前、プロデューサーのピエール・ブロンベルジェ氏が来日したときに聞いたのですが、一九五六年の夏のヴェネチア映画祭でマドレーヌさんをトリュフォーにひきあわせたのはブロンベルジェ氏なんだそうですね。当時二十五歳のトリュフォーは気鋭の映画批評家で、マドレーヌさんのお父上のイニャス・モルゲンステルヌ氏が製作・配給する映画をことごとく叩きのめしていたので、マドレーヌさんは「父の悪口を書くような批評家なんて」と、トリュフォーを紹介したブロンベルジェ氏に腹を立てていたけれども、翌日にはもう二人で仲よくゴンドラに乗っていた、とたのしそうに思い出を語ってくれました。

モルゲンステルヌ　ゴンドラに乗っていたなんて、まったくの作り話です（笑）。たしかに、一九五六年のヴェネチア映画祭で、わたしたちをひきあわせてくれたのは、ピエール・ブロンベルジェです。それは事実です。でも、ヴェネチアだからといって、ゴンドラに乗っていたなんてね（笑）。何でも脚色しておもしろくしてしまう映画人特有の作り話。だいいち、フランソワは映画を見るのにいそがしくて、優雅にゴンドラに乗って遊ぶひまなんてなかった（笑）。

――ヴェネチア映画祭以前にフランソワ・トリュフォーのことはまったく知らなかったのですか？

モルゲンステルヌ　名前だけは知っていました。月刊誌の「カイエ・デュ・シネマ」や週刊紙の「アール」に映画評を書いて、フランス映画を頭ごなしにやっつけている批評家として映画業界ではよく知られていました。しかし、初めて会ったとき、こんなに若い人だったのかとびっくりしたものです。四十歳くらいのベテラン批評家かと思っていたものですから。当時のわたしには、四十歳といえば大御所《おおごしょ》の老人でした（笑）。

――マドレーヌさんはおいくつだったのですか？

モルゲンステルヌ　フランソワと同じ二十五歳。わたしのほうが六か月、年上です。わたしは父の仕事を手伝ってヴェネチア映画祭に行っていたのです。

――お父上のイニャス・モルゲンステルヌ氏はコシノールというフランス有数の映画配給会社

の社長だったわけですが、コシノールという会社はいつごろできたのですか？　戦前ですか？

モルゲンステルヌ　いえ、戦後です。戦前、父はいくつかの映画会社のフランス北部地方の配給をひきうけていました。その営業所がコシノールのもとになったものです。わたしたちはフランス北部の都市リールに住んでいました。わたしたち一家はハンガリー出身のユダヤ人だったので、一九四〇年五月にナチス・ドイツがついに隣国ベルギーの首都ブリュッセルを占領して、その脅威が間近に迫ったときには、リールを去って南仏《ミディ》の田舎の奥に隠れざるを得ませんでした。実際、その一か月後の六月にはドイツ軍がパリまで侵入しました。それから四年半近く、非占領地域の南仏《ミディ》にとどまって、一九四四年八月のパリ解放まで、わたしたちはまったく何もできなかった。父は志願して戦争に行きました。

戦争が終わり、わたしたちはやっと北部のリールに戻ることができました。フランスはナチス・ドイツの占領から解放されたというだけで、まだ貧しく、何もありませんでした。寒くても家のなかを暖める石炭がない。車があってもガソリンがない。物価は異常に高く、食糧もなかった。解放後も、食糧カードで買物をしなければなりませんでした。そんなときに最も安上がりで快適なのが映画館に行くことでした。当時はまだカフェもあまりなく、カフェに行く余裕もなく、くつろぐ場所といえば映画館だけだったのです。とくに冬は家にいても暖房がないので寒いし、まだテレビジョンもなかった。映画館のなかがいちばん暖かかったのです（笑）。

毎日、どの映画館の前も長蛇の列ができました。戦時中は禁止されていたアメリカ映画がどっと入ってきたし、イタリア映画も入ってきました。映画の黄金時代がいっきょに到来したような盛況ぶりでした。占領下では映画界でも一切仕事を禁じられていたユダヤ人がいち早く仕事を再開しました。わたしの父も戦前の映画配給の営業所を再建し、最初はリールを拠点にしていましたが、やがてパリに居を移し、そのとき、コシノールを正式の会社名にしたのです。一九四九年だったと思います。ですから、一九四九年がコシノールの創立の年になります。

――コシノールは配給だけではなく、製作もされていたようですが。

モルゲンステルヌ　ええ。当時はいまよりもずっと配給会社が製作会社よりも力があったので、ということは、配給会社がほとんど銀行のように製作会社に融資をしていたので、必然的に、わたしの父もプロデューサーになったのです。フランスには映画の草創期からゴーモンとパテという二大製作・配給会社がありましたが、コシノールはその二社に次ぐ強力な存在になりました。

――セルジュ・トゥビアナとミシェル・パスカルによるドキュメンタリー『フランソワ・トリュフォー　盗まれた肖像』（一九九三）のなかで、マドレーヌさんはコシノールが製作・配給していたフランス映画は当時批評家だったフランソワ・トリュフォーにどれも叩かれていた、ほめられたのはロジェ・ヴァディム監督の『素直な悪女』（一九五六）だけだったと述懐しておられますね。

モルゲンステルヌ　そう、ロジェ・ヴァディムの処女作で、ブリジット・バルドーが出た『素直な悪女』ですね。これは父が製作した映画ではなく、配給しただけですが。

――製作はラウル・レヴィという独立プロデューサーですね。一九五六年の作品で、ヌーヴェル・ヴァーグの到来を予告する「わたしたちの世代」の新しい映画だとフランソワ・トリュフォーが当時絶讃したんですね。それ以外はフランソワ・トリュフォーがコテンパンに叩いた典型的なフランス映画ばかりですね（笑）。

モルゲンステルヌ　そうなんです（笑）。でも、わたしは当時のフランソワのそのような批評を読んだことはありません。父も読んだことはなかったと思います。フランソワが書いていた「カイエ・デュ・シネマ」誌は少数のインテリの映画狂の同人誌にすぎなかったし、「アール」紙も発行部数は大して多くない文芸週刊紙でしたから、どんなにひどい評が書かれても、わたしたちの映画がそのために当たらなかったとか、興行にひびくほどの影響力を持つものではなかったのです。フランソワの名は情容赦ない批評家として知られてはいたけれども、彼の書くものにあえて注意を払うことはなかった。わたしも父も全然気にとめてはいなかったというのが本当のところです。「カイエ・デュ・シネマ」誌の批評家では、アンドレ・バザンだけがよく知られた名前でした。バザンは「ル・パリジャン・リベレ」紙のような大きな日刊紙に映画評を書いていて、多くの読者に読まれていましたから。

――しかし、当時、フランソワ・トリュフォーは、フランス映画というフランス映画をめった斬りにし、葬り去るという、その情容赦のない批評によって、「フランス映画の墓掘り人」とまでよばれていたのではありませんか？

モルゲンステルヌ　それはクロード・オータン＝ララという監督が、自分の映画を次々にフランソワに否定されて、大騒ぎをしたせいなんです。監督は自分の作品について書かれたどんなに小さな批評でも気にしますからね（笑）。「フランス映画のある種の傾向」というフランソワの論文が「カイエ・デュ・シネマ」誌（一九五四年一月号）に載ったとき、最も敏感に反応したのがクロード・オータン＝ララでした。フランソワの批評はシナリオライターや監督をひどく刺激するものだったようです。「カイエ・デュ・シネマ」誌のような小さな映画雑誌に、一か月に一回、フランス映画についての酷評が載ったからといって、フランス映画そのものが抹殺されるようなことはあり得なかったのに、自分の作品をけなされてパニックにおちいった監督たち、とくにクロード・オータン＝ララが、おおげさに怒り狂って、「フランス映画の墓掘り人」とフランソワのことをののしったのです。まったくばかげていました。そのために、たちまち、フランソワ・トリュフォーの名が轟きわたったこともたしかですが（笑）。

――フランソワ・トリュフォー本人も自分が批評家時代に有名になったのは作品や監督を酷評したからだと言っていました。自分が監督になってから、そのことがよくわかったと。「監督は自分の作品をほめた批評家のことは忘れても、悪く書いた批評家の名は絶対忘れない」って（笑）。

モルゲンステルヌ　まったくそのとおりでしょう。とにかく、「フランス映画の墓掘り人」なんて、ばかげています。フランソワの批評がフランス映画を葬り去ったなんてことはあり得なかったことですから。

――マドレーヌさんはお父上の仕事を手伝っておられたとのことですが、どんなことをなされていたのですか？

モルゲンステルヌ　とくに文芸部の仕事、プロデューサーやシナリオライターから送られてきた脚本やシノプシス、出版社から映画化をねらって送られてきた新刊の小説あるいはベストセラーなどを父に代わって読む仕事でした。映画化のための原作さがしがわたしの仕事でした。

——そういえば、フランソワ・トリュフォーのために『ピアニストを撃て』（一九六〇）の原作、デイヴィッド・グーディスの「ダウン・ゼア」を見つけたのもマドレーヌさんでしたね？

モルゲンステルヌ　それはちょっと違います。結婚してから、たまたま、わたしが本屋に入って、セリ・ノワール（暗黒叢書）のコーナーで衝動買いした小説が、デイヴィッド・グーディスの「ダウン・ゼア」で、読んでみてあまりにも素敵だったので、フランソワにそう言っただけなのです。映画化すべきだなんて言ったわけではありません。映画化をすすめたのはプロデューサーのピエール・ブロンベルジェです。

——マドレーヌさんはフランソワ・トリュフォーとヴェネチア映画祭で知り合ってから一年後、一九五七年十月に結婚されるわけですが、その間にトリュフォーは短篇処女作『あこがれ』（一九五七）を撮っていますね。この作品はその年の十二月、トゥール国際短篇映画祭で初めて上映されました。反応はどのようなものでしたか？

モルゲンステルヌ　それはすばらしいものでした。フランソワは反応をおそれてコンペティションに出品しなかったのですが、もしコンペティションに出品していたら、間違いなくグランプリを受賞していたことでしょう。それほどの大成功でした。批評もすばらしく、大絶讃でした。業界の反応も大きく、それでわたしの父もすぐフランソワに長篇映画を一本撮らせようと考えたのです。

――それが『大人は判ってくれない』（一九五九）ですね。これもピエール・ブロンベルジェ氏が語っていたことですが。じつは『大人は判ってくれない』をブロンベルジェ氏が製作するはずだったのを、イニャス・モルゲンステルヌ氏が娘の婿になる男の長篇映画第一作は自分が製作したいと言うので譲ったものだと……。そんなわけで、ブロンベルジェ氏は『大人は判ってくれない』をあきらめて、フランソワ・トリュフォーの長篇映画第二作『ピアニストを撃て』を製作することになったということでした。

モルゲンステルヌ　そうかもしれません。『あこがれ』を見て、フランソワに長篇映画をつくらせようと考えたのはわたしの父だけではなかったと思います。いろいろなプロデューサーからフランソワに声がかかっていましたから。

――『フランソワ・トリュフォー　盗まれた肖像』のなかでマルセル・ベルベール氏が語るところによれば、イニャス・モルゲンステルヌ氏は『大人は判ってくれない』を製作したものの、従来のフランス映画とはあまりにも異なるものだったのでショックをうけていた、しかしベルベール氏は心から共感し、モルゲンステルヌ氏のコシノールの副社長の地位を捨てて、フランソワ・トリュフォーのプロダクション、レ・フィルム・デュ・キャロッスに入ることになったとか。

モルゲンステルヌ　わたしの父は『大人は判ってくれない』を嫌ったわけではなく、自分の知っている映画とはあまりにも異なるので、そんなにヒットすることを期待していなかったというだけです。ジャン・ギャバンやフェルナンデルといった大衆的人気スターの出る映画とはたしかに全然異質のものでしたから（笑）。父は映画の配給を商売にしながら、よく間違えました。とくにロシア映画にはまったく目がなく、次から次へと配給しては失敗しました。唯一大ヒットしたロシア映画は、フランソワのすすめで買った『鶴は翔んでゆく（戦争と貞操）』（一九五七）でした（笑）。

父は心臓が悪く、一度発作で倒れて以来、ほとんど動けないくらいの状態で、フランソワとわたしの結婚式にも出席できなかった。フランソワが『大人は判ってくれない』のためにプロダクション、レ・フィルム・デュ・キャロッスを設立するときも、そんなわけで、父の右腕だったマルセル・ベルベールが、父に代わって、フランソワを助ける役目をになったのです。新しくプロダクションをおこしたといっても、同じオフィスのなかの出来事です。レ・フィルム・デュ・キャロッスは、最初、コシノールと同じ住所でした。コシノールのなかに、SEDIFという小さなプロダクションがあったのですが、その代表になっていたのがマルセル・ベルベールで、レ・フィルム・デュ・キャロッスはSEDIFと同じ一室に設置されました。だから、マルセル・ベルベールはレ・フィルム・デュ・キャロッスに入ったのではなく、彼がレ・フィルム・デュ・キャロッスの面倒をみたのです（笑）。

――SEDIF……たしかに、そういえば、フランソワ・トリュフォーの初期の作品、『大人は判ってくれない』、『突然炎のごとく』（一九六一）、『柔らかい肌』（一九六四）のクレジットタイトルには、製作レ・フィルム・デュ・キャロッス／SEDIFとならんで記されていましたね。

モルゲンステルヌ　マルセル・ベルベールは、コシノールをやめてレ・フィルム・デュ・キャロッスに入ったのではなく、フランソワを助けるかたわら、SEDIFの代表として仕事をつづけていました。

SEDIFは父が戦前つくった小さな製作会社で、たとえばマルセル・カルネの『北ホテル』（一九三八）などSEDIFの作品です。そんなことから、いまも『北ホテル』はレ・フィルム・デュ・キャロッスの財産になっているんです。その後、レ・フィルム・デュ・キャロッスが独立して、新しい住所に移り、それからSEDIFを吸収したものですから。そのときにマルセル・ベルベールはレ・フィルム・デュ・キャロッスに入ったのです。ちょっとややこしいけど（笑）。

父はレ・フィルム・デュ・キャロッスの設立から一年後に亡くなりました。一九五九年末に二度目の心臓発作で倒れ、それから一年一か月後の一九六一年一月のことでした。

——コシノールという会社はそれ以後どうなったのですか？

モルゲンステルヌ　父はもう命がないと知って、コシノールをマルソーという映画配給会社に譲渡しました。一人娘のわたしに会社を残してもやっていけないと思ったのでしょう。譲渡契約したのがわたしの長女ローラの生まれたときと同じだったことをおぼえていますから、一九五九年の一月です。その後、マルソー＝コシノールの名でしばらくつづいたと思いますが、いまはもうなくなりました。

『あこがれ』（1959）の原作者モーリス・ポンス（左）とフランソワ・トリュフォー
提供©レ・フィルム・デュ・キャロッス／D.R.

――長女のローラさん、次女のエヴァさんがやはり『フランソワ・トリュフォー　盗まれた肖像』に出演しておられますが、長女のほうは母親似、次女のほうは父親似で、しゃべりかたまでそっくりですね。とくにエヴァさんはフランソワ・トリュフォーのように、ものすごい早口で……。

モルゲンステルヌ　エヴァの早口ときたら！　母親のわたしにも聞き取れないくらい。そのつど三回は聞き直します（笑）。ローラはわたしに似て、おっとりした性格です。エヴァはフランソワにそっくりで、いつもせかせかしている。異性関係に落ち着きのないところも、そっくり（笑）。

――ローラ、エヴァと映画的な名で、フランソワ・トリュフォーの愛した映画、たとえばオットー・プレミンジャー監督、ジーン・ティアニー主演の『ローラ殺人事件』（一九四四）とかジョゼフ・ロージー監督、ジャンヌ・モロー主演の『エヴァの匂い』（一九六二）のヒロインの名を想起させますが……。

モルゲンステルヌ　よく言われますが、じつはまったく映画とは関係がないんです。ローラは祖母の名を、エヴァはわたしの最も親しい女性の名をもらっただけ（笑）。

――フランソワ・トリュフォーはいい父親でしたか？

モルゲンステルヌ　ふつうの父親とは違っていたかもしれませんが、というのもわたしたちは娘たちが小さいころに離婚して別々に生活をしなければならなかったからですが、日曜日ごとにフランソワは娘たちに会いにきてくれたし、子供にはとことん付き合ういい父親だったと思います。

――離婚しても両親は親友付き合いをしていた、とエヴァさんがあるインタビューでお二人の関係を子供の立場から見て語っていましたが、離婚後もずっとフランソワ・トリュフォーとは親しく付き合われていたわけですね？

モルゲンステルヌ　ええ。子供のことだけでなく、映画のことでもずっと親しく付き合ってきました。フランソワは映画を撮るたびに、ラッシュ試写から見せてくれて、ときには編集のためにわたしに意見を求めたりしました。

――フランソワ・トリュフォーの作品のなかで、マドレーヌさんにとってのベスト3は何ですか？

モルゲンステルヌ　そうですね、『大人は判ってくれない』、これはいつも動かないんですが、あとの二本は流動的で、いまは『野性の少年』（一九七〇）と『アメリカの夜』（一九七三）です。

（一部初出、一九九四年、「マリ・クレール」／再録、二〇〇三年、「フランソワ・トリュフォー映画読本」、平凡社）

追記　マドレーヌ・モルゲンステルヌ夫人にはその後のトリュフォー評伝、とくに「トリュフォーの手紙」（平凡社）の翻訳、出版のために手紙やＦＡＸでいろいろ質問しては詳細に親密にお答えをいただき、ご助力いただいた。感謝のみ。

キム・ノヴァク

めまいのように──女優とセックス・シンボル

　キム・ノヴァクがゆうばり国際冒険・ファンタスティック映画祭'96に「ヤング・ファンタスティック・グランプリ部門」の審査委員長としてやってくると映画祭のチーフ・プロデューサーである小松沢陽一氏から約束どおり連絡があった。まさかとおどろきつつも、いさんで、雪の北海道に飛んだ。

『ジャスト・ア・ジゴロ』（デヴィッド・ヘミングス監督、一九七九）でデヴィッド・ボウイとタンゴを踊った四十七歳の、とはいえ、まだじつに美しかったキム・ノヴァクが、日本で見られた最後の彼女のスクリーン・シルエットである。

　ハリウッドで最も妖しく美しくグラマラスで官能的なブロンド女優の一人だったキム・ノヴァクだが、『ピクニック』（一九五五）のときは二十二歳、『めまい』（一九五八）のときは二十五歳であった。

　一九七一年以後、実質的に引退して、もともと苦手だった社交的な国際映画祭などからもずっと遠ざかっていたが、「普段着で気楽においでください」というミスター・コマツザワに誘われてやって来たとのこと。夕張で六時間もスキーをたのしんだという元気いっぱいの六十三歳のキム・ノヴァクに、〔一九九六年〕二月二十日、映画祭の最終日、これから東京へ帰るという寸前に、短い時間ながら会見することができた。

――時間があまりないので、私にとって最も印象的な、忘れがたい映画のシーンから、おうかがいしたいと思います。初めて見たキム・ノヴァクさんの映画は一九五五年のジョシュア・ローガン監督『ピクニック』です。あまりの美しさに目がくらみました。とくに、あの「ムーングロウ」というジャズの名曲のリズムにのって石段を踊りながら下りてくるシーン。夜の川べりで、提灯の下で踊っていたウィリアム・ホールデンが、そんなキム・ノヴァクさんの姿を見上げて、いっぺんに魅せられてしまうシーンです。

K・N（キム・ノヴァク） 『ピクニック』はわたしも大好きな映画です。あの、マッジというヒロインには身も心も同化できました。田舎にいて、ただ美しい女の子とおだてられて満足しているだけでなく、もう少し何かがほしい、何かになりたいと思っている彼女の気持ちが、わたしもアメリカの小さな町で生まれ育ったので、とてもよくわかりました。マッジはわたし自身でもあったのです。性のめざめを描いたシーンもすばらしい。石段のダンスのシーンがその頂点ですね。

――あのシーンのキム・ノヴァクさんはじつにセクシーで美しく、ウィリアム・ホールデンならずとも、誰もが魅了されたと思います。

K・N　わたしはすっかりマッジになりきって、裸で踊っているような気持ちで演じたんです。

――そんなキム・ノヴァクさんの肉感的な美しさが、カラー・シネマスコープの画面に見事にとらえられていたと思います。

K・N　ジェームズ・ウォン・ホウ（ウォン・ハウ、ハウと彼女は発音していたと思う）という中国人のキャメラマンがそうした官能的なものをつかまえて表現するのがとてもうまかったのですよ。

――ジェームズ・ウォン・ホウはその後もキム・ノヴァクさんの『媚薬』（リチャード・クワイン監督、一九五八）のキャメラを担当していますね。美しい、美しいキム・ノヴァクさんでした。

K・N　すばらしい撮影監督《シネマトグラファー》でした。映画の流れのなかで、ここというところを見事にきめてくれる名手でした。『ピクニック』では、監督の力以上にジェームズ・ウォン・ホウのキャメラが重要な役割を果たしていたような気がします。

――『媚薬』のこともぜひおうかがいしたいと思っていました。キム・ノヴァクさんが最も妖しく美しく輝いていたカラー映画の一本ですね。魔女の役で、ジェームズ・スチュアートを魔法で誘惑する……。

K・N　そう、そう、わたしは魔女でした。

――シャム猫を抱いて、猫の目のように深く謎めいた目つきで、妖しくにらみ、テーマ音楽の魔女のメロディーをセクシーに口ずさみながら、ジェームズ・スチュアートに魔法をかけるんですね。

K・N　（メロディーを口ずさむ）

——ジェームズ・スチュアートは、魔法にかかったことを知らずに、回転ドアから何度外に出ようとしてもまた戻ってきてしまう。忘れられないシーンです。

K・N そう、この歌をハミングしながら、シャム猫を抱いて、魔法をかける。じつは、猫アレルギーで苦しみましたが（笑）！

——『ピクニック』に次いで、オットー・プレミンジャー監督の『黄金の腕』（一九五五）のキム・ノヴァクさんの美しさとやさしさに魅了されました。白黒作品でしたが、美しさの印象は変わりませんでした。麻薬中毒のフランク・シナトラを救おうとして、禁断症状が起こってふるえるシナトラをやさしく抱きしめてやるシーンなど忘れることができません。柔らかい肌のぬくもりを豊かに感じさせるシーンでした。

K・N 麻薬が切れて、フランク・シナトラが凍えそうにふるえる。わたしは毛布になって彼の身体をくるんであたためるというシーンでしたね。

——そうです。キム・ノヴァクというと、肉感的なブロンドの美女で、男を誘惑して破滅にみちびくファム・ファタール（妖婦、運命の女）というイメージが強いのですが、じつは、そのような役ばかりでなく、とくに初めのころは、『愛情物語』（ジョージ・シドニー監督、一九五六）にしても、情が厚く、家庭的でやさしい女の役を演じておられましたね。デビューはリチャード・クワイン監督の『殺人者はバッヂをつけていた』（一九五四）で、たしかに、忘れがたい魅惑的なファム・ファタールの役でしたが……。

K・N そうなのです。当時のコロムビア［という映画会社］の社長だったハリー・コーンは、気むずかしい人ではありましたが、すばらしく鋭い勘で俳優の資質を見抜く人でした。本能的に、この役はキム・ノヴァクにいいと決める人でした。ただセクシーな女というだけでなく、『愛情物語』のやさしい妻の役などもやらせてくれた。女優としてのわたしのイメージが豊かにふくらむように、いろいろな役を与えてくれたのです。ところが、彼が死んでからは、みんな、キム・ノヴァクといえばブロンドのセックス・シンボルときめつけて、そのイメージの役ばかり。まだコロムビアとの契約が残っていたので、わたしは命令に従うしかなかったのです。

——ハリー・コーン社長が亡くなったのは、一九五八年ですね。作品でいうと、ハリー・コーンが陣頭に立ってキム・ノヴァクさんの役を決めていたのはどのへんまでですか。『女ひとり』(ジョージ・シドニー監督、一九五七)はまだハリー・コーン製作総指揮ですね……。

K・N 『女ひとり』のときはまだ健在でした。あの映画もとてもよかったでしょう。ハリー・コーンがわたしにくれた最後の美しい役が『媚薬』のヒロインだったと思います。

——『媚薬』の前に、キム・ノヴァクさんはパラマウント[という映画会社]に貸し出されて、やはりジェームズ・スチュアートと共演で、アルフレッド・ヒッチコック監督の『めまい』(一九五八)に出ていますね。この映画のキム・ノヴァクさんほど美しかったことはないと思います。ブロンドとブルネットの二役を演じていますが、とくに、死んだブロンドのキム・ノヴァクさんがグリーンのムードに包まれてよみがえってくるシーンのすばらしさ。まさにめまいのように美しく魅惑的なシーンでした。

K・N 『めまい』では、わたしをめぐるすべてがグリーンのイメージに彩られていました。

ミスター・ヒッチコックがそのように色彩設計をしたのです。わたしが乗る自動車もグリーンでした。グリーンは生命のあかし、生のイメージとして使われています。墓地のなかでたたずむわたしのまわりにも淡いグリーンのもやがたちこめています。

——映画のなかで最初に現われるときも、グリーンのコートを着ていましたね。そして、あのグリーンのもやが立ちこめるような色調のなかからよみがえるシーン。ホテルの一室に外のグリーンのネオンサインのあかりが反映しているのですが、そのグリーンのイメージから本当によみがえるようにブロンドのキム・ノヴァクさんが美しい幽霊のように現われる……。

K・N　そう、あのシーンはすばらしかった。グリーンは永遠の生命のシンボル、死をも超えて生きつづけるものの象徴的な色として使われたのです。

——ジェームズ・スチュアートは愛する女を、死んだ女を、よみがえらせようとして、ブルネットのあなたの髪をブロンドに染め変えさせたり、いろいろなことをするのですが、それはまるでヒッチコックがあなたを夢の女に、理想のヒロインに、つくりあげようとしているかのように感動的でした。

K・N　死んだブロンドの女のイメージにとり憑かれているジェームズ・スチュアートに、わたしは「もしわたしが彼女のようにブロンドの女になったら、わたしを愛してくださる？」と言うのです。ええ、あのシーンはよく憶えています。監督のミスター・ヒッチコックはとてもきびしかった。わたしはミスター・ヒッチコックに愛されるためなら、どんなことでもやるつもりでした。どんな撮影にも耐えるつもりでした。「どんなことでもするから、どうしたら愛

『めまい』(1958)　キム・ノヴァク　写真提供©パラマウント映画／D.R.

してくださるの?」というせりふはミスター・ヒッチコックに言っているつもりでした。いま思っても鳥肌が立つくらいエロチックなシーンでした。わたしはスクリーンから観客の一人ひとりに向かって、「もしわたしがあなたの望むような映画スターになったら、まるごとわたしを愛してくださる?」と言うような気持ちで演じたのです。

——すばらしいシーンでした。映画を見た人はみな鳥肌が立つくらいぞくぞくした魅惑のシーンでした。

K・N 最近、『めまい』の新しいネガが発見されたことをごぞんじですか? いくつか編集のときにカットされて使われなかったシーンもあり、それらもふくめて、いま、復元作業がおこなわれています。グリーンがオリジナルに近い美しい色彩でよみがえるはずです。一年がかりの仕事になるそうです。来年はこの新しい『めまい』が世界中で再公開されることになっています。そのときにはできたらまた日本に来たいと思います。そのときにはまた、新しい『めまい』についていっしょにお話をしましょう。*1

——ぜひまたインタビューをさせてください。たのしみにしています。たしかに、いま見られる『めまい』のプリントは、ビデオで出ているものもふくめて、グリーンがあまり美しくありません。全体にカラーが褪色しているような気がします。

K・N そうなのです。ビデオでは見ていませんが、いま、リバイバル上映されているときのプリントはカラーに多少問題があるのです。こんどの復元版ではオリジナルのグリーンを見事に復元して、真のカラーに近づくでしょう。来年、一九九七年には見られることになると思います。

――お話をうかがっていますと、キム・ノヴァクさんは映画のなかで演じる役に身も心も同化してしまわれるようですね?

K・N　そうですね。自然にそうなってしまうのです。映画を撮ること、役を演じることは、わたしにとってはその人物になりきることなのです。ありきたりのことかもしれませんが、わたしではない別の人間になりきることによって、もう一つの人生を生きること、と言ってもいいと思います。

――しかし、いつもそういうわけにはいかないのではありませんか。完全には同化できなかった役もあるのではないでしょうか?

K・N　それはそうです。映画によります。というより、監督次第ですね。要は監督なんですよ。監督がわたしをうまく使ってくれれば、わたしもすべてを与えることができる。しかし、自分のやりたいことだけを押しつける監督もいるのです。俳優とのコミュニケーションを一切拒絶して、ただキム・ノヴァクという名前がほしいだけで、キム・ノヴァクがどんな女優なのか知ろうともしない。キム・ノヴァクはハリウッドのスター・システムによってつくられたセックス・シンボルにすぎないのだときめつけてくる。わたしの外見だけを求めてくる。内面は必要としない。わたしと話もしないし、わたしを役づくりに参加させてもくれない。ただ美しいだけでいい。そこに立っているだけでいい。言われたとおりのせりふを言えばいい。ただそれだけ。そんなときは、わたしのほうも心を閉じてしまう。言われたとおりにするだけ、ロボットのように操作されるだけで、身も心もからっぽになってしまう。俳優によっては、そのほうがやりやすいという人もいます。技術的に何でも言われたとおりに見事にやりきる能力を持っている俳優もいます。監督と心が通わなくても割り切ってやれるという俳優もいます。しかし、わたしはだめです。監督がわたしをまったく理解してくれないとわかっていながら、なおかつ自分を与え、作品に加担することなど、とてもできない。

――ヒッチコックはどんな監督でしたか？　俳優に何も説明しないということですが、『めまい』のときはどうでしたか？

K・N　ミスター・ヒッチコックはとても頭がよく、巧妙な監督でした。すべてを心得ていて、明快で、きちんとこまかく説明もしてくれました。きびしい監督でしたが、役づくりについては、「わたしにはわからない。あなた次第だ。あなたがこの役をつくるんだ。あなたにしかできない役だ」と言って、おだててくれたものです。「だから、あなたをこの役に起用したんだ。あなたを信じている。あなたでなければできない役だ」って。ただ、せりふのしゃべりかた、身の動かしかたなどについてはとてもこまかく、きびしかった。メーキャップや衣裳についてもこまかい指示があった。外面的なことについては厳密でした。しかし、内面的な役づくりは自由にまかせてくれたのです。それも、じつは自由にさせてくれるように思えただけで、巧妙にミスター・ヒッチコックの手にひっかかって縛られていたのかもしれませんが（笑）。

――『めまい』では、キム・ノヴァクさんはグレイのスーツに黒いハイヒールが嫌いで、絶対にいやだというのに、ヒッチコックがどうしてもと強要するので、ずいぶんもめたというエピソードが残っていますね？　衣裳デザインを担当したイディス・ヘッドが、ヒッチコックの指示にしたがって、グレイのスーツをつくってしまったけれども、あなたがことわったので大変だったとか……。

K・N　いや、ことわったわけではありません。実際、着てみたわけですから（笑）。たしかに、わたしはグレイのスーツを着たことがなく、黒いハイヒールもはいたことがなかった。でも、ミスター・ヒッチコックは、わたしの好みを知っていながら、「試してごらん」とうまく誘ってじっと待っているのです。じつにうまいのです。ミスター・ヒッチコックならではのうまさです。わたしは、いつのまにか、グレイのスーツを着せられ、黒いハイヒールをはかされてしまった。そのために、逆に、その気になってしまった。自分が変わってしまっていた。外面をすべてきめられてしまったために、内面もコントロールされてしまったのです。ミスター・ヒッチコックはわたしの外面を着せることによって、わたしの内面を裸にしてしまったのです。わたしかに、わたしはグレイのスーツも黒いハイヒールもいやだった。しかし、グレイのスーツを着せられ、黒いハイヒールをはかされて、別人に変わってしまっていた。

――まさにヒッチコックの映画術ですね。

K・N　じつにうまい手口です（笑）。外面をすべてコントロールすることによって内面もコントロールしてしまうというミスター・ヒッチコックならではのやりかたです。

――キム・ノヴァクさんはハリー・コーン社長の死後、コロムビアから出て、ほかの映画会社で仕事をつづけられていますが、一九六四年にはユナイテッド・アーチスツでビリー・ワイルダー監督の『ねえ！　キスしてよ』というセックス・コメディーに出演しておられますね。この映画のことも、ぜひおうかがいしたいと思いました。ネヴァダ州のクライマックスという町にある「へそボタン」といういかがわしい売春バーの、おへそまるだしの「ポリー・ザ・ピストル」とよばれるホステスの役でしたが、心やさしく、心意気もあるという娼婦でした。

K・N　『ねえ！　キスしてよ』ねえ……（笑）。わたしはコメディーが大好きだし、ビリー・ワイルダーはいい監督だと知っていたので出演した作品でした。ただ、脚本を読まずに引き受けてしまったのです。ビリー・ワイルダーが「信用しろ」と言うので、つい信用して読まなかったのです。そのあと、脚本を読んで、こう思いました。「ああ、この役をやると、また誤解されそう」（笑）。

——単なるセックス・シンボルにすぎないと……。

K・N　そのとおりです。

——たしかに『ねえ！　キスしてよ』はビリー・ワイルダーらしい強烈な諷刺にみちたセックス・コメディーでしたね。

K・N　ビリー・ワイルダーは皮肉屋ですが、それはみせかけで、じつはとてもデリケートでやさしい人なのです。そんな内面を押し隠したうわべだけの皮肉屋なのです。内気《シャイ》な人です。心根のやさしさを口の悪さでカバーしているような感じです。でも、少し意地悪なところもあるかな（笑）。

——『ねえ！　キスしてよ』が白黒で撮られたのには何か理由があったのですか？

K・N　さあ、よく憶えていません。白黒でしたか？　当時はとてもいそがしかったということもあるのですが、あまりにも評判の悪い映画だったので、じつは出来上がった作品を見ていません。見たくなかったというのが正直なところです（笑）。

――『ねえ！　キスしてよ』には二つの版があって、ラスト・シーンがあまりにも不道徳だというので撮り直したソフト版のほうがいまビデオで出ていますね。

K・N　ビデオのことは知りませんが、ラストシーンを多少変えたことはよく憶えています。そうです。最初のラストシーンは不道徳すぎるというのでアメリカ中から批判され、攻撃され、断罪されて、手直しをせざるを得なかったのです。撮り直しというほどのことではなく、ほんのちょっと手直しをしただけと聞いています。しかし、それだけで映画のよさがすっかり消えてしまったといわれました。

――そうですね、残念ながら。ちょっと気が抜けた感じ、というか……。ところで、もう一本、ずっとあとになってからですが、キム・ノヴァクさんが大胆にも全裸で裸馬にまたがって月夜の晩に現われるというエロチックな名場面を演じたコメディーがありましたね。一九六九年の『空かける強盗団』（ハイ・アヴァーバック監督）というB級っぽいコミカルな西部劇でした。

K・N　ああ、『空かける強盗団』！　ゼロ・モステルが出た作品でしたね。

――牧師に化けたゼロ・モステルがボスになって、銀行強盗を企む話で、夜警の目をくらますために、キム・ノヴァクさんが全裸で白馬にまたがって銀行の前に現われる。じつに美しいシーンでした。

K・N　美しかった？　ほんと？（笑）ばかばかしくて笑ったでしょう。

――コメディーですから、もちろん抱腹絶倒でした。しかし、あの月夜のシーンはキム・ノヴァクさんならではの夢のような美しさでした。

K・N　あれはたのしいシーンでした。わたしは乗馬が得意だし、大好きだったので、よろこんであのシーンに出たのですが、全裸で乗馬なんてね（笑）、大変でしたよ。おもしろかったのは、全裸といっても、ブロンドの髪を長く垂らして前をおおい隠していたのですが、本番中、馬が走りだしたら、そのいきおいで髪がパーッとひるがえって丸見えになってしまった（笑）。わたしの身体に残っていたのは、ここところ（と左右の乳首のところを指して）にちょこっと貼りつけた小さなひなぎくだけ。でも、恥ずかしいと思うよりも、たのしくて、どんどん走りつづけ、いっきょに本番オーケーになった。とても寒い夜で、みんな凍えそうにふるえていたけど、わたしは裸で馬に乗っていたおかげで、馬の体温でとてもあたたかかった。そんな思い出があります。軽いコメディーだったけど、たのしい撮影でした。

――コメディーが本当にお好きなのですね？

K・N　大好きです。それに、『空かける強盗団』の脚本はとてもいいものでした。

――ウィリアム・ピーター・ブラッティの脚本でしたね。のちに『エクソシスト』（ウィリアム・フリードキン監督、一九七二）の原作者および脚本家になる人ですが、コメディーを書いてもうまい人でしたね。

K・N　いい脚本でした。コメディーは大好きです。ゼロ・モステルというすばらしい舞台俳優といっしょに仕事をできたのもうれしかった。

――コメディーだけでなく、キム・ノヴァクさんが出演された映画のなかで個人的に最もお好きな作品は何ですか?

K・N　パディ・チャイエフスキーの舞台劇を映画化した『真夜中』（デルバート・マン監督、一九五九）など大好きな作品です。最も好きな映画の一本です。

――ブロードウェイではたしか『ピクニック』の監督、ジョシュア・ローガンが演出した舞台劇ですね。この映画でキム・ノヴァクさんが演じたのも、孤独で心やさしいヒロインでしたね。

K・N　とても美しいストーリーで、脚本を読んで、ぜひやりたいと思った作品です。映画はニューヨークで、わずか二週間で撮り上げられました。ハリウッドとはまったく違った雰囲気で、脚本家も監督も積極的に対話を求め、とてもいい感じで仕事ができました。まるで舞台劇のように本読みや立稽古をして、それから撮影に入るという、わたしにとってはまったく新しいやりかたでした。それに尊敬する大俳優、フレドリック・マーチと共演できたことも忘れられないすばらしい体験でした。何もかもすばらしかった。大好きな作品です。

――キム・ノヴァクという名前の由来をおうかがいしたいのですが、本名はたしかマリリン・ノヴァクさんですね?

K・N　そうです。ハリウッドにはすでにマリリン・モンローという大スターがいましたから、マリリンという名は変えなければなりませんでした。しかし、わたしはノヴァクという姓だけは変えたくなかった。なぜキム・ノヴァクという名前になったかというと、これにはおかしな話があります。わたしがハリー・コーン社長のオフィスに呼ばれていくと、わたしの名前を決めるための会議がひらかれていました。そこで決められた名前はキット・マーローでした。キット・マーローなんてね（笑）、ピンと来ませんでした。姓のノヴァクはどうしても変えたくないとわたしは言いました。そのかわり、ミスター・コーンの気持ちも考えて、キットという名はむげにことわらずに、「キ」の音だけを生かしてキムにしてもらったのです。キットは子猫《キット》を想像させる名です。でも、わたしは子猫ちゃんタイプの女優ではないので（笑）、キット猫《トン》ではなく、キムならいい、とミスター・コーンに言ったのです。『媚薬』ではわたしは猫のイメージですが、猫と子猫は違いますからね（笑）。

――キム・ノヴァクさんのデビュー作は一九五四年のロイド・ベイコン監督『フランス航路』で、この作品にはマリリン・ノヴァクという本名で出られていたとのことですが、どこに出ておられたのですか？　『フランス航路』の主役はジェーン・ラッセルで、キム・ノヴァクさんは傍役だったと思われますが……。

K・N　傍役どころか、ほんのワンシーンに出ただけです。それも二十人ものモデルたちといっしょに階段をおりてくるというシーン。わたしは二十人ものモデルのなかの一人にすぎなかった。ジェーン・ラッセルが踊るナンバーで、バックのコーラスガールの一人でした。それでも、誰かがわたしを認めてくれて、ハリウッドのスクリーン・テストを受けるようにすすめてくれたのです。

――その映画がリチャード・クワイン監督の『殺人者はバッヂをつけていた』だったわけです

ね？

K・N　それはあとから決まったことで、コロムビア撮影所でスクリーン・テストを受けたときには、まだ出演作品が決まっていたわけではありません。コロムビアのほうでは何か考えていたのかもしれませんが、わたしはテストを受けただけ。スクリーン・テストをしてくれたのは『殺人者はバッヂをつけていた』の監督になるリチャード・クワインでした。

――『フランス航路』はRKO［という映画会社］の作品ですが、二十人ものモデルの一人として出られるきっかけは何だったのですか。キム・ノヴァクさんは当時モデルをしておられたわけですね？

K・N　そう、わたしは短期大学に在学中からモデルとして働いていました。その夏、わたしは冷蔵庫の宣伝のために全国を巡回することになりました。二か月間の夏休みを利用して旅に出る仕事でした。四人のモデルが冷蔵庫をあけて、♪ショウほど素敵な商売はない……と歌うのです（笑）。シカゴから出発してカリフォルニアに終わるという宣伝旅行でした。で、ロサンゼルスに着いたとき、モデル・エージェンシーのほうから、ちょうどRKOが撮影中の映画、『フランス航路』のなかのモデルの役をさがしているということで、私たちを紹介してくれたのです。それから、コロムビアのスクリーン・テストに合格して契約をしました。その夏がすぎて、二か月後、シカゴに帰ってきたときには、もうスターになっていたのです（笑）。本当にあっという間のことでした。

――コロムビア映画の社長、ハリー・コーンは、キム・ノヴァクさんの前に、リタ・ヘイワースという女優を育て、大スターに仕上げていますが、一九五七年の『夜の豹』（ジョージ・シドニー監督）という作品でリタ・ヘイワースからキム・ノヴァクへ、スターの交替劇を演出したといわれています。たしかに、『夜の豹』にはお二人が競演し、キム・ノヴァクさんのほうがリタ・ヘイワースを圧倒する美しさでした。

K・N　そう、そのように演出されたのです。ひどい話です。リタ・ヘイワースは本当にかわいそうでした。

わたしがリタ・ヘイワースに替わるスターとして売りだされたのは本当です。なぜそのようなチャンスがわたしにめぐってきたのかというと、当時、ハリー・コーン社長はリタ・ヘイワースに対してものすごく怒っていました。せっかく育て上げてコロムビアのドル箱スターになったリタ・ヘイワースがアリ・カーンという大富豪と結婚し、コロムビアとの契約を破棄しようとしたからでした。そこで、ハリー・コーンは、リタ・ヘイワースに対して、「おまえなんかいらない」と言って、みせしめのために、リタ・ヘイワースに替わる新しいスターを育て上げて見せたのです。それがキム・ノヴァク、つまりわたしだったのです。もちろん、当時のわたしはそんな事情は知る由もなかった。それでも、リタ・ヘイワースはまだコロムビアと一本だけ契約を残していました。それが『夜の豹』だったのです。そこで、ハリー・コーンはこの映画でリタ・ヘイワースを苦しめ、いじめぬこうとした。リタ・ヘイワースが主役であるはずなのに、わたしをこの映画に出演させ、すべての面でわたしのほうを美しく魅力的に見せて、リタ・ヘイワースの不利になるようにしたのです。すべてみせしめでした。

――フランク・シナトラをめぐって、リタ・ヘイワースとあなたが踊るナンバーがありますが、スター交替を象徴するようなナンバーでした。

K・N そのとおりです。そのように意図的に撮られたのです。撮影中もハリー・コーンはリタ・ヘイワースにとても意地悪にふるまい、しょっちゅう面と向かってこう言っていました。「これでもう、おまえはおしまいだ。もうおまえなんかいらない。おまえのかわりに新しいスターが出るんだ」。リタ・ヘイワースはどんなひどいことを言われても、静かに耐えていました。それはやさしい、いい人で、そんなひどい言葉でののしられるような人ではなかった。

あのミュージカル・ナンバーも、本当はもっと長く、すばらしいものだったのです。リタ・ヘイワースはすばらしいダンサーで、彼女が踊るところがもっとあったのです。しかし、フランク・シナトラがいっしょに踊るのをいやがったために、せっかくの踊りのナンバーがすっかり短くなってしまった。彼女の見せ場がこんなふうにどんどん少くなっていったのです。本当はリタ・ヘイワースのためのビッグ・シーンになるはずでした。

――フランク・シナトラのほうが『夜の豹』ではスターだったのですね?

K・N 二年前の『黄金の腕』のときは歌手としてのフランク・シナトラの人気が落ちていたこともあって、彼も一所懸命でした。しかし、その後、人気を盛り返して、『夜の豹』のときには大スターになっていたのです。『黄金の腕』のときのフランク・シナトラはとてもすばらしく、親切で、いっしょに仕事をして、よく付き合ってくれたのですが、『夜の豹』のときにはもう鼻持ちならないくらいあつかいにくいスターでした。よくあることですが……、それにしてもリタ・ヘイワースには気の毒なことばかりだったと思います。

（初出、一九九六年、「キネマ旬報」／再録、二〇一六年、「ヒッチコック映画読本」、平凡社）

＊1（追記） キム・ノヴァクの再来日は残念ながら実現せず、『めまい』のニュー・プリントとともにキム・ノヴァクに再会することはできなかったけれども、一九九九年はヒッチコック生誕百年にあたり、『サイコ』（一九六〇）や『鳥』（一九六三）などのデジタル・リマスターによるビデオが次々に発売され、待望の『めまい』のニュー・プリント、完全復刻版も「東京国際ファンタスティック映画祭'99」で上映されることになり、あの幻のグリーンが「オリジナルに近い美しい色彩でよみがえ」ったシーンを、いまはなき渋谷パンテオンの大きなスクリーンで見て堪能した。

アンナ・カリーナ
ジャン＝リュック・ゴダールとともに

一九九七年一月、ゆうばり国際冒険・ファンタスティック映画祭の審査委員長としてアンナ・カリーナが招かれてやって来た。一九六五年にパリで彼女のアパルトマンを訪ねて、ほとんど念力だけで撮った写真の何枚かをたずさえて、三十二年ぶりの再会（!?）に心ときめかせて夕張に飛んだ。

インタビューの機会を与えてくれたゆうばり国際冒険・ファンタスティック映画祭のチーフ・プロデューサー、小松沢陽一氏に心からの謝意を表したいと思う。

ココ・シャネルが名付親です

――映画の審査でお疲れのところを申し訳ありません。一目でもお会いできたらという思いで東京から飛んできました（笑）。時間もあまりありませんので、ジャン＝リュック・ゴダールの映画でデビューするころのことから、ゴダール自身が「［アンナ・］カリーナ時代」とよぶ一九六〇年代のゴダール／カリーナ作品に質問をしぼらせていただきたいと思います。「［アンナ・」カリーナ時代」（LES ANNÉES KARINA）というのは、あなたが出演したジャン＝リュック・ゴダール作品の総称であるだけでなく、あなたがゴダールと出会ってその創作意欲を刺激し、インスピレーションを与え、「詩神《ミューズ》」となった時代、ヌーヴェル・ヴァーグの金字塔的作品『勝手にしやがれ』（一九五九）からゴダール／カリーナの最後の長篇『メイド・イン・USA』（一九六六）、そして短篇『未来展望』（オムニバス映画『愛すべき女《め》・女《め》たち』第六話『二〇〇一年愛の交換〝未来〟』一九六七）に至るエポックの総称として「カイエ・デュ・シネマ」誌では使われていますね……[*1]。

カリーナ　「「アンナ・」カリーナ時代」というのは、もしかしたら、「カイエ・デュ・シネマ」誌がそんなふうに名づけたのかもしれない……いや、ジャン＝リュックの命名でしょうね。ずっとあとになって、ジャン＝リュックと別れてから二十年後にいっしょにテレビに出ることになって、一九六〇年代のヌーヴェル・ヴァーグ、「ゴダール／カリーナ時代」の思い出をジャン＝リュックと語るという番組だったんですけど、ジャン＝リュックが突然、『散り行く花』（一九一九）のD・W・グリフィスとそのヒロインのリリアン・ギッシュ、『嘆きの天使』（一九三〇）や『西班牙狂想曲』（一九三五）のジョゼフ・フォン・スタンバーグとそのヒロインのマレーネ・ディートリッヒ、『水の娘』（一九二四）や『女優ナナ』（一九二六）のジャン・ルノワールとそのヒロインのカトリーヌ・ヘスリング、『ストロンボリ』（一九四九）や『イタリア旅行』（一九五四）のロベルト・ロッセリーニとそのヒロインのイングリッド・バーグマンの例を挙げて、映画史の最も美しいそのようなカップルを模範《モデル》にして自分も彼女（つまり、わたし）との幸福なカップルを志したのだと告白したので、すごくびっくりしたんです。わたしといっしょのころはそんなやさしいことをついぞ言ったことがない（笑）。だから、五月革命以前の、一九六〇年代を「［アンナ・］カリーナ時代」とよんでくれたのも、わたしたちがカップルとしては袂別し、コンビを解消したあと、あの時代を懐かしむジャン＝リュックなりのノスタルジックなやさしさなのだろうと思います。その時代にわたしといっしょに撮らなかった作品もあるのですから。『軽蔑』（一九六三）とか……。

――『カラビニエ』（一九六三）とか、『恋人のいる時間』（一九六四）とか、『男性・女性』（一九六六）とか。そもそも、ジャン＝リュック・ゴダール監督は長篇第一作『勝手にしやがれ』（一九五九）のヒロインに本当はあなたを起用するつもりだったけれども、あなたがことわったというのが伝説になっていますね？

カリーナ　ことわったのは本当ですけど、ヒロインの役ではありませんでした。ヒロインはジーン・セバーグが演じたシャンゼリゼの歩道で新聞を売り歩く女の子でしょ。そうではなくて、サンジェルマン・デ・プレのアパルトマンでセーターをめくり上げて胸を見せるだけのほんの端役でした。その役は結局、リリアーヌ・ドレフュスが演《や》りました。当時はリリアーヌ・ダヴィッドという名前でした。その後、結婚して、ドレフュスという姓になったのです。

――ヒロインではなかったのですか？『勝手にしやがれ』でジーン・セバーグが演じたヒロインはパトリシアという名のアメリカ娘ですが、あなたが演じたとしたら、ヴェロニカとか、アヌーシュカとかいう名のデンマーク娘になったのだろうかと、じつは想像していたのです。

カリーナ　いえ、いいえ、ヒロインなんかじゃなくて、ほんのチョイ役。わたしがそのころ石鹼の広告写真やコマーシャル・フィルムに出ているのを見て、この娘なら裸を見せるのが平気だろうと思ったらしいんですよ（笑）。でもわたしは裸になったわけじゃなく、水着をつけて浴槽に入り、石鹼の泡のなかで肩と腕と足の先をちょっと見せていただけ（笑）。背中はかなり露出していたけど……わたしは背中がとてもきれいだって言われたのよ（笑）。それで、ジャン＝リュック・ゴダールに電報で呼びだされて、プロデューサーのジョルジュ・ド・ボールガールのオフィスに行くと、「きみにはぬいでもらう」と黒眼鏡の男が言うんです。「いやです、ぬぎません」ってわたしは帰ってきました（笑）。わたしはまだ十七歳だったし、いまと違って当時は若い娘がぬぐことはそんなに簡単なことではありませんでした。でも、そのあと、ジャン＝リュックは「ぬぐ」娘を見つけたのね（笑）。

――それがリリアーヌ・ダヴィッドだったわけですね。パリのサンジェルマン・デ・プレのアパルトマンでリリアーヌ・ダヴィッドは、たしかに、ジャン＝ポール・ベルモンドの目の前で着替えをしながらちょっと裸になって背中をみせますね。いずれにせよ、リリアーヌ・ダヴィッドのやった役をあなたは蹴ってしまって、また写真のモデルに戻り、映画から遠ざかってしまうわけですね……。

カリーナ　コペンハーゲンからパリにやってきたばかりで、身寄りもなく、知り合いもなく、お金を稼がなくてはならなかったから、モデルをやっていました。小さなホテルに住み、朝食だけで生活するという毎日でした。

――フィルモグラフィーによれば、パリに出られる前に、デンマーク時代に、イブス・シュメーデス監督の『少女と靴』（一九五九）という短篇映画に出演しておられますね。すでにアンナ・カリーナの名前で仕事をなされていたのですか？

カリーナ　いいえ。アンナ・カリーナになるまでには長い話があります（笑）。わたしの母は何度も再婚しているので、わたしには決まった姓がないのです。ですから、姓は捨てて、ハンネ＝カリン（Hanne-Karin）という名だけを残してアン・カリンと名のってきました。ハンネはフランス語ではアンヌ、英語ではアンですね。わたしが生まれたあと、母はまた再婚したけれども、継父の姓はわたしの姓ではありませんでしたからね（笑）。

――アン・カリンをアンナ・カリーナにしたのはパリに来てからですか？

カリーナ　そうです。

――ご自分で考えられたのですか？

カリーナ　いいえ、ココが考えてくれたのです。ココ・シャネルが名付親です。

――ココ・シャネルというのは、あの有名な服飾デザイナーのココ・シャネルですか？

カリーナ　そうです。わたしは未成年で、お金がなくて、ジュニア向けの服の写真のモデルをやっていました。たしかサンジェルマン・デ・プレのカフェ、ドゥマゴで撮った写真だと思いますが、その写真を持ってエレーヌ・ラザレフに会いに行きなさい、何か仕事をもらえるかもしれないから、とカメラマンに言われました。エレーヌ・ラザレフは女性誌「エル」の女社長でした。わたしは黒いハイヒールに黒いワンピースという恰好で会いに行きました。冬だというのに、それしか持ってなかったのです。彼女に会いに行くと、そこに、もうひとり、とてもシックな婦人がいて、わたしの名前をきくので、「アン・カリンです」と答えると、「アン・カリン？　よくないわね、語呂が悪い。アンナ・カリーナにしなさい」。それで即座に決まりました（笑）。その婦人がココ・シャネルだったのです。そして、すぐわたしのカラー写真が撮られ、「エル」のページを飾りました。アンナ・カリーナの **Karina** が **Carina** と間違って書かれたけれど、でもわたしの名前が載ったんです。

――シャネルの服を着たのですか？

カリーナ　いえ、いえ、ココ［・シャネル］はたまたまそこにいて、エレーヌ・ラザレフといっしょにいただけ。偶然の出会いだったんです。わたしはシャネルの店で仕事をしたこともありません。

「役立たず」とののしられて

――ジャン＝リュック・ゴダール監督の『勝手にしやがれ』の小さな役をことわってから一年後にまた、「プロデューサーのジョルジュ・ド・ボールガールのオフィスにこられたし」という電報がゴダールから届くわけですね？

カリーナ　一年後でなく、四か月後でした。わたしに「ぬぐ」ことしか言わなかったあの黒眼鏡の男の印象がひどく悪かったので、もう二度と会いに行く気はなかったのですが（笑）、そのころ同じサンジェルマン・デ・プレ界隈に住んでいた仲間たちが、とくにクロード・ブラッスールが（クロード・ブラッスールはのちに、一九六四年に、ジャン＝リュックの『はなればなれに』でわたしと共演するのですが）「ゴダールってのは天才だぜ、『勝手にしやがれ』という天才的な映画をつくった男だ」と言って、わたしにこのチャンスをのがすな、会いに行け、と強くすすめたんです。『勝手にしやがれ』はまだ公開されていなかったけれども、試写で見た人たちがみな衝撃をうけ、噂の映画になっていたんです。わたしだけが知らなかった（笑）。

――その間にジャン＝リュック・ゴダールがアニェス・ヴァルダのところであなたの写真を見て、その美しさに魅せられて、もう一度あなたを呼びだしたとユニフランス・フィルム（フランス映画海外普及機関）の作成した経歴には記されているのですが、写真家としても有名だったアニェス・ヴァルダがあなたを撮った写真があったのですか？

カリーナ　それは何かの間違いではないかと思います。わたしはジャン＝リュックの前にアニエス・ヴァルダと会ったことはありません。ジャン＝リュックといっしょにアニェス・ヴァルダの監督した『5時から7時までのクレオ』（一九六二）という映画のなかの寸劇に特別出演したのはもっとあとのことですから。アニェス・ヴァルダではなくて、もしかしたら、別の監督の映画のスチール写真をジャン＝リュックは見たのかもしれない。実際には撮影されなかった映画なんですが、クロード・マコウスキーの製作・脚本で、ピエール・ボーション監督の『ほかのどこにも《ニュルパール・ダイユール》』という作品にわたしは出演するはずでした。テスト・フィルムや何枚か写真は撮っていたのですが、プロダクションがつぶれてしまったのです。そのテスト・フィルムや写真をジャン＝リュックが見たのかもしれません。クロード・マコウスキーは『はなればなれに』の冒頭の英語のクラスに生徒の一人として出演しています。

——あ、あの、たしか、あなたの隣にいる小太りの男ですね？

カリーナ そう、そう。おたがいにカンニングしたりして（笑）。

——女教師に「百万ドルの大作映画」というのは英語で何というのかなんて、たずねたりするんですね（笑）。

カリーナ 『勝手にしやがれ』から一年後、いや、四か月後、二度目にジャン＝リュック・ゴダールとお会いになったときには、すべてがうまくいくわけですね？

カリーナ 「こんどはヒロインの役だ」と言われておどろきました。わたしが「またぬぐの？」とき くと、「いや、こんどはぬがなくていい」（笑）。「どんな映画なの？」「政治映画だ」。でも、わたしは政治についてはまったくの無知。「何も知らなくていい。アルジェリア戦争をあつかった映画になるが、ヒロインは何も知らずにその政治的陰謀に巻き込まれる」という説明でした。それが『小さな兵隊』（一九六〇）でした。

——その直後に、「ジャン＝リュック・ゴダール、主演女優兼恋人を発見す」という新聞記事が出て大騒ぎになるんですね。一九六〇年の「ル・フィルム・フランセ」という業界紙のバックナンバーに、「ジャン＝リュック・ゴダールは、『勝手にしやがれ』を撮り終えたばかりだが、次回作『小さな兵隊』を準備中で、その出演者および恋人として十八歳から二十二歳の娘を求む」という広告がのっているのを見たことがあります。

カリーナ 騒ぎのもとは、その広告をもとにして「フランス・スワール」という大衆日刊紙にフランス・ロッシュという有名な女性ゴシップライターが書いた記事でした。「ジャン＝リュック・ゴダール、次回作の主演女優兼恋人を発見す」という見出しで。この記事が出たために、みんな、わたしのことをわたし以上に知っているという始末でした（笑）。わたしはジャン＝リュックに、もう絶対に映画には出ないと涙の抗議をしました。電話をかけて泣きながら大声でどなったんです。すると、またジャン＝リュックから電報が来て、「ハンス・クリスチャン・アンデルセンのおとぎの国の少女が涙なんか流してはいけない」。すてきでしょ。しかも、ドアをノックするので、あけてみると、ジャン＝リュックが赤いバラを五十本も持って、あやまりに来たんです。「主演女優兼恋人を発見す」というのは、これから撮る映画の宣伝文句として友人のフランソワ・トリュフォーが考えたもので、きみが『小さな兵隊』のヒロインに決まるずっと前に『勝手にしやがれ』の宣伝のために冗談で流していたものだったんだ、それをフランス・ロッシュが『小さな兵隊』の記事に使ったんだ、とジャン＝リュックは涙を流しながら一所懸命弁解してくれました。

――そういえば、『勝手にしやがれ』のオリジナル・シナリオを書いたのもフランソワ・トリュフォーでしたね？

カリーナ　そうです。二人はとても仲がよかった。ジャック・リヴェットやエリック・ロメールとも仲よしでした。彼らはいつもいっしょでした。

――『勝手にしやがれ』でヌーヴェル・ヴァーグの旗手となったジャン＝リュック・ゴダール監督の次回作『小さな兵隊』であなたはスター女優としてデビューするはずだったのに、アルジェリア戦争を批判的に描いた極左的な映画としてドゴール政権によって三年間も公開禁止になってしまう。それから六年後にはジャック・リヴェット監督のもとにヒロインを演じた『修道女』(一九六六)が公序良俗を害するというドゴール政権下の情報相ペールフィットのひとことで、またも公開禁止になる。一人の女優に二本も重要な主演作が公開禁止になるというのは不運ですね……。

カリーナ　でも、わたしのせいじゃありませんから(笑)。監督たちにとってはすごく不運なことだったと思います。

――『修道女』から二十八年後に、ジャック・リヴェット監督が『パリでかくれんぼ』(一九九四)であなたのために、謎めいていて、歌も歌うというすばらしく美しい役を考えだしたのは、ひょっとして『修道女』に対するある種の償いのようなことからでもあったのでしょうか?

カリーナ　そのようなことはないと思います(笑)。『修道女』は映画化されるずっと前に、一九六二年に、ジャック・リヴェットがわたしを主役に舞台化したものでした。わたしにとって初めての舞台でした。大成功でした。客席全体がヒロインの運命に涙を流してくれ、毎晩、大きな拍手を送ってくれました。映画化はその延長にすぎなかったのです。

――舞台のときと同じ配役で映画化されたのですか?

カリーナ　いいえ、まったく別です。わたしだけが同じで、あとは全然異なるキャストです。

――一九六〇年にあなたはジャン゠リュック・ゴダール監督の長篇第二作、『小さな兵隊』でデビューするはずだったのに、映画が「政治的理由」で公開禁止になってしまう(公開は一九六三年になってからですね)。しかし、すぐゴダールはあなたのために『女は女である』(一九六二)を企画して撮るわけですね?

カリーナ　わたしのために? そうではなかったんです。『小さな兵隊』は公開禁止になったけれども、試写会で映画を見たミシェル・ドゥヴィルという新人監督がわたしに注目してくれて、彼の処女作『今夜でなきゃダメ』(一九六一)に起用してくれた。主役はじつはすでにマリー＝ジョゼ・ナットに決まっていた。サミー・フレーが相手役、男の主役でした。ところが、二人ともアンリ＝ジョルジュ・クルーゾー監督の『真実』(一九六〇)にブリジット・バルドーと共演していて、そのあとミシェル・ドゥヴィルの第一回監督作品に出る予定だったのが、前の作品の撮影が長引いて出られなくなり、わたしが急きょ、マリー＝ジョゼ・ナットに代わって主役に抜擢されたのです。男優のほうは、サミー・フレーに代わってクロード・リーシュが起用されました。

『今夜でなきゃダメ』は軽快で、さわやかな、いかにもフランス的なロマンチック・コメディーで、好評でした。ジャン＝リュックはこの映画を見に行って、わたしを『女は女である』のヒロインに使うことにしたのです。それまでは、わたしのことなどヒロインどころか端役にも考えてもいなかったと思います。

——そうなんですか(笑)。『小さな兵隊』でゴダール監督とあなたは意気投合して結婚もなされたあとですし、『女は女である』はゴダール/カリーナのカップルの私生活から生まれた美しいロマンチック・コメディーのようにみなされていますが……。

カリーナ　映画と私生活は全然別です。とくにジャン＝リュックは仕事と生活をいっしょにする人ではなかった。それに……実際、映画の幸福なコンビと私生活のカップルの幸福とはまったく関係がないのです。幸福の質が違うんだと思います。

——『小さな兵隊』では、スクリーン・テストのときに「この娘はダメだ、ものにならない」というスタッフ全員の反対を押し切って、ゴダールがあなたをヒロインに決めたという感動的な話が伝わっていますね。キャメラマンは『勝手にしやがれ』からずっとゴダールとコンビを組むことになるラウル・クタールですが、スクリーン・テストのときもラウル・クタールが担当だったのですか？

カリーナ　そうです。でも、わたしのことを「この娘はひどい、使いものにならない、やめたほうがいい」ってジャン＝リュックに耳打ちしていたのは、ラウル・クタールではなくて、助監督のジャック・ロジエでした。「こんな役立たずの娘なんか、さっさと帰したほうがいい」なんて。わたしは頭に血がのぼりました。結局、ジャック・ロジエは途中でスタッフから抜けてしまったけど（笑）。

——ジャック・ロジエは『アデュー・フィリピーヌ』（一九六〇—六二）というすばらしい映画をそのあと撮っていますね。

カリーナ　ジャン＝リュックも彼のことはとても高く買っていたみたい。親友という感じでした。

——『小さな兵隊』は、ジャン＝リュック・ゴダール監督から、あなたへの、アンナ・カリーナへの、すばらしいオマージュではないかと思います。とくにミシェル・シュボール扮する主人公が「写真は真実を写す。映画は［一秒二十四コマ回転で］毎秒二十四倍もの真実を写すんだ」と言って、あなたにいろいろなポーズをつけながら、写真を撮るシーンは、その極致とも言える美しいシーンではないかと思います。

カリーナ　あのシーンはジャン＝リュック自身が写真を撮るブリュノという主人公の役になって、わたしにいろいろな質問をしたり、「両手で髪を上げて」とか「上目づかいでこっちを見て」とか「レコードのジャケットを取って顔の前に」とか指示したりしながら実際にカメラを構えて写真を撮ったんです。

——報道写真家のブリュノという主人公の役はミシェル・シュボールが演じていますが……。

カリーナ　ミシェルはそのあと、ジャン＝リュックがやったように写真を撮るところを演じたんです。

——なるほど。あのアパルトマンのなかであなたがいろいろな質問に答えながら動いたりポーズをとったりして写真を撮られるところは、ミシェル・シュボールではなく、ジャン＝リュック・ゴダールを相手に演じられたわけですね？

カリーナ　そうなんです。

ミュージカルが大好き

——『小さな兵隊』のあと、ゴダールが『女は女である』をカリーナさんのために撮る気はなかったというのは信じられない話ですね（笑）。

カリーナ　『女は女である』はまったくわたしのための企画ではなかったんですよ。ジャン＝リュックは『小さな兵隊』のあと、ミシェル・ドゥヴィルの映画でわたしがコメディーを演じることができると見て、わたしに決めたんです。ミシェル・ドゥヴィルの映画を見て初めてその気になったんです。『女は女である』はわたしのために構想された映画ではなかった。

――フランソワ・トリュフォーによれば、ジャン＝リュック・ゴダールはすべての映画をアンナ・カリーナ主演で撮ることしか考えていなかったと……。

カリーナ　とんでもない。ジャン＝リュックはすべての女の子に声をかけていた。撮影所という撮影所の女優たちに、わたし以外のすべての女の子に！（笑）。マリナ・ヴラディにも、ジャンヌ・モローにも、アネット・ストロイベルグにも、それにイギリス女優のジョーン・コリンズにも。『女は女である』のヒロインには、とくにジョーン・コリンズを最初は使いたかったみたい。

――ジョーン・コリンズはハワード・ホークス監督の『ピラミッド』（一九五四）に出ているセクシーなイギリス女優ですね。

カリーナ　ジャン＝リュックはとくに『気まぐれバス』（ヴィクター・ヴィカス監督、一九五七）のジョーン・コリンズが気に入っていたと思う。

――たしかに、批評家時代にもゴダールは『気まぐれバス』のジョーン・コリンズについて絶讃の批評を書いていますね。エルンスト・ルビッチ監督の『ニノチカ』（一九三九）の脚本家たちに彼女のために構想されたコメディーの脚本を書かせたいような愛くるしい女優だ、と。

カリーナ　すごく人工的な美女（笑）。ジャン＝リュックはロンドンに電報を打ったりして一所懸命くどいていたわ（笑）。

——しかし、『女は女である』のアンジェラというヒロインは、カリーナさん以外には考えられない役ですね……。

カリーナ　たしかに、映画が出来上がってみると、そのとおりです。ジャン＝リュックとわたしの当時の結婚生活がそのまま反映しているからでしょう。もう口もききたくないので、おたがいに本棚から本を取りだして、その表紙の題名を見せ合って気持ちを伝えるところとか。

——ジャン＝クロード・ブリアリ扮する夫のエミールとカリーナさんの演じる妻のアンジェラが夫婦のダブルベッドに入るけれども、「もう口もきかない」と、おたがいに代わるがわるベッドから出て、本棚から「人でなし」という題の本をさがしだしてきたり、二冊の本の題を合わせて「女を絞首刑に！」とかいった言葉にしたりして見せ合い、暗黙ののの しり合い、夫婦喧嘩をするところですね。ユーモラスで、さりげなくせつなくて、微妙な、くすぐったいようなオノロケにもなっていて、忘れがたいシーンです。この映画のカリーナさんは最高でした。

カリーナ　この映画でわたしはベルリン国際映画祭の主演女優賞を受賞しました。その意味ではジャン＝リュックには感謝しているし、忘れられない作品です。

——一九六一年のベルリン国際映画祭で、映画そのものも審査員特別賞を受賞しましたね。映画のなかから、あなたがキャメラに向かって、観客に向かって、ウィンクをしたりするという、サイレント時代のある種の映画のような、たとえばロシアのボリス・バルネット監督の『帽子箱を持った少女』（一九二七）のような、型破りな、もうトーキー以後のリアリズムの時代には誰も考えない、それだけに斬新な手法でおどろかせました。『女は女である』のあなたも、『帽子箱を持った少女』のアンナ・ステンのように、いや、それ以上にすばらしいと思います。『帽子箱を持った少女』はモノクロ作品ですが、雪の風景のなかのアンナ・ステンの毛皮のコートをカリーナさんが着ると、『女は女である』のように鮮烈な真紅のコートになるにちがいないと思われました。

カリーナ　『帽子箱を持った少女』はジャン＝リュックといっしょに見たことがあります。とてもすてきで、たのしかった。『女は女である』はカラーがすばらしかったでしょ。当時のフランス映画はモノクロがほとんどでカラー映画がまだ少なかったけど、ジャン＝リュックはとても大胆な実験をした。真紅とか純白を大胆に使った。わたしに真っ赤なセーターを着せて、真っ白な壁の前に立たせたりしました。「これでは画面がぼやけてしまう」とキャメラマンのラウル・クタールは猛反対でしたが、ジャン＝リュックは「大丈夫だ」って。彼なりの感覚と計算があったのね、結果はすばらしいものでした。真っ白な衣裳もカラー映画ではブルーがかって見えたりするので嫌われていましたが、ジャン＝リュックは周囲のセットなどの色彩との対照やバランスをきちんと計算に入れたうえで、わたしに真っ白なワンピースを着せたりしたんだと思います。それに、たとえ画面が真っ白になってしまうようなことがあったとしても、それは画面に何もうつっていないということではないのだと言って、彼は何もおそれていなかった。

——大胆に、しかも緻密に、色彩設計ができていたわけですね？

カリーナ　壁の色なんかもジャン＝リュックがすべて自分で塗っていました。衣裳もすべて彼が選びました。

——他の作品、たとえば『気狂いピエロ』（一九六五）の真っ赤なワンピースなんかもゴダールが選んだのですか？

カリーナ　いつもジャン＝リュックといっしょに映画の衣裳を選びました。『気狂いピエロ』のときはジャン＝リュックが赤のワンピースにしようって。ただ、『気狂いピエロ』のときにはジット・マグリーニというイタリア人の女性デザイナーがついていました。ミケランジェロ・アントニオーニの『夜』（一九六一）や『赤い砂漠』（一九六四）、とくにカラー映画の『赤い砂漠』の衣裳デザインをジャン＝リュックはすばらしいと思い、『気狂いピエロ』の衣裳を彼女に依頼したんです。

——一九七〇年代に入ると、ジット・マグリーニは、イタリア映画だけでなく、ジャック・ドゥミ監督の『ロバと王女』（一九七〇）やフランソワ・トリュフォー監督の『恋のエチュード』（一九七一）など、主としてフランス映画の衣裳デザインを担当していますね。

カリーナ　彼女をフランスに招いたのはジャン＝リュックなんです。それから、カラー映画ではとくに、みんなが彼女を使いはじめたんです。ジャック・リヴェットの『修道女』も彼女のデザインです。ベルナルド・ベルトルッチの『暗殺の森』（一九七〇）の衣裳もジット・マグリーニです。ベルトルッチの『ラスト・タンゴ・イン・パリ』（一九七二）の衣裳もジット・マグリーニですね。ジャン＝リュックも『中国女』（一九六七）や『ウィークエンド』（一九六七）でもジット・マグリーニの衣裳を使っています。かわいそうに、彼女はがんで亡くなりました。一九七八年か七九年ごろだったと思います。

――『気狂いピエロ』のなかで、あなたは可愛らしい仔犬の形をしたハンドバッグをいつも持っていますね。たしか、『小さな兵隊』のなかでも同じものを持っていたように思いますが、ひょっとしてあれはあなた自身の私物というか、お好みのというか、ふだんの生活でも使っていらっしゃるものなのですか？

カリーナ　いいえ、あれもジャン＝リュックが選んだものです。それに、『気狂いピエロ』のときと『小さな兵隊』のときのは同じものではありません。『小さな兵隊』ではワンシーンだけだったでしょ。『気狂いピエロ』ではずっと持って出てましたけど。いずれにしても、あれは映画のなかだけのものです。あの『気狂いピエロ』の仔犬のハンドバッグは映画の小道具としてアンリ・ラングロワのシネマテーク・フランセーズにあずけました。『アルファヴィル』（一九六五）の白いマントも。

――シネマテーク・フランセーズの映画博物館の展示室で見たことがあります。『女は女である』は、ミュージカルっぽい作品で、あなたが歌って踊るシーンもあって、いま見ても、じつにたのしく、すばらしいですね。

カリーナ　歌詞もジャン＝リュックが書いています。作曲はミシェル・ルグランです。わたしも大好きな作品です。

――『女は女である』はあなたの歌う才能を生かした最初の作品でもあったわけですね？

カリーナ　わたしはコペンハーゲンにいたころ、年齢をごまかして、ナイトクラブで歌っていたことがあるんです。コール・ポーターの曲が大好きで、よく歌いました。シャンソンではエディット・ピアフが何といっても最高です。映画のなかで歌うのも大好きです。『女は女である』のあと、『気狂いピエロ』で、わたしは二曲歌いました。

――『気狂いピエロ』では、ジャン＝ポール・ベルモンドとデュエットで一曲歌うんですね？

カリーナ　一曲だけ。「わたしの運命線」だけ。本当は二曲ともデュエットで歌うはずだったのに、ジャン＝ポール［・ベルモンド］が歌は苦手だからと歌うのをいやがって、「わたしの運命線」だけはあんなふうにただ語りだけで応じるというデュエットになりましたけど、もう一曲のほう（「一生愛するとは誓わなかったわ」）はわたしだけが歌う。フランソワ・トリュフォーの『突然炎のごとく』（一九六二）でジャンヌ・モローが歌う「つむじ風」のセルジュ・レズヴァニ（ボリス・バシアク）の作詞作曲のシャンソンです。

――ピエール・コラルニク監督の『アンナ』（一九六五）がこれから日本でも公開されるのですが、これは完全なミュージカルですね。たしかテレビ映画でしたね？

カリーナ　テレビ用のミュージカル・コメディーです。セルジュ・ゲンズブールの曲がいっぱい、とてもたのしかった。ジャン＝クロード・ブリアリといっしょに出ています。

――ジャン＝クロード・ブリアリも歌って踊るのですか？

カリーナ　ええ、もちろん。このなかでわたしが歌った曲はどれもすてきで、大ヒットしたシャンソンもあります。レコードにもなっています。いまでも、ときどきラジオで聴くことができます。

――『女は女である』のなかでは、「わたしはミュージカル・コメディーに出たかったのよ」と叫ぶあなたのせりふがとても印象的でした。

カリーナ　（にっこり笑って『女は女である』のせりふをつづける）「シド・チャリシーとジーン・ケリーの共演！　そして振付はボブ・フォッシー！」（笑）。

――ジャン＝リュック・ゴダールは、あなたがニューヨークにジーン・ケリーに会いに行って「ミュージカル・コメディーに出演したい」と申し込むけれども、「残念ながら、ミュージカル・コメディーの時代は終わってしまった。ＭＧＭ撮影所のミュージカル用の巨大なステージも取り壊されてね」と答える、けれども、そのあと、街に出て、ふたりで歌い、踊るという映画を企画していたとのことですが、『女は女である』の続篇のようなものだったのですか？

カリーナ　それは『はなればなれに』のあとです。でも、企画というところまではいかなかった。たぶんジャック・ドゥミがそのころ『ロシュフォールの恋人たち』（一九六六年に撮影に入る）にジーン・ケリーの出演を予定していたこともあって、ジャン＝リュックはあきらめたんじゃないかと思います。ジャックのことをとても敬愛していたから。

――『女は女である』はエルンスト・ルビッチの『生活の設計』（一九三三）やハリウッドのミュージカル・コメディーへのオマージュになっていますが、映画を撮る前にルビッチの喜劇やミュージカル・コメディーを参考試写のような形で見たりしたのでしょうか？

カリーナ　わたしたち、ジャン＝リュックもわたしも、しょっちゅうシネマテークに行ってルビッチやいろいろなミュージカル・コメディーをたくさん見ていましたから、映画のために参考試写をする必要などありませんでした。とくにルビッチは、シネマテークでも映画館でも、上映するたびにかならず見に行っていましたから。もちろん、ジャン＝リュックといつもいっしょに。わたしたちがわざわざロンドンまで見に行ったのは、オットー・プレミンジャー監督の『カルメン』（一九五四）です。すべて黒人のキャストによるすばらしいミュージカルでした。フランスでは当時公開されなかったので、ロンドンまで見に行ったんです。

——アンナ・カリーナさんのミュージカル・ナンバーというか、パフォーマンスというか、歌も踊りも、すべてがじつにすばらしいと思います。『女は女である』では、ミシェル・ルグラン作曲・演奏の軽快なピアノ曲が高鳴って、「アンジェラ」のナンバーがはじまり、アンナ・カリーナさんが歌いだすと、ピアノによる伴奏音楽がパタッと止《や》んで、まるでつぶやきのような、独り言《ひとりごと》のような感じになる。その独り言のようなアンナ・カリーナさんの歌が終わると、またピアノによる伴奏曲が朗らかに高鳴る。ピアノ伴奏は踊りのナンバーで、歌は独り言というチグハグなハーモニーで、忘れがたいパフォーマンスですが、ジャン＝リュック・ゴダールは、たしか、「オブジェクティフ'65」誌（一九六五年八月号）のインタビューで、撮影中、あなたが「アンジェラ」のナンバーを伴奏なしに、アカペラで、ひとりでリハーサルをくりかえしているのを見て、すごく可愛らしいと思ったので、そのまま本番に生かしたのだと語っていた

『はなればなれに』（1964）　左からクロード・ブラッスール、アンナ・カリーナ、サミー・フレーによるマディソン・ダンス　©コロムビア映画／ゴーモン／D.R.

と思います。当然ながら、ミシェル・ルグランが撮影中に即興でピアノを弾いたわけではありませんね？

カリーナ もちろん、ミシェル・ルグランのピアノ演奏は別に録音されたものです。ジャン＝リュックは音楽については、ミシェル・ルグランとこまかく打合わせをしていました。*2

――『女と男のいる舗道』（一九六二）のビリヤード室でジュークボックスから流れてくるミシェル・ルグランのビートのきいた音楽に合わせて、ひとり踊りまくるシーン、『はなればなれに』のカフェでやはりジュークボックスから流れてくるミシェル・ルグランの現代的なブギウギふうのメロディーに合わせてサミー・フレー、クロード・ブラッスールとともに三人で踊るシーンは、アンナ・カリーナさんの振付とのことですが……。

カリーナ そうなんです。わたしがいつも軽くステップを踏んだりしている姿を見て、ジャン＝リュックが映画のなかに使おうと言ってくれたんです。ただ、わたしひとり踊るのはいいんですけど、『はなればなれに』のマディソン・ダンス*3のときは、サミー［・フレー］もクロード［・ブラッスール］も踊るのに慣れてなくて、毎日三時間も練習したんですよ。わたしとサミーとクロードの三人だけで（笑）。

ジャン＝リュック・ゴダールの即興演出

――「カイエ・デュ・シネマ」誌の一九九〇年のジャン＝リュック・ゴダール特集のインタビューで、あなたは『女は女である』の台所のシーンの撮影中にせりふを間違えたところをゴダールが故意に使ったことを述べておられますね。どんなせりふだったのですか？　台所のシーンというと、あの、夕食用に一個しか残ってないタマゴを落として割ってしまい、「泣くべきか、笑うべきか」と嘆いて、それから白い壁の前に立って……。

カリーナ　そう、そう、そのシーンです。わたしがキャメラの前で、「これはダメ、NGね」と言ったそのテイクをそのまま使ったんです（笑）。ジャン＝リュックは三回も撮って、わたしがとちったテイクをわざと選んで使ったんです。とてもくやしかった（笑）。

――そんなことがよくあったのですか？

カリーナ　いいえ、それだけ。わたしはめったにせりふを間違えませんから。だから、ジャン＝リュックはおもしろがってわざと使ったんです。とてもくやしかった（笑）

――せりふをとちるといえば、一九六五年二月の初めに『アルファヴィル』の撮影を私が見学に行ったとき、探偵レミー・コーション役のエディ・コンスタンチーヌがテレコミュニカシオン（遠距離通信）という言葉をうまく発音できずに何度も撮り直していたのが思いだされます。かたわらでナターシャ役のあなたが笑いをこらえていましたね（笑）。パリのオペラ座の近くのグランド・ホテルの一室で撮影中でした。

カリーナ　エディ［・コンスタンチーヌ］はせりふおぼえが悪いというわけではなかったけど、私立探偵レミー・コーションを主人公にしたアクションもののスターだったでしょ。長いせりふをしゃべったことがなかったのね。それで、ときどき、とちっていた（笑）。でも、エディは一所懸命でした。ジャン＝リュックを心から尊敬していて、彼の映画に出られたことをとても誇りにしていた。ただ、すごくおかしなことがあったんです。映画のはじめのほうで、エディのレミー・コーションがホテルに着くと、クリスタ・ラングが部屋まで案内して廊下をとおっていくところがあるでしょ。

——クリスタ・ラングはエディ・コンスタンチーヌのレミー・コーション探偵を部屋まで案内してから裸になって誘惑する「誘惑婦」の役でしたね？

カリーナ　そう、そう。彼女がエディを案内して廊下をとおるシーンで、ジャン＝リュックがエディに「きみは彼女に案内されてくるんだから、彼女のあとについてくるんだ」と何度言っても、キャメラを回すと、エディのほうが先に、彼女の前を歩いてくるのね、さっそうとしてね。（笑）。ジャン＝リュックはとうとうがまんできずに、こんどはクリスタ・ラングにどなったの。「きみが先に出てこないとダメじゃないか」って。すると、クリスタ・ラングが泣きながら訴えたのよ。「だって、ムッシュー・コンスタンチーヌがいやだって言うんです。スターはつねに前を歩くって。人のあとについては行かないって」（笑）。

——『軽蔑』（一九六三）に出演したミシェル・ピッコリにちょっとインタビューしたことがあるのですが、ジャン＝リュック・ゴダールはまったく何の説明もしてくれないので、とても演技しにくいと言っていました。どんな気持ちで、どんな心理状態で、演じていいのかわからない。ただ、右を向くだけでいい、靴の紐を結ぶだけでいい、とか指示するだけなんだと。

カリーナ　ミシェルがそんなことを言ったなんて信じられない。彼は『軽蔑』でジャン＝リュックといっしょに仕事ができて心からよろこんでいたのに。

たしかに、ジャン＝リュックは、どんな気持ちで演じるべきかといったような心理的な説明はしません。すべてが自然に表現できるようにシナリオやせりふを俳優がよく理解してくれることを期待しているだけなんです。

――ということは、シナリオやせりふが書かれていたわけですね？　というのも、ジャン＝リュック・ゴダールといえば、即興演出、シナリオなし、その場その場の思いつきで自由奔放に映画をつくっていくというのがヌーヴェル・ヴァーグのスタイルという通念になっているので……。

カリーナ　ジャン＝リュックはシナリオもなく、せりふも書かないで撮影に入るとか、そんなことは一度もありませんでした。即興と言えるようなシーンは、『気狂いピエロ』でわたしが「どうしたらいいの、どうしていいかわかんないじゃないの」って、ふてくされて渚をずっと歩いてくるところくらい。ジャン＝リュックが「きみは退屈してる、そして渚を歩いてくる」ってそのシーンを説明してくれたので、わたしがそのシーンを演じながら、思わず、「どうしたらいいの、どうしていいかわかんないじゃないの」って言ったの。そしたら、ジャン＝リュックが「それがいい。それでいこう」って（笑）。あ、もうひとつ、『はなればなれに』で、クロード・ブラッスールが「カフェでプラン（計画）を」と言ったときに、わたしが「何のプラン（地図）を？」と取り違えたところ。それもそのまま使われてしまった（笑）。そんなことがあったけど、それくらいのものです。ジャン＝リュックがせりふをその場でどんどん変えるなんてこともなかった。俳優にとって、せりふをその場でおぼえろと言われても無理なことです。

ジャン＝リュックがその場で思いつきのせりふを言わせたことなんてありません。シーンを周到に準備して、キャメラ・リハーサルも何度もおこないました。とくに『気狂いピエロ』のときはミッチェルという大きな重いキャメラで撮っていましたから、即興撮影など不可能でした。それに、同時録音撮影ですからね。即興なんて絶対無理です。演技リハーサルもきちんと何度もやって本番は少なかった。即興演出などといった簡単なものじゃなくて、効率よく早撮りするのがヌーヴェル・ヴァーグだったのです。もちろん、せりふなんかは、わたしが当時ジャン＝リュックといっしょに生活していたので、わたしの口調に合わせて彼がせりふを書いてくれたということもあって、他の俳優たちよりもずっとおぼえやすかったということはあると思います。

——せりふも前もってきちんと書かれていたわけですか？

カリーナ もちろんです。六か月も前にシナリオは書かれていて、わたしは何度も何度も読んで、せりふもすっかり暗記してしまいます。暗記しても、また読み直します。それから、映画の話が立ち消えになったころ、突然、「撮るぞ」と言う人です。「せりふは全部おぼえてるから、だいじょうぶ」って言うと、「全部書き変えたよ」なんてこともあるけど（笑）。

——たとえば、どんな映画ですか？

カリーナ 『アルファヴィル』とか。題名も最初は『レミー・コーションの新しい冒険』で、もともとせりふは少なかったけど、クランクインの日になって、「きみはアルファベット人で、涙を流すことも知らない」と言われただけ。でも、ジャン＝リュックのやりかたはよくわかっていたので、すぐ映画の流れに乗れました。

――ゴダール／カリーナ作品ではないのですが、ジャン＝リュック・ゴダールが一九六七年の『中国女』を撮影中に現場で毎日ノートにメモとせりふを書いて、撮り終えると破って捨てるというアラン・ジュフロワによる撮影ルポが発表されたことがありますね。そのあたりから、ゴダールの即興的な撮りかたがいっそう伝説化されたように思います。

カリーナ　『中国女』や『ウィークエンド』（一九六七）のころはそんなふうに撮っていたかもしれません。しかし、わたしの時代にはそんなことはありませんでした。撮影に入ってからも、毎日シーンやせりふを書いて映画そのものをふくらませていったことはたしかです。しかし、まったく書き変えてしまうなんてことはなかったし、ありえないことです。即興なんて、映画の現場を知らない人の言うことです。ジャン＝リュックは最初から明確に意図を持ってスタッフ、キャストにきちんとそれを伝えていました。撮影の現場でアイデアがふくらんで、ときとして即興のような形になったとしても、単にその場の思いつきというようなものではなかったのです。たとえ即興にしても、いつもキャメラマンなり俳優なりに、たとえばこういうことをやりたいんだが……と相談し、理解し合ったうえでの即興でした。

――『女と男のいる舗道』で哲学者のブリス・パランと語り合うシーンがありますね。あれも同時録音の即興的な撮影かと思われますが、どのようにして撮影されたのですか？

カリーナ　あのシーンがどんなふうにして撮られたのか、説明しましょう。カフェの奥の席で、ブリス・パランとわたしが向かい合ってすわり、わたしが哲学者に、ブリス・パランに、いろいろな質問をするというシーンですね。じつはわたしはキャメラに見えない側の左の耳に小さなレシーバーをあてて、髪で隠していました。というのも、そのころはまだワイヤレスではなく、コードがキャメラの見えないところに床をつたって敷かれていて、ジャン＝リュックがキャメラのわきでわたしたちの対話を聞いていて、次の質問をマイクロフォンで小声でそっとわたしに伝える。わたしはそれをレシーバーで聴き取って自分の言葉に変えてブリス・パランに質問をし、ブリス・パランがそれに答えるというやりかたでした。ワンカットの同時録音です。ブリス・パランの言っていることをきちんと聴き取りながら、ジャン＝リュックの伝えてくることも同時にレシーバーで聴かなければならないので、大変でした（笑）。

——ジャン＝リュック・ゴダールと一体になっての即興インタビューだったわけですね？

カリーナ　そうです。完璧に準備され、演出された即興インタビューなのです。

『裁かる、ジャンヌ』とカール・ドライヤー

——『女と男のいる舗道』には映画館でカール・ドライヤー監督のサイレント映画『裁かる、ジャンヌ』（一九二八）を見て涙を流すという美しいシーンがありますね。娼婦ナナが聖女ジャンヌと一体化すると言ってもいいような、クローズアップにクローズアップを対決させた美しく感動的なシーンです。

カリーナ　わたしは『裁かる、ジャンヌ』をシネマテークで三回見て、そのたびに泣いてしまいました。［ジャンヌ・ダルクを演じる］ファルコネッティのクローズアップが画面いっぱい

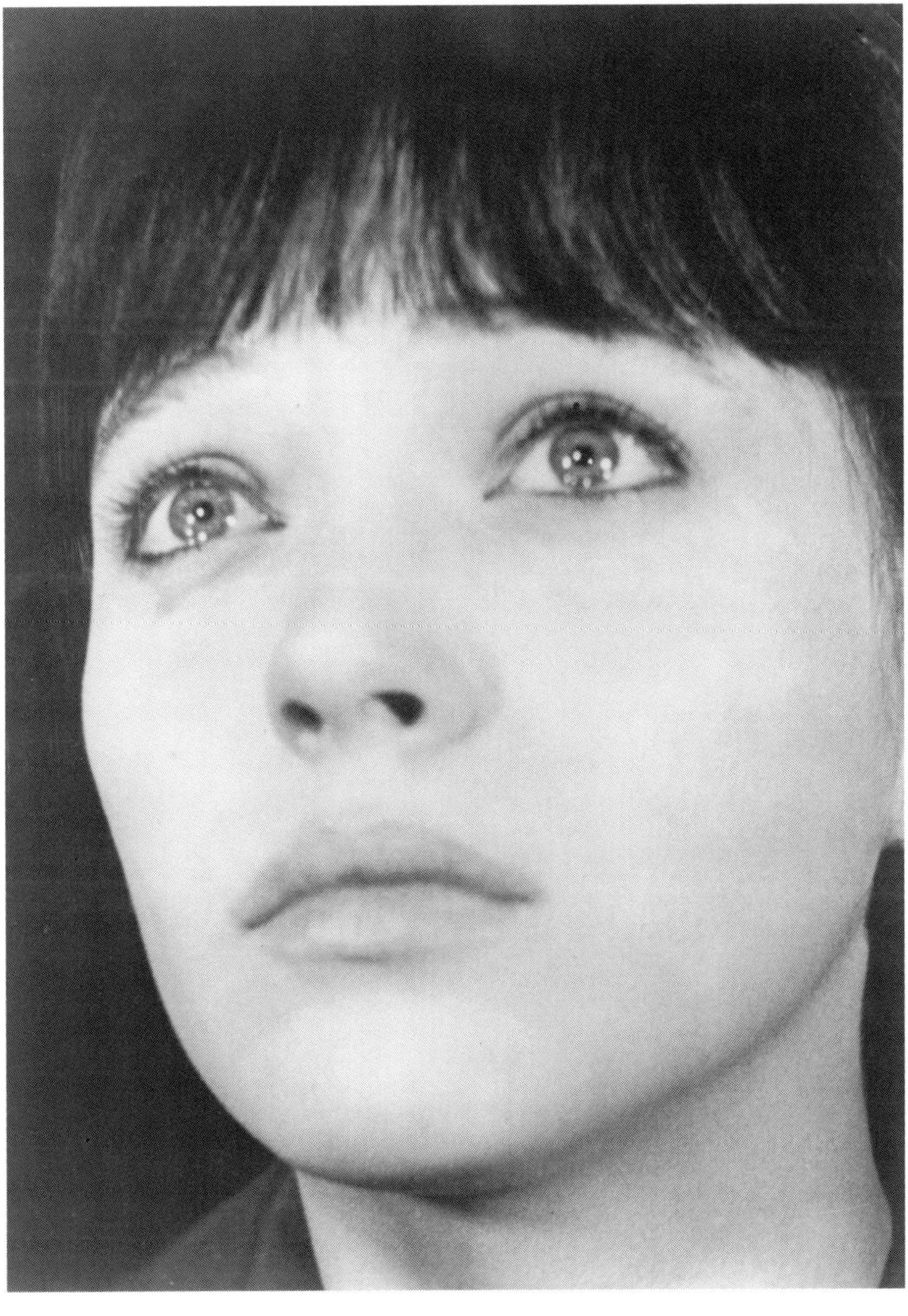

『女と男のいる舗道』(1962) のアンナ・カリーナ(『裁かるゝジャンヌ』を見る) ©フィルム・ド・ラ・プレイヤード

に出てくると、もう涙がとまらないのです。『女と男のいる舗道』の撮影のときも、ジャン＝リュックに「きみはファルコネッティを見ているつもりで涙を流すんだ」と言われただけで、キャメラの前で泣いてしまいました。

——ジャン＝リュック・ゴダールもいっしょに（三回とも）、『裁かる、ジャンヌ』を見たのですか？

カリーナ　ええ、もちろん。ジャン＝リュックがわたしをシネマテークに連れて行ってくれたのです。

——映画館などにもいつもいっしょに映画を見に行かれたのですか？

カリーナ　いつもいっしょにというわけではありません。ジャン＝リュックは毎日、映画を見ていたし、同じ映画を何度も見ていたので、好きなシーンだけを見に映画館に入って途中出てくるといったような見かたをしていましたから。『裁かる、ジャンヌ』だけは最初から最後まできちんと見ていましたけど（笑）。

——『裁かる、ジャンヌ』がクローズアップの連続という映画史的な評価は、『女と男のいる舗道』のあのシーンでとくに決定的になったような気がします。ファルコネッティのクローズアップとあなたのクローズアップが交互に画面に出てきて、いっそうドラマチックに、映画的に、強調されて、クローズアップそのものが神話化されたように思います。ゴダール自身が「［アンナ・］カリーナ時代」とよぶ一九六〇年代のゴダール／カリーナ映画の最も美しく印象的な名場面の一つですね。

カリーナ　あのシーンは、わたしたち、ジャン＝リュックとわたしがカール・ドライヤーに捧げた心からのオマージュなんです。わたしはパリに出てくる前から、カール・ドライヤー本人を知っていました。映画監督として、というよりも、近所に住んでいたんです。わたしの母は裁縫店をやっていたんですが、カール・ドライヤーに招かれて『ゲアトルーズ』（一九六四）の衣裳を担当しています。

――それはまったく知りませんでした。『ゲアトルーズ』はカール・ドライヤー監督の最後の作品ですね。

カリーナ　じつは最後の作品は『ナザレのイエス』になるはずでした。フランスで撮るつもりで、プロデューサーたちとの打合わせでパリにやってきたとき、わたしが通訳をしたんですよ（笑）。わたしは『ナザレのイエス』で聖母マリアの役をやることになっていたのですが、残念ながら、カール・ドライヤーはその前に（一九六八年三月二十日）亡くなりました。

――それは本当に残念ですね……。『女と男のいる舗道』のラスト・シーンで、あなたが射殺されて倒れると、その頭すれすれに車が走り去ります。このシーンを見るたびにあなたが轢かれてしまうのではないかと怖くなるくらいリアルなシーンですね。さりげなく撮られていて、すぐエンドマークが出るのですが……。

カリーナ　わたしも、とてもこわかった（笑）。実際、とても危険だった。ただ、あまりにもこわくて体が動かなかったのね。ほんとの死体のように倒れていた。動けなかった。あぶないと思って動いたりしたら、車に轢かれていたかもしれない（笑）。

――「[アンナ・]カリーナ時代」とよばれる一九六〇年代のゴダール作品のなかであなたがヒロインを演じなかった何本かの作品は、『カラビニエ』とか、『軽蔑』とか、『恋人のいる時間』とか、ひょっとして、あなたが演じられてもよかったように思われるものもありますね。もちろん撮りかたはまったく違っていたでしょうけれども。

カリーナ　『カラビニエ』のときは、わたしは他の作品、ピエール・ガスパール＝ユイット監督の『シェラザード』（一九六三）に出ていたので、いずれにせよ、ジャン＝リュックの映画には出られませんでした。『シェラザード』みたいな、あんなくだらない映画に出るなんて、とジャン＝リュックに言われなくてもわかってたけど（笑）、でも、それはそれでわたしなりに撮影をたのしんでいました。ある日、乞食の恰好をしたエキストラの一人が逆立ちをして石段を降りてきたんです、本番中に！　なんと、ジャン＝リュックでした（笑）。

――逆立ちはゴダールの得意業だったそうですね（笑）。『軽蔑』の撮影中にも、ゴダールはブリジット・バルドーのご機嫌をとるために、よく逆立ちをしてみせたというエピソードがありますね？

カリーナ　ジャン＝リュックはすごく身軽で、スポーツマンなんです。本当に逆立ちが得意なんですよ（笑）。『軽蔑』をブリジット・バルドーで撮るのは、彼の夢だったと思います。当時、ヌーヴェル・ヴァーグの、とくにジャン＝リュックとフランソワ・トリュフォーの夢のヒロインはブリジット・バルドーとシルヴィー・ヴァルタンでしたから。

――たしかに、ジャン＝リュック・ゴダールは、たとえば『気狂いピエロ』は当初、リチャード・バートンとシルヴィー・ヴァルタンというキャストを考えていたとインタビューで語ったり、『恋人のいる時間』ではシルヴィー・ヴァルタンの歌う「悲しきスクリーン」が画面に流れたり、『男性・女性』ではブリジット・バルドーにワンシーン特別出演で出てもらってめくばせしたりしていますが、やはり、ゴダールの夢のヒロインはアンナ・カリーナだけだったと言っていたトリュフォーの言葉を信じたい気もするのですが……。

カリーナ （笑）『恋人のいる時間』のときは、もしかしたら、わたしを使いたかったのかもしれません。『はなればなれに』のあと、わたしがイタリアの監督ヴァレリオ・ズルリーニの映画（『国境は燃えている』一九六五）に出演する契約をしていたので、『恋人のいる時間』に出られないことを知って、とても怒っていましたから（笑）。

――『国境は燃えている』はいい映画でしたね。

カリーナ ヴァレリオ・ズルリーニは『激しい季節』（一九五九）や『鞄を持った女』（一九六〇）を撮ったイタリアの気鋭の才能あふれる監督でした。『家族日誌』（一九六二）も彼の作品です。ぜひ出たいと思ったんです。

――『国境は燃えている』の前の、ゴダール／カリーナ作品『はなればなれに』は、青春映画の最高作の一本と言っていいすばらしい作品だと思います。「ヌーヴェル・ヴァーグの最後の息吹き」とアンドレ＝S・ラバルトはよんでいますね。ルーヴル美術館の大画廊をサミー・フレー、クロード・ブラッスールとあなたの三人がものすごい靴音を立てて走り抜けるところは、もちろんそんなことは許可されるわけがないので（笑）、即興というか、許可なしの抜き打ちの撮影だったのではないかと思うのですが……。

カリーナ　ええ、ルーヴル美術館での撮影許可は得ていたけど、走ったりするのは秘密にしていました(笑)。即興撮影ではなくて、ジャン＝リュックは、最初から、みんなに、「これはギネス・ブックに載るぞ！」って、たのしんでいました。キャメラのラウル・クタールも「そりゃいい」なんて、それに記録のシュザンヌ・シフマンもすごくおもしろがって、みんな大いに乗って、ルーヴル美術館の監視員がおどろいて必死にとめようとするのをふりきって、いっきょに、一発勝負で撮り上げたんです(笑)。うまくいって、みんなで大笑いしました。

――一九六六年の五月の初めごろ、ゴダールがふらりと来日して、浜美枝という『００７は二度死ぬ』(ルイス・ギルバート監督、一九六六)のボンド・ガールになるセクシーな日本女優をヒロインにした作品を企画していたことはご存知ですか？

カリーナ　知りません。日本に来ていたなんてことも知りませんでした(笑)。でも、ありうることです。ジャン＝リュックは「ちょっとたばこを買ってくる」と言って出て行ったきり、三日も、あるいは三週間も帰らず、その間ニューヨークへ行っていたなんてことはしょっちゅうでしたから(笑)、東京に来ていたとしてもふしぎではありません。一九六六年の五月の初めだったら、ジャン＝リュックが『彼女について私が知っている二、三の事柄』を企画していたころかな。たぶん、あちこちでヒロインになる女優をくどいていたんでしょう(笑)。

――そういえば、マリナ・ヴラディがそのとき、ミシェル・ボワロン監督、フレデリック・スタフォード主演のスパイ活劇『ＯＳＳ１１７／東京の切札はハートだ』(一九六六)を東京で撮影中でした。『彼女について私が知っている二、三の事柄』のヒロインがマリナ・ヴラディですね。ゴダールはマリナ・ヴラディをくどきに東京へ来ていたわけですね（笑）？『彼女について私が知っている二、三の事柄』は、あなたが主演の『メイド・イン・USA』（一九六六）と同時撮影の作品になりますが……。

そういえば、東京でも浜美枝に招かれたパーティーの席上で、ゴダールはお礼にと得意の逆立ちをしてみせたそうですけど（笑）。

カリーナ　そうでしょうね（笑）。

——もうゴダール／カリーナ映画は見られないのでしょうか？

カリーナ　無理でしょうね。『メイド・イン・USA』がわたしたちの最後の作品になります。そのあと、すぐ彼はアンヌという名の女性と再婚しました。

——アンヌ・ヴィアゼムスキーですね。

カリーナ　ジャン＝リュックの女たちはみなアンヌという名です。わたしといっしょになる前の恋人はアンヌ・コレット。ジャン＝リュックの最初の短篇映画（『男の子の名前はみんなパトリックっていうの』一九五七、『シャルロットとジュール』一九五八）のヒロイン。わたしといっしょのときにも何人か愛人がいたけど、みんなアンヌという名でした。それから、アンヌ・ヴィアゼムスキー。『中国女』（一九六七）のヒロイン。

——いまはアンヌ＝マリー・ミエヴィルといっしょですね。

カリーナ　じつに奇妙。いつもアンヌという名のつく女性ばっかり。

（一部初出、一九九七年、「キネマ旬報」／再録、二〇一〇年、「ゴダール、わがアンナ・カリーナ時代」、ワイズ出版）

＊1　アラン・ベルガラ編著「六〇年代ゴダール　神話と現実」（奥村昭夫訳、筑摩書房）参照。
＊2　「ミシェル・ルグラン自伝　ビトゥイーン・イエスタデイ・アンド・トゥモロウ」（高橋明子訳／濱田高志監修、アルテスパブリッシング）には、ジャン＝リュック・ゴダールとの仕事についてこんな記述がある。

歌と色彩の映画というジャック・ドゥミの描いた夢を、私は彼に先がけてゴダールの『女は女である』において実現させた。しかし面白いのは、この映画がミュージカルになったのは、撮影が完了してからだった。最初の編集を見せられたとき、私はゴダールに小声で言った。「知らなかったよ、きみがミュージカルを撮っていたなんて。承知してくれるなら、全体に音楽を入れるよ。台詞のバックや台詞の間にも、それに人物たちが歩き回るシーンにも。きっとアンナ［・カリーナ］が通りを歩くと踊っているように見えるだろうし、彼女が話すと歌ってるように見えるさ！」

それは無茶苦茶な仕事だった。私はフィルムの一ミリごと、ほとんど一〇〇分の一秒ごとに手を入れた。ミキシングが終わったとき、驚くべき偶然だったが、ジーン・ケリーから電話があった。「パリに来ているんだ。ちょっと会わないか」。ゴダールと一緒に、私はジーンのために『女は女である』の試写を設定した。ジーンは面食らっていた。「きみたちはどうやって、一曲の歌も振付もなしにミュージカル・コメディを撮れたんだい？」私は彼に私たちの方法を説明した――どうやってハリウッド方式とは異なるミュージカルに、ラディカルな新しい概念を持ったモダンなミュージカルに、到達できたのかを。これこそが一つしかないミュージカルの奇跡的な原型なのだと。ジーンは儀礼的に微笑んだが、彼の目は正直にこう言っていた。「きみたちの頭はいかれてる！」

＊3　マディソン・ダンスは米国オハイオ州コロンバス（マディソン・アヴェニューという目抜き通りがある）から生まれた一種のラインダンス。両手の指を鳴らしてリズムをとり、両手をたたいてアクセントをつけ、マディソンMadisonのイニシャルのMの字を書くように右に左に、前に後ろにステップを踏む。一九六〇年代に欧米で大流行し、その流行を映画的に過激に先取りしたかのようなゴダール的青春風俗映画の傑作『はなればなれに』のアンナ・カリーナによる振付の影響が一九八七年になってつくられたジョン・ウォーターズ監督の青春ダンス映画『ヘアスプレー』（大ヒットのあと、ブロードウェイでミュージカル化）のなかの三人娘によるヒット・ナンバー「マディソン・タイム」に見出されるようだ。

追記　一九九七年にはキャメラマンのラウル・クタールも来日してインタビューができたので、やっと多少はわがアンナ・カリーナ時代のゴダールの魅惑の映画術の一隅に近づくことができたような気がした。

二〇一八年九月には、日仏交流コンサート「TANDEM」の特別企画として「アンナ・カリーナ　永遠の『気狂いピエロ』展」が開催され、六十八歳のアンナ・カリーナが来日、歌手として歌い、CDアルバム「アンナ・カリーナ Je suis une aventurière　冒険する私」も記念発売された。また、アンナ・カリーナが彼女自身の映画人生を語るドキュメンタリー『アンナ・カリーナ、君はおぼえているかい』（デニス・ベリー監督、二〇一九）もつくられた。

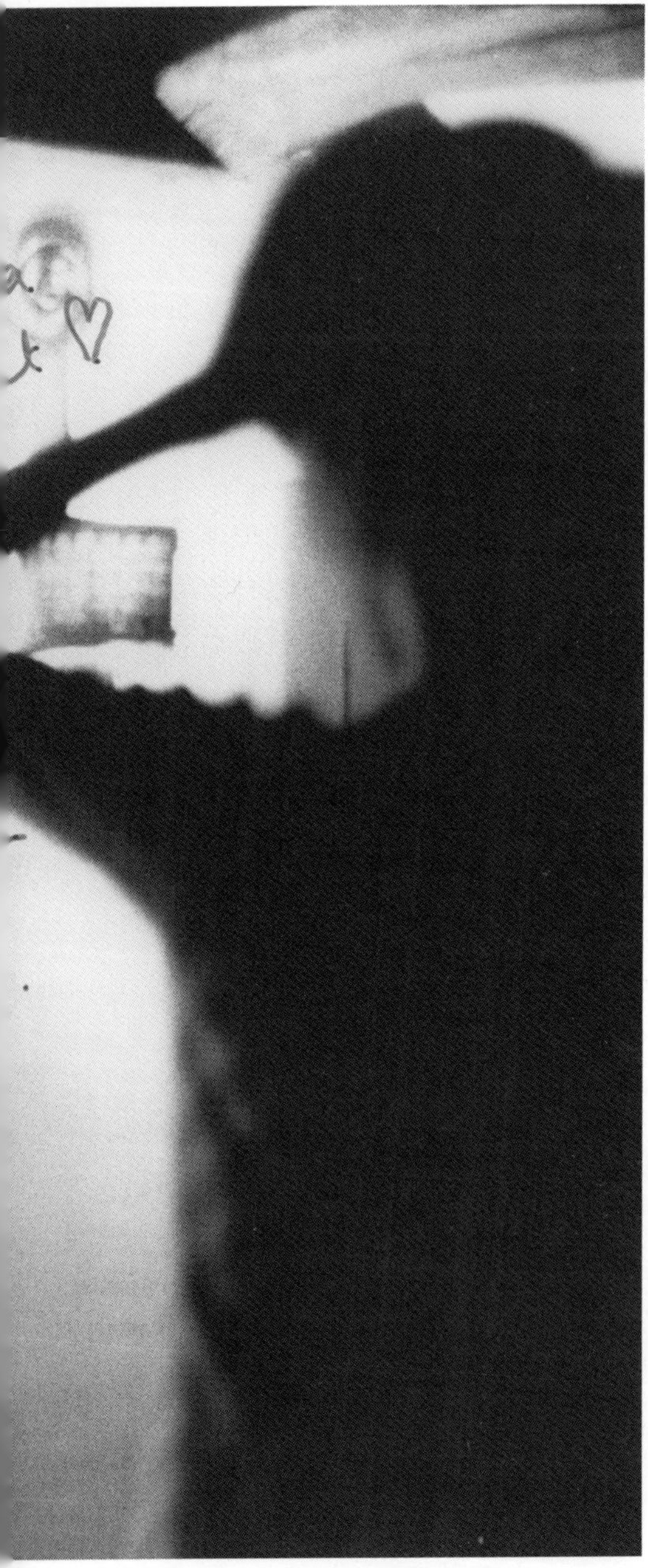

サイン入りのアンナ・カリーナの写真の１枚　撮影（1966年）　©山田宏一

ラウル・クタール

ゴダールの映画術――ヌーヴェル・ヴァーグと映画の革命

「ヌーヴェル・ヴァーグとはゴダール・スタイルのことだ」とジャン＝ピエール・メルヴィル監督は言ったが、そのゴダール・スタイルの革新的な映像を創造したキャメラマンが、ラウル・クタールである。一九五九年に撮影され、一九六〇年に公開されるや、世界中に衝撃を与えたジャン＝リュック・ゴダール監督の長篇映画第一作『勝手にしやがれ』から、一九六八年の「五月革命」を契機に根底的《ラジカル》に「変貌」していくゴダールがゴダール自身と「決別」する（以後ジャン＝リュック・ゴダールは集団的象徴としてのイニシャルだけのＪＬＧになる）直前の『中国女』『ウィークエンド』（ともに一九六七）に至るまで、ゴダールの長篇映画十五本中十四本の撮影を担当した。いわば、ゴダールとヌーヴェル・ヴァーグの秘密をとくカギとも言うべきキャメラマンなのである。

その後、一九八一年に『パッション』、八三年に『カルメンという名の女』でコンビが復活したかにみえたが、ラウル・クタール本人の言うところによれば、ゴダールがすべてのキャメラマンに撮影をことわられ、やむなく「昔の交誼《よしみ》」で付き合わされただけとのこと。一九六〇年代の作品は「たしかに、真のコンビの仕事だったと言えます」。

一九九七年十月、川崎市市民ミュージアムと、国際文化交流推進協会（エース・ジャパン）の主催でおこなわれたヌーヴェル・ヴァーグの推進者として知られるプロデューサー、ジョルジュ・ド・ボールガールの回顧上映「レトロスペクティヴ／ジョルジュ・ド・ボールガール」の特別ゲストとして、ラウル・クタール氏が招かれ、来日した。その機会に三時間をこえるインタビューができたことは、私にとって僥倖と言うしかない。チャンスをつくっていただいた川崎市市民ミュージアム映画部門の川村健一郎氏、江口浩氏、国際文化交流推進協会の岩崎ゆう子さん、それに「ユリイカ」編集部の郡淳一郎氏に心から感謝したいと思う。

なお、インタビューの採録・構成にあたって、とくに映画技術用語については映画学校（東京藝術大学大学院映像研究科）の教授であり映画監督でもある筒井武文氏からの多大なご教示を得たことも、感謝の意とともに記しておきたい。

『勝手にしやがれ』――手押し車とプロンプター方式

――クタールさんは一九五九年の『勝手にしやがれ』から一九六七年の『中国女』『ウィークエンド』に至る一九六〇年代のジャン＝リュック・ゴダール監督のほとんど全作品の撮影を担当されています。『男性・女性』（一九六六）をのぞくすべての長篇と、短篇も一本（オムニバス映画『世界詐欺物語』の一篇『立派な詐欺師』一九六三）。監督とキャメラマンのこの切っても切れない親密な関係から「ヌーヴェル・ヴァーグ」の斬新な映像が生みだされたわけですが、クタールさんも、たしか、どこかで、映画づくりとは恋愛のようなものだ、キャメラマンは監督に惚れこみ、監督もキャメラマンに惚れてくれなければいいものはできないというようなことを述べておられたと思います。

クタール　たしかに、映画づくりは恋愛であるときが最もうまくいく。しかし、恋愛がいつも幸福とはかぎらないし、いつまでもつづくものでもないけどね（笑）。

――一九六八年の「五月革命」以後、ゴダールの「変貌」ということもあって、その後、クタールさんとゴダールの関係は完全に切れてしまうわけですが、それから十五年後、一九八一年の『パッション』ではまたヨリを戻されたというか（笑）、やはり恋愛の再燃のようなものがあったのでしょうか？

クタール　いや、いや、もう恋愛なんてものとは関係ありませんでした。ゴダールはわたしに撮影をたのんでくる前に、じつはあの映画のために十人ものキャメラマンにことわられた（笑）。そのなかには、ヴィットリオ・ストラーロやリカルド・アロノヴィッチやアンリ・ドカやアンリ・アルカンといったキャメラマンがいた。みんな、ゴダールとはやりたくないとことわった（笑）。それで、しかたなく、ゴダールはわたしにたのんできたのです。ゴダール本人は、けろっとして、「世界中のすぐれたキャメラマンの手があいてなくてね」と言っただけ。それが十五年ぶりに再会したゴダールの最初の挨拶だった（笑）。それも、不機嫌な顔をしてね。マイッたね。

――やはりゴダールは「変貌」したわけですね？

クタール　変貌どころじゃない。まるで別人だった。もっと謙虚で、繊細で、気の弱いところもある男だったんだけれどもね（笑）。そのあと、ひきつづいてゴダールの『カルメンという名の女』（一九八三）の撮影もわたしがひきうけましたが、恋愛の再燃なんてものではまったくなかった。撮影中もひとことも口をきかなかった。ただひとつ、まったく変わっていなかったのは、ヌーヴェル・ヴァーグ的な撮りかたです。とくに『カルメンという名の女』は『パッション』よりもずっと低予算の映画だったこともあって、スタッフは撮影も録音も、そしてゴダールもわたしもふくめて、全員がすべての機材を一台の車にのせてロケ地に向かった。主役のカルメンの役はイザベル・アジャーニで、ジャン＝リュックは彼女を使えることで得意満面だった。本気で惚れていた（笑）。ところが、イザベル・アジャーニのほうはスター気取りで、実際、スターでしたが（笑）、彼女専門の美容師やら付人やらとともに二台の車でやってきた。

――二台の車で？

クタール　二台の車で。わたしたちは十人足らずの少数編成とはいえ、スタッフ全員で一台の車です（笑）。しかも、イザベル・アジャーニは、わたしが自分でキャメラや照明機具をかついでセッティングをしているのを見て、わたしを下働きの助手の一人だと思ったらしく、撮影がはじまると、突然、大騒ぎをして（あのバカ女が！）、下っ端の助手がキャメラを回すなんて、こんな素人の映画に出るのはいやだって（笑）、その場を立ち去って、映画から降りてしまった。そのあと、急きょ、ほとんど無名だったマルーシュカ・デートメルスをイザベル・アジャーニの代役に選んで撮影を続行できたものの、大変でした。思いだすのもいやなくらいですよ。ともかく、『パッション』も『カルメンという名の女』も、ゴダールはあらゆるキャメラマンに嫌われていて、撮影をわたしにたのむしかなかったのですよ。わたしならゴダールのいやな性格をよく知っているし、がまんできますからね（笑）。

――そのゴダールの「いやな性格」というのはどんなものなのかもふくめて（笑）、『勝手にしやがれ』から『ウィークエンド』に至る一九六〇年代のゴダール／クタールの幸福だった恋愛関係に絞って質問させていただきたいと思うのですが……。

クタール　いいでしょう。どうぞ。

――すでに何度も同じ質問をされたことかと思いますが、ジャン＝リュック・ゴダールとの出会いからやはりおうかがいしたいと思います。『勝手にしやがれ』で初めてゴダールと仕事をすることになるわけですね？

クタール　そうです。プロデューサーのジョルジュ・ド・ボールガールが『勝手にしやがれ』を製作することになり、わたしをキャメラマンとしてジャン＝リュック・ゴダールに紹介してくれたのです。わたしはすでにピエール・シェンデルフェール監督の『悪魔の通り道』（一九五六）、『ラムンチョ』（一九五九）、『氷島の漁夫』（一九五九）とジョルジュ［・ド・ボールガール］が製作した三本の長篇映画の撮影を担当して信頼を得ていたので、ジャン＝リュックの長篇第一作のキャメラをまかされることになったのです。ジャン＝リュックは気に入らなかったようです（笑）。誰か別のキャメラマンを考えていた。名前は忘れましたが、若い新進のキャメラマンだったと思う。

――たぶん、ミシェル・ラトゥーシュというゴダールの短篇映画（『男の子の名前はみんなパトリックっていうの』一九五七、『シャルロットとジュール』一九五八）を撮影したキャメラマンですね？

クタール　そうかもしれない。結局、撮影スタッフに加わったような気がするけれども、よくおぼえていない[*1]。『勝手にしやがれ』のあと、『小さな兵隊』（一九六〇）にもキャメラ助手として働いていたかもしれない。よくおぼえていません。とにかく、ジャン＝リュックはその若いキャメラマンと長篇第一作『勝手にしやがれ』をいっしょに撮る約束をしていたのでしょう。とても困った顔をしていた。で、わたしはジャン＝リュックに「迷惑なら、わたしは降りてもいい」と言ったのですが、プロデューサーのジョルジュがどうしてもわたしにやれと言う。プロデューサーとしては新人監督に新人キャメラマンというのでは心配だったのでしょう。経験のあるキャメラマンをつけなければならないということになり、わたしが撮影を担当するならという条件で、ジョルジュはジャン＝リュックの映画の製作をひきうけた。ジャン＝リュックはしかたなく承諾した（笑）。

――しかたなく？

クタール　そう、しかたなく（笑）。それが最初の出会いです。その前に、ジョルジュのオフィスで何度か見かけたことがあり、『悪魔の通り道』のときにも紹介されたことはあった。ジャン＝リュックはそのころパリの二十世紀フォックスの宣伝部で働いていた。『悪魔の通り道』は二十世紀フォックスが配給することになり、ジャン＝リュックが宣伝担当だったのです。

――ジョルジュ・ド・ボールガールが語るところによれば、ジャン＝リュック・ゴダールはボールガールの前で『悪魔の通り道』をボロクソにけなしたそうですね。それで、こいつは骨のある若者だとボールガールはそのときからすでに目をつけていたとか……。
クタール　いかにもジョルジュらしい言いかたですよ、それは（笑）。本当のところは、あの生意気な若造めが！　と腹を立てていたね（笑）。
――ジャン＝リュック・ゴダールが最初はクタールさんを撮影に押しつけられて不満だったということは、仕事にもさしつかえたのではありませんか？
クタール　仕事に入ったらすぐ理解し合えるようになりました。具体的な仕事をとおして意気投合したと言えるでしょう。そんなものですよ。
――『勝手にしやがれ』は、クタールさんのキャメラだけでなく、オリジナル・シナリオがフランソワ・トリュフォー、監修（技術顧問）がクロード・シャブロルというヌーヴェル・ヴァーグの精鋭が結集した作品なのですが、そのあたりの事情はごぞんじですか？　ゴダールは脚本をきちんと書かないので、どれも企画が通らず、トリュフォーの書いた脚本でやっとボールガールがひきうけたというような話を聞いたことがあるのですが……。
クタール　事情はこうです。といっても、わたしがその場にいたわけではないので（笑）、人伝てに、そしてとくにプロデューサーのジョルジュから聞いた話ですが、ジャン＝リュックがカバンのなかからだしてジョルジュに見せたいくつかの企画のなかに、フランソワ・トリュフォーが「これはいいシナリオになる」とメモした「デテクティヴ（探偵）」という新聞の切抜きがあった。「デテクティヴ」というのは血なまぐさい殺人事件とかスキャンダラスな情痴事件など、犯罪の三面記事ばかり特集した週刊紙です。

――トリュフォーが愛読していた週刊紙ですね。『柔らかい肌』（一九六四）の脚本なども「デテクティヴ」の記事をヒントに書かれたものですね。

クタール そう、その「デテクティヴ」の切抜きと「これはいいシナリオになる」というトリュフォーのメモが『勝手にしやがれ』のもとになったのです。フランス人の若いスチュワードがアメリカ娘に恋をして、窃盗を働き、殺人を犯すという当時フランスじゅうを騒がせた実話がもとになった。ジャン＝リュックはほかにもいくつかシナリオを持参してきたけれども、せいぜいあらすじを二、三ページほどタイプで打っただけのものだった。だから、たぶん、トリュフォーのメモにジョルジュはとびついた。「トリュフォーにシナリオを書いてもらえたら最高だな。トリュフォーの名前だけでもいい」とジョルジュは言った。そのとき、トリュフォーは、長篇第一作の『大人は判ってくれない』（一九五九）がその年のカンヌ映画祭で上映されて大反響を呼び、若いフランス映画の新しい才能として注目されていた。「トリュフォーはきみの友だちだ。シナリオを書いてもらえるか」とジョルジュは言った。「いいでしょう。書いてもらいましょう」とジャン＝リュックは答えた。トリュフォーがどんなシナリオを書いたのか、いや、実際に書いたのかどうかも、わたしは知らない。ただ、ジャン＝リュックは、いずれにしても、他人の書いたものは気に入らず、全部自分で書き直したと思う。紙の上には書かなくても、頭のなかで。

それから、ジョルジュはジャン＝リュックにこうも言った。「最初の映画には誰か技術顧問が必要だ。クロード・シャブロルもきみの友だちだろ。ひきうけてもらえないか」。ジャン＝リュックは「いいでしょう、たのんでみましょう」と答えた。クロード・シャブロルも、その年、自主製作の『美しきセルジュ』（一九五八）と『いとこ同志』（一九五九）が相次いで公開されて、若いフランス映画の旗手とみなされていた。

——『いとこ同志』はその年のジャン・ヴィゴ賞を受賞していますね。

クタール　そのときはまだ受賞が決まっていなかったかもしれないけれども、とにかく作品もシャブロルの名前も脚光を浴びていたと思う。ジョルジュはトリュフォーとシャブロルの名前があるから金が集まるといって大よろこびだった。こんなふうにして、『勝手にしやがれ』という低予算の映画はスタートしたのですよ。

——撮影期間はどのくらいだったのですか？

クタール　一九五九年の八月半ばにクランクインして、九月半ばにクランクアップ、きっちり四週間で撮り上げたと思う。

——ゴダールはシナリオなしで撮るというのが伝説になっていますが、本当にまったくシナリオなしで撮影したのですか？

クタール　たしかに、コンテ（撮影台本）のようなものはなかった。しかし、シナリオがまったくなかったわけではありません。スタッフ・キャストにはざっとどんな映画なのか、シノプシス（梗概）というか、あらすじをメモした程度のものは配られていました。しかし、どんなシーンなのか、どんなせりふなのか、といったようなことはその日にならなければわからない。

毎朝、ジャン＝リュックが撮影現場に持ってくるメモだけがその日のシナリオです。

――すると、俳優たちにはその日になって初めてシーンのせりふのメモが現場で渡されるのですか？

クタール　そうです。ときにはメモも渡されずに撮影に入る。

――せりふもおぼえられませんね。どうするのですか？

クタール　せりふはすべてジャン＝リュックが本番中に俳優たちに直接教えてやるのです。

――プロンプターのように？

クタール　そう、プロンプターのように。

――ということは、同時録音撮影ではなかったわけですね？

クタール　同時録音撮影ではありません。録音なしの撮影だけ。フランスでは初めてのやりかただったと思います。

――『勝手にしやがれ』では、キャメラが回っているあいだ、ずっと、ゴダールはジャン＝ポール・ベルモンドやジーン・セバーグにつきっきりでせりふを耳打ちしていたのですか？

クタール　そうです。ジャン＝リュックがせりふを教える。それを俳優がくりかえすという方法です。

――シャンゼリゼ大通りの歩道で「ニューヨーク・ヘラルド・トリビューン」紙を売っているジーン・セバーグにベルモンドが声をかけて寄っていき、二人でゆっくり歩きながら会話する長いワンシーン＝ワンカットも、そのようにして撮られたのですか、リハーサルなしで？

クタール　もちろん、リハーサルもテストもなしです。街頭ロケで、隠し撮りですから、リハーサルやテストは無理です。

——隠し撮りはどのようになされたのですか？　撮影スナップを見ると、手押し車のようなもののなかから移動撮影されていますね？

クタール　当時、郵便物の運搬や配達に使われていた手押しの三輪車があって、車輪もタイヤで滑りがよく、振動も少く、そのなかにわたしがキャメラとともに入り、ジャン＝リュックの指示でアシスタントが、ときにはジャン＝リュック本人が押して移動撮影したのです。撮影もぶっつけ本番です。

——移動の速度というか、リズムもゴダール自身が操作していたわけですね？　同時にプロンプターとして俳優たちにせりふもつけていたのですね？

クタール　そう、すべてがジャン＝リュックのスタイルとリズムで支配されています。俳優たちが話すときに、いつも一瞬、不思議な間があることに気がつきましたか？　よく見ると、ジャン＝ポール・ベルモンドとジーン・セバーグの二人の対話にちょっと不自然な間があるのです。それというのも、ジャン＝リュックがわきで、キャメラにうつってないところから、次のせりふを教えるので、俳優はそのせりふを聴き取ってからくりかえして言う。その聴き取るときに間ができる。一瞬「死んだ時間」のように感じられる。『勝手にしやがれ』を見るたびに、わたしはこの奇妙な「間」が気にかかってしかたがない。

——ゴダールが画面《フレーム》の外から次のせりふを言ってくるのに俳優が耳を傾けて待つあいだ、ほんの一瞬、対話が途切れることになるわけですね？

クタール そうなのです。じつに奇妙な感じなのです。

――しかし、その「間」が逆に不思議な臨場感というか、キャメラの息づかいというか、その場の時間の流れが感じられるような、ある種の緊張感を生んでいるような気もします。次はその「間」によく気をつけて見てみたいと思います。映画の冒頭、ジャン゠ポール・ベルモンドがマルセイユからパリに向かって運転しながら走る自動車のなかで、「ちくしょう、工事中だ」とか、ヒッチハイクの女の子を見て、「ブスだな」とか、ぶつぶつ言うせりふも、ベルモンドの即興ではなく、ゴダールが先にせりふを言って、それをベルモンドがくりかえしただけなのですね？

クタール もちろん、そうです。道路工事は演出ではありませんからね（笑）。ヒッチハイクの二人の女の子は演出で、道路わきに待機させていたと思いますが、いずれにせよ、ジャン゠リュックの即興はあっても、俳優の即興はありません。ジャン゠リュックの指示どおりに動くだけです。あのシーンも、運転するベルモンドのうしろの座席にキャメラのわたしといっしょにジャン゠リュックも乗りこんで、ああだ、こうだとプロンプターのようにベルモンドに耳打ちし、それをベルモンドが彼なりのせりふにして言うというやりかたでした。こういうジャン゠リュックの方法をベルモンドは、すでに短篇映画（『シャルロットとジュール』）の撮影でよく知っていたので問題はなかったのですが、ジーン・セバーグのほうはハリウッドのやりかたに慣れていたので、撮影の前にシナリオも読めない、せりふもおぼえられないというゴダールのや

写真提供©ジャン＝ピエール・ビエス／「カイエ・デュ・シネマ」／パリ＝ローマ・フィルム／D.R.

『勝手にしやがれ』隠し撮り風景。後ろ姿の男が演出中のジャン＝リュック・ゴダール。

りかたにはすっかり面食らっていました。演技の準備もできない、自分の芝居をつくることもできないといらだち、ジャン＝リュックとしょっちゅうもめていました。結局、彼女は、どうしていいのか、最後までわからなかったようです。

ジャン＝リュックのこのプロンプター方式で一つだけ利点があったことを思いだします。ジャン＝リュックがキャメラの前で俳優に付き添って、つまり俳優のかたわらで、せりふをつけているときには、要するにジャン＝リュックがぎりぎり画面に入らないように撮ればいいので、自然に構図が決まるということでした（笑）。

『勝手にしやがれ』のこうしたプロンプター方式は同時録音撮影でなかったからこそ可能だったのですが、いずれにせよ、この映画の撮影に使用したカメフレックスというキャメラは回転音がうるさすぎて、同時録音は無理でした。軽量のキャメラで、手持ちの撮影には便利でしたが。

——街頭ロケでは徹底して隠し撮りをなされたわけですが、街のまんなかでかなり大胆な撮りかたをしているにもかかわらず、まったく誰にも気づかれなかったのでしょうか？　ラストシーンで腰骨を撃たれたベルモンドがよろよろと走っていくときも、両側の歩道を歩く人たちはベルモンドのほうを見るだけで、ベルモンドを追うキャメラのほうは見ていませんね……。

クタール　カンパーニュ＝プルミエール街をよろめきながら走ってモンパルナス大通りに出るまでの移動撮影ですね。あのシーンは隠し撮りですらなかった。小型の自動車を使っての移動撮影です。２ＣＶの車蓋《ほろ》を取り除き、キャメラを三脚に据えて、堂々と撮影したのですが、べルモンドの苦しそうな走りっぷりのほうが真に迫っていたということもあるのでしょう（笑）、誰も車のなかのキャメラに注意を向けなかった。当時はまだ街頭ロケなどに人々は慣れておらず、それが映画の撮影だということに気づかなかったのです。いまでは街を行くふつうの人たちもすれてしまって（笑）、隠し撮りをしていても、どこにキャメラが隠されているか、すぐ見つけようとするので、相当うまくやらないと、バレてしまう。いまは隠し撮りはとても困難です。しかし、当時はらくでした。ヌーヴェル・ヴァーグ以前にそんなことをする映画人はいなかったし（笑）、街のなかにキャメラを持ちだしたのはわたしたちが初めてだったからです。もちろん、ある種のドキュメンタリー、ニュース映画などは別です。しかし、劇映画を街のまんなかでドキュメンタリーのように撮るというのは誰も考えていなかったことでした。だから、シャンゼリゼ大通りでも、どこでも、それが映画の撮影とは誰も気づかなかったというのが本当のところです。もちろん、ベルモンドやジーン・セバーグがまだスターとして知られていなかったということもあります。たとえ知られていたとしても、映画を撮っているとは気づかれなかったでしょう。映画は撮影所のなかで撮るものであって、街頭のそのへんで撮るものではなかったのです。

——パリじゅう、どこでも、隠し撮りを中心に、正式の許可を取らずに撮影したのですか？

クタール　隠し撮りでも許可は取らないと撮影できませんからね。もちろん、かならず許可は取るようにしました。しかし、当時はどこでも撮影許可が簡単に取れました。ロケーションなんて誰もまだやっていなかったので、警察も交通整理や取締りなど全然考えていなかった（笑）。

いまはどこでも撮影許可を取るのが大変です。

——地下鉄とか墓地などは撮影が禁じられているので大変だとフランソワ・トリュフォーも言っていました。

クタール　原則として、どこでも撮影は禁じられていると言えます。たとえ撮影許可を得ても、たとえば交通を妨げたりしたら撮影はすぐ禁じられるし、撮影が邪魔になると誰かが警察に通報したりすれば、ストップ、それでおしまいです。都会だけでなく、田舎でも同じです。庭園など許可が必要なだけでなく、金も払わなければならない。公園、広場、どこでも撮影は大変です（笑）。

——たとえば『はなればなれに』（一九六四）ではルーヴル美術館で、『恋人のいる時間』（一九六四）ではオルリー空港で撮っているシーンがありますね。

クタール　もちろん、撮影許可は取りましたよ。隠し撮りはやっていますが、撮影許可だけはかならずきちんと申請していました。ただ、当時は許可がらくに取れたのです。

——ヌーヴェル・ヴァーグの即興撮影が革新的なものとして話題になりましたが、たとえば『勝手にしやがれ』でジャン＝ポール・ベルモンドが交通事故の現場に居合わせるシーンもひょっとして偶然そこで事故が起こったので即興で撮られたのでしょうか？

クタール　いや、あれは演出です。偶然の事故ではありません。偶然は、むしろ、ベルモンドが刑事の尾行をまくためにシャンゼリゼ大通りの歩道の人ごみにまぎれて逃れていくシーンで大きなパレードに遭遇したところです。たしかアイゼンハワー大統領の歓迎パレードでした。

あのシーンはベルモンドをキャメラで追いながら、歩道から大通りへうまくパンをしてワンカットでパレードをとらえたのですが、劇映画のなかで許可なしに現役の大統領の実写を使用することは禁じられていたので、残念ながら、そこはカットせざるを得なかった。検閲にひっかかってしまったのです。じつにうまく撮れていたのですが！

——それは本当に残念ですね。

クタール　複雑なパンを駆使して、うまく撮ったんですけどね（笑）。

——ジャン＝ポール・ベルモンドがタクシーから降りて走っていき、いきなり若い女のスカートをめくるところをロングでとらえるところがありますね。本当にやったのですか？

クタール　もちろん、本当にやっていますが（笑）、歩道を歩いている若い女は素人でなく、女優です。でも、まわりの人がおどろいているでしょう。誰もそれが映画の撮影とは気づかなかったので、本当に女のスカートをめくる変な男が現われたと思ってびっくりしたようです（笑）。

——『勝手にしやがれ』を同時録音で撮影しなかったのは、ゴダールによればイタリアのネオレアリズモの方法を踏襲したとのことですが……。

クタール　そうかもしれません。出発点は、要するに、ルポルタージュを撮るというアイデアでした。ミシェル・ポワカールという主人公の言動をルポルタージュのようにキャメラで追ってとらえようということだったのです。最初から最後まで、原則としてライティングもなし、同時録音もなし、キャメラも手持ちで撮影するということでした。そのほうが安上がりということもありました。しかし、劇映画を全篇手持ちで撮影するなんてのは前代未聞でした。

——それがヌーヴェル・ヴァーグだったわけですね。従来の映画づくりの常識を破る大胆で斬新な試みだったわけですね？

クタール　そうです。まったく新しい試みでした。ジャン＝リュックと意気投合したのは、何よりもそうした実験精神というか、冒険の試みというか、新しい独創的なアイデアへの挑戦という点においてでした。

——イルフォードＨＰＳという高感度の写真用フィルムを『勝手にしやがれ』で初めて使ったのが、そうした実験の最初ですね。それまで映画のために使われたことはなかったフィルムだったわけですね？

クタール　そう、イルフォードＨＰＳはもともと映画用のフィルムではなく、スチール写真用のフィルムだからね。ロール一本の長さも映画には使えない短さで、せいぜい十五秒しかもたない。そこでこのフィルムを何本かつないで二十メートル巻きにして使った。ＡＳＡ４００という当時最も高感度のフィルムで、これを二倍に増感して使うと、夜のシーンもノー・ライトで撮ることができたのです。だから、『勝手にしやがれ』でイルフォードＨＰＳを使ったのは、夜のシーンだけです。高感度ですから粒子が荒れるので、日中のシーンには使えない。夜のシーン、それもほんの二、三シーンに使っただけです。ただ、最初からイルフォードＨＰＳを使うことに決めていたので、そのために、イルフォードＨＰＳのパーフォレーション（フィルム送りの孔＝目）に合うキャメラを使わなければならなかった。さいわい、軽量のカメフレックスがなんとかＨＰＳのパーフォレーションに合う、というより、パーフォレーションに関係なく使えるキャメラだったのです。

――『勝手にしやがれ』は全篇ライティングなしで撮られたのでしょうか？　ロケーションばかりでなく、いろいろ、屋内で撮られたシーンもありますね。たとえば、シャンゼリゼ大通りからジャン＝ポール・ベルモンドがビルのオフィスに入っていき、そのなかでかなり長い移動撮影もありますね……。

クタール　航空会社《エールフランス》のなかを車椅子を移動車代わりに使って長い移動撮影をするところ……あそこは必要最低限の報道写真やニュース用スポットライトを一つ車椅子の背にくくりつけただけで、もちろん全体のライティングはなしで撮りました。このシーンではなく、ちょっとライトを使ったのは、ジーン・セバーグのホテルの部屋の奥の浴室が暗すぎたので、鏡をのぞきこんだりするでしょう、何もうつってないというのでは困るから、薄暗い天井の電灯の代わりに照明用のランプ、２５０Ｗのフォトフラッドをつけたところくらいです。それから、もう一か所、新聞社「ニューヨーク・ヘラルド・トリビューン」のなかがやっぱりちょっと暗すぎたので、そこは数台の照明機材を使った。しかし、あくまでも自然光を生かすための補助的な照明です。ジーン・セバーグのホテルの室内はかなりうまくいったと思います。昼下りのやわらかい自然光が、ジーン・セバーグとベルモンドのベッドシーンのシーツの白さをきわだたせて、とてもいい感じでしょう。自分でも気に入っているシーンです。

――高感度のイルフォードＨＰＳを使ったのは夜のシーンの撮影のときだけとのことですが、

そのほかのシーンは、室内のシーンもふくめて、フィルムは何を使用されたのですか？　むかし、パリで、ジャン＝リュック・ゴダール監督に聞いたところでは、たしかゲヴァルト36を使われたとか……。

クタール　いや、日中のシーンはコダックのダブルXかトライXを使って撮影しました。ゲヴァルトはアグファと同じです。会社そのものがアグファに吸収されてしまったのです。『小さな兵隊』ではアグファの高感度フィルムを使いました。アグファ・レコードというやはりスチール写真用のフィルムでした。

『小さな兵隊』——高感度フィルムと同時録音

——『小さな兵隊』のなかで、ミシェル・シュボールの演じる主人公がアンナ・カリーナの写真を撮るシーンで、「ライトは必要ない高感度フィルムだ。アグファ・レコードだから」と言うせりふがありますね。

クタール　そう、そのとおり、ライトなしで撮れる高感度フィルムでした。

——映画のなかで、「フランス最高のキャメラマンであるわが友ラウル・クタール……」という友情のめくばせのようなナレーションもありますね。

クタール　（笑）

——イルフォードＨＰＳは『アルファヴィル』（一九六五）でもまた使われていますね。クレジットタイトルにも「ラウル・クタールによりイルフォードＨＰＳで撮影」と出てきます。

クタール　『アルファヴィル』のときには、すでに映画用のフィルムがあったので間違いはありませんでした。『勝手にしやがれ』の成功で話題になり、イルフォード社が映画用のＨＰＳを製造しはじめたのです。同じように、『小さな兵隊』で初めてわたしたちが使ったアグファ・レコードも、その後、映画用のフィルムとして製造されるようになった（笑）。いまでは名称も変わってアマチュア用のフィルムとして売られているけれども。

――『カラビニエ』（一九六三）ではコダックのダブルＸという高感度フィルムを使われていますが、これはゴダール自身が「現在出まわっているもののなかで最もすぐれたフィルム、最も写真濃度の高いフィルムであり、粒子はかつてのプラスＸと同じくらい細かく、感度はトライＸと同じくらい高く……」（「ゴダール全評論・全発言Ｉ」、奥村昭夫訳、筑摩書房）と当時すでに分析していますね。

クタール　ジャン＝リュックはフィルムのこと、キャメラのこと、すべての技術的なことに精通していた。『カラビニエ』も、最初は16ミリで撮って35ミリに拡大《ブローアップ》し、荒れた画面で戦争のニュース映画の感じをだそうとジャン＝リュックは考えていた。結局、35ミリのコダックのダブルＸのネガフィルムで撮影し、現像段階でコントラストを上げることにした。さらに焼付のときに、ふつうはクレジットタイトル用に使う白黒だけで中間の灰色《グレイ》のニュアンスのない極度にハイコントラストの特殊なポジフィルムを使ってプリントしたのです。

――『勝手にしやがれ』のオルリー空港のテラスにおけるジャン＝ピエール・メルヴィルの記者会見のシーンはどのようにして撮られたのでしょうか？　いま見てもテレビで見るような臨

場感あふれる直撃インタビューの迫真性がありますが、あのシーンもカメフレックスで撮影され、同時録音ではなかったのですか？

クタール　いや、あのシーンだけは同時録音で撮影されました。本物の記者会見をやったものですから（笑）。ジャン＝リュックが考えた質問をするアンドレ＝S・ラバルトのような<u>さくら</u>も入っていますが、本物のジャーナリストたちを集めた記者会見をおこなったのです。キャメラはカメフレックスですが、できるだけ回転音を消すために防音ブリンプをつくって取り付けました。

――『女と男のいる舗道』（一九六二）でアンナ・カリーナが哲学者のブリス・パランにインタビューをするカフェのシーンもたぶん同時録音撮影ですね？

クタール　もちろん、同時録音撮影です。しかし、そのシーンはまた別です。撮りかたが全然違います。『女と男のいる舗道』のあのカフェのシーンでは、アンナ・カリーナが耳に小さなレシーバーをつけていて（もちろん画面には見えないように髪の毛で耳が隠されていますが）、ジャン＝リュックが彼女に次のせりふや質問を伝えるという方法でした。たとえば、そこで何をしてるのかと哲学者に声をかけろと伝えると、彼女がそのとおりに「何をしているの」ときく。ブリス・パランが「読書ですよ」と答えると、ジャン＝リュックがまたアンナ・カリーナに「なぜ読書を？」とたずねろ、と耳打ちする。こんなふうに、ジャン＝リュックがせりふを考え、質問をつくり、それをレシーバーで聴いたアンナ・カリーナが同じせりふ、同じ質問を彼女の声でくりかえすというやりかたです。

『女と男のいる舗道』(1962)　哲学者ブリス・パラン（右）とアンナ・カリーナ
Ⓒレ・フィルム・ド・ラ・プレイヤード／D.R.

——まさにゴダール流の即興の、その場、その瞬間に、当意即妙にせりふを吹き込むプロンプター方式なんですね。

クタール　そのとおりです。インタビューはジャン＝リュックの即興で、しかも同時録音なので、緊迫感があります。アンナ・カリーナはジャン＝リュックの言うことを聴きもらすまいとして、ときどき耳のあたりにこうやって手をあてて注意しているでしょう（笑）。

——カフェのなかの騒音、話し声がうるさくてレシーバーからの声がよく聴き取れないので……（笑）。

クタール　そう（笑）。『中国女』（一九六七）でも、アンヌ・ヴィアゼムスキーが列車に乗り合わせたフランシス・ジャンソン教授と対話するときに、しょっちゅう耳をすませて聴き取ろうと緊張していた（笑）。

——フランシス・ジャンソン教授の言っていることとともにゴダールの言うことも聴きもらすまいとして！（笑）。キャメラは回っているし、同時録音ですから、俳優のほうも大変な緊張感でしょうね？

クタール　ジャン＝リュックならではのドキュメンタリーふうの映画のつくりかたですね。最初の二本、『勝手にしやがれ』と『小さな兵隊』は同時録音ではなく、アフレコでしたが、『女は女である』（一九六一）から『女と男のいる舗道』をへて同時録音撮影のやりかたにも慣れて、その後はジャン＝リュックとの仕事もすべて同時録音撮影です。

『女は女である』――初めてのセット撮影

――『女は女である』は『勝手にしやがれ』『小さな兵隊』に次ぐジャン＝リュック・ゴダール監督の長篇映画第三作で、クタールさんにとってもゴダール監督との三本目の仕事になるわけですが、カラー（イーストマンカラー）・スコープ（フランスコープ）作品で、初めてのセット撮影ですね。

クタール あの撮影は大変でした。セット撮影の利点というのは、たとえば壁を取り払ってキャメラをそこに据えたり、移動撮影のために家具をどけたり柱を取り払ったりすることができることです。ところが、ジャン＝リュックは本物のアパルトマンをつくらせてしまった。壁も窓も柱もドアもすべて本物です。まったく動かせない（笑）。ドアには鍵もかかる。その鍵をジャン＝リュックが持ち歩いていたので、彼がいないとドアもあけられない、誰もセットに入れないという状態でした（笑）。おまけに、天井もつくる。アンナ・カリーナがジャン＝クロード・ブリアリと夫婦のベッドに入って寝るときに、上に天井がないというのではアンナが気分に乗れない、彼女はいつも天井のある寝室で寝ているんだ、だから天井をつくって、いつも彼女がうちで寝ているように、同じ雰囲気で演技ができるようにしたい、というのです（笑）。『小さな兵隊』のあと、ジャン＝リュックはアンナ・カリーナと結婚したばかりでしたからね。おのろけのような感じもあった（笑）。天井は画面に入らないのに、とわたしが言っても、天井がないとアンナがうまく演じられないんだといって聞かなかった。撮影所のステージはセットの上に照明機具をそなえつけることができるようになっているのに、結局それも使えなかったのですよ（笑）。

――本物のアパルトマンを使うという考えはなかったのですか？

クタール　最初は本物のアパルトマンを使って撮る予定でした。ジャン＝リュックがすでに映画のために見つけてきたアパルトマンがあって、外から撮ったシーンは映画のなかでも使っています。ところが、そのアパルトマンに住んでいた夫婦が、映画の撮影中（三週間の約束でしたが）、アパルトマンを貸すあいだ、ホテル・リッツだったか、どこだったか、最高級のホテルに住みたいというようなことを急に言いだしてきて、そんな条件なら撮影所にセットをつくるほうが安上がりだということになったのです（笑）。ジャン＝リュックにしてみれば、やむなくセット撮影に踏み切ったわけですが、わたしは、ジャン＝クロード・ブリアリがアパルトマンのなかで自転車を乗り回すところなどを移動車《ドリー》で撮るためにはセットのほうがらくだと思って、かえってよかったと思っていました。ところが、結局は同じことだったのです（笑）。

――結局は本物そっくりのアパルトマンのセットをつくって撮ることになった……（笑）。

クタール　それがジャン＝リュックのやりかたなんですよ。

――ジャン＝リュック・ゴダールはこの初のカラー作品で「白を白く撮りたい」というような意図を語っていたと思うのですが、たしかにアパルトマンの壁の白さが印象的で、真っ白な壁の前に真っ赤なセーターのアンナ・カリーナを立たせたりして、カラー映画では白がとんでしまってうつりにくいというような常識をひっくり返していますね……。

クタール　ジャン＝リュックは白が大好きで、カラー映画における白は白紙と同じだと言っていた。そこに絵を描いたり字を書いたりするんだ、とね（笑）。

――『女は女である』には二人の女優、マリー・デュボワとジャンヌ・モローが特別出演して、フランソワ・トリュフォー監督の『ピアニストを撃て』（一九六〇）と『突然炎のごとく』（一九六二）にヌーヴェル・ヴァーグ的な友情のめくばせをするシーンがありますね。マリー・デュボワは『ピアニストを撃て』のヒロイン、ジャンヌ・モローは『突然炎のごとく』のヒロインで、どちらもクタールさんのキャメラで撮られた作品ですが、ひょっとして『突然炎のごとく』の撮影はまだ終わられていなかったのではありませんか？

クタール　いや、いや、もう終わっていました。『女は女である』の撮影は一九六〇年の十二月でしたからね。『突然炎のごとく』はその年の夏に撮った。

革新的なゴダール、古典的なトリュフォー

――クタールさんは、『ピアニストを撃て』『突然炎のごとく』からオムニバス映画『二十歳の恋』のフランス篇『アントワーヌとコレット』（一九六二）、『柔らかい肌』（一九六四）、そして『黒衣の花嫁』（一九六七）と一九六〇年代のフランソワ・トリュフォー監督作品のキャメラも担当されているのですが、ゴダールとトリュフォーというヌーヴェル・ヴァーグを代表する二人の映画作家の違いをどのようにとらえられていますか？

クタール　フランソワ・トリュフォーとジャン＝リュック・ゴダールは、画家でいえばラファエロとピカソくらいの違いはあるでしょう。古典的完成と破壊の衝動の差と言ったらいいか。

フランソワは、ヌーヴェル・ヴァーグとはいっても、きわめて古典的な映画監督です。たしかに、長篇映画第一作の『大人は判ってくれない』は、アンリ・ドカのキャメラで、ジャン＝リュックの『勝手にしやがれ』の前にヌーヴェル・ヴァーグの先鞭をつけた作品だったけれども、それ以外の作品はすべて古めかしいものばかりです。もちろんすばらしい才能はあるけれども、ジャン＝リュックのようにつねに革新的なものを追求する映画作家ではありません。伝統的ないいものをうまくつかんで身につけてしまう、その意味ではきわめて順応性に富んだ監督です。物語を語ることにかけてはジャン＝リュックよりもずっとうまい。古典的なストーリー・テラーと言っていいでしょう。古典的な俳優を使い、古典的な撮りかたをする。破綻のない古典的な演出です。映画のつくりかた、撮りかたそのものが、ジャン＝リュックのように、新しいものに挑戦したり実験したりするようなことはなく、きわめて古典的です。ジャン＝リュックは危険をおかしても何でもやってみようという映画作家です。わたしが技術的にそれは無理だと言っても、いや、そんなはずはない、やってできないはずがないと自分の思いつきをとことん実践しようとする。失敗したら撮り直しをすればいいというのもジャン＝リュックの強みでしょう。撮影台本（コンテ）なしで撮る彼の映画でしかできないことですね。

――しかし、トリュフォーも『突然炎のごとく』では戦争のニュース映画《フィルム》をシネマスコープの画面のなかでスタンダード・サイズのまま使ったり横長に歪曲《デフォルメ》された映像で使ったりするという大胆な実験をやっていますね？

クタール　あれは実験ではなく、やむを得ずあのように使ったのです。戦争のニュース映画はシネマスコープで撮られていませんからね（笑）。サイズの問題で、しかたがなかったのです。苦肉の策だったと思います（笑）。しかし、たしかに、『突然炎のごとく』はフランソワの最も意欲的な作品だと思います。とくにその主題の大胆さにはおどろかされます。

――ジャンヌ・モローが遅れてくる待ち合わせのテラスのカフェのシーンが、突然、シネマスコープの画面のなかでスタンダード・サイズになるのにもおどろきました。トリュフォーには聞きそこなったのですが、スクリプターのシュザンヌ・シフマンの話では、あのカフェのシーンにジャンヌ・モローの最初の夫であったジャン＝ルイ・リシャールが客の一人になって特別出演しているので、それをきわだたせるためにシネマスコープの画面の両側を現像処理であのように黒くつぶしたということでした。

クタール　ずいぶんむかしのことでおぼえていませんが、そうでしたか……。もしかしたら、そこだけスタンダード・サイズで撮ったかもしれない。あのころはいろんなことをやりましたからね。いや、そんなことはないな、やっぱり、シネマスコープで撮りましたからね。現像処理でしょう、たぶん。

『突然炎のごとく』はフランソワの映画のなかでも最も好きな作品です。わたしがこれまでキャメラを担当した百本以上の映画のなかでも最もいい作品の一つだと思います。そのやさしさ、魅力……なんとも見事な作品です。少くとも、書かれたシナリオを映像がしのいだ奇跡的な例として、わたしにとっては三本の指に入る作品です。

――あとの二本はどんな作品ですか？

クタール　あとの二本は……言わないほうがいいでしょう。映画のほうがよすぎて、あまりにもシナリオがひどかったので（笑）。そのシナリオを書いたのが友人でもあるしね（笑）。

フランソワの映画では、不当にもまったく評価されなかったけれども、いま見てもじつにすばらしいのが、『柔らかい肌』（一九六四）です。つい最近も久しぶりに見るチャンスがあったのですが、全然古びていないし、その美しさに感動しました。その肌理のこまかさ、繊細な感受性は、愛のかたちをつねにフレッシュに微妙な感覚でとらえるフランソワならではのものです。ゆれ動く気持ち、などと言葉では言えても、それを映画的にとらえることはとてもむずかしい。フランソワはそんな恋愛感情をスクリーンに描き得た稀有な才能の映画作家だったと思います。

『女と男のいる舗道』――クローズアップの秘密

――そのトリュフォーが「感情の映画」として称讃しているのが一九六二年のジャン＝リュック・ゴダール監督の長篇第四作『女と男のいる舗道』ですね。冒頭のタイトルバックのアンナ・カリーナの美しいクローズアップ、逆光でとらえられているのでほんのりと光の輪で囲まれた感じの横顔のクローズアップがじつに印象的です。このようなクローズアップを撮る場合、ゴダールはクタールさんにどのようなことを要求するのでしょうか？　たとえばD・W・グリフィス監督の『散り行く花』（一九一九）のリリアン・ギッシュのクローズアップのようにとかいうような指示があるのでしょうか？

クタール　そんなふうに気持ちを伝えてくることもありますが、もっと具体的な指示をしてきます。ジャン＝リュックは映画を技術的にじつによく知っていますからね。抽象的になんとなくこんなクローズアップを、などとは言いません。一メートル五十センチの距離から、とか、何ミリのレンズで、とか、技術的に明確に指示してくるのです。キャメラのファインダーもかならずのぞいて、これはだめ、あれはだめ、このサイズの寄りでいきたいとかいうふうにはっきり言います。

——ゴダール自身がどのくらいのサイズで撮るか、フレームやキャメラの位置まで決めるのですか？

クタール　いや、キャメラの位置を決めるのはわたしです。わたしがフレームをつくってみせる。ジャン＝リュックがキャメラをのぞいて、これがいい、これはだめ、というように構図を選んで決めていきます。

——女優のクローズアップ、アンナ・カリーナのクローズアップを撮るときに、とくにクローズアップ用のメーキャップとかライティングなどもゴダールは要求したのでしょうか？

クタール　そのようなハリウッド的な、古典的なやりかたは一切やらなかった。女優の、アンナ・カリーナの、クローズアップを「美しく」撮るためには、キャメラの位置を変えて、ライトがよく当たるようにするとか、どのアングルからクローズアップをとらえるかとか、演出のスタイルをむしろ変えるというやりかたでした。

——『女と男のいる舗道』のカフェの二階にあるビリヤード室で、ジュークボックスから流れるミシェル・ルグランの曲に合わせてアンナ・カリーナが踊るすばらしいシーンがありますね。あそこはアンナ・カリーナ自身が振付を考えたとのことですが……。

クタール そうです。彼女自身の振付です。

――『はなればなれに』でアンナ・カリーナとクロード・ブラッスールとサミー・フレーの三人がカフェでやはりジュークボックスから流れるミシェル・ルグランの曲に合わせて踊るシーンも、彼女の振付ですか？

クタール マディソン・ダンス[*2]のシーンですね。そう、彼女の振付です。プロの振付師がついたのは、『気狂いピエロ』（一九六五）のときです。当時テレビでよく知られたダンサーで振付師でした。

――アンナ・カリーナの兄（じつは愛人）の役で出演もしていましたね。ダーク・サンダースですね？

クタール かもしれない。名前はよくおぼえていませんが。

――『女と男のいる舗道』や『はなればなれに』のジュークボックスから流れる曲は、前もってすでに作曲されていて、撮影中、実際にその曲が流れていたのですか？

クタール そうです。

――『女と男のいる舗道』で、アンナ・カリーナがカフェのなかにいると、急に外から機関銃の掃射の音が響き、それに合わせてキャメラがコマ落としを思わせるようなパンをするところがありますね。

クタール　タタタタタタタ……と（笑）。

――あれは現像処理によるものですか？

クタール　いや、いや、あれは手持ちの撮影ですよ。タタタタタと機関銃の掃射に合わせてキャメラをふった。

――それはすごい（笑）。キャメラを機関銃のように手に持って？

クタール　そう、タタタタタ……とね（笑）。あそこはよくおぼえていますよ。直接キャメラでやった。ちょっと回転スピードを上げたかな。アンナ・カリーナがあわてて立ち上がり、出口に急ぐ。キャメラが追いかけるようにパンする。機関銃の掃射の響きに合わせてね。そこへ血みどろの男が駆けこんでくる。

――ラズロ・サボが血にまみれた顔を手でおさえながら。

クタール　ラズロ・サボだったな。そうだ。

――『女と男のいる舗道』のラスト近く、車からの移動撮影で、『突然炎のごとく』を上映中の映画館をとらえてみせますが、あれは偶然ですか？

クタール　偶然ではありません。もちろん、意図的なものです。『突然炎のごとく』を上映中の映画館の前を移動撮影することに決めていたのです。当時のヌーヴェル・ヴァーグの仲間同士のめくばせです。『勝手にしやがれ』でも、若い娘がジャン＝ポール・ベルモンドに「カイエ・デュ・シネマ」誌の最新号を見せるところがあるでしょう。

――「若者に寄付を」と娘が言うと、ベルモンドが「俺は老人が好きだ」と（笑）。

クタール　そう、そう。

――フランソワ・トリュフォー監督の『ピアニストを撃て』でも、「カイエ・デュ・シネマ」誌の大きなポスターを貼ったトラックが走っていたり……。

クタール　そう、そう。同人誌「カイエ・デュ・シネマ」に、あるいは仲間の映画に、挨拶を送るとか、めくばせをしたりしたのです。

『カラビニエ』――アタルとザルディ

――『女と男のいる舗道』に次ぐ一九六三年の『カラビニエ』は、ジャン＝リュック・ゴダール監督の長篇映画第五作ですが、白黒のクレジットタイトル用のコントラストの強いポジフィルムに焼き付けてプリントを起こしたことはすでにおうかがいしました。この映画のなかで、主人公の一人、アルベール・ジュロス扮するミケランジェロが初めて映画館に入って映画を見るシーンがありますね。リュミエールの最初の映画、パリのグラン・カフェのインドの間で初めてスクリーンに上映された映画、『列車の到着』や『赤ん坊の食事』を模した映画がそこで上映中なのですが、このリュミエール作品のパロディーもタイトル用の白黒のコントラストの強いフィルムに焼いたものですか？

クタール　もちろん。あの映画館で見る映画は、シネマテークで見る古い映画を模して撮ったものです。そのためにタイトル用のハイコントラスト・フィルムを使ったのです。

――『カラビニエ』は主人公の兄弟がユリシーズとミケランジェロ、その妻たちがヴィーナスとクレオパトラという名前からしてパロディーというか、寓話というか、お伽噺になっているのですが、脚本にイタリアのネオレアリズモの巨匠、ロベルト・ロッセリーニが参加しているんですね。

クタール ロベルト・ロッセリーニが？

――クレジットタイトルにも出ています。ロッセリーニはヌーヴェル・ヴァーグに大きな影響を与えた映画作家ですし……。

クタール それはそうですが……ロッセリーニの名がクレジットタイトルに？　そう、そうかもしれない。ありうることだ。たしかに、ロッセリーニは戦争直後のイタリアのネオレアリズモの巨匠だった。しかし、そのころ、一九六〇年代の初めごろはすっかり忘れ去られて、失業中だったと思う。ジャン＝リュックはロッセリーニをとても尊敬していた。それで、『カラビニエ』の脚本に参加してもらったのだと思う。失業対策のようなものですよ。ロッセリーニは小切手のために仕事をひきうけた（笑）。そう、そう、『カラビニエ』は、たしか、ロッセリーニがイタリアの舞台で演出したことのある戯曲をもとにしていて、それをロッセリーニが映画用に構成したということかもしれない。しかし、脚本料だけもらって、脚本は全然書いていないはずです。脚本はジャン＝リュックといっしょにジャン・グリュオーが書いていたと思う。

――『カラビニエ』の原作はベニャミーノ・ヨッポロというイタリアのシチリア島生まれの劇作家の芝居ですね？

クタール そう、それですよ、ロッセリーニが舞台で演出したものです。わたしはその芝居のほうは知らないけれども、映画のほうの『カラビニエ』の主人公の兄弟、ユリシーズとミケランジェロは、アタルとザルディがモデルだった。『女は女である』にも盲目のまねをして出てくる二人組の与太者（笑）。

――アンリ・アタルとドミニク・ザルディですね。『男性・女性』にも、カフェの奥でポルノ雑誌を交互に大声で読む二人組として出てきますね。いつもコンビで出てくるんですね。珍妙な二人組で、クロード・シャブロルの映画にも、しょっちゅう出てきますね。

クタール　そう、そう、シャブロルの映画の常連でした。いつも二人つるんでプロデューサーに会いにきて、「こんどの映画に俺たちをだせ、すぐ役をつくれ。でないと、ぶんなぐってやる」とおどす有名な二人組でした（笑）。ジョルジュ・ド・ボールガールも一度ならず二人組に椅子を投げつけられたと言っていた。ジャン＝リュックもぶんなぐられたことがあるそうです。大変な乱暴者でした。当時、パリの映画界をパニックにおとしいれていた二人組です（笑）。あるとき、ジャン＝リュックはジョルジュに「アタルとザルディを主役にしたら、どうだ」と提案した。「主役に？　ひどい連中だぞ。主役になんかできっこない」。すると、ジャン＝リュックが「そこがねらいだ」と言った。「あまりにもひどくて、主役にはなれっこない。そういう映画をつくろう」（笑）。それが『カラビニエ』になった。

――マリオ・マーゼ扮するユリシーズとアルベール・ジュロス扮するミケランジェロは、じつはアタルとザルディの乱暴な与太者コンビだったのですね？（笑）

クタール　そうなんだ（笑）。

――『カラビニエ』はグレーのニュアンスがまったくないハイコントラスト・フィルムの白黒の映像の強烈な印象もあって、小さなバラックが一軒建っているだけの空地の風景からして冬の寒々とした感じがよく出ていますね……。

クタール　実際にものすごく寒かった（笑）。撮影も真冬の十二月から一月にかけてだった。凍りつくような寒さでしたよ。思いだすだけでも寒い（笑）。

『軽蔑』――BB《べべ》の尻《ケツ》を見せろ！

――『カラビニエ』に次ぐジャン＝リュック・ゴダール監督の長篇映画第六作は、ブリジット・バルドーをヒロインにしたカラー・スコープの大作『軽蔑』（一九六二）です。冒頭のタイトルバックは、クタールさんご自身がキャメラを回している撮影風景ですが、キャメラはミッチェルですね？

クタール　そう、ミッチェル。ミッチェルBNCです。

――たしか、『軽蔑』はテクニカラーで撮影されたはずですが、テクニカラー・キャメラを使われなかったのですか？

クタール　いや、そうではなくて……つまり、テクニカラーといっても、むかしのテクニカラーとは違うのです。たしかに、最初のころのテクニカラーは巨大な特製のテクニカラー・キャメラで撮影された。なかに三台のキャメラが入っていたのと同じでしたからね。三本のモノクロのフィルムをおさめたマガジンが三つ入っていて、三本同時に回して、それから現像で三色分解してカラープリントをつくる。撮影のときは三本のフィルムを同時に回した。だから、ふつうの三倍も大きなキャメラが必要でした。その後、もっと簡単にイーストマンカラーのシステムのフィルムを使って撮るようになりました。フィルムも一本でいい。キャメラも普通の大きさのキャメラで撮れる。イーストマンカラーで撮影し、そこから三色分解して三本のマスターをとってテクニカラーに現像するのです。

『軽蔑』の場合は、たしかに最初はテクニカラーで現像しました。当時、テクニカラーの現像はローマかロンドンでしかできなかったのです。ローマとロンドンにしかテクニカラーの現像所がなかったから。で、最初に撮った『軽蔑』のフィルムはローマのテクニカラーの現像所で焼いてもらった。しかし、映画に出資しているアメリカの連中が『軽蔑』の出来栄えに不満で、プリントを焼くのに金をけちって、テクニカラーで現像すると金がかかるのでふつうのイーストマンカラーで焼くことに決めてしまったのです。で、パリの普通の現像所でプリントを焼いてもらうことになりました。そんなことがあって、結局、テクニカラーでは一本もプリントがつくられなかったのです。

——それで、映画の冒頭で読まれるクレジットタイトルにも、ただ、「カラー　現像所はGTC」とだけで、テクニカラーともイーストマンカラーともはっきり言ってないんですね。

クタール　そう、だいたいそういった事情があったのです。

——クタールさんがキャメラを回している情景をとらえたこの冒頭のタイトルバックを撮影したのは誰ですか？　当然ながらクタールさんではないわけですね（笑）。

クタール　もちろん、わたしは撮られているので（笑）。アラン・ルヴァンが撮ったものです。

――アラン・ルヴァンがクタールさんのキャメラの助手のチーフだったのでしょうか？　それで代わりに撮ったのでしょうか？

クタール　アラン・ルヴァンは助手ではありません。彼は当時すでに独立した撮影監督でした。『軽蔑』の最初の部分は、わたしでなく、アラン・ルヴァンが撮って追加したものなのです。ブリジット・バルドーがミシェル・ピッコリのかたわらで全裸でベッドに横たわっているシーンも、映画を撮り終えたあと、スタッフはすでに解散して、わたしは別の作品で仕事をしていたので、アラン・ルヴァンの撮影で追加したものなのです。

『軽蔑』はジョルジュ・ド・ボールガールとカルロ・ポンティ、フランスとイタリアの合作ですが、金をだしているのはアメリカ人です。ねらいはブリジット・バルドーのお尻でした（笑）。それは明らかだったのですが、ジャン＝リュックはそれを承知で、わざとブリジット・バルドーの裸を撮らなかった。いや、「ブリジット・バルドーの尻《ケツ》が見たかったら見せてやろう」ということで、ブリジット・バルドーが全裸で、お尻まるだしで、寝そべっているシーンを撮るには撮った。カプリ島の真夏の太陽の下で。[*3]そのまるだしのお尻の割れ目の上に一冊の本を開いて置いてね。ミシェル・ピッコリがその本を手に取って、表紙を見ると、「ノックは無用」という題名なんだ（笑）。それだけでは金をだしたアメリカ人たちは不満だった。ラッシュ、つまり撮影結果を見るための最初の速成プリントを見て、彼らは怒った。「ブリジット・バルドーの尻《ケツ》をもっとたっぷり撮らなきゃ、金はださんぞ」とカンカンだった。そこで、アメリカ人の出資者たちのために、ジャン＝リュックは、アラン・ルヴァンのキャメラで、あの全裸シーンを撮ったのです。しかも、あのブリジット・バルドーのお尻まるだしの裸そのもの、とくにお尻そのもののアップはじつは吹替えなのですよ（笑）。その全裸シーンを撮ったときに、ジャン＝リュックは冒頭の撮影風景のタイトルバックを思いついたというわけです。

――『軽蔑』のアメリカのプロデューサーは、イタリアのカルロ・ポンティと組んでいたジョゼフ・E・レヴィンですね。「あんなものは映画じゃない。ゴダールってのは成り上がりのハッタリ屋だ。映画をだめにするだけだ。俺が資金をだしたのはブリジット・バルドーとジャック・パランスとフリッツ・ラングのためだったが、ゴダールが映画を台無しにしやがった」というようなことを吐き捨てるように言っていたインタビューを読んだおぼえがあります。ローマのチネチッタ撮影所で、アメリカ資本による映画をつくるという話は、映画のなかだけでなく、現実の問題でもあったわけですね？

クタール 撮影中の出来事がそのまま映画に反映している。

――映画のなかでは、アメリカ人のプロデューサー役のジャック・パランスが英語を話し、ドイツ人の映画監督フリッツ・ラングがドイツ語を話し（英語もフランス語も話しますが）、フランス人の脚本家に扮するミシェル・ピッコリがフランス語を話し、イタリア人の女優ジョルジア・モルがジャック・パランスのアメリカ人プロデューサーの秘書兼通訳の役で出演しています。実際に、撮影現場でもあのようにいろいろな言葉が入り混じっていたのですか？

クタール そうです。あのイタリア人の女優、ジョルジア・モルは実際に四か国語か五か国語を自由に話せた。

――ジョゼフ・L・マンキーウィッツ監督の『静かなアメリカ人』（一九五八）という映画で英語もフランス語も話すベトナム娘の役をやっていた女優ですね。

クタール そう、そう。その女優です。

――わがままなスター女優として知られるブリジット・バルドーには手こずりませんでしたか？

クタール 手こずりましたよ（笑）。チネチッタでの撮影初日から遅刻で、しかたなく、ジャック・パランスだけで撮った。パランスはいちおう事情を理解して、ブリジット・バルドーなしで撮ることを承知したものの、すごく不機嫌でした。その不機嫌なこわい顔をジャン＝リュックは逆にうまく利用して、傲慢で横暴なハリウッドのプロデューサーのイメージを強調したようなところがある（笑）。

――ジャック・パランスはゴダールの敬愛するロバート・アルドリッチ監督の『悪徳《ビッグ・ナイフ》』（一九五五）や『攻撃』（一九五六）や『地獄へ秒読み』（一九五九）のスターですから、フリッツ・ラング監督の特別出演のようにゴダールが出演を依頼したのでしょうか？ 『勝手にしやがれ』のなかには『地獄へ秒読み』のポスターが出てきましたし……。

クタール いや、いや、ジャック・パランスはカルロ・ポンティが契約したアメリカ俳優で、主役のつもりでやってきた（笑）。

――ということは、主役ではなかったので、もめたりしたわけですか？

クタール　そうです（笑）。相手役の女優がブリジット・バルドーというのにも不満で（笑）、そのうえ彼女のわがままと気まぐれにふりまわされて、いらだっていました。ブリジット・バルドーもパパラッツィに追い回されて身の置きどころがなく、それなりに苦労はしていたと思いますが、ジャック・パランスはブリジット・バルドーがなぜそんなに大騒ぎされるスターなのかわからず、もっと有名な大女優を相手役に期待していたらしい（笑）。

――ソフィア・ローレンとか……？

クタール　そう、たぶんね（笑）。ソフィア・ローレンはカルロ・ポンティ夫人だし、ハリウッドでも活躍していた世界的な大女優だったからね。それにしても、ブリジット・バルドーはわがままだったな。ローマの夫婦のアパートのシーンで、ミシェル・ピッコリを待たせたまま、ついにブリジット・バルドーが現われなかったこともあった。ただ、電報が届いただけ。それも、途中ですごく景色のいい場所を見つけたので、そこで四、五日滞在することにしたという知らせで、これにはジャン＝リュックも怒り狂って、プロデューサーのジョルジュに電話をかけ、「もうやめた！」。そんなこんなで、映画は永遠にできないと思ったこともありましたよ（笑）。

――撮影中もブリジット・バルドーのご機嫌をとるために、ジャン＝リュック・ゴダールはよく得意の逆立ちをしてみせたとか……？

クタール　そう、しょっちゅう逆立ちをしてみせていましたよ（笑）。

ミシェル・ピッコリはプロ意識を持った大人の俳優でした。それに、フリッツ・ラングはすばらしい人物でした。ジャン＝リュックはフリッツ・ラングを心から尊敬していたので、二人のあいだはとてもうまくいっていたと思います。

『はなればなれに』『恋人のいる時間』——早撮りの低予算映画

——『軽蔑』に次いで、一九六四年には、クタールさんは二本のゴダール作品を撮っておられますね。どちらもモノクロの、小品と言ってはなんですが、『軽蔑』にくらべれば、つつましい、白黒の低予算映画ですね。ジャン＝リュック・ゴダール監督の長篇映画第七作『はなればなれに』と第八作『恋人のいる時間』。

アンドレ＝S・ラバルトとジャニーヌ・バザンのテレビ番組「現代の映画作家」シリーズの一本「ヌーヴェル・ヴァーグ」がビデオになっているのですが、そのなかで、『はなればなれに』の撮影風景が見られます。一九六四年三月のロケ風景です。クタールさんがキャメラを右肩にのせて撮っている。ゴダールがすぐ左側に立っていて、「オーケー」とか「カット」とか言うかわりに右手で軽くポンとクタールさんの左肩をたたく。

クタール そうです。だいたい、そんなふうに、「よし、このへんで、もういいだろう」って（笑）、ジャン＝リュックが肩をポンとたたく。それがストップの合図です。

——キャメラは軽量のアリフレックスでしょうか……？

クタール 『はなればなれに』は主としてアリフレックスで撮影しました。これもカメフレックスなみに回転音がうるさいキャメラなので、レンズまですっぽりくるんでしまう特別の防音ブリンプをつくりました。もちろん、レンズの前をふさがないように透明のガラスをつけて、さらに、フォーカスを合わせるときにはそこをふたのようにあけられるようにしました。ジャン＝リュックは最初から、この映画はクロード・ブラッスールとサミー・フレーとアンナ・カリーナが演じる若い三人の男女の自由な行動をとことんキャメラで追うようにしたいというので、手持ち撮影のできる軽量のアリフレックスに決めたのです。ロケーション中心ということもありました。街頭の騒音、とくに交通のはげしい通りでは、自動車の音がうるさいので、防音ブリンプはどうしても必要だったのです。

――ということは、もちろん、同時録音撮影だったわけですね？

クタール　そうです、『勝手にしやがれ』と同じように街頭ロケで人物を追って撮影するけれども、『勝手にしやがれ』とは違って同時録音だったのです。ですから、撮影本番中にジャン＝リュックがプロンプターとして俳優にせりふを吹き込んだりすることはできなかった。俳優は自分でせりふをきちんとおぼえていなければならない。ところが、撮影直前にジャン＝リュックがせりふを渡すという相変わらずのやりかたなので、クロード・ブラッスールなど、せりふをおぼえきれずに、大騒ぎでした。サミー・フレーのほうは、舞台で訓練しているせいかおぼえが早く、アンナ・カリーナももちろんジャン＝リュックのやりかたにはなれていますから、この二人は問題なかった。

ジャン＝リュックの映画では、『女は女である』が初めての同時録音撮影でしたが、あのときはセット撮影でした。ロケーションの部分はすべて音なしで撮りました。『女と男のいる舗道』はロケーションもふくめてすべて同時録音でしたが、回転音の静かな大型のミッチェルで撮影しました。

――ゴダールの映画の撮影に使われたキャメラはカメフレックスとアリフレックスとミッチェルですね。それぞれのキャメラの機能によって、表現方法にも違いがあるわけですね？

クタール カメフレックスはせいぜい六、七キロの軽量のキャメラです。軽くて便利ですが、回転音がうるさい。同時録音の撮影には向いていない。『勝手にしやがれ』や『小さな兵隊』は同時録音ではなかったので、カメフレックスで撮ったのです。ミッチェルは四十キロ以上もある重量のキャメラです。雑音消去装置内蔵のミッチェルBNCは、回転音も静かで、同時録音もできる。ジャン＝リュックの映画は、『女と男のいる舗道』からはほとんど同時録音撮影になったので、だいたいミッチェルで撮っています。『女は女である』の一部もミッチェルで撮ったし、『軽蔑』は全篇ミッチェルで撮った。『恋人のいる時間』、そして『アルファヴィル』もミッチェルで撮影した、ミッチェルBNCで。『カラビニエ』はカメフレックスで撮影しました。『はなればなれに』はカメフレックスとアリフレックスとミッチェルの三台を使って撮りました。もっとも、ミッチェルで撮ったのはほんの一部だけ。ワンシーンだけ、三人がカフェでジュークボックスの音楽に合わせて踊るワンシーンだけですが。

――ルーヴル美術館を三人が走り抜けるところは何で撮られたのですか？

クタール カメフレックスです。広いルーヴル美術館を九分四十五秒で見て回らなければならないというので（笑）、三人が駆けっこをするところ。ぶっつけ本番で、すばやく撮りましたよ。

――撮影許可は得たとのことでしたが……。

クタール　ええ、もちろん、撮影許可は取りましたよ。ただ、ルーヴル美術館を訪問するところを撮影するという名目で、三人が駆け抜けるということは内密にしていました（笑）。ですから、三人が走りだすのを見た守衛が怒って撮影を禁じたり、フィルムを没収したりするようなこともありうるかもしれないと思い、そのような場合にそなえて、いつでも撮影したフィルムを持って逃げられるように（笑）、一回撮るたびにフィルムのマガジンを取り替え、助手たちに交互にフィルムを外へ持ちださせました。いつ撮影をストップさせられ、フィルムを取り上げられても、すでに何カットかは撮って外に運びだしてあるようにしたわけです。フィルムのマガジンをそんなふうに手早く交換できるのも、カメフレックスなればこそでした。

外のロケーションはすべて先ほど説明した防音ブリンプ付きのアリフレックスを使って撮りました。『はなればなれに』は低予算映画でしたが、撮影はわりとらくだったという記憶があります。撮影期間も七週間から八週間あって、早撮りという切迫した感じはありませんでした。むしろ、同じ年に撮った『恋人のいる時間』が大変な早撮りを強要されたように思います。そもそも、『恋人のいる時間』はヴェネチア映画祭から会期に間に合うならぜひ上映したいという招待に応じて、いや、応じてというよりほとんど挑戦して、一か月で企画・製作されたものだったのです。準備段階もふくめて、初号プリントが上がるまで、わずか一か月。一九六四年七月に撮影して、九月八日にヴェネチア映画祭で上映された。スタッフもごく少数で、ジャン＝リュックの映画の撮影で最もこぢんまりとしたものでした。なにしろ急がされて、大変な早

『はなればなれに』(1964) ルーヴル美術館のなかを走り抜けて……アンナ・カリーナ、サミー・フレー、クロード・ブラッスール ©コロムビア映画/ゴーモン/D.R.

撮りだったと思います。三週間から四週間くらい。四週間はかかっていないでしょう。

『アルファヴィル』――不器用なエディ・コンスタンチーヌ

――一九六五年の『アルファヴィル』はジャン＝リュック・ゴダール監督の長篇映画第九作です。じつは当時、わたしはパリで一日だけ撮影見学にうかがったことがあります。ジャン＝ピエール・レオーが助監督のサード、いや、フォースというか、見習いについていたので、彼に誘われて、「監督のジャン＝リュックにも話を通してあるから」ということで、ドキドキしながら見学に行きました（笑）。

クタール　そうでしたか。どこで撮っていたときですか？

――パリのオペラ座近くのスクリーブ街にあるグランド・ホテルの一室で撮影中でした。

クタール　グランド・ホテルで撮影中のときに？　そうでしたか。工事中ですね？

――そうです。一九六五年の二月五日のことです。忘れられない思い出です。そのときはまだ『レミー・コーション新しい冒険』という題でした。私立探偵、左利きのレミーに扮するエディ・コンスタンチーヌが星雲都市アルファヴィルから「姫君《プランセス》」ナターシャに扮するアンナ・カリーナを救って危機一髪の脱出をする寸前のシーンでした。移動車の上に大型のキャメラが据えられて、クタールさんがファインダーをのぞいておられたのをよくおぼえています。キャメラはミッチェルですね？

クタール　ミッチェルです。移動車はウェスタン・ドリーです。ゴムタイヤの車輪が三つ付いていて動きが自由になる、急回転が可能な移動車でした。『はなればなれに』のときも、室内で、カフェのなかで、ミッチェルで撮影したときに使った移動車です。

――エディ・コンスタンチーヌが「テレコミュニカシオン（遠距離通信）」という言葉をうまく発音できないので、ゴダールがじっといらいらしながら待っていたことなども思いだします。

クタール ああ、エディ・コンスタンチーヌはアメリカ人なので、フランス語があまりうまくできないということもあった。それに、とても不器用な人なんだ（笑）。信じられないくらいですよ。長いあいだ活劇のヒーローを演じてきて、拳銃のあつかいなどお手のものかと思いきや、これが下手なんだ（笑）。拳銃をさっと抜いて射つところでは、しょっちゅう手から拳銃がすべり落ちる。「バーン！」なんて口だけで言っている（笑）。ちょっと信じられない不器用さですよ。『レミー・コーション』シリーズだけでなく、フランスのその手のアクション映画のスペシャリストと言ってもいいスターなのに！（笑）

――ゴダールも、エディ・コンスタンチーヌは「まるで石のかたまりみたい」で、「上手な俳優じゃないんだ」と言っていますね。

クタール そうなんだ（笑）。「上手な俳優じゃない」どころか、『二人の殺し屋』（ラウル・J・レヴィ監督、一九六五）のときなんか、拳銃に弾をこめるところでポロポロ弾を落としてね（笑）。あんなに不器用な活劇スターもめずらしい。

――『アルファヴィル』は夜のパリを高感度フィルム、イルフォードＨＰＳを使ってほとんどノー・ライトで撮られたとのことでしたが……。

クタール　そうです。夜間撮影ばかりでね。室内シーンは別にして、全篇真っ暗でしょう（笑）。室内シーンにも余分なライトは使わなかった。ほとんど暗がりのなかで撮影されました。ちょっとライトを明るくして、レンズを絞れば同じ効果が出ますよと言っても、ジャン＝リュックは、いや、それじゃだめだと。暗すぎて何も見えやしないぞと言っても、いいじゃないか、そのままつづけようって。それで二、三千フィートは使いものにならなかったんだけどね（笑）。

──撮り直しはされたのですか？

クタール　いや、撮り直しなしです。で、そのまま使ったところもあるんだ、何もうつってない（笑）。

──ラスト、エディ・コンスタンチーヌとアンナ・カリーナの車のフロントガラスにネオンのような灯が双曲線を描いて明滅するところがじつに美しいですね。

クタール　照明用のプロジェクターで光を回転させてね。

──『気狂いピエロ』（一九六五）でも同じシーンがありますね。カラーなので、いろいろな色を交互に明滅させて。

クタール　そう、同じライティング方式で撮りました。やはり照明用のプロジェクターでライトを回転させてね。

『気狂いピエロ』──テクニスコープの冒険

──『気狂いピエロ』は『アルファヴィル』に次ぐジャン＝リュック・ゴダール監督の長篇第

十作で、一九六〇年代のゴダールの頂点《ピーク》とも言える作品ですが、これはテクニスコープというイタリアのテクニカラー社が当時（一九六三年）開発した新しい方式で撮られたのですね？

クタール　そう、そのころテクニスコープで撮られた作品はまだほとんどなかったと思う。ジャン＝リュックとわたしがテクニスコープによる映像を初めて見たのはチネチッタで『軽蔑』の撮影に入ったばかりのときだった。テクニカラー社の連中が見せてくれ、その方式《システム》を説明してくれた。35ミリのフィルムを半分に分けて撮影し、現像で拡大《ブローアップ》する方式です。わたしたちは非常に興味をひかれ、次はぜひテクニスコープで撮ろうと話し合ったのです。『軽蔑』はフランスコープというシネマスコープのちょっと変形のフランス式のスコープで撮っていましたから。それに、まだそのときはテクニスコープで撮れるキャメラがなかったと思います。

――ということは、テクニスコープ用の特別なキャメラが必要だったということですか？

クタール　つまり、テクニスコープというのは、35ミリのフィルムのコマを上下二段に分けて、ハーフ・サイズで撮ることになるので、当然ながら一《ひと》コマの面積は半分になり、そのために光量の問題が出てきたりして、キャメラを多少改造しなければならなかったのです。

――テクニスコープによる成功作の例はありますか？　一九六五年にカンヌ映画祭で上映された市川崑監督の『東京オリンピック』がテクニスコープで撮影された部分があるというので、ジャン＝リュック・ゴダールがパリから見にきていましたが……。

クタール　ジャン＝リュックが？　それは知らなかった。テクニスコープは厄介な方式で、ふつうの35ミリのフィルムをハーフ・サイズで撮るのはいいけれども、そのあと現像で拡大《ブローアップ》しなければならない。ところが、当時のフィルムはいまのものほど粒子が細かくなかったので、ブローアップすると、ひどく荒れてしまう。まるで16ミリで撮ったものを35ミリにブローアップするのと同じような問題があったのです。もちろん、撮影には便利です。キャメラもフィルムもシネマスコープの場合よりも小さくていいし、金もかからない。問題は現像でした。当時はフィルムを液体（有機溶剤）で濡らしながら焼き付けるウェット・プリンティング（リキッド・プリンティング）がふつうで、ベースになるフィルムについたゴミや小さな傷がプリントに焼き込まれないように液体を使っているのに、液体の乾きが悪くてフィルムの表面にむらができたりしてね。いまでは考えられないようなことが当時はありました。『気狂いピエロ』のあと、『メイド・イン・USA』（一九六六）と『彼女について私が知っている二、三の事柄』（一九六六）もテクニスコープで撮りましたが、この方式は結局、一九六〇年代に開発されて、すぐ廃《すた》れてしまった35ミリワイド方式です。その後、フィルムの質や現像処理のしかたはどんどん改良されてよくなっているので、むしろいまならこの方式は本当に有効なものかもしれません。

――『気狂いピエロ』でアンナ・カリーナとジャン＝ポール・ベルモンドが砂浜でしたか、川のほとりでしたか、星空の下で寝るシーンは、いわゆる「アメリカの夜」（擬似夜景／つぶし）ですか？

クタール　そう、「アメリカの夜」です。

――アンナ・カリーナによれば、『気狂いピエロ』のころにはゴダールはきちんとシナリオを書いていたそうですが……。

クタール　いや、いや、相変わらずシナリオなんてものはありませんでした。せいぜい一枚か二枚の覚書きというか、注意書き程度のものがあっただけです。そう、いわゆるシナリオというか、撮影台本《コンテ》らしきものは、そのジャン＝リュックのメモにもとづいて、助監督がなにやら詳細に書いていましたよ。『はなればなれに』のときなんかも同じです。ＣＮＣ（中央映画庁／国立映画センター）に提出して、政府からの映画助成金を得るための方便、みせかけのシナリオでしたね（笑）。もっとも、『軽蔑』のときには、アメリカの企業から資金をだしてもらうために、どんな映画なのか、わかりやすくストーリーを書いて提出しなければならなかったので、そのとき以来、シナリオの書きかたをおぼえたとジャン＝リュックは言っていた（笑）。プロデューサーを安心させるために、ときどき、助監督に、ストーリーをこまかく分析し、カット割りやキャメラ・アングルや、ここは50ミリのレンズで撮るとか、フィルムのメーター数などまで指定して書かせていたことはたしかです。

――レイモン・ドゥヴォスという漫談の芸人が船着き場で、愛に狂った男の話をジャン＝ポール・ベルモンドに聞かせるシーンがありますね。特別出演だったのですか？

クタール　そうだと思います。ジャン＝リュックが招いた芸人です。たしかレイモン・ドゥヴォスの映画初出演でした。神経質な、気むずかしい人で、あのシーンの撮影にはすごく時間がかかりました（笑）。

『メイド・イン・USA』『彼女について私が知っている二、三の事柄』——二本ダブって連続撮影

——『気狂いピエロ』に次ぐジャン＝リュック・ゴダール監督の長篇第十一作『男性・女性』の撮影はウィリー・クラントでしたが、一九六六年には、クタールさんの親密な協力を得て、ジャン＝リュック・ゴダール監督は長篇第十二作の『メイド・イン・USA』と第十三作の『彼女について私が知っている二、三の事柄』を二本、同時進行で撮っていますね。

クタール　『メイド・イン・USA』の終わりごろから、『彼女について私が知っている二、三の事柄』をはじめました。二本同時にスタートしたわけではありません。『メイド・イン・USA』をその年の七月から八月にかけて撮り、そのまま八月中にダブって『彼女について私が知っている二、三の事柄』を撮りはじめ、九月の初めまで二本同時に撮影をつづけました。スタッフもみんな同じですから、連続した仕事でした。同じキャメラで撮りましたが、フィルムのマガジンは同じものを使いませんでした。作品は別ですから、同じフィルムは使わないように。

——なぜ二本同時撮影になったのですか？　ゴダールの言うところによれば、『彼女について私が知っている二、三の事柄』はすでに企画と準備が進んでいたものだけれども、『メイド・イン・USA』は、プロデューサーのジョルジュ・ド・ボールガールがその年に公開予定だったジャック・リヴェット監督の『修道女』（一九六六）のスキャンダル騒ぎと公開禁止で破産状態におちいり、その苦境を救うために急きょ「間に合わせ」で撮ることになり、八月にクランクインする『彼女について私が知っている二、三の事柄』の前に撮り上げるつもりが、多少ずれ込んでしまったということなのですが……。

クタール ジャン＝リュックがそう言っているのなら、そのとおりなのでしょう（笑）。たしかなことは、プロデューサーが二人別々にいたということです。ジョルジュ［・ド・ボールガール］は、たぶん資金繰りに追われて苦しかったとは思いますが、それよりも、『修道女』の出来が悪かったので、じつはそのまま公開してもヒットは望めず、赤字を覚悟していました。スキャンダルでもなかったら、どうしようもない結果に終わっていたでしょう。いったんは公開禁止になったものの、このスキャンダルをむしろもっけのさいわいとジョルジュは考えていましたよ（笑）。もしかしたら、ジョルジュのほうから当局を挑発し、ジャーナリズムを刺激して、ひそかにこのスキャンダルを煽り立てたようなところもあるな（笑）。

このスキャンダルのおかげで、『修道女』は多くの観客をよびました。スキャンダルでもなかったら、人の興味をひく作品ではなかった。

――『メイド・イン・USA』と『彼女について私が知っている二、三の事柄』を同時進行で撮影しながら、いろいろな混乱は起こらなかったのですか？

クタール いや、まったく混乱などありませんでした。なるべくロケ地も近い所にして、移動するのにも時間がかからないようにしました。ときには同じ場所で撮りましたよ。要領よく、スムーズに、二本の撮影をこなしました。スタッフもみんな張り切っていた。いっぺんに二本の作品を撮るなんて体験はめったにありませんからね。みんな、よろこんで、たのしんでやりましたよ。かつてない活気のある撮影だったと思います。

『中国女』『ウィークエンド』――六〇年代最後のゴダール／クタール映画

――一九六七年にもジャン＝リュック・ゴダール監督は精力的に長篇映画第十四作『中国女』と第十五作『ウィークエンド』を、同時撮影ではありませんが（笑）、矢継ぎ早に、やはり二本ともクタールさんのキャメラで撮りますね。『メイド・イン・USA』がアンナ・カリーナ主演の最後のゴダールの長篇作品で、その後はゴダールがより純粋に「政治的な」方向へ、「五月革命」へと向かっていく過渡期に入るわけです。それはアンナ・カリーナのいない、そしてクタールさんのキャメラではない一九六六年の『男性・女性』からすでにいっきょにその方向に向かいはじめたような気がするのですが、それはともかく、時間もだいぶ超過しましたので、一九六〇年代のゴダール／クタール映画の最後になった『中国女』と『ウィークエンド』について、急いでおうかがいしたいと思います。

『中国女』でアンヌ・ヴィアゼムスキーが特別出演のフランシス・ジャンソン教授にインタビューをするシーンがあるのですが、やはりあそこでも、『女と男のいる舗道』のように、実際にはゴダールがインタビューをしていることはすでにおうかがいしました。

クタール　そうです。実際に走行中の列車のなかだったので、轟音がうるさくて、アンヌ・ヴィアゼムスキーがゴダールに「こういう質問をするように」とか「こういうふうに答えて」とか言われてもなかなか聴き取れなくて、必死にレシーバーに耳を傾けているのがわかります

（笑）。

――同時録音で、ゴダールが質問や答えをアンヌ・ヴィアゼムスキーに耳打ちし、それを聴き取った彼女が自分の言葉でフランシス・ジャンソンと対話しているように演技をしていたわけですね？

クタール　そうです。

――『ウィークエンド』は、まず、なんといっても、田舎道で事故のために交通渋滞におちいったシーンを長い、長いワンシーン＝ワンカットでとらえた移動撮影におどろかされます。途中、「午後一時四十分」「週末《ウィークエンド》」「午後二時十分」という三つの短い字幕が入って、三か所だけ流れを一瞬中断する形になりますが、あの移動撮影は本来はワンカットですね？

クタール　もちろん、そうです。マガジン一本分のフィルム三百メートルをまるまる使って十分間のワンカット撮影でした。道路に沿ってレールを敷いてね。あんな長い移動撮影は初めてでした。その後もやっていません。三百メートルも移動撮影用のレールを集めるのがそもそも大変でしたよ。フランスじゅうからかき集めて、つないだのです（笑）。レールを敷くのに一週間かかりました。というのも、道路に沿ってレールを敷くわけですが、あの道路が少しずつ坂になっているのです。その傾斜に合わせてレールを敷いていかなければならない。でないと、同じ高さで平行に移動撮影ができないからです。撮影そのものは一日ですみましたが。

十分間のワンカット撮影が話題になり、プロデューサーも大威張りで、まるで自分が撮ったかのごとく吹聴してまわりました（笑）。ジャン＝リュックはこのプロデューサーが大嫌いで、このワンカットの長い移動撮影のシーンをわざと途中で三つの字幕を挿入してちょん切ってしまった。プロデューサーへの単純ないやがらせです（笑）。

――ゴダールは交通事故のシーンのために何台もの車を壊したり燃やしたりして、故意に予算を浪費したそうですが、それもプロデューサーへのいやがらせだったのですね（笑）？

クタール　そうです（笑）。飛行機まで墜落させて車の群れのなかに突っ込ませようとした。いや、本当にやったら死者も出る大事故になるので、道路わきの大木に突っ込ませることになったけれども（笑）。といっても、ジャン＝リュックが金を浪費したわけではない。ジャン＝リュックはいつもながらのむだのない映画づくりで、的確に撮影を進めました。すべての発想は、要するに、ジャン＝リュックがこの映画のプロデューサーを毛嫌いしていたということなのです（笑）。何という名前だったか……。最初から、ジャン＝リュックはこのプロデューサーにあからさまにいやがらせをするために金をむだづかいすることに決めたのです。「一週間は撮影しないことにする」と宣言（笑）。「それなら、スタッフも二週間目から契約することにしよう」とプロデューサーが言うと、「いや、一週目に撮ることもありうるから、全員おさえておいてほしい」とジャン＝リュック。結局、最初の一週間は何も撮らなかったので、スタッフを雇った分だけむだづかいです（笑）。二週目にやっと撮影をはじめたけれども、「今週は午前中だけにしよう」（笑）。二日目か三日目に、プロデューサーが白い背広に白い帽子という粋なスタイルで金ピカのロールスロイスに乗って、正午ごろに撮影現場にやってくると、撮影はもう終わっていて、スタッフが機材をしまいこんでいる。「なんだ、どうしたんだ」とプロデユーサーがどなると、ジャン＝リュックはけろりとして、「これからみんなで昼食をとって、それで終わりです。撮影は午前中だけと言ったでしょう」。「そんなこと、聞いてないぞ」とプロデューサーはカンカンだった（笑）。

それから、あの交通事故で渋滞の田舎道の長い移動撮影です。あのプロデューサーは何という名前だったか……コマシコという会社の代表取締役社長だった。ええと……思いだせない。

——レイモン・ダノンですか？

クタール　いや、レイモン・ダノンは彼の娘婿です。リラ・フィルムの代表ですね。その義理の父親のほうです。アフリカで映画をつくっていて、黒人から搾取して大もうけをして、それからフランスの映画界にのし上がってきた（笑）。第二次世界大戦中はドイツのユダヤ人と問題を起こして……なんという名前だったか、思いだせない。ジャカン……そうだ、モーリス・ジャカンだ。ジャン＝リュックはこのプロデューサーが大嫌いだったのです。このプロデューサーが女優のミレーユ・ダルクと契約して、ヒロイン役に押しつけてきた。ジャン＝リュックはミレーユ・ダルクも気に入らなかった（笑）。ミレーユ・ダルク主演の企画だったから、しかたなく使った。だから、とても意地悪に使っている。ヒッチハイクのシーンで、ミレーユ・ダルクを道路のまんなかにひっぱりだして、「仰向けに寝ろ」「ズボンをぬげ」「膝を立てろ」「股をひらけ」って（笑）。

——『或る夜の出来事』（フランク・キャプラ監督、一九三四）の有名なヒッチハイクのシーンの残酷なパロディー（笑）。

クタール　そう……たしかに、思えば、「アンナ・カリーナ時代」のジャン＝リュックにはなかった残酷さかもしれないな。『メイド・イン・USA』のときは別だったけれども。アンナ・カリーナにもひどく当たり散らしていた。でも、ミレーユ・ダルクには徹底的に悪意をこめて、いやがることを無理矢理やらせていた。

――ミレーユ・ダルクは素直にゴダールの言うことを聞いて演じていたのですか？

クタール　いや、いや、大変でしたよ（笑）。ゴダールはわざと彼女がいやがることをやらせた。

――ミレーユ・ダルクにインタビューしたとき、彼女もゴダールはもう二度とまっぴらごめんだと言っていました。

クタール　そうでしょう（笑）。がまんできないくらい不愉快な顔をしていましたからね。よくこらえたものだと思いますよ。

――プロデューサーのモーリス・ジャカンはそんなゴダールのやりかたを黙認していたわけですか？　ミレーユ・ダルクは当時の人気女優で、プロデューサーにとっては大事なスターですよね。そんなにまでされても、プロデューサーがゴダールの映画を製作しようとしたのはなぜなのでしょう？

クタール　ジャン＝リュック・ゴダールは当時すでに神話的な存在だったのです。ルイ・ド・フュネスやブールヴィルのお笑い映画のようなヒット作を飛ばしている商業主義の大プロデューサーにとって、金に糸目をつけずにゴダールの映画を製作することは最高のぜいたく、最高のスノビズムだったのです。ゴダールとか、いまで言うとフィリップ・ガレルとか、神話的な

「作家の映画」を自分の製作カタログに加えることが虚栄心をくすぐるのでしょう。大金持ちの、成金の、わがままなぜいたくですね、「わしは商業映画しか製作していないと言われてきたが、それなら、ジャン＝リュック・ゴダールの映画を製作してやろうじゃないか、わしにだって作家の映画はわかるんだ」ということなのでしょう（笑）。

――ゴダール神話の絶頂でもあったのですね？

クタール　そう、そうとも言えるかもしれません。

ヌーヴェル・ヴァーグ――ゴダールの革命

――ヌーヴェル・ヴァーグとは何だったのかという問いに、クタールさんなら、いま、どう答えられるでしょうか？

クタール　ずばり映画における革命だったと思います。それ以前は、ごく初期のリュミエールの映画やドキュメンタリーは別として、映画というものは撮影所のなかでつくられていた。それが初めて街のなかに出たということですね。街の風景に至るまですべてが撮影所のなかにつくられていたのに、ヌーヴェル・ヴァーグとともに、街路は街路で、歩道は歩道で、現実にあるがままに撮られることになった。それが革命です。

　ヌーヴェル・ヴァーグ以前、人々は映画のなかですべて「つくられたもの」を見なれていました。リアルなセットと見事なライティングによってすべてが自然に、それらしく見えた。暗闇も本当の暗闇ではなく、微妙なライティングによって暗闇らしく見せた暗闇でした。それは

「つくられた」暗闇だったのです。ライティングによって、黒はいかにも黒く、赤はいかにも赤く、それふうにリアルに見せた。それは美しい。そのことに、もちろん、文句があるわけではありません。それが悪いというわけではありません。しかし、あるとき、現実の、日常の、あるがままのものをそのままとらえて見せたのが、ヌーヴェル・ヴァーグだったのです。それが、いまは毎日、テレビジョンで見られるようになってしまった。だから、もうヌーヴェル・ヴァーグは不用のものになってしまったのです。別の言いかたをすれば、ヌーヴェル・ヴァーグはテレビジョンのなかに生きているのかもしれません。

――かつて「ヌーヴェル・ヴァーグはゴダール・スタイルのことだ」と言ったジャン＝ピエール・メルヴィル監督の有名な定義がありますね？

クタール　そう、それはジャン＝リュック・ゴダールだけが真に新しかったということでしょう。ジャン＝リュックのやりかたを見て、自由奔放に何でもデタラメに撮るのがヌーヴェル・ヴァーグだとみなされてきたきらいがあるけれども、ジャン＝リュックは天才だってことをみんな忘れている。ジャン＝リュックがいかにも気ままに、思いつくままに撮っているように見えるので、みんながまねをしようとした。それは誰にもまねできない真にユニークな天才の神業であることがわからなかったのですよ。ゴダール流につくろうとして、ひどい映画ばかりだった。ジャン＝リュックはデタラメに映画をつくったのではない。そのつくりかたには、つねにある種のロジックがあった。映画の何たるかに精通し、技術のこともよく知っていて、その深い知識と教養にもとづく論理的一貫性が彼の撮りかたにつらぬかれていたので、間違えることがなかったのです。その場の思いつきでデタラメをやっているようで、そうではない。筋道の立ったやりかただったのです。（一部初出、一九九七‐九八年、「ユリイカ」／再録、二〇一〇年、「ゴダール、わがアンナ・カリーナ時代」、ワイズ出版）

＊1　『勝手にしやがれ』には、スタッフ・キャストの名前が出ない。
＊2　マディソン・ダンスについては469ページの＊3を参照。
＊3　広大な石段がそのままこのカプリ島の崖っぷちの「変な形」の忘れがたい建物（マラパルテ邸）の屋上までつづく『軽蔑』の俯瞰ショットは二〇一六年のカンヌ映画祭のポスターにまでなったが、撮影（危険な撮影だったにちがいない）がどんなふうにしておこなわれたかについて聞くのを忘れてしまったことが心残りだ。鈴木了二著「ユートピアへのシークエンス」（二〇一六年、LIXIL出版）には『軽蔑』の原作者アルベルト・モラヴィアのこと、モラヴィアの恋人で作家（詩人）のエルサ・モランテのこと、ゴダールがマラパルテ邸を「発見」することによってスクリーンでマラパルテ邸とモラヴィアが「出会い直した」ことが語られ、「ユートピアの行き止まり、あるいは、ユートピアが始まりの段階で切断されてしまい、その中枢部分が投げ捨てられてしまった抜け殻、ユートピアの残滓とでもいうか」と建築的に、という以上に映画的に分析され、ゴダールの愛の終末論に肉薄していく。

追記　ラウル・クタールは二〇一六年十一月八日、九十二歳で死去。

映画は語る——後記に代えて

これは私の二冊目の映画インタビュー集です。一冊目の映画インタビュー集は「映画とは何か」（一九八八年、草思社刊）という大げさな標題になってしまったのですが、私としては単純に、ずばり、映画インタビューとは映画について語るのではない、映画が語るのだ、と言いたかったのです。今回もそのつづき、延長として「映画はこうしてつくられる」という題名にしました。「生きた映画史」の証言でもあるからです。

そもそもの発想は、映画ファンとして、映画にできるだけ近づきたい、できたら映画のなかに入りこみたいと思い、チャンスに恵まれるごとに映画人にインタビューを試みてきました。うまくいったこともあれば、うまくいかなかったこともある。というよりも、幸福なインタビューもあれば、不幸なインタビューもある——幸福な映画もあれば不幸な映画もあるように。しかし、すべてが映画そのものであることだけはたしかです。

一九六四年末から六七年半ばまでパリに滞在していたときのインタビューから、その後も取材などで何度か渡仏したときのインタビュー、そして来日した映画人のインタビューに至るまで、いろいろ、ほぼインタビューをした順番にまとめましたが、新聞や雑誌などに発表当時は当然、原稿の締め切りがあり、掲載枚数の制限もあって、「一部初出」がほとんどで（初出紙誌は単行本に採録した場合もふくめて、各インタビューの末尾に記しました）、今回、本書に収録するにあたって、残っていた録音テープを聴き直してあらたに採録もして、大幅に補充しました。

私にとっては、何冊かの映画評論集よりも重要な、心のこもった集成になります。

本書がこのような形にまとまるまで全面的にご協力をいただいた増原譲子さん、草思社編集部の木谷東男氏に、心から感謝いたします。

二〇一九年七月七日

山田宏一

索　引

〔映画題名〕

あ

索　引

か

さ

索　引

た

な

は

ま

や

ら

わ

〔人　　名〕

あ

か

さ

索　引

た

な

は

ま

や

ら

わ

索　引

〔事項〕

あ

か

さ

た

な

は

ま

や

ら

わ

著者略歴
山田宏一 やまだ・こういち
映画評論家。1938年、ジャカルタ生まれ。東京外国語大学フランス語科卒業。1964年～1967年、パリ在住。その間「カイエ・デュ・シネマ」誌同人。著書に『〔増補〕友よ映画よ、わがヌーヴェル・ヴァーグ誌』『〔増補〕トリュフォー、ある映画的人生』『ゴダール、わがアンナ・カリーナ時代』『ハワード・ホークス映画読本』『ヒッチコック映画読本』『映画とは何か』『何が映画を走らせるのか？』『森一生　映画旅』（山根貞男と共著）『キン・フー武侠電影作法』（宇田川幸洋と共著）『ヒッチコックに進路を取れ』（和田誠と共著）『ジャック・ドゥミ𝄞ミシェル・ルグラン　シネマ・アンシャンテ』（濱田髙志と共著）など。訳書に『〔定本〕映画術　ヒッチコック／トリュフォー』（蓮實重彥と共訳）など。
1987年、フランスより芸術文化勲章シュバリエ受勲。1991年、第1回Bunkamuraドゥ マゴ文学賞受賞（『トリュフォー、ある映画的人生』に対して）。2007年、第5回文化庁映画賞（映画功労表彰部門）受賞。2017年、第35回川喜多賞受賞。

山田宏一映画インタビュー集
映画はこうしてつくられる

2019年9月4日　第1刷発行

著　者　山田宏一
装幀者　清水良洋（Malpu Design）
発行者　藤田　博
発行所　株式会社 草思社
〒160-0022　東京都新宿区新宿1-10-1
電話　営業 03(4580)7676　編集 03(4580)7680

本文組版　株式会社 キャップス
印刷所　中央精版印刷 株式会社
製本所　大口製本印刷 株式会社

ISBN978-4-7942-2401-9 Printed in Japan　検印省略

草思社刊

【草思社文庫】
ヒッチコックに進路を取れ

山田宏一／和田誠 著

「殺人」「恐怖」「サスペンス」の名匠ヒッチコックの全作品を二人の映画通が語り明かしたヒッチコック映画の楽しくマニアックな案内書。和田誠さんのイラスト満載。

本体 1,500円

新装版
キン・フー武俠電影作法

キン・フー／山田宏一／宇田川幸洋 著

中国伝奇アクション映画の名監督の唯一の聞き書き本。『龍門客桟』『俠女』などの快作を連発し、現代の中国圏の監督に多大な影響を与えた氏の痛快・波乱万丈の映画人生。

本体 3,900円

映画　果てしなきベスト・テン

山田宏一 著

とっておきの1000本、まだまだある2000本…死ぬまでに見たい山田宏一氏おすすめの映画ガイドとエッセイ。古今東西、無数のタイトルの中からどの映画を見るべきか。

本体 2,600円

＊定価は本体価格に消費税を加えた金額です。

草思社刊

マリリン・モンローとともに
姉妹として、ライバルとして、友人として

スーザン・ストラスバーグ 著
山田宏一 訳

没後50年を迎えて今なお光り輝く、永遠のスター女優マリリンの繊細で魅力的な素顔を、最も身近にいた女優が綴った素敵な回想記。悲劇的な自殺までの二人の8年間。

本体 2,800円

何が映画を走らせるのか?

山田宏一 著

映画の歴史を進める原動力とは何か? リュミエール時代から現代まで、映画の魅惑の正体を求めて、百年の歴史を読み直す。エピソード満載、刺激的な新しい映画評論。

本体 3,800円

明かりが消えて映画がはじまる
ポーリン・ケイル映画評論集

ポーリン・ケイル 著
山田宏一ほか 訳

辛辣な語り口で鳴らした名物女流評論家による映画評論集。アルトマン、デ・パルマなど有名監督の映画評に加えて、傑作エッセイ「ケーリー・グラント論」を収録。

本体 2,900円

＊定価は本体価格に消費税を加えた金額です。